2011 年中北大学校级教材立项项目

法学实验教程

药恩情　主编

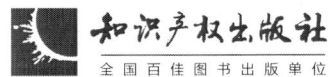

内容提要

法学本科生的培养目标，具有多维导向，一是精英化教育导向。二是职业教育导向，三是通识教育导向。其中，职业化教育导向是法学教育的最重要的导向。要培养学生的职业能力，要求学生在校期间通过国家统一司法考试，接受律师执业培训、通过公务员考试，需要学生接受一系列的法学实验、法学实习、律师见习等训练。本教材旨在培养学生法学实验能力，以更好地适应未来法律职业的需要。为了达到这一目的，我校在培养方案的修订中，增加了课内实验的课程数，增加了课内实验的学时效，在实践教学环节中增加了文献检索、学年社会调查等内容。

2011年11月，教育部、中央政法委提出卓越法律人才教育培养计划。卓越法律人才分为应用型、复合型法律职业人才、涉外法律人才和西部基层法律人才三类。为了培养卓越法律职业人才，迫切要求加强法学实践教学。在法学实践教学体系中，最基础的是法庭观摩，其次是以模拟法庭为主的法学实验，最高层次的是法院实习。法学实验是实践教学体系的中心环节。本教材汇集了《刑事诉讼法》等十八门法学主要课程的实验指导书，是法学本科生在模拟法庭、模拟仲裁庭、法庭科学实验室学习的简明法学实验教材。

责任编辑：于晓菲　　　　　　　　　　**责任出版：**刘译文

图书在版编目（CIP）数据

法学实验教程/药恩情主编. —北京：知识产权出版社，2013.8
ISBN 978-7-5130-2208-8

Ⅰ.①法… Ⅱ.①药… Ⅲ.①法学—高等学校—教材 Ⅳ.①D90

中国版本图书馆 CIP 数据核字（2013）第 182245 号

法学实验教程
FAXUE SHIYAN JIAOCHENG

药恩情　主编

出版发行：知识产权出版社

社　　址：	北京市海淀区马甸南村1号	邮　　编：	100088
网　　址：	http：//www.ipph.cn	邮　　箱：	rqyuxiaofei@163.com
发行电话：	010-82000893 转 8101	传　　真：	010-82005070/82000893
责编电话：	010-82000860 转 8363	责编邮箱：	yuxiaofei@cnipr.com
印　　刷：	北京中献拓方科技发展有限公司	经　　销：	新华书店及相关销售网点
开　　本：	787mm×1092mm　1/16	印　　张：	20.25
版　　次：	2013年8月第1版	印　　次：	2013年8月第1次印刷
字　　数：	456千字	定　　价：	56.00元

ISBN 978-7-5130-2208-8

出版权专有　侵权必究
如有印装质量问题，本社负责调换。

学以致用　知行合一

郭相宏[1]

中北大学人文社会科学学院推出《法学实验教程》这本书难能可贵。

自2009年教育部推动文科类国家级实验教学中心建设以来，高校法学实验教学虽然取得了长足的进步，但是作为一个新生事物，远未成熟。法学作为一门文科专业，其实验教学怎么搞、怎样才能搞好仍存在很大的争论，法学实验教学也常被忽视。为此所做的许多努力，常被法学界所不屑而得不到中肯的评价，可以说法学的实验教学改革与探索仍在举步维艰的困境中推进。面对这样的挑战与压力，中北大学人文社科科学学院的领导与老师们穷思苦索，费尽心血，本着培养熟练的法律实践操作技巧、灵活的应变能力、全面的法律素养和高度的社会责任感的卓越法律人才的培养目标，大力推动法学实验教学课程体系和内容的改革，精心编写出这本教材，以规范法学实验教学，提升其地位，他们的精神、勇气、魄力实在可嘉！

学以致用，是先秦儒学的基本传统。明末清初的经世致用的思潮也是提倡"实学"，颜习斋认为"实学"即"实习、实讲、实行、实用之学"，山西当时是引领这一思潮的中心之一，傅山为其代表人物。古已有之，今为传承，这本书恰恰秉承了学以致用、学用结合、活学活用的"实学"思想，强调理论联系实际，脚踏实地，注重实效，引导法科学生要有远大理想抱负，志存高远，胸怀天下，经世致用。

本书作为法学实验教材的尝试，在很多方面都做了可喜的探索。它至少有如下优点：

（1）能够有效地巩固与利用所学法学理论知识。本书内容几乎涵盖法学专业全部主干课程，覆盖了大多数常用的实体法和程序法，将课堂上讲授的理论运用于实验，再通过实验获得的经验进一步强化理论学习。这样，能够在很大程度上解决理论学得虽好，考试成绩优秀，却在实践中不能充分利用与发挥的问题。

（2）充分尊重学生的自主性与能动性。实验课程强调教师指导下的学生主动参与，学生是课堂的主体，因此有一本内容详尽、指导性强的指导用书就能使学生有章可循，提高学生参与的兴趣，本书所列出的详尽周全的实验过程具有很强的指导性，既方便了教师的指导，降低了工作难度，又利于学生自主学习、独立自行地组织实验。

（3）突出强化了职业能力的训练与培养。书中大量的疑难复杂的实训案例既训练了学生在法学各专业课程之间理论的交叉与衔接，又科学处理了法学理论教育与法律职业技能训练二者之间的关系。

---

[1] 郭相宏，山西曲沃人，法学博士，太原科技大学教授、法学院院长、硕士生导师。

（4）提高了学生的社会责任感与使命感。书中选择的案例均为现实生活中发生过的经典案例，如许霆案、彭宇案，这些真实的案例为我们展现了转型时期现代中国纷繁复杂的矛盾冲突，法科学生在毕业后要走上伸张正义之路就需要了解、熟知民情、国情，了解与正视社会现实，从中感受到匡扶正义、扶危济困的强烈的社会责任感。

美国大法官霍姆斯认为，法律的生命不在于逻辑而在于经验，而法律之经验必经法律职业的过程才能习得和领会。事实上正是这种代表实践经验范畴的法律职业的发展对法学教育不断地提出新的具体的动态要求，法学教育要生存与发展则必须适应法律职业的需求变化并做出相应的调整，因此，法律职业的实务运行便应在相当大的程度上左右同时期法学教育的发展轨迹。法学为应用之学，法学为技术之学，法学教育的目标与模式决定于其所具有的这种深刻的法律职业背景，法学教育应以法律职业人才的基本标准为人才培养目标。由此而论，在体现应用型、复合型、创新型卓越法律人才的培养目标中，我们有充分的理由认为中北大学人文社科科学学院的法学实验教学和其所推出的《法学实验教程》在培养学生法律职业知行统一方面能够起到十分良好的作用。

浅议实习实训在法学专业人才培养中的效用（代序）

王爱成[1]

随着改革开放和依法治国的发展，我国已建立了与市场经济相适应的法律制度和法律体系，社会生活的各个领域都有相关的法律进行调控。尽管人们对现行的法律有不尽相同的看法，但法制建设取得的成就是世所公认的。

法律的制定和实施需要大量的法学专业人才。在高等教育由精英教育向大众化教育的转变中，各高校如雨后春笋般兴办起了法学专业。一方面，社会经济的快速发展为法学专业的建设和人才培养提供了良好的环境；另一方面，法学专业毕业生难以与社会需求对接，就业率低也是不争的事实，如何办出专业特色，如何提高学生的综合能力，如何让社会以"求贤若渴"般的期待转变为高校"订单式"的人才培养，长期以来始终是学校领导和法学专业教师急需化解的难题。

纵览各高校的法学专业，大致有两种类型：一类是办学历史悠久的综合类院校，偏重于法学理论的研究，引领法学研究的方向，在法制建设中担当起了排头兵的角色；一类是办学历史相对短暂、传统意义上的工科或者其他学科为主，学校超常规发展期间另一类兴办法学专业的院校，偏重于法学实务和司法实践中的应用，在法制建设中对提升司法队伍的整体业务水平功不可没。当然，也有部分院校的法学专业是力图在上述两个方面均有所建树的。

中北大学兴办法学专业仅有十多年的时间，在师资队伍、图书资料、实验条件等各方面并不具备"后发优势"。即使如此，在实验、实训、实习等实践性环节可谓常抓不懈。虽不敢妄称是办学特色，但至少是个特点吧。在教学实践中，在法学专业主干课程中均安排了一定学时的实验课，力图以模拟的方式提高学生的实务能力。从任课教师自编讲义到集结成册，公开出版，旨在为法学专业之间的校际交流提供素材，希望达到抛砖引玉的目的，更希望能在国家法制建设中贡献绵薄之力。

药恩情老师既勤于治学，又专注于实务。他组织校内外专业教师共同协作完成了《法学实验教程》，其专业水准尚有待各位读者评判。也请各位同行专家不吝赐教，以便再版时加以完善。

我与药恩情老师共事多年，我本人对法学的认识也很肤浅。虽说盛言难却，实则言不达意。您真诚的批评，是我与法学结缘的最优途径。

2013 年 6 月于中北大学

---

[1] 王爱成，山西省五台县人，中北大学人文社会科学学院副院长，副教授。

编写说明

《法学实验教程》是2011年中北大学立项教材之一,得到中北大学教务处的资助。经过十余名教师一年半的编写,终于完成。

法学本科生的培养目标,具有多维导向,一是精英化教育导向,二是职业教育导向,三是通识教育导向。其中,职业化教育导向是法学教育的最重要的导向。要培养学生的职业能力,要求学生在校期间通过国家统一司法考试,接受律师执业培训、通过公务员考试,需要学生接受一系列的法学实验、法学实习、律师见习等训练。法学实验、法学实习、法学实训,构成完整的法学实践教学体系。为了培养学生法学实验能力,以更好地适应未来法律职业的需要,我校在培养方案的修订中,增加了课内实验的课程数,增加了课内实验的学时数,把模拟法庭教育环节写入培养方案,并制订实验教学大纲。

本书可以作为法学院系法学实验教材,供学生在模拟法庭对各类进行案件模拟,还可以作为学生在物证技术实验室进行实验的教材。通过一本教材,可以解决十余门课程、约80学时的课内实验教材的问题。学生购买一本实验教材,可以在大学四年中通用。既节省了学生的时间,又减轻了学生的经济负担。

本教材遵循实验目的、实验要求、实验原理、实验器材、实验步骤、思考题、实验素材的体例,并在各章后附参考文献。

编写人员(按章节先后顺序)及其分工如下。

侯续香(中北大学人文社会科学学院法学系讲师):第一章;

赵志梅(中北大学人文社会科学学院法学系副教授):第二章、第四章;

李彦峰(中北大学人文社会科学学院法学系讲师):第三章实验一至实验四;

陈庆(中北大学人文社会科学学院法学系讲师):第三章实验五、实验六;

赵巧红(中北大学人文社会科学学院法学系讲师):第五章实验一、实验二、实验四;

张韵琴(中北大学人文社会科学学院法学系讲师):第五章实验三、实验五;

沈宁(中北大学人文社会科学学院法学系副教授):第六章、第七章、第八章;

聂晓东(中北大学人文社会科学学院法学系讲师):第九章;

程翀云(中北大学人文社会科学学院法学系讲师):第十章;

冯捷(山西财经大学法学院讲师):第十一章;

范俊丽(中北大学人文社会科学学院法学系副教授):第十二章、第十五章;

岳文婷(中北大学人文社会科学学院法学系副教授):第十三章、第十四章;

王改琴(中北大学人文社会科学学院法学系讲师):第十六章;

药恩情（中北大学人文社会科学学院法学系副教授）：第十七章、第十八章。

2002年起，本教材主编和撰稿人开始编写实验讲义。经过十年试用，结合多年从事法学实验教学的心得和经验，编写了本教材。虽经十年磨砺，但限于时间和经验，书中难免有错误之处。

感谢太原科技大学法学院院长郭相宏教授、中北大学人文社会科学学院副院长王爱成副教授在百忙中为本书作序，感谢山西省高级人民法院刑三庭杨如珍副庭长对本书进行审阅，并提出中肯的修改意见。感谢中北大学人文社会科学学院张思洁院长、段义权书记、法学系李晓瑜主任对本书编写的大力支持。

本教材在编写中参阅了大量相关资料、教材、文献、著作，谨向原作者致谢。在校对书稿时，得到了中北大学本科生赵鹏心、王伟锋、王剑、张梦媛、刘丰、月洪武、高翔等同学的帮助，得到了中北大学信息商务学院本科生李慧、李永禄、李艾嘉、史悦悦、康敏、李星、孙雪姣的帮助，知识产权出版社的于晓菲老师对本书的出版给予大力支持，在此一并致谢。

药恩情

2013年6月13日

目　录

第一章　行政法与行政诉讼法实验 ··· 1
实验一　不服房屋登记行政行为纠纷（一审） ··· 1
实验二　不服土地登记行政行为纠纷 ··· 10

第二章　刑事诉讼法实验 ··· 16
实验一　刑事案件的模拟开庭审理（一审） ··· 16
实验二　刑事诉讼中"非法证据排除规则"讨论 ··· 22
实验三　刑事诉讼和解制度讨论 ··· 24

第三章　刑法实验 ··· 27
实验一　犯罪主观方面疑难案例辨析 ··· 27
实验二　故意犯罪的停止形态疑难案例辨析 ··· 30
实验三　侵犯公民人身权利罪疑难案例辨析 ··· 34
实验四　侵犯财产罪疑难案例辨析 ··· 37
实验五　主观罪过、不作为、因果关系等问题疑难案例辨析 ··· 42
实验六　主观罪过、法律解释等重要理论问题疑难案例辨析 ··· 46
实验七　共同犯罪中的停止形态疑难案例辨析 ··· 50

第四章　证据法学实验 ··· 53
实验一　民事诉讼证明责任的分配 ··· 53
实验二　刑事诉讼中证据的运用 ··· 58

第五章　民事诉讼法实验 ··· 61
实验一　简易程序模拟审判 ··· 61
实验二　一审普通程序模拟审判（A） ··· 65
实验三　一审普通程序模拟审判（B） ··· 72
实验四　二审程序模拟审判（A） ··· 83
实验五　二审程序模拟审判（B） ··· 91

第六章　民法实验 ··· 103
实验一　民事法律行为案例诊断 ··· 103
实验二　表见代理模拟审判 ··· 106
实验三　诉讼时效适用模拟审判 ··· 109
实验四　物权变动案例诊断 ··· 114
实验五　担保物权模拟审判 ··· 117
实验六　侵权责任模拟审判 ··· 120

第七章　合同法实验 …… 126
实验一　合同的起草与谈判 …… 126
实验二　买卖合同中的当事人权利义务 …… 128

第八章　婚姻家庭法实验 …… 133
实验一　离婚纠纷诉讼模拟审判 …… 133
实验二　法定继承纠纷模拟审判 …… 136

第九章　知识产权法实验 …… 143
实验一　著作权争议案例模拟审判 …… 143
实验二　商标权争议案例模拟审判 …… 148
实验三　专利权争议案例模拟审判 …… 153

第十章　商法实验 …… 160
实验一　股票 IPO 实验 …… 160
实验二　汇票的填写与流转 …… 164
实验三　保险合同的订立 …… 168

第十一章　环境与资源法实验 …… 173
实验一　环境法律责任 …… 173
实验二　环境行政处罚模拟 …… 183
实验三　环境影响评价 …… 188

第十二章　经济法学实验 …… 196
实验一　市场监管法案例模拟（消费者权益保护法） …… 196
实验二　市场监管法案例模拟（反不正当竞争法） …… 200
实验三　市场监管法案例讨论（反垄断法） …… 203

第十三章　司法文书学实验 …… 207
实验一　刑事案件文书写作 …… 207
实验二　民事案件文书写作 …… 217

第十四章　律师学实验 …… 226
实验一　刑事案件的模拟法庭审判 …… 226
实验二　律师辩论比赛 …… 232

第十五章　劳动与社会保障法实验 …… 243
实验一　劳动合同案例模拟 …… 243
实验二　就业歧视诉讼实验 …… 247

第十六章　仲裁法实验 …… 257
实验一　仲裁管辖权 …… 257
实验二　仲裁审理程序 …… 262

第十七章　物证技术学实验 …… 270
实验一　用机械式照相机拍摄物证 …… 270
实验二　无色汗液指纹的提取 …… 273
实验三　室外立体鞋印的提取 …… 275

实验四　从盗窃案件现场提取相关物证 …………………………………… 276
　　实验五　笔迹的同一认定 ……………………………………………………… 279
　　实验六　"502"胶显现潜在指纹 …………………………………………… 282
第十八章　犯罪现场调查与模拟审判 …………………………………………… 284
　　实验一　十指指纹卡的制作 …………………………………………………… 284
　　实验二　无色汗液指纹的提取 ………………………………………………… 285
　　实验三　平面足迹的提取 ……………………………………………………… 286
　　实验四　立体足迹的提取 ……………………………………………………… 287
　　实验五　参观枪械实验室 ……………………………………………………… 288
　　实验六　100元券人民币的鉴定 ……………………………………………… 289
　　实验七　故意杀人案现场勘查 ………………………………………………… 291
　　实验八　参观人体标本实验室 ………………………………………………… 294
　　实验九　讯问记录的制作 ……………………………………………………… 295
　　实验十　故意杀人案模拟审判 ………………………………………………… 298

第一章　行政法与行政诉讼法实验

实验一　不服房屋登记行政行为纠纷（一审）

一、实验目的

1. 通过组织参与实验，使学生深刻体会行政诉讼的特点。
2. 理论联系实际，运用所学知识解决实际问题。
3. 掌握行政诉讼第一审程序的各环节。

二、实验原理

行政诉讼中被告对具体行政行为的合法性承担举证责任。

三、实验器材

审判席、警服、法官服、检察官服、律师袍、照相机等。

四、实验步骤

1. 介绍案情，使学生对案件的发生发展有一个全面的了解。
2. 组织学生进行讨论，确定案件的争议焦点。
3. 确定角色，包括合议庭组成人员、原告、被告、代理人、证人、法警等。一组完成后，进行角色互换。
4. 组织演练，具体指导，让学生充分掌握案情以及自己的角色定位，并指导学生进行相应的文书写作，包括起诉书、答辩状、代理词、判决书等。

五、思考题

总结行政诉讼第一审程序的特点。

六、实验素材（也可另选案例）

（一）案情简介及诉讼请求

原告王四与第三人王大系兄弟关系。双方父母曾在××街2号置办院落一座，其上有房屋四间，其中北房两间，南房两间。二十世纪七八十年代，父母先后去世，母亲去世时留有遗嘱一份，遗嘱中对该处房产在第三人王大、原告、姐姐王美间进行分割，遗嘱中如此表述："××街的房子，南房东一间给王大，西一间给女儿，北房间半让王四居住，总产权由王四管理……"

2005年2月13日，第三人将其继承得来的南房东一间以9000元的价格转让给原告，同年9月12日，原告将转让款交给了第三人，双方有字据为证。该房后由原告实际居住使用。

2010年4月21日，在原告不知情的情况下，第三人与姐姐王美向被告××市房产局提出申请，称三家协商同意将原有的房产证（共有证）分为三户的产权证，并在申请的落款处伪造了王四的签名。随后被告给王大颁发了房权字第0003090号房屋所有权证。

诉讼请求：

判令撤销被告为第三人颁发的房权字第0003090号房屋所有权证。

争议焦点及双方主要观点：

1. 被告向第三人颁发房屋所有权证的依据为第三人向被告递交的分割房屋申请书，而该申请书系第三人伪造原告签字，原告对房屋分割事宜根本不知情。

2. 争议房屋第三人于2005年2月13日已转让给原告。

3. 被告作为房屋登记的行政管理机关，对第三人在办理房产证时隐瞒真实情况、提供虚假材料等非法手段疏于审查，将已经转让给原告所有的南房东一间为第三人颁发了并房权字第0003090号房屋所有权证，此种错误颁发房屋所有权证的行为应予以撤销。

支持代理意见的主要法律依据及证据：

1. 《转让房屋协议书》及附表

2. 遗嘱

法律依据：

1. 《行政诉讼法》十一条

2. 《城镇房屋所有权登记暂行办法》第五条、第七条

（二）主要角色：（横线上填写扮演者姓名）

审判长_____

审判员_____

审判员_____

书记员_____

法警1_____

法警2_____

被告_____

被告代理人_____

原告_____

原告代理人_____

第三人_____

第三人代理人_____

七、审理程序（可参考海南省高级人民法院《行政诉讼第一审程序庭审操作规范（试行）》）

（一）开庭准备和开庭宣布

1. 庭前准备工作

书记员应先期到达法庭，做好以下开庭前准备工作：

（1）宣布：请诉讼参加人入庭就坐。检查诉讼参加人出庭情况。如有一方诉讼参加人未到庭的，应立即报告审判长处理。

（2）宣布：请诉讼参加人出示身份证件。到案前核对诉讼参加人的身份。如确认有证人、鉴定人、勘验人、检查人、专家出庭的，还应核对其身份后请其退席，等候传唤。

（3）核实《当事人诉讼权利义务告知书》、《举证通知书》、《告知审判庭组成人员通知书》和开庭《传票》及《通知书》以及诉状等诉讼材料的收悉情况。

（4）公开开庭的，应当检查参加旁听的人员是否适合，是否有现场采访的记者。

如发现有未成年人（经批准的除外）、精神病人和醉酒的人以及其他不宜旁听的人旁听开庭的，应当请其退出法庭。

如发现有记者到庭采访，应当确认其是否办理审批手续。如未经批准，不得录音、录像或者摄影，但应当允许记者作为旁听人员参加旁听和记录。

2. 宣布法庭规则和法庭纪律

书记员宣布：现在宣布法庭规则和法庭纪律。法庭规则和法庭纪律的具体内容以《法庭规则》的有关规定为准。另外可以特别提示：全体人员应当关闭手机和传呼机的铃响。

3. 法官入庭和报告庭审前准备情况

书记员宣布：全体起立！然后审判长、审判员（人民陪审员）入庭。

待法官坐定后，书记员宣布：请坐下。

如果法官在书记员做准备工作或宣布法庭纪律时进入法庭的，书记员应中止手头工作，主持法官入庭仪式后，再恢复手头的工作。

准备工作就绪后，书记员向审判长报告庭审前准备工作情况：

（1）出庭的诉讼参加人有：……

（2）出庭的其他诉讼参与人有：……

（3）经批准到庭旁听采访的新闻单位及记者有：……

最后，书记员报告：法庭准备工作就绪，请审判长主持开庭。

4. 核对确认诉讼参加人的身份

在书记员已核对诉讼参加人身份的基础上，审判长简单核对即可。

经征询各方当事人：对对方出庭人员的身份是否有异议。经各方当事人确认无异后，即宣布：经法庭当庭核对确认，出庭的诉讼参加人符合法律规定，准予参加本案的庭审活动。

5. 宣布开庭

审判长先敲击法槌，然后庄严宣布：……人民法院现在开庭！

开庭宣布也可以在核对确认诉讼参加人的身份之前，或者在宣布法庭调查之前。

6. 宣告案名、案件由来、审理程序和方式

宣告案名：本庭现审理的是：原告×××诉（与）被告×××及第三人×××（案由）一案。

宣告案件由来：原告×××因不服被告×××（时间和被诉具体行政行为），于…（时间）向本院提起诉讼；本院于…（受理时间）决定受理本案。如有追加当事人、延长审限、召开预审庭等情形的，应一并予以说明。本案系再审案件、合并审理案件的，还应当说明。

宣告审理的方式和程序：依照《中华人民共和国行政诉讼法》的规定，本庭依照第一审程序，公开开庭审理本案。如不公开开庭审理的，应当说明理由。

7. 介绍审判人员

审判长宣告：本院受理本案后，依法组成合议庭。然后具体介绍合议庭组成人员和书记员，并说明其基本职务情况。如果合议庭组成人员和书记员临时变更的，应当予以说明，并征求当事人意见。当事人要求延期审理的，法庭应当准许。当事人确认无异议的，庭审活动得以继续进行。

8. 告知诉讼权利义务，并征询申请回避意见

在开庭前已经将《当事人的权利义务告知书》送达各方当事人的基础上，审判长逐一询问各方当事人：是否知悉自己在诉讼中的权利和义务？

在当事人确认知悉诉讼权利义务后，审判长逐一询问各方当事人：是否申请合议庭成员和书记员回避？如果当事人提出回避申请，应当要求其说明理由。当事人提出回避的理由属于法定的回避事由的，法庭不必审查该理由是否成立即宣布休庭。当事人确认不提出回避申请的，庭审活动得以继续进行。

9. 宣告庭审的阶段

审判长宣布：庭审活动分为法庭调查、法庭辩论、当事人最后陈述和休庭评议后进行宣判。如果系行政赔偿案件，应当在当事人最后陈述后进行法庭调解，调解不成的，法庭再休庭评议和宣判。

审判长还可以强调：各方当事人应当正确行使诉讼权利，切实履行诉讼义务，遵守法庭规则，服从法庭指挥，确保庭审活动的顺利进行。

庭审活动一般由审判长主持。根据庭审的需要，审判长也可以委托其他合议庭法官主持部分庭审活动。但应向诉讼参加人说明。

10. 诉讼指导

在庭审过程中，当事人可以要求法庭对诉讼权利义务、诉讼风险和举证责任的具体内容予以释明。法庭也可以对诉讼能力比较低的当事人给予适当诉讼指导，以确保审判的公正和公平。

（二）法庭调查

1. 宣布法庭调查

主持人宣布：现在进行法庭调查。

法庭可对法庭调查顺序予以说明：法庭调查一般按当事人陈述、归纳小结、当事

人当庭举证、当庭质证、法庭认证的顺序进行。

2. 当事人陈述

组织当事人陈述的程序参照预备庭中的"当事人陈述"的程序进行。

实践中，如果已召开预备庭，并已组织当事人陈述的，法庭认为再行组织当事人陈述已无实际必要的，经作必要的说明后可以省略或者简略进行。

3. 归纳小结

庭审归纳小结的程序参照预备庭中的"归纳小结"的程序进行。

（1）主持人归纳诉讼请求：本案的诉讼请求是……

（2）主持人归纳当事人没有争议的事实：当事人没有争议的事实有……

如果当事人没有争议的事实能够直接认定的或者部分能够直接认定的，经说明后即当庭宣布：以上事实，各方当事人陈述一致或均予认可，足以认定。并宣告：以上经法庭认定的事实，无须当事人举证、质证。

实践中，如果当事人对案件事实没有或者基本没有争议，且根据当事人陈述即可直接认定全案事实的，经合议庭评议确认后，即可宣布法庭调查结束。

（3）主持人归纳诉讼争议的焦点：本案诉讼争议的焦点有……

（4）主持人归纳证据交换或者举证的情况：当事人提供的证据的情况如下……

（5）在庭审归纳小结的基础上，经合议庭事先评议或者当庭评议确定法庭进一步调查的范围：法庭进一步调查的范围如下……

法庭确定调查的范围时无须征询当事人的意见。法庭调查的范围不以当事人诉讼争议的内容为限；但二者不一致的，法庭应予以释明。

法庭调查的范围确定后，法庭还宣布：当事人当庭举证、质证应当围绕法庭确定的范围进行。

4. 当庭举证

法庭调查范围内的事项应当逐一、有序地展开调查。确定法庭调查的具体事项后，主持人宣布：现在，法庭调查……请当事人当庭举证。然后指示当事人当庭出示证据和进行说明。由法庭调取的证据由法庭或者申请调取该证据的当事人出示和说明。

法庭应当引导举证当事人根据具体调查事项，有针对性地提供证据材料。具体包括：

（1）书证和物证，应出示原件、原物；不能出示原件原物的，可以出示复印件、复制品、照片或者抄录件等，并说明证据的名称、种类、来源、内容以及证明对象等。

（2）视听资料，应出示原始载体并当庭播放；不能出示原始载体或者当庭播放有困难的，可以以其他方式播放或者提供抄录件等，并说明证据的名称、种类、来源、内容以及证明对象等。

（3）证人书面证言、鉴定结论、勘验笔录、检查笔录应当出示原件，说明证人、鉴定人、勘验人、检查人因故未出庭作证的理由，并说明证据的名称、种类、来源、内容以及证明对象等。

如证人、鉴定人、勘验人、检查人以及专家出庭作证的，另按出庭作证的程序举证、质证。

5. 当庭质证

举证完毕，主持人宣布：请当事人质证。

当庭质证一般以"一举一质"或"类举类质"的方式进行。

法庭应当引导当事人围绕证据的真实性、关联性、合法性，针对证据证明力有无以及证明力大小，进行辨认与辩驳。质证时，法庭应当引导质证当事人首先做出是否认可的意思表示。如不认可，应提出具体的理由，并组织当事人展开质辩。法庭不得把质辩作为法庭辩论的内容，制止当事人在质证中进行质辩。

质辩至少进行一个轮回。即在质证当事人提出反驳的基础上，主持人宣布：请×××（举证当事人）辩解。举证当事人辩解后，宣布：请×××（质证当事人）辩驳。法庭认为有必要，可以组织当事人进行多轮次的质辩。

在质证中，质证当事人提出相应的反证的，法庭应当庭组织举证和质证。

6. 证人、鉴定人、勘验检查人以及专家出庭作证和当庭质证

（1）传唤。在当庭举证的过程中，举证当事人申请传唤证人出庭作证的，应向法庭提出。经法庭审查准许后，主持人即宣布：传×××到庭。

（2）保证。证人出庭就座后，主持人宣布：请证人报告本人的基本情况，并说明与本案当事人的关系。在确认其知道作证的权利和义务以及作伪证应当承担的法律责任后，请证人当庭保证或者在保证书上签名。

（3）作证。证人出庭作证陈述的一般顺序：（1）根据法庭提示的调查事项，证人就其了解的事实作连贯性陈述；（2）举证当事人发问，法庭指示证人答问；（3）质证当事人发问，法庭指示证人答问。法庭根据需要也可以发问。当事人或者证人对发问有异议的，可以向法庭提出。异议是否成立，由合议庭评议确定。

（4）退庭。证人回答发问结束后组织质证。主持人宣布：请证人退庭。可提示证人退庭后到休息室休息，休庭后还要审阅笔录和签名。如果需要再次出庭的再行传唤。

（5）质证。针对证人证言，法庭组织当事人进行举证说明和当庭质证。主持人先宣布：请×××（举证当事人）说明。举证当事人说明后，主持人宣布：请×××（质证当事人）质证。法庭可以组织质辩。

鉴定人、勘验检查人、专家出庭作证的具体程序，参照证人出庭作证的程序执行（除出具保证外）。

7. 当庭认证

证据经当庭举证、质证后，合议庭当庭评议或者暂时休庭评议，对证据进行审查核实并做出认证结论。能够当庭宣布认证结论的，由审判长当庭宣布；不能当庭宣布的，在下次开庭时或者宣判时宣布。不能当庭认证的，应当向当事人做出说明。

认证结论的表述主要有以下两种方式：

（1）确认证据足予采信的，认证结论为：经合议庭评议确认，……（证据名称）内容真实，形式合法，可以作为认定……（案件事实）的根据。

完整的认证结论包括两部分内容：一是确认证据的有效性；二是有效证据可以证明的案件事实。如果法庭不能当庭做出完整的认证结论的，可以做出部分认证结论：

(1) 确认证据的真实性、合法性、关联性及其证明效力，至于该证据可以作为认定案件哪一具体事实的根据，可另行评议确认。(2) 或者仅确认证据的真实性、或合法性、或关联性；至于该证据是否有证明效力，可另行评议确认。法庭当庭不能做出完整的认证结论的，应予以说明，避免当事人产生歧义。

（2）确认证据不予采信的，认证结论为：经合议庭评议确认，……（证据名称），因……（不予采信的理由），故不能作为本案认定事实的根据（不予采信）。

证据不予采信的理由包括：（1）证据缺乏真实性、或合法性、或关联性，以致没有证明效力，故不能作为本案认定事实的根据；（2）该证据虽然有证明效力，但与其他证据相冲突，经比较证明力大小而不予采信，故不能作为本案认定事实的根据。还有些证据不能简单地审查其"三性"，而是因为"孤证"，不能单独作为认定案件事实的根据。

8. 发问和答问

法庭根据案件审理的需要，可以给当事人相互发问的机会。

主持人宣布：当事人有问题需要向对方当事人发问的，经法庭许可，可以发问。经逐一征询各方当事人，如果当事人申请发问的，请发问。法庭审查确认后，指示被问当事人答问。

法庭根据案件审理的需要，也可以向当事人发问。

当事人对发问有异议的，可以向法庭提出。异议是否成立，由合议庭评议确定。

9. 其他事项的调查

法庭调查范围内的调查事项调查完毕后，可以征询当事人：是否还有其他事实需要调查或者有其他证据需要出示。

当事人申请调查其他事实，经法庭评议许可后，组织当事人当庭举证、质证。如果法庭经评议认为无调查必要的，可以驳回当事人的申请。

当事人申请出示其他证据的，应当说明理由和证明的对象。经法庭审查后决定是否进行质证和认证。如属于无须举证、质证范围内的证据，可以驳回当事人举证的申请。

10. 宣布法庭调查结束

经确认各方当事人没有新的证据提供和其他事实需要调查后，主持人宣布：法庭调查结束。

（三）法庭辩论

1. 宣布法庭辩论

主持人宣布：现在进行法庭辩论。

主持人可以确定法庭辩论的范围：当事人应当围绕各自的诉讼请求或者诉讼主张，主要围绕法律的具体适用问题展开辩论。

当事人对证据和事实的认定产生的争议属于法庭调查的内容，一般不应作为法庭辩论的范围。

主持人可以强调法庭辩论规则：在法庭辩论中，辩论发言应当经法庭许可；注意用语文明，不得使用讽刺、侮辱的语言；语速要适中，以便法庭记录；发言的内容应当避免重复。在法庭辩论的过程中，如有违反规则的言行，法庭应予制止。

主持人说明法庭辩论阶段：法庭辩论分为对等辩论和互相辩论。

法庭认为不需要明确划分对等辩论和互相辩论阶段的，也可以灵活掌握。

2. 对等辩论

主持人宣布：首先由当事人进行对等辩论。随即指示原告、被告、第三人依次进行辩论发言。

辩论发言一般不宜重复诉状的内容。

一轮辩论结束，法庭可根据实际情况决定是否进行下一轮辩论；如进行下一轮辩论的，应强调发言的内容不宜重复。

法庭根据需要可限定每一轮次各方当事人辩论发言的时间。

3. 互相辩论

主持人宣布：现在进行互相辩论。

主持人应当告知：当事人要求辩论发言的，可以向法庭举手示意。经法庭许可，方能发言。

在互相辩论中，当事人未经许可而进行自由、无序的辩论发言或者辩论发言的内容重复的，法庭应予以制止。

4. 法庭调查阶段的回转

在辩论中发现有关案件事实需要进行调查，或者需要对有关证据进行审查的，应当宣布：中止法庭辩论，恢复法庭调查。

法庭调查结束后，宣布：恢复法庭辩论。庭审活动恢复到中止时的阶段。

5. 宣布法庭辩论结束

在确认各方当事人辩论意见陈述完毕后，主持人即可宣布：法庭辩论结束。

（四）当事人最后陈述

主持人宣布：现在，由当事人陈述最后意见。随即指示原告、被告、第三人依次作最后陈述。

当事人最后陈述的内容，主要是归纳本方诉讼意见，以及就案件的具体处理，向法庭提出最后请求。最后陈述的内容应简明扼要，言简意赅。

在当事人作最后陈述时，法庭有必要给予当事人一次自由的发言机会，以切实保障当事人充分表达思想的权利；同时也可以满足当事人的心理需求，在一定程度上有利于提高审判的法律效果和社会效果。因此，合议庭成员应当认真、耐心听取当事人陈述。法庭一般情况下不宜打断或制止当事人发言。

（五）休庭、评议和宣判

1. 宣布休庭

审判长先宣布：现在休庭。然后敲击法槌。

宣布休庭后应告知当事人复庭的时间；如果决定不当庭宣判的，应当告知宣判的时间或者交待：宣判时间另行通知。

2. 法官退庭和评议

决定当庭宣判的，应于休庭后立即进行评议；择期宣判的，应在庭审结束后五个工作日内进行评议。

合议庭评议案件时，先由承办法官对认定案件事实、证据是否确实、充分以及适用法律等发表意见，审判长最后发表意见；审判长作为承办法官的，由审判长最后发表意见。对案件的裁判结果进行评议时，由审判长最后发表意见。审判长应当根据评议情况总结合议庭评议的结论性意见。合议庭成员应当认真负责，充分陈述意见，独立行使表决权，不得拒绝陈述意见或者仅作同意与否的简单表态。同意他人意见的，也应当提出事实根据和法律依据，进行分析论证。

评议后，合议庭应当依照规定的权限，及时对已经评议形成一致或者多数意见的案件直接做出判决或者裁定。

3. 法官入庭和宣布继续开庭

庭审准备就绪，书记员宣布：全体起立，请审判长、审判员（人民陪审员）入庭。

待法官坐定后，书记员再宣布：请坐下。

审判长敲击法槌后，即宣布：现在继续开庭。

4. 宣布评议结果

原定当庭宣判的，但经合议庭评议后未能做出裁判或评议决定不当庭宣判的，审判长应予说明，后宣布休庭。

经合议庭评议，能够当庭宣判的，审判长应宣告：经过合议庭评议，评议结论已经做出。现予宣布……

宣判的内容包括：（1）认证结论（先前已宣布的认证结论除外）；（2）裁判理由（3）裁判结果以及诉讼费的负担。关于当事人的基本情况、案由、当事人陈述等部分内容，在当庭宣判时无须宣读。

在审判长宣告裁判结果（主文）前，由书记员宣布：全体人员起立。合议庭成员和书记员，以及诉讼参加人、旁听人员均应起立。

宣读完毕，审判长敲击法槌；然后书记员宣布：请坐下。

5. 征询意见

宣判后，审判长依次询问当事人：对本判决（裁定）有何意见？

当事人陈述意见后，审判长不必与当事人纠缠，指示书记员：请将当事人的意见记录在案。

6. 交待诉权和说明文书的送达方式

当庭宣判的，审判长宣布：如不服本判决（裁定），可在判决（裁定）书送达之日起＿＿＿日内，向本院递交上诉状，并按对方当事人的人数提出副本，上诉于……法院。

书面文本的说明：除判决（裁定）结果外，本判决（裁定）的其他具体内容以书面文本为准。

文书送达的说明。经询问确认当事人或者其诉讼代理人、代收人同意在指定的期间内到人民法院接受送达的，审判长宣告：请当事人于…（时间）到…（地点）领取判决书（裁定书）。无正当理由逾期不来领取的，视为送达。当事人要求邮寄送达的，审判长宣告：法庭将根据当事人确认的地址邮寄送达。邮件回执上注明的收到或者退回之日即为送达之日。

7. 宣布闭庭

审判长宣布：庭审结束。现在宣布——闭庭！然后敲击法槌。

书记员宣布：全体起立！

待合议庭成员退庭后，宣布：散庭。诉讼参加人和旁听人员方退庭。

8. 审阅笔录的说明

散庭后，书记员向诉讼参与人交待阅读法庭笔录的时间和地点。能够当庭阅读庭审笔录的，请诉讼参与人阅读并签名。

诉讼参加人认为笔录有误，可以要求书记员更改；是否同意修改，应当由书记员决定。书记员不同意更改的，诉讼参与人可以予以注明或者提交书面说明附卷。

实验二　不服土地登记行政行为纠纷

一、实验目的

1. 通过组织参与实验，使学生深刻体会行政诉讼的二审特点。
2. 理论联系实际，运用所学知识解决实际问题。
3. 掌握二审程序和一审程序的关系。

二、实验原理

二审法院审理上诉案件，依照第二审程序进行。第二审程序没有规定的，适用第一审普通程序的有关规定。

三、实验器材

审判席、警服、法官服、检察官服、律师袍、照相机等。

四、实验步骤

1. 介绍案情，使学生对案件的发生发展有一个全面的了解。
2. 组织学生进行讨论，确定案件争议焦点。
3. 确定角色，包括合议庭组成人员、上诉人、被上诉人、代理人、证人、法警等。一组完成后，进行角色互换。
4. 组织演练，具体指导，让学生充分掌握案情以及自己的角色定位，并指导学生进行相应的文书写作，包括起诉书、答辩状、代理词、判决书等。

五、思考题

第二审程序的审查范围是什么？

六、实验素材

1. 案情简介（也可另选案例）

张华与王东系夫妻关系，王林系王东与张华之子，王东 1980 年去世。1950 年王东购买××村土地一块并在上面建造房屋八间（××村 21 号院）。1951 年 9 月 1 日，王东领取土地房产所有权证。1959 年，王强从外地回到××村后，王东就将该院借给王强居住。2011 年 10 月份，王林找到王强索要房屋时，王强交给王林一份集体土地建设用地使用权证的复印件，且只有一页，上面记载土地使用者的名字为王强，发证日期为 1992 年 12 月 19 日，发证机关为××市国土资源局。后查明，该集体土地建设用地使用权证的号码为 0119432。

作为该块土地使用权和土地上房屋所有权的共有人和继承人张华，作为该块土地使用权和房屋所有权的继承人王林，××市国土资源局的行为严重损害了张华和王林的合法权益，故张华和王林提起诉讼。诉讼请求是依法撤销××市国土资源局为第三人王强颁发的集体土地建设用地使用权证。一审法院经过开庭审理，做出判决，维持被告××市国土资源局为第三人颁发的集体土地建设用地使用权证。原告王林和张华不服，提起上诉。上诉请求是撤销一审判决，撤销被上诉人为第三人颁发的 0119432 号集体土地建设用地使用权证。

2. 双方的主要观点及争议焦点

被上诉人认为：（1）0119432 号《集体土地建设用地使用证》发证事实清楚，程序合法；（2）原告的主张没有法律依据，原告依据的是"1951 年土地房产所有权证，而此类的证件、契约等早在 1985 年《宅基地使用证》颁发后就作废了。第三人王强 1992 年领取的《集体土地建设用地使用证》时的权属来源是 0119213 号《宅基地使用证》，该证明确记载有"此证受法律保护，此证发放后，其他契约、证件一律作废"。

上诉人认为：××村 21 号院中的房屋为王东所有，土地使用权也为王东所有。而被告××市国土资源局 1992 年却错误的将该块土地的使用权证书又颁发给第三人王强，被告的行为程序和内容都属违法。

争议焦点为 0119432 号《集体土地建设用地使用证》应否撤销。

3. 所调取的证据及其他相关证据的主要内容和可证明的事项

（1）1951 年 9 月 1 日土地房产所有证。

证明内容：1951 年 9 月，××县××村人民政府为王东颁发了土地房产所有权证，证书记载，"房产供给房屋八间……东街二十一号院"，本案争议房屋土地使用权为王东，地上房屋的所有权为王东，王林有继承权，张华有财产共有权和继承权。

4. 法律依据

（1）1989 年 7 月 5 日《国家土地管理局关于确定土地权属问题的若干意见》中：（三十三）非农业户口居民原在农村的宅基地，凡房屋产权没有变化的，可依法确定其集体土地建设用地使用权。

（2）1989 年《土地登记规则》

第十条 国有土地使用权由使用国有土地的单位及法人代表或者使用国有土地的

个人申请登记；农村集体土地所有权，由村民委员会或农业集体经济组织及法人代表申请登记；

农村集体土地建设用地使用权，由使用集体土地的单位及法人代表或者使用集体土地的个人申请登记；他项权利需要单独申请的，由有关权利者申请登记。

委托他人代理申请土地登记的，委托代理人必须向土地管理部门提交委托书和委托人、委托代理人双方的身份证明。

第十一条 以宗地为基本单元进行登记。拥有或使用两宗以上土地的土地使用者或土地所有者，应分宗申请。

两个以上土地使用者共同使用一宗地的，应分别申请。

跨县级行政区使用土地的，应分别向土地所在地的县级人民政府土地管理部门申请。

第十二条 土地登记申请者申请土地使用权、所有权和他项权利登记，必须向土地管理部门提交下列文件资料：

（1）土地登记申请书；
（2）土地登记申请者的法人代表证明、个人身份证明或户籍证明；
（3）土地权属来源证明；
（4）地上附着物权属证明。

第十八条 登记申请的审核结果由土地管理部门予以公告。公告的主要内容如下：
（1）土地使用者、土地所有者、他项权利拥有者的名称、地址；
（2）准予登记的土地权属性质、面积、座落；
（3）土地使用者、土地所有者、他项权利拥有者及其他有关土地权益者，提出异议的期限、方式和受理机关；
（4）其他事项。

第二十一条 公告期满，土地使用者、土地所有者、他项权利拥有者及其他土地权益有关者，对土地申请登记审核结果未提出异议的，报经人民政府批准后，进行注册登记。

土地登记簿（土地登记卡组装）是土地使用权、土地所有权和他项权利注册登记的簿册，是最基本的土地权属文件和法律依据。根据土地登记卡填写土地证书、土地归户卡。

第三十条 宗地合并或一宗地分割为两宗以上宗地时，有关各方应持合并或分割协议书及其他合法的证明文件到土地管理部门申请变更土地登记。

审理程序（可参考海南省高级人民法院《行政诉讼第二审程序庭审操作规范（试行）》）：

（一）开庭准备和开庭宣布

1. 庭前准备工作

书记员应先期到达法庭，做好开庭前准备工作。

2. 宣布法庭纪律

诉讼参加人在二审庭审时有变化的，书记员在宣布法律纪律的同时，可以宣布法庭规则。

3. 法官入庭和报告庭审前准备情况

法官就座，报告开庭前准备情况后，书记员报告：法庭准备工作就绪，请审判长主持开庭。

4. 核对确认诉讼参加人的身份

经核对，并征询各方当事人确认无异后，即宣布：经法庭当庭核对确认，出庭的诉讼参加人符合法律规定，准予参加本案的庭审活动。

5. 宣布开庭

审判长先敲击法槌，然后庄严宣布：……人民法院现在开庭！

6. 宣告案名、案件由来、审理程序和方式

宣告案名：本庭现审理的是：…（原告在二审中的称谓）×××诉（与…（被告在二审中的称谓）×××及…（第三人在二审中的称谓）×××…（案由）一案。

宣告案件由来：上诉人×××因本案，不服…（一审法院）于…（时间）做出的……（判决或者裁定名称和案号），于…（时间）向本院提起上诉；本院于…（受理时间）决定受理本案。如延长审限、召开预审庭等情形的，应一并说明。

宣告审理的方式和程序：依照《中华人民共和国行政诉讼法》的规定，本庭依照第二审程序，公开开庭审理本案。如不公开开庭审理的，应当说明理由。

7. 介绍审判人员和征询回避意见

二审法院不必再行书面告知当事人诉讼权利义务。如有必要，法庭当庭告知当事人的诉讼权利义务相关的内容即可。

当事人确认不提出回避申请的，审判长还可以强调：各方当事人应当正确行使诉讼权利，切实履行诉讼义务，遵守法庭规则，服从法庭指挥，确保庭审活动的顺利进行。

（二）法庭调查

1. 宣布法庭调查
2. 当事人陈述

在当事人陈述之前，法庭可以宣布原审判决或者裁定的主要内容。

当事人宣读诉状或者简要陈述上诉请求或者主张，以及所依据的事实和理由后，法庭认为有必要，可以组织当事人补充陈述和发问陈述。

3. 归纳小结

主持人宣布：根据当事人陈述，结合案件的其他诉讼材料，法庭归纳小结以下几个方面的内容：……

具体内容包括：（1）上诉人的上诉请求；（2）当事人没有争议事实；（3）诉讼争议的焦点；（4）当事人举证、质证和原审认证的情况；（5）法庭进一步调查的范围。

法庭调查的范围确定后，法庭还宣布：当事人当庭举证、质证应当围绕法庭确定的范围进行。

4. 当庭举证

逐一确定法庭调查的具体事项后，主持人宣布：现在，法庭调查……请当事人当庭举证。然后指示当事人当庭出示证据并说明。

5. 当庭质证

举证完毕，主持人宣布：请当事人质证。

质证时，法庭应当引导质证当事人首先做出是否认可的意思表示。如不认可，应提出具体的理由，并组织当事人展开质辩。

6. 证人、鉴定人、勘验检查人以及专家出庭作证和当庭质证

7. 当庭认证

证据经当庭举证、质证后，合议庭当庭评议或者暂短休庭评议，对证据进行审查核实并做出认证结论。能够当庭宣布认证结论的，由审判长当庭宣布；不能当庭宣布的，在下次开庭时或者宣判时宣布。不能当庭认证的，应当向当事人做出说明。

8. 发问和答问

法庭根据案件审理的需要，可以给当事人相互发问的机会。

9. 其他事项的调查

10. 宣布法庭调查结束

经确认各方当事人没有新的证据提供和其他事实需要调查后，主持人宣布：法庭调查结束。

（三）法庭辩论

1. 宣布法庭辩论

2. 对等辩论

3. 互相辩论

4. 宣布法庭辩论结束

在确认各方当事人辩论意见陈述完毕后，主持人即可宣布：法庭辩论结束。

（四）当事人最后陈述

主持人宣布：现在，由当事人陈述最后意见。随即指示上诉人、被上诉人、原审当事人依次作最后陈述。

（五）休庭、评议和宣判

1. 宣布休庭

审判长先宣布：现在休庭，然后敲击法槌。

宣布休庭后应告知当事人复庭的时间；如果决定不当庭宣判的，应当告知宣判的时间或者交待：宣判时间另行通知。

2. 法官退庭和评议

决定当庭宣判的，应于休庭后立即进行评议；择期宣判的，应在庭审结束后五个工作日内进行评议。

3. 法官入庭和宣布继续开庭

庭审准备就绪，书记员宣布：全体起立——请审判长、审判员入庭。

待法官坐定后，书记员再宣布：请坐下。

审判长敲击法槌后，即宣布：现在继续开庭。

4. 宣布评议结果

原定当庭宣判的，但经合议庭评议后未能做出裁判或评议决定不当庭宣判的，审判长应予说明，后宣布休庭。

经合议庭评议，能够当庭宣判的，审判长应宣告：经过合议庭评议，评议结论已经做出。现予宣布……

宣判的内容包括：（1）认证结论（先前已宣布的认证结论除外）；（2）裁判理由（3）裁判结果以及诉讼费的负担。

关于当事人的基本情况、案由、当事人陈述等部分内容，在当庭宣判时无须宣读。

在审判长宣告裁判结果（主文）前，由书记员宣布：全体人员起立。合议庭成员和书记员，以及诉讼参加人、旁听人员均应起立。

宣读完毕，审判长敲击法槌；然后书记员宣布：请坐下。

5. 征询意见

宣判后，审判长依次询问当事人：对本判决（裁定）有何意见。

当事人陈述意见后，审判长不必与当事人纠缠，指示书记员：请将当事人的意见记录在案。

6. 说明文书的送达方式

书面文本的说明：除判决（裁定）结果外，本判决（裁定）的其他具体内容以书面文本为准。

文书送达的说明。经询问确认当事人或者其诉讼代理人、代收人同意在指定的期间内到人民法院接受送达的，审判长宣告：请当事人于…（时间）到…（地点）领取判决书（裁定书）。无正当理由逾期不来领取的，视为送达。当事人要求邮寄送达的，审判长宣告：法庭将根据当事人确认的地址邮寄送达。邮件回执上注明的收到或者退回之日即为送达之日。

7. 宣布闭庭

审判长宣布：庭审结束。现在宣布——闭庭！然后敲击法槌。

书记员宣布：全体起立！

待合议庭成员退庭后，宣布：散庭。诉讼参加人和旁听人员方退庭。

8. 审阅笔录的说明

参考文献

[1] 法律出版社法规中心编：《行政办案手册》. 北京：法律出版社，2009.

第二章 刑事诉讼法实验

实验一 刑事案件的模拟开庭审理（一审）

一、实验目的

学生通过扮演法庭审判的角色，熟悉刑事案件一审的普通程序，巩固已经学过的实体法、程序法、证据和诉讼文书的写作等知识。

二、实验要求

1. 实验前尽可能实地观摩刑事案件一审程序。
2. 掌握刑事诉讼法中对第一审普通程序的相关规定。
3. 掌握相关文书写作的基本知识。

三、实验原理

第一审程序是人民法院审判活动的基本程序，是刑事诉讼中极为重要的阶段。无论是公诉案件还是自诉案件，都首先要经过人民法院的第一审审判，从第一审程序开始，人民法院对案件进行实体审理，对事实做出认定，并依照有关法律规定对被告人罪责问题做出裁判。第一审程序是人民法院审判活动的基本程序，第一审程序中的许多规定是其他审判程序参照执行的标准，在整个审判程序乃至刑事诉讼中都居于十分重要的地位。

四、实验器材

模拟法庭、多媒体、警服、法官服、检察官服、律师袍等。

五、实验步骤

（一）教师选择典型案例。案例的选择应当有一定的典型性、理论深度或者有争议性有可辩性，但也不宜太复杂。将案例材料（事实、证据等）提供给学生。

（二）学生分组，以小组为单位分析案情、事实，选择适用法律。

（三）学生确定审判角色，并以角色出发，按照各自的职责准备模拟法庭。在开庭前，应当按照要求准备好相应的法律文书，如起诉书、公诉词、辩护词。

（四）按照刑事诉讼程序法的相关规定，做好庭前准备工作，对证据材料等做好准备，对法庭上的发言提前做好准备。

（五）准备好模拟法庭的场景布置情况。按照《人民法庭规则》的要求，桌椅的摆放应参照正式法庭的样式，并配置好法官服、检察官服、其他人员的服装。

（六）庭审过程基本程序如下：

1. 书记员宣读法庭纪律

【书记员】现在宣读法庭纪律：

（1）所有人员都必须服从审判长的指挥；

（2）任何人对合议庭及其成员有意见，均不得当庭指出，可以在休庭以后，以书面形式提出；

（3）未经本院许可，不得记录，不得录音、录相和摄影；

（4）不得鼓掌、喧哗、哄闹，不得开启移动电话、传呼机或实施其他妨碍法庭秩序的行为；

不得吸烟和乱扔乱吐；

（5）旁听人员不得发言，不得随意走动和进入审判区；

（6）违反以上规则的，依法给予警告或者追究刑事责任。

【书记员】请公诉人及相关诉讼参与人入庭。

【书记员】请审判长、审判员、人民陪审员入庭。报告审判长，开庭前的准备工作已经就绪，请审判员开庭。

（敲法锤）

【审判长】×××市×××区人民法院刑事审判第一庭现在开庭。提被告人×××到庭。

（书记员把相关证明给法警，法警把被告人带入法庭）

【审判长】被告人×××请讲一下你姓名、出生日期、民族、出生地、文化程度、职业、住址、哪个学校的学生？何时被拘留？何时被逮捕？

【被告人】……

【审判长】历史上是否受过什么法律处分（处分的种类、时间）？

【被告人】……

【审判长】×××市×××区人民检察院的起诉书副本，你有没有收到？

【被告人】……

【审判长】何时收到？

【被告人】……

【审判长】×××市×××区人民法院今天依法公开审理×××市×××区人民检察院提起公诉的被告人×××涉嫌犯×××罪一案。负责审判本案的合议庭由审判员_____、_____、_____组成，由_____担任审判长，书记员_____担任法庭记录。九州市×××区人民检察院指派代理检察员_____出庭支持公诉。受被告人×××的委托，_____律师事务所律师_____出庭为被告人×××进行辩护。

【被告人】……

【审判长】根据我国刑事诉讼法的有关规定，当事人及其法定代理人、辩护人、诉讼代理人在法庭审理过程中，享有如下诉讼权利：开庭审理时，由审判长核对当事人，宣布案由，宣布审判人员、书记员名单，告知当事人有关的诉讼权利义务，询问当事人是否提出回避申请。回避的意思是，如果你们认为合议庭组成人员、书记员、公诉人与本案有利害关系，或与本案当事人有其他利害关系，可能影响本案的公正审理的，你可以申请上述人员回避，也就是申请换人审理。

【审判长】被告人及其辩护人、诉讼代理人，你是否申请上述人员回避？

【被告人等】……

2. 法庭调查

【审判长】现在进入法庭调查阶段，先由公诉人宣读起诉书。

【公诉人】……

【审判长】公诉人宣读的起诉书，被告人×××你听清楚了吗？

【被告人】……

【审判长】与你收到的起诉书内容一致吗？

【被告人】……

【审判长】被告人×××，你对起诉书指控的事实有无异议？

【被告人】……

【审判长】下面你就起诉书指控的事实，向法庭做简要的陈述。

【被告人】……

【审判长】讲完了吗？

【被告人】……

【审判长】下面公诉人可以就起诉书指控的事实对被告人进行讯问。

【公诉人】……

【被告人】……

（多次来回后）

【审判长】下面辩护人可以对被告人发问。

【辩护人】……

【被告人】……

【多次来回后】……

【辩护人】向法庭报告无问题需要提出。

【审判员】……

【被告人】……

【审判长】下面进行法庭举证质证，首先由公诉人就起诉书指控的事实，向法庭提供证据。

【公诉人】请求传证人×××到庭作证

【审判长】传证人×××到庭，请坐。

【审判长】证人讲一下你的姓名，年龄，职业，与被告人的关系。

【证人】……

【审判长】根据《中华人民共和国刑事诉讼法》第六十条、第一百八十九条的规定，证人应根据法庭的要求，就自己所知道的事实出庭作证，在作证时应客观公正地提供证言，如有意歪曲事实真相，将要承担作伪证的法律责任，证人×××，你听清楚了吗？

【证人】……
【审判长】请你在如实作证的保证书上签字（准备一张纸）。
【证人】签字
【审判长】交给书记员
【审判长】下面首先由公诉人对证人发问。
【公诉人】……
【证人】……
【公诉人】向法庭表示没有其他问题
【审判长】被告人你对证人的证言有什么意见吗？
【被告人】……
【审判长】辩护人对证人有发问的吗？
【辩护人】……
【证人】……
【审判员】……
【证人】……
【审判长】好，那么请证人退庭。
【审判长】请公诉人继续向法庭举证。
【公诉人】公诉人向法庭举证（书证等其他书面证据）
【审判长】请值庭法警将书证交给被告人看，被告人你看一下书证。看清楚了吗？
【被告人】……
【审判长】下面把书证交给辩护人看一下
辩护人看完后
【审判长】交给法庭，（三位审判员互相看了之后），交还公诉人。
【审判长】被告人你对公诉人出示的书证有什么意见吗？
【被告人】……
【审判长】辩护人呢？
【辩护人】……
【审判长】请公诉人继续举证。
【公诉人】……
【审判长】被告人有意见吗？
【被告人】……
【审判长】辩护人呢？
【辩护人】……
【审判长】（向公诉方说）继续吧。
【公诉方】举证完毕。

【审判长】被告人你有证据向法庭提交的吗？
【被告人】……
【审判长】辩护人有证据向法院提交的吗？
【辩护人】有，要求证人×××当庭作证。
【审判长】传证人×××到庭就坐
【审判长】证人讲一下你的姓名，年龄，职业，与被告人的关系。
【证人】……
【审判长】根据《中华人民共和国刑事诉讼法》第六十条、第一百八十九条的规定，证人应根据法庭的要求，就自己所知道的事实出庭作证，在作证时应客观公正地提供证言，如有意歪曲事实真相，将要承担作伪证的法律责任，证人×××，你听清楚了吗？
【证人】……
【审判长】请你在如实作证的保证书上签字。（准备一张纸）
【证人】签字
【审判长】交给书记员。
【审判长】下面首先由辩护人对证人发问。
【公诉人】……
【证人】……
【公诉人】向法庭表示没有其他问题。
【审判长】被告人你对证人的证言有什么意见吗？
【被告人】……
【审判长】公诉人对证人有发问的吗？
【辩护人】……
【审判员】……
【证人】……
【审判长】好，那么请证人退庭。
【审判长】对以上证据，书记员已记录在案，和议庭将进行和议，对取证程序合法的证据，本院将依法采纳。

3. 法庭辩论阶段

【审判长】法庭调查阶段到此结束，现在进行法庭辩论。先由公诉人发表公诉意见。
【公诉人】……
【审判长】下面由被告人×××进行自我辩护。
【被告人】……
【审判长】下面由辩护人发表辩护意见。
【辩护人】……
【审判长】公诉人有无新的出庭意见？
【公诉人】补充发言

【审判长】被告人有无新的自我辩护意见?

【被告人】……

【审判长】辩护人有无新的辩护意见?

【辩护人】没有。

【审判长】法庭辩论终结,下面由被告人做最后陈述(被告人要站起来)

【被告人】……

【审判长】讲完了吗?

【被告人】讲完

【审判长】当庭出示的证据,在休庭后交给法院,下面宣布休庭。合议庭对本案进行评议,15 分钟后继续开庭。把被告人×××带下去。(击锤)

【审判长】现在宣布休庭。

4. 宣判

【审判长】(击锤)下面继续开庭,提被告人到庭。

【审判长】通过刚才的法庭审理,本法庭听取了被告人×××的供述、辩解以及最后陈述,公诉人提请出庭的证人当庭做了证,公诉人向法庭当庭宣读、出示了有关的证据材料。控辩双方对证据进行了质证,并在法庭辩论阶段,充分地阐述了各自的辩论意见。合议庭对本案进行了认真评议,合议庭经评议后认为,证人当庭所说的证言及公诉人员当庭出示宣读的证据材料,形式来源合法,内容相互印证,能作为本案的定案依据。本院予以采纳,下面对本案进行宣判。

【书记员】请全体起立。

【审判长】本院认为:(内容)

(击锤)本判决为口头宣判,判决书将在五日内向你们送达,如不服本判决,可以在接到判决书的第二日起十日内,通过本院或者直接向九州市第一中级人民法院提出上诉,书面上诉的,应提交上诉状正本一份,副本两份,被告人你听清了吗?

【被告人】听清了。

【审判长】下面宣布毕庭,把被告人带出法庭。(击锤)

【书记员】请审判长、人民陪审员退庭。

六、思考题

1. 刑事诉讼法修改后,对刑事案件一审普通程序有哪些修改?
2. 你认为量刑程序在一审中应当如何设置?

七、实验素材

2010 年 9 月 14 日晚 8 时许,被告人汪牧与朋友王宇、刘立到兴旺路"急速数码网吧"上网,赵华及其朋友梁舒也在此上网。期间,刘立与赵华因争座位发生争吵,刘立告诉汪牧说这个人要打他,于是汪牧、刘立就与赵华扭打在一起。打斗中,被害人赵华抄起一把椅子击中了汪牧的头部,汪牧即从随身携带的包中抽出水果刀向赵华猛刺了数刀。被害人赵华经医院抢救无效死亡。经法医鉴定其死亡原因是以右腹股沟区刺创为主要损伤产生的严重失血性休克。作案后,被告人汪牧逃离现场,后于当日到公安机关自首。

实验二 刑事诉讼中"非法证据排除规则"讨论

一、实验目的

通过对非法证据排除规则的讨论,希望学生能够了解该制度的基本内容,国外立法和司法的状况,以及我国设立该规则的背景、理论基础等,并且通过真实案例的分析,对2012年刑事诉讼法规定的非法证据排除的程序有所了解并对我国目前该规则的立法司法状况进行评价。

二、实验要求

1. 掌握非法证据排除规则的含义。
2. 了解美国的"米兰达诉亚利桑那州案"。
3. 了解美国的非法证据排除规则及其例外。
4. 掌握我国的非法证据排除规则的适用范围、适用程序等。

三、实验原理

刑事诉讼中设立"非法证据排除规则"是国外立法发达国家的普遍做法,它是指在刑事诉讼中,对于侦查控诉机关与审判机关采用非法手段收集的证据应当予以排除,不得作为证据采纳。非法证据排除规则在刑事诉讼中的确立,具有保障人权的重要价值。我国原先的刑事诉讼法中没有明确的规定"非法证据排除规则",但2012年刑事诉讼法修改后,在第54条明确了这一规定,表明我国刑事诉讼法中正式确立了"非法证据排除规则"。另外2011年的《关于办理刑事案件排除非法证据若干问题的规定》也对非法证据排除规则做了较为详细的规定。

四、实验器材

模拟法庭、多媒体、图书资料等。

五、实验步骤

1. 教师提前两周提出课题内容,布置学生收集资料。
2. 学生分组,并做搜集资料的工作。
3. 学生对资料的整理、学习、讨论、对该证据规则形成一定的认识,希望能有一定深度。
4. 每个学生围绕讨论题目选择一个重点研究的内容,并将资料消化吸收,整理自己的观点,准备发言材料。
5. 教师组织学生进行课堂发言、讨论和辩论,并应当对学生的观点进行点评和总结。

6. 学生在讨论结束后，应当撰写实验报告。实验报告应当以论文的形式提交，应当符合一般论文的格式要求，要求有摘要、关键词、参考文献等。

六、思考题

围绕所给案例，根据相关法律分析我国非法证据排除规则的使用范围、排除原则、适用阶段及适用程序。

七、实验素材

我国非法证据排除规则适用案例：

2010年7月22日×××在办公室被几名自称是宁波市鄞州区检察院反贪局的人带走，但他并未看到任何包含合法手续的文件。当天，×××被带到某小宾馆接受了一天一夜的轮番审讯。第二天，鄞州区检察院对×××受贿一案立案侦查，并于次日将×××刑事拘留。8月5日，鄞州区检察院对×××进行逮捕。9月29日，×××被异地羁押至嵊州看守所。一个月之后，又被押回宁波看守所。2011年3月底，鄞州区检察院对此案提起公诉，指控×××利用职务之便，多次非法收受他人贿赂一共7.6万元，为他人谋利，并提供了相关证据。在多次延期后，鄞州区法院分别于2011年4月11日、5月11日和6月20日开庭审理了此案。庭审中，×××的辩护律师姜建高提出鄞州区检察院涉嫌非法取证，侦查机关对×××有罪口供的取得采取了刑讯逼供或变相刑讯逼供、诱供、欺骗等手段。根据排除非法证据规定，被告人×××的有罪供述不能作为定案的证据。从7月22日被抓到最后被押回宁波的4个多月时间内，×××多次进行有罪供述，多次翻供，仅当年11月就翻供5次。此外，×××交代的受贿金额屡屡变化。法庭随后还提取了7月28日载明×××体表伤痕的体检登记表，×××也当庭指认伤痕系审讯人员造成。

检察院对此予以否认，并递交了一份侦查机关盖章和侦查人员签名的关于依法办案、没有刑讯逼供、诱供等违法情况的说明。

法庭因×××确实存在体表伤痕，于是转而要求公诉方证明没有进行刑讯逼供。在公诉方没有提供充分证明的情况下，法院将×××的有罪供述直接予以排除。

此外，姜建高也曾多次要求当庭公开播放审讯录像并以此质证。检方则以"审讯录像涉及机密问题，当庭播放不利于保密"的理由予以拒绝。

2011年7月11日，鄞州区法院做出一审判决。

程序部分，法院认为根据排除非法证据规定第7条、第11条及最高人民检察院关于适用两个排除非法证据规定的指导意见第23条的规定，控方在法庭上提交的证据不足以证明侦查机关获取被告人×××审判前有罪供述的合法性，即×××审判前的有罪供述不能作为定案的依据。

事实部分，法院查证仅有行贿人的证词，且证词前后矛盾，结合×××审判前的有罪供述予以排除而均不予以认定，且×××存在自首情节。

最终，法院裁定×××犯受贿罪，免于刑事处罚，责令其退缴违法所得6000元，上缴国库。

实验三 刑事诉讼和解制度讨论

一、实验目的

通过对刑事诉讼和解制度的讨论,希望学生能够了解该制度的基本内容,以及设立的背景、理论基础等,并且应当对2012年刑事诉讼法当中当事人和解的公诉案件诉讼程序的条款进行掌握和评价。

二、实验要求

1. 掌握我国刑事和解的含义。
2. 掌握2012年刑事诉讼法对刑事和解的相关规定。
3. 了解国外的相关制度。

三、实验原理

刑事和解是一种以协商合作形式恢复原有秩序的案件解决方式,它是指在刑事诉讼中,加害人以认罪、赔偿、道歉等形式与被害人达成和解后,国家专门机关对加害人不追究刑事责任、免除刑事责任或者从轻处罚的一种制度。

1996年我国刑事诉讼法对自诉案件的和解做出了规定,为了进一步扩大矛盾化解的范围,2012年刑事诉讼法修改时将部分公诉案件也纳入的和解程序当中,是具有里程碑意义的立法创举,将对刑事诉讼程序的繁简分流产生积极的效果。2012年刑事诉讼法在第277条、278条、279条分别对刑事和解的条件、适用范围、审查处理、刑事和解的效力等作了相关规定。

四、实验器材

模拟法庭、多媒体、图书资料等。

五、实验步骤

1. 教师提前两周提出课题内容,布置学生收集资料。
2. 学生分组,并做搜集资料的工作。
3. 学生对资料的整理、学习、讨论、对该制度形成一定的认识,希望能对制度的认识有深度。
4. 每个学生围绕讨论题目选择一个重点研究的内容,并将资料消化吸收,整理自己的观点,准备发言材料。
5. 教师组织学生进行课堂发言、讨论和辩论,并应当对学生的观点进行点评和总结。
6. 学生在讨论结束后,应当撰写实验报告。实验报告应当以论文的形式提交,应当符合一般论文的格式要求,要求有摘要、关键词、参考文献等。

六、思考题

关于刑事和解制度的探讨，主要应当围绕以下几个问题进行：

1. 刑事和解制度的概念

学生应当了解什么是刑事和解制度，我国刑事和解制度和其他国家的相关制度的异同点。如刑事和解与辩诉交易的关系、刑事和解与刑事调解的区别、刑事和解与私了的关系、刑事和解与恢复性司法的异同点。

2. 刑事和解的背景及意义

为什么在我国刑事诉讼中提出了刑事和解的概念，这与传统的刑事司法有什么不同？（注：有学者认为，在传统的司法方式中，司法活动的主体是公诉机关和犯罪嫌疑人或者被告人，而刑事和解方式中，主体是被害人与加害人；传统方式中，司法活动的目的在于追究行为人的刑事责任，使不法行为造成的不平衡归于平衡，刑事和解的主要目的是使被害人受到的损失能够在最大限度内得到补偿，并使加害人与被害人之间通过和解达到观念上的和解；传统的方式中，犯罪被认为是对国家的侵害，刑事和解中，犯罪被认为是个人对个人的侵害，传统方式着眼于过去，而刑事和解则着眼于未来，具有前瞻性。）社会的发展、观念的变化等对刑事和解产生的影响是什么？

3. 刑事和解的价值

刑事和解制度试图在刑罚制度之外探讨有回旋余地的纠纷解决机制，在一定程度上消解了刑法的命令性、工具性，有助于软化刑法的强制性，增强刑法的诱导性，以及突进规范共同体的形成。但是具体来说，刑事和解的价值体现在哪些方面？如具有补偿被害人，更好地维护被害人的权益的功能；有利于矫正犯罪，实现犯罪人的再社会化；降低诉讼成本，提高诉讼效率等等。

4. 我国刑事和解制度的具体内容

2012年新修订的刑事诉讼法增加了当事人和解的公诉案件诉讼程序，修正的后的条文为第277条、278条、279条。规定了刑事和解的使用范围、适用条件、和解方式、和解原则、以及达成刑事和解协议的案件如何处理等问题。学生不仅应当了解这些内容的法律规定，而且应当尽量理解司法实践中应用的尺度。

七、实验素材

被告人张某原在赣州市章贡区水南镇一建筑工地打工。2012年12月，其工期已经结束但工资一直被拖欠，在多次索要无果的情况下，便手持铁制撑衣杆，将该工地项目部办公室内的打印机、电磁炉茶具、饮水机、文件柜等物砸坏。经鉴定，被损坏财物价值共计6206元。办案人员了解基本案情后，认为被告人张某虽然涉嫌犯罪，但事出有因，应当以教育为主。办案人员立即召集双方当事人（家属）协商。起初，被害人以公司名誉受损为由拒绝降低赔偿要求，被告人家属则称人已经坐了三个多月的牢，只愿意赔偿被害人的实际损失。双方协商一度陷入僵局。经过办案人员耐心地说服、疏导工作，在充分尊重当事人意愿的基础上，双方终于达成刑事和解协议，由被告人张某亲属代为赔偿被害人各项损失8000元，被害人对被告人张某的行为表示谅解。

法院审理后认为，被告人张志华认罪悔罪，并与被害人达成刑事和解，赔偿了被害人的全部经济损失，取得了被害人的谅解，遂依法做出张某免于刑事处罚的判决。

参考文献

[1] 杨宇冠：《非法证据排除规则研究》，中国人民公安大学出版社 2002 年版。
[2] 陈瑞华："非法证据排除规则的中国模式"，载《中国法学》2010（6）。
[3] 宋英辉、王贞会："我国非法证据排除规则及其适用"，载《法学杂志》2010（7）。
[4] 杨波："非法证据排除规则适用程序研究——以庭审程序为核心的分析"，载《中国刑事法杂志》2011（9）。
[5] 2010 年最高人民法院、最高人民检察院、公安部、国家安全部和司法部联合发布的《关于办理刑事案件排除非法证据若干问题的规定》。
[6] 宋英辉主编：《刑事和解制度研究》，北京大学出版社 2011 年版。
[7] 宋英辉主编：《刑事和解实证研究》，北京大学出版社 2010 年版。
[8] 卞建林、王立主编：《刑事和解与程序分流》，中国人民公安大学出版社 2010 年版。
[9] 黄京平、甄贞主编：《和谐社会语境下的刑事和解》，清华大学出版社 2007 年版。
[10] 陈光中、葛琳："刑事和解初探"，载《中国法学》，2006（5）。
[11] 陈瑞华："刑事诉讼的私立合作模式——刑事和解在中国的兴起"，载《中国法学》2006（5）。
[12] 宋英辉、向燕："我国刑事和解的正当性结构"，载《河北法学》2008（5）。
[13] 周光权："论刑事和解制度的价值"，载《华东政法学院学报》2006（5）。

第三章 刑法实验

实验一 犯罪主观方面疑难案例辨析

一、实验目的

1. 学会运用犯罪主观方面四种罪过形式的基本原理分析具体案例，在学以致用的过程中，进一步理解四种罪过形式各自的基本特征，相互之间的关键区别以及认识错误的处理方法，最终形成在实际案例中分析犯罪主观方面的基本思维方式。

2. 通过对疑难案例的分析，找出犯罪主观方面在理论上或司法认定中存在的疑难问题，并学会在查找相关文献资料、收集相关司法判例的基础上对疑难问题进行深入分析，进而在发现问题、分析问题的过程中不断培养和提高自己的学术研究能力，拓展自己的知识面。

3. 在对疑难案例进行辩论的过程中，感受法庭辩论的氛围，掌握法庭辩论的技巧，学会有效地论证自己的观点，有力地驳斥对方的观点，提高司法实践能力。

二、实验要求

1. 所有同学均应积极参与实验，在法庭辩论中未上场的同学应该与上场队员一起收集资料，讨论分析。在学术沙龙中未上场同学应该更积极地发言，组长应该对本组成员在实验过程中的表现进行考核，并积极与教师沟通。

2. 实验结束后每位同学都应该撰写实验报告，实验报告的内容应该包括实验心得与围绕讨论案例展开的学术论文，且以后者为主。各组应该整理并上交实验材料一套，包括案件材料、公诉词、辩护词、庭审照片一张、学术沙龙记录、学术沙龙照片一张。

三、实验原理

1. 直接故意、间接故意、过于自信过失、疏忽大意过失的概念及成立条件。
2. 不可抗力、意外事件的概念及成立条件。
3. 具体事实认识错误、抽象事实认识错误的处理规则。

四、实验器材

1. 具备基本的图书馆、资料室、网络等搜集资料的条件。
2. 模拟法庭场地。

五、实验步骤

（一）组织形式

本实验采用法庭辩论与学术沙龙相结合的方式展开，具体形式为：将班级所有同学分成若干组，实验以组为单位分别进行，每组首先组织一场法庭辩论，之后组内所有成员以学术沙龙的形式就辩论的案例（辩题）进行讨论，教师进行总结点评，该组基本实验流程完毕。法庭辩论与学术沙龙的具体组织形式如下：

1. 法庭辩论

（1）原则要求：每组分为两队，并从各队中各选二人代表本队在比赛中模拟公诉人或辩护人角色与另一队进行法庭辩论。比赛双方应于辩题所确定的事实基础上进行言词辩论，无需提交书状。（比赛中审判长、审判员、人民陪审员、书记员、法警、被告人等角色由组内其他成员扮演。）

（2）法庭辩论程序及时间要求

第一轮辩论：①公诉人发表公诉意见，5分钟；②辩护人发表辩护意见，5分钟。

第二轮辩论：③公诉人发表公诉意见，5分钟；④辩护人发表辩论意见，5分钟。

第三轮辩论：⑤公诉人发表公诉意见，3分钟；⑥辩护人发表辩论意见，3分钟。

双方只能在属于各自的时间内发言，不进行自由交叉辩论，各方发言不能超出规定时间。

（3）队员间的沟通：法庭辩论进行中，场上队员间的讨论或沟通皆须以纸笔方式传递讯息。但正在发言的队员不得与任何队员进行任何形式的沟通与讯息传递。

（4）辩论评价：每组进行法庭辩论时，可以组织其他组同学进行旁听，并选定若干评委，在辩论结束后通过投票选出获胜一方及本场最佳选手；教师应该在辩论结束后进行全面点评，对相关的法律、理论、辩论技巧等问题进行分析。

2. 学术沙龙：召开学术座谈会，围绕法庭辩论所涉案例中出现的相关学术问题进行自由讨论，由一人主持，一人记录，其他人自由发言，对相关焦点问题进行更系统、更深层次的探讨。教师应积极引导并总结发言，且鼓励和指导学生针对某个问题撰写小论文，以使相关辩论得以升华。

（二）具体流程

1. 教师选取与实验名称相关的若干有辩论分析价值的疑难案例，进行书面整理作为辩题。

2. 教师将班级同学分组，每组10人左右为宜，确定组长，抽取辩题，并由组长按照上述实验方式对本组人员进行分工，组织做好相关预备工作。

3. 教师对选定的上场队员进行基本的规则与业务指导。

4. 组织法庭辩论。

5. 提前告知学术沙龙时间，在进行一定时间准备的基础上，召开学术沙龙。

6. 上交实验报告等材料，教师进行考评，给出成绩。

7. 教师对整个实验过程进行总结、反思、优化、提升。

六、思考题

1. 犯罪主观方面四种罪过形式如何区分？
2. 认识错误的处理原则？

七、实验素材

案例一

1999年3月26日晚被告人李宁、王昌兵与吐逊江（在逃）在阿克苏市一歌舞厅饮酒时，被害人阎世平进入李、王的包间与之攀谈，期间阎提出与李、王合伙挣钱，李宁等人再三问如何挣钱，阎称准备绑架一市长的儿子。后被告人李宁、王昌兵乘坐吐逊江驾驶的白色奥拓车将阎拉至阿克苏市团结路一茶园处，李、王等人追问绑架何人，阎世平不说，李宁、王昌兵等遂对阎拳打脚踢。期间，与被害人阎世平相识的一出租车司机上前劝阻，李、王等人停止了殴打并乘车离开，阎世平趁机躲进该茶园地下室通道处。后被告人李宁、王昌兵又返回茶园处，找到阎世平，并将其强行拉上车带至西湖后湖堤处。李宁、王昌兵等人将阎拉下车，拳打脚踢逼问其欲绑架的具体对象，并以此敲诈其钱财。后被害人阎世平为摆脱李宁、王昌兵等人的殴打，乘其不注意跳入西湖中。李宁、王昌兵等劝其上岸，并掉转车头用车灯照射水面，见阎仍蹚水前行不肯返回，被告人王昌兵让李宁下水拉阎一把，李称其水性也不好，三人为消除阎之顾虑促其上岸，遂开车离开湖堤。后阎世平的尸体在西湖后堤附近被发现。法医尸体检验报告证实，阎世平肺气肿、肺水肿，全身体表无明显损伤。结论为溺水死亡。排除暴力致死。

【辩题】

公诉人观点：李宁、王昌兵构成故意杀人罪

辩护人观点：李宁、王昌兵构成过失致人死亡罪

案例二

2001年5月4日上午9时许，被告人廖钊朋在龙江镇龙山市场卖鱼给受害人赖锦裳时，因缺斤少两问题引起双方发生争吵，并互相向对方推打一拳。接着，赖打电话叫其妻兄等人来帮忙。被告人廖见状也打电话叫李四珠来帮忙。后被告人廖见赖叫来了五六个人，且李四珠未到，便拨打110报警。后经群众劝解赖及亲友向市场外离去。此时，李四珠带着一男子（另案处理）赶到，并问被告人廖与谁争吵，被告人廖即指赖，并与李四珠及其带来男子一起追赶赖。被告人廖的妻子梅某见状即上前抱住廖，叫廖不要再打，但被告人廖挣脱梅，带着李四珠等人追上赖，当李四珠及其带来的男子追上赖后，即分别用拳头向赖的头、胸部打了多掌。稍后，接警而赶到的公安人员，将被告人廖钊明和赖锦裳等人带回龙山派出所调查处理，后赖锦裳在问话结束后即昏迷倒地，经送医院抢救无效而死亡。经法医鉴定，赖锦裳符合在冠心病、陈旧性心肌梗死、慢性心包炎的基础上，在受到外部诱因（如外伤）作用下致心性猝死。

【辩题】

公诉人观点：廖钊朋、李四珠构成过失致人死亡罪

辩护人观点：廖钊朋、李四珠不构成犯罪

案例三

2002年12月2日晚12时许，被告人沈某在某市高明区皇家银海大酒店3614房与潘某进行完卖淫嫖娼准备离开时，趁潘某不备，顺手将潘某放在床头柜上的嫖资及一只伯爵牌18K黄金石圈满天星G2链带男装手表拿走，后藏匿于其租住的某市某区荷城甘泉街90号二楼的灶台内。次日上午，潘某醒后发现自己的手表不见，怀疑系沈某所为，便通过他人约见沈某。潘询问沈是否拿了他的手表，并对沈某称：该表不值什么钱，但对自己意义很大，如果沈退还，自己愿意送2000元给沈。沈某坚决否认自己拿走了该表。潘某报案后，公安机关遂将已收拾好行李（手表仍在灶台内，被告人未予携带或藏入行李中）准备离开某市的沈某羁押。沈某在被羁押期间供述了自己拿走潘某手表的事实及该表的藏匿地点，公安人员据此起获了此手表，并返还给被害人。另经查明，在讯问中，沈某一直不能准确说出所盗手表的牌号、型号等具体特征，并认为该表只值六七百元；拿走潘某的手表是因为性交易中潘行为粗暴，自己为了发泄不满。经某市某区价格认证中心鉴定：涉案手表价值人民币123879.84元。

【辩题】

公诉人观点：被告人沈某构成盗窃罪

辩护人观点：被告人沈某不构成犯罪

参考文献

[1] 最高人民法院："刑事审判参考"第40集，法律出版社2006年版。
[2] 最高人民法院："刑事审判参考"第47集，法律出版社2006年版。
[3] 陈兴良："判例刑法学"，中国人民大学出版社2009年版。

实验二　故意犯罪的停止形态疑难案例辨析

一、实验目的

1. 学会运用故意犯罪停止形态的基本原理分析具体案例，在学以致用的过程中，进一步理解故意犯罪四种停止形态各自的基本特征，相互之间的关键区别，最终形成在实际案例中认定故意犯罪停止形态的基本思维方式。

2. 通过对疑难案例的分析，找出故意犯罪停止形态在理论上或司法认定中存在的疑难问题，并学会在查找相关文献资料、收集相关司法判例的基础上对疑难问题进行深入分析，进而在发现问题、分析问题的过程中不断培养和提高自己的学术研究能力，拓展自己的知识面。

3. 在对疑难案例进行辩论的过程中，感受法庭辩论的氛围，掌握法庭辩论的技巧，学会有效地论证自己的观点，有力地驳斥对方的观点，提高司法实践能力。

二、实验要求

1. 所有同学均应积极参与实验，在法庭辩论中未上场的同学应该与上场队员一起收集资料,讨论分析。在学术沙龙中未上场同学应该更积极地发言,组长应该对本组成员在实验过程中的表现进行考核,并积极与教师沟通。

2. 实验结束后每位同学都应该撰写实验报告,实验报告的内容应该包括实验心得与围绕讨论案例展开的学术论文,且以后者为主。各组应该整理并上交实验材料一套,包括案件材料、公诉词、辩护词、庭审照片一张、学术沙龙记录、学术沙龙照片一张。

三、实验原理

犯罪既遂、犯罪预备、犯罪未遂、犯罪中止的成立条件。

四、实验器材

1. 具备基本的图书馆、资料室、网络等搜集资料的条件。
2. 模拟法庭场地。

五、实验步骤

(一)组织形式

本实验采用法庭辩论与学术沙龙相结合的方式展开,具体形式为:将班级所有同学分成若干组,实验以组为单位分别进行,每组首先组织一场法庭辩论,之后组内所有成员以学术沙龙的形式就辩论的案例(辩题)进行讨论,教师进行总结点评,该组基本实验流程完毕。法庭辩论与学术沙龙的具体组织形式如下:

1. 法庭辩论

(1)原则要求:每组分为两队,并从各队中各选二人代表本队在比赛中模拟公诉人或辩护人角色与另一队进行法庭辩论。比赛双方应于辩题所确定的事实基础上进行言词辩论,无需提交书状。(比赛中审判长、审判员、人民陪审员、书记员、法警、被告人等角色由组内其他成员扮演。)

(2)法庭辩论程序及时间要求

第一轮辩论:①公诉人发表公诉意见,5分钟;②辩护人发表辩护意见,5分钟。
第二轮辩论:③公诉人发表公诉意见,5分钟;④辩护人发表辩论意见,5分钟。
第三轮辩论:⑤公诉人发表公诉意见,3分钟;⑥辩护人发表辩论意见,3分钟。

双方只能在属于各自的时间内发言,不进行自由交叉辩论,各方发言不能超出规定时间。

(3)队员间的沟通:法庭辩论进行中,场上队员间的讨论或沟通皆须以纸笔方式传递讯息。但正在发言的队员不得与任何队员进行任何形式的沟通与讯息传递。

(4)辩论评价:每组进行法庭辩论时,可以组织其他组同学进行旁听,并选定若干评委,在辩论结束后通过投票选出获胜一方及本场最佳选手;教师应该在辩论结束后进行全面点评,对相关的法律、理论、辩论技巧等问题进行分析。

2. 学术沙龙:召开学术座谈会,围绕法庭辩论所涉案例中出现的相关学术问题进行自由讨论,由一人主持,一人记录,其他人自由发言,对相关焦点问题进行更系统、更深层次的探讨。教师应积极引导并总结发言,且鼓励和指导学生针对某个问题撰写小论文,以使相关辩论得以升华。

（二）具体流程

1. 教师选取与实验名称相关的若干有辩论分析价值的疑难案例，进行书面整理作为辩题。
2. 教师将班级同学分组，每组10人左右为宜，确定组长，抽取辩题，并由组长按照上述实验方式对本组人员进行分工，组织做好相关预备工作。
3. 教师对选定的上场队员进行基本的规则与业务指导。
4. 组织法庭辩论。
5. 提前告知学术沙龙时间，在进行一定时间准备的基础上，召开学术沙龙。
6. 上交实验报告等材料，教师进行考评，给出成绩。
7. 教师对整个实验过程进行总结、反思、优化、提升。

六、思考题

1. 故意犯罪停止形态应该如何区分？
2. 认识错误对于故意犯罪停止形态的影响？

七、实验素材

案例一

尹晨是某技校的三年级学生，2010年寒假时从网吧出来后无事在街上闲逛，见一时髦女郎手持iPhone手机一部坐在路边，于是趁其不备将其手机抢夺后撒腿就跑。前面的便衣民警见状忙拦截尹晨，于是尹晨又转身往回跑，跑了一段路之后，突然蹲下来放弃逃跑，并将手机扔到地上。迎面跑来的时髦女郎将手机捡起，尹晨被随后追来的便衣民警带走。尹晨在供述时称：我想跑回去把手机还给她，这样我就认为没事了。

【辩题】

公诉人观点：尹晨的行为构成抢夺罪既遂

辩护人观点：尹晨的行为构成抢夺罪中止

案例二

张三因未完成工作任务被扣奖金3000元，遂对经理怀恨在心。某晚10时许，张三在回家途中经过某自助银行，发现经理的妹妹李晓独自一人在内取款，于是先行藏在李晓回家途中的某一僻静路段，待李晓经过时，张三堵住其去路，并掏出随身携带的水果刀威胁李晓，逼她交出钱财。李晓奋力挣脱并逃跑，张三立即追赶。在追赶过程中，张三发现一包东西从李晓身上掉下，捡起一看，是钱包，内有人民币5000余元、银行卡3张，张三"捡"到钱后，不再追赶。当晚，李晓向当地公安机关报案，张三被抓获归案。案发后，被害人李晓陈述其钱包是因惊恐万分、在跑动中失落的。

【辩题】

公诉人观点：张三的行为构成抢劫既遂

辩护人观点：张三的行为构成抢劫未遂

案例三

王强经营的一家手机店近日多次被盗，王强报警后，警方加强了对手机店内的监控。2011年2月17日下午，警方发现手机店内一名顾客（林凡）形迹可疑，于是安排多名警察对其密切监视。待林凡偷得两部总价值19000元的手机后，埋伏在附近的警察一拥而上将其抓获。林凡偷得的手机当场交还给了王强。

【辩题】

公诉人观点：林凡的行为构成盗窃既遂

辩护人观点：林凡的行为构成盗窃未遂

案例四

1998年3月一天，被告人黄斌（男，31岁）邀被告人舒修银（男，22岁）去外地抢劫他人钱财，并一同精心策划，准备了杀猪刀、绳子、地图册等作案工具，从芷江侗族自治县流窜到贵州省铜仁市伺机作案，并在该市购买了准备作案用的手套两双。3月20日晚7时许，黄斌、舒修银在铜仁汽车站以100元的价钱骗租一辆车号为贵D30306的豪华夏利出租车前往河南省新晃侗族自治县，准备在僻静处抢劫司机吴某夫妇驾驶的出租车。在到达目的地之前，出租车途径一检查站，检查人员见黄、舒二人神色慌张便进一步检查，黄、舒二人遂逃离出租车，后被检查人员抓获，二人对其准备作案工具、图谋抢劫出租车的事实供认不讳。

【辩题】

控方观点：黄舒二人构成抢劫罪未遂

辩方观点：黄舒二人构成抢劫罪预备

案例五

胡斌（男，31岁）因赌博等原因欠下债务，遂起图财害命之念。先后准备了羊角铁锤、纸箱、编织袋、打包机等作案工具，以合伙做黄鱼生意为名，骗取被害人韩尧根的信任，韩尧根携带19万元按约来到被告人胡斌住处，胡斌趁韩尧根不注意在其水杯中放入安眠药致韩昏睡。胡随后用铁锤对韩头部猛击致其死亡，又肢解尸体为五块，套上塑料袋后分别装入两只印有"球形门锁"字样的纸箱中，再用印有"审藤饲料"字样的编织袋套住并用打包机封住。嗣后，胡斌以内装"毒品"为名，唆使被告人张筠筠（女，37岁）和张筠峰（男，35岁）帮其将两只包裹送往南京。被告人二张按照胡斌指示，从余姚市乘出租车驶抵南京，将两只包裹寄存于南京火车站小件寄存处，后因尸体腐烂案发。

【辩题】

控方观点：二张构成运输毒品罪未遂

辩方观点：二张不构成犯罪

参考文献

[1] 最高人民法院：《刑事审判参考》第22辑，法律出版社2001年版。

[2] 最高人民法院：《刑事审判参考》第5辑，法律出版社1999年版。

实验三　侵犯公民人身权利罪疑难案例辨析

一、实验目的

1. 学会运用侵犯公民人身权利罪中各罪的犯罪构成及刑法总论中相关的定罪原理分析具体案件，在学以致用的过程中，进一步理解各罪的犯罪构成、罪与非罪、此罪与彼罪的界限，最终形成在实际案例中认定犯罪的基本思维方式。

2. 通过对疑难案例的分析，找出相关罪名在理论上或司法认定中存在的疑难问题，并学会在查找相关文献资料、收集相关司法判例的基础上对疑难问题进行深入分析，进而在发现问题、分析问题的过程中不断培养和提高自己的学术研究能力，拓展自己的知识面。

3. 在对疑难案例进行辩论的过程中，感受法庭辩论的氛围，掌握法庭辩论的技巧，学会有效地论证自己的观点，有力地驳斥对方的观点，提高司法实践能力。

二、实验要求

1. 所有同学均应积极参与实验，在法庭辩论中未上场的同学应该与上场队员一起收集资料，讨论分析。在学术沙龙中未上场同学应该更积极地发言，组长应该对本组成员在实验过程中的表现进行考核，并积极与教师沟通。

2. 实验结束后每位同学都应该撰写实验报告，实验报告的内容应该包括实验心得与围绕讨论案例展开的学术论文，且以后者为主。各组应该整理并上交实验材料一套，包括案件材料、公诉词、辩护词、庭审照片一张、学术沙龙记录、学术沙龙照片一张。

三、实验原理

侵犯公民人身权利各罪的具体犯罪构成。

四、实验器材

1. 具备基本的图书馆、资料室、网络等搜集资料的条件。
2. 模拟法庭场地。

五、实验步骤

（一）组织形式

本实验采用法庭辩论与学术沙龙相结合的方式展开，具体形式为：将班级所有同学分成若干组，实验以组为单位分别进行，每组首先组织一场法庭辩论，之后组内所有成员以学术沙龙的形式就辩论的案例（辩题）进行讨论，教师进行总结点评，该组基本实验流程完毕。法庭辩论与学术沙龙的具体组织形式如下：

1. 法庭辩论

（1）原则要求：每组分为两队，并从各队中各选二人代表本队在比赛中模拟公诉人或辩护人角色与另一队进行法庭辩论。比赛双方应于辩题所确定的事实基础上进行言词辩论，无需提交书状。（比赛中审判长、审判员、人民陪审员、书记员、法警、被告人等角色由组内其他成员扮演。）

（2）法庭辩论程序及时间要求

第一轮辩论：①公诉人发表公诉词，5分钟；②辩护人发表辩护词，5分钟。

第二轮辩论：③公诉人发表公诉意见，5分钟；④辩护人发表辩论意见，5分钟。

第三轮辩论：⑤公诉人发表公诉意见，3分钟；⑥辩护人发表辩论意见，3分钟。

双方只能在属于各自的时间内发言，不进行自由交叉辩论，各方发言不能超出规定时间。

（3）队员间的沟通：法庭辩论进行中，场上队员间的讨论或沟通皆须以纸笔方式传递讯息。但正在发言的队员不得与任何队员进行任何形式的沟通与讯息传递。

（4）辩论评价：每组进行法庭辩论时，可以组织其他组同学进行旁听，并选定若干评委，在辩论结束后通过投票选出获胜一方及本场最佳选手；教师应该在辩论结束后进行全面点评，对相关的法律、理论、辩论技巧等问题进行分析。

2. 学术沙龙

召开学术座谈会，围绕法庭辩论所涉案例中出现的相关学术问题进行自由讨论，由一人主持，一人记录，其他人自由发言，对相关焦点问题进行更系统、更深层次的探讨。教师应积极引导并总结发言，且鼓励和指导学生针对某个问题撰写小论文，以使相关辩论得以升华。

（二）具体流程

1. 教师选取与实验名称相关的若干有辩论分析价值的疑难案例，进行书面整理作为辩题。
2. 教师将班级同学分组，每组10人左右为宜，确定组长，抽取辩题，并由组长按照上述实验方式对本组人员进行分工，组织做好相关预备工作。
3. 教师对选定的上场队员进行基本的规则与业务指导。
4. 组织法庭辩论。
5. 提前告知学术沙龙时间，在进行一定时间准备的基础上，召开学术沙龙。
6. 上交实验报告等材料，教师进行考评，给出成绩。
7. 教师对整个实验过程进行总结、反思、优化、提升。

六、思考题

1. 不纯正不作为故意杀人罪中作为义务来源以及等价性如何认定？
2. 遗弃罪是否可以扩大至包括非家庭成员间因职务、业务关系而具有扶助义务者的遗弃行为？
3. 婚姻关系能否成为强奸行为的违法阻却事由？

七、实验素材

案例一

王某与苏某（女）自2005年起即以夫妻名义共同生活，但没有办理结婚手续。

2008年以来，王某又与其他女子有染，因此苏某多次与王某吵闹，并欲与王某分手，但发现自己已怀孕。苏某遂告诉王某自己怀孕，劝阻王某与其他女子断绝关系，但王某依然如故，并称"咱俩又没有结婚，我和谁交往是我的自由。你也不是我老婆，凭什么管我"。2008年底某晚12时，王某回到家中，苏某与王某又发生激烈争吵，苏某伤心欲绝，从床下拿出事先准备好的毒鼠强，告诉王某"你要是这么继续下去，我就吃毒药不活了"，王某表示"想不想活是你的自由，我不能干涉你，你也不要干涉我"。于是，苏某将毒鼠强吞下，顷刻即毒发身亡。王某在旁目睹苏某服药自杀全过程，并未阻拦。在确认苏某死亡后，王某打电话给苏某的父母，告知他们苏某自杀身亡。

【辩题】

控方观点：王某的行为构成故意杀人罪

辩方观点：王某的行为不构成犯罪

案例二

1994年6月30日晚，被告人宋福祥（男，32岁）酒后回到家中，因琐事与其妻李霞发生争吵厮打。李霞说："三天两头吵，活着还不如死了好。"宋说："那你就去死。"后李霞找绳子与凳子准备自缢时，宋喊来邻居叶宛生对李霞进行规劝。见李霞情绪稍缓解后，叶离去。叶走后，夫妻二人又发生争吵厮打。这时李霞拿出绳索、板凳准备上吊，宋却回卧室躺在床上，直到听到凳子响声后，才起身走到客厅。见李霞已经吊在客厅的窗户上，宋没有上前采取任何的救助措施，而是离开家到一华里以外的父母家中告诉自己的父母。待其公婆赶到时，李霞已经窒息死亡。

【辩题】

控方观点：被告人宋福祥构成故意杀人罪

辩方观点：被告人宋福祥无罪

案例三

被告人赵金明与马国超曾经有矛盾，案发前赵金明听说马国超放风要把自己砍掉，决定先下手为强。2003年8月14日晚7时许，被告人赵金明在汉川城区欢乐商城得知马国超在紫云街出现后，邀约被告人李旭及韩成雄、韩愈杰、韩波、汪冲、谢泉（均另案处理）前往帮忙，并在一租住处拿一尺多长的砍刀7把，一行人乘"面的"到紫云街。在车上被告人赵金明发给每人砍刀一把，车行至紫云街看见马国超正在街上同人闲聊后，被告人赵金明等人下车持刀向马国超逼近，距离马国超四五米时被马发现，马国超见势不妙立即朝街西头向涵闸河堤奔跑，被告人赵金明持刀带头追赶，被告人李旭及韩成雄、韩愈杰、韩波、汪冲跟随追赶。当被告人赵金明一行人追赶40余米后，马国超从河堤上跳到堤下的水泥台阶上，摔倒在地后又爬起来扑到河里，并且往河心里游。被告人赵金明等人看马国超游了几下，因为怕警察来了，就一起跑到附近棉花田里躲藏，等了半小时未见警察来，被告人等逃离现场。同年8月16日马国超尸体在涵闸河内被发现。经法医鉴定，马国超系溺水死亡。

【辩题】

控方观点：被告人赵金明等构成故意伤害（致人死亡）罪

辩方观点：被告人赵金明等构成过失致人死亡罪

案例四

王益民，男，1943年10月8日出生，山东省运城市人，汉族，大学文化，乌鲁木齐市精神病福利院院长。乌鲁木齐精神病福利院是国家全额拨款的慈善机构，民政部门每月为该院收容的有残疾的精神病人每人拨出300元人民币的生活费。从1996年到1999年的4年间，为裁留安置费，王益民多次指令该院职工，乘火车或汽车将被收容的精神病人带出乌鲁木齐，遗弃在沿途的火车站，汽车站甚至野外。在被遗弃的二十八人中，既有80多岁的老人，也有10多岁的孩子。被遗弃的"三无"公费病人中，只有杜建新已安全回到家中，其他27名被遗弃的病人均下落不明。

【辩题】

控方观点：被告人王益民构成遗弃罪

辩方观点：被告人王益民无罪

案例五

被告人白俊峰（男，27岁）与被害人姚某1994年10月1日结婚，婚后夫妻感情不和，多次发生口角。姚某于1995年2月27日回娘家居住，并向白俊峰提出离婚要求。经村委会调节，双方因退还彩礼数额发生争执，未达成协议。1995年5月2日晚8时许，被告人白俊峰到姚家找姚某索要彩礼，双方约定，次日找中人解决，后白俊峰回家。晚9时许，白俊峰再次来到姚家，姚某对白俊峰说："不是已经说好了吗，明天中午找中人解决吗？"并边说边脱衣服上炕睡觉。白俊峰见状，亦脱衣服要住姚家。姚某从被窝里坐起来想穿衣服，白俊峰将姚按倒，欲与其发生性关系，姚某不从，后白俊峰拿起剪刀，将姚某内裤剪断强行与姚某发生了性关系，并用裤袋将姚某的手绑住，期间，白俊峰强行与姚某发生性关系两次，对姚某踩蹦达5个小时之久，致姚某因抽搐昏迷，后医生抢救苏醒。

【辩题】

控方观点：被告人白俊峰构成强奸罪

辩方观点：被告人白俊峰无罪

参考文献

[1] 陈兴良：《判例刑法学》，中国人民大学出版社2009年版。
[2] 最高人民法院：《刑事审判参考》，法律出版社2007年版。
[3] 陈兴良：《判例刑法学》，中国人民大学出版社2009年版。
[4] 最高人民法院：《刑事审判参考》，法律出版社1999年版。

实验四 侵犯财产罪疑难案例辨析

一、实验目的

1. 学会运用侵犯财产罪中各罪的犯罪构成及刑法总论中相关的定罪原理分析具体案件，在学以致用的过程中，进一步理解各罪的犯罪构成、罪与非罪、此罪与彼罪的界限，最终形成在实际案例中认定犯罪的基本思维方式。

2. 通过对疑难案例的分析，找出相关罪名在理论上或司法认定中存在的疑难问题，并学会在查找相关文献资料、收集相关司法判例的基础上对疑难问题进行深入分析，进而在发现问题、分析问题的过程中不断培养和提高自己的学术研究能力，拓展自己的知识面。

3. 在对疑难案例进行辩论的过程中，感受法庭辩论的氛围，掌握法庭辩论的技巧，学会有效地论证自己的观点，有力地驳斥对方的观点，提高司法实践能力。

二、实验要求

1. 所有同学均应积极参与实验，在法庭辩论中未上场的同学应该与上场队员一起收集资料，讨论分析。在学术沙龙中未上场同学应该更积极地发言，组长应该对本组成员在实验过程中的表现进行考核，并积极与教师沟通。

2. 实验结束后每位同学都应该撰写实验报告，实验报告的内容应该包括实验心得与围绕讨论案例展开的学术论文，且以后者为主。各组应该整理并上交实验材料一套，包括案件材料、公诉词、辩护词、庭审照片一张、学术沙龙记录，学术沙龙照片一张。

三、实验原理

侵犯财产各罪的具体犯罪构成。

四、实验器材

1. 具备基本的图书馆、资料室、网络等搜集资料的条件。
2. 模拟法庭场地。

五、实验步骤

（一）实验方式

本实验采用法庭辩论与学术沙龙相结合的方式展开，具体形式为：将班级所有同学分成若干组，实验以组为单位分别进行，每组首先组织一场法庭辩论，之后组内所有成员以学术沙龙的形式就辩论的案例（辩题）进行讨论，教师进行总结点评，该组基本实验流程完毕。法庭辩论与学术沙龙的具体组织形式如下：

1. 法庭辩论

（1）原则要求：每组分为两队，并从各队中各选二人代表本队在比赛中模拟公诉人或辩护人角色与另一队进行法庭辩论。比赛双方应于辩题所确定的事实基础上进行言词辩论，无需提交书状。（比赛中审判长、审判员、人民陪审员、书记员、法警、被告人等角色由组内其他成员扮演。）

（2）法庭辩论程序及时间要求

第一轮辩论：①公诉人发表公诉词，5分钟；②辩护人发表辩护词，5分钟。
第二轮辩论：③公诉人发表公诉意见，5分钟；④辩护人发表辩论意见，5分钟。
第三轮辩论：⑤公诉人发表公诉意见，3分钟；⑥辩护人发表辩论意见，3分钟。

双方只能在属于各自的时间内发言，不进行自由交叉辩论，各方发言不能超出规定时间。

（3）队员间的沟通：法庭辩论进行中，场上队员间的讨论或沟通皆须以纸笔方式传递讯息。但正在发言的队员不得与任何队员进行任何形式的沟通与讯息传递。

（4）辩论评价：每组进行法庭辩论时，可以组织其他组同学进行旁听，并选定若干评委，在辩论结束后通过投票选出获胜一方及本场最佳选手；教师应该在辩论结束后进行全面点评，对相关的法律、理论、辩论技巧等问题进行分析。

2. 学术沙龙

召开学术座谈会，围绕法庭辩论所涉案例中出现的相关学术问题进行自由讨论，由一人主持，一人记录，其他人自由发言，对相关焦点问题进行更系统、更深层次的探讨。教师应积极引导并总结发言，且鼓励和指导学生针对某个问题撰写小论文，以使相关辩论得以升华。

（二）实验流程

1. 教师选取与实验名称相关的若干有辩论分析价值的疑难案例，进行书面整理作为辩题。
2. 教师将班级同学分组，每组10人左右为宜，确定组长，抽取辩题，并由组长按照上述实验方式对本组人员进行分工，组织做好相关预备工作。
3. 教师对选定的上场队员进行基本的规则与业务指导。
4. 组织法庭辩论。
5. 提前告知学术沙龙时间，在进行一定时间准备的基础上，召开学术沙龙。
6. 上交实验报告等材料，教师进行考评，给出成绩。
7. 教师对整个实验过程进行总结、反思、优化、提升。

六、思考题

1. 财产犯罪中"占有"如何认定？
2. 财产犯罪中"非法占有目的"如何认定？
3. 绑架罪与抢劫罪的区别？
4. 转化型抢劫的条件？
5. 盗窃罪与侵占罪的区别？

七、实验素材

案例一

2010年10月10日，王可邀陈振、刘贝贝同去某市某区五轮发电站附近一个仓库盗窃用于搭建高压铁塔的铁板，正往外运输时，被看守人张甲发现。张甲说："干什么？偷东西，不要命了。"王可恼怒，从腰间抽出一把尖刀，一边指着张甲说："再叫唤，把你舌头割了"，一边朝外走。门外陈振和刘贝贝刚把铁板装上车，就听见王可和别人吵架的声音，刚准备逃离，就看见王可出来了，情绪不太好。上车后，刘贝贝问王可发生什么事了，王可说他刚才出来的时候被人发现了，那人骂人，吵了几句，陈振问:"不会出什么事吧?"王可说,没事。随后,三人一同销赃。

【辩题】

控方观点:陈振构成抢劫罪

辩方观点:陈振构成盗窃罪

案例二

大学生黄静因其购买的华硕笔记本电脑在使用中多次出现故障,送往华硕售后几次检修,最后发现该电脑中原装正版 CPU 被华硕售后在检修时更换为不得用于用户产品的样品 CPU。黄静遂委托代理人与华硕公司多次和谈,并提出按照该公司年营业额 0.05% 进行惩罚性赔偿,数额为 500 万美元,否则将向媒体曝光并通过法律途径解决,在多次谈判无果的情况下,华硕以黄静敲诈勒索为由向警方报案,随后黄静及其代理人被刑事拘留并批准逮捕。

【辩题】

控方观点:黄静构成敲诈勒索罪

辩方观点:黄静不构成犯罪

案例三

2006 年 4 月 21 日晚 21 时许,被告人许霆到广州市天河区黄埔大道西平云路 163 号的广州市商业银行柜员机(ATM)取款,同行的郭安山(已另案处理)在附近等候。许霆持自己的不具有透支功能、余额为 176.97 元的银行卡准备取款 100 元。当晚 21 时 56 分,许霆在柜员机上无意中输入取款 1000 元的指令,柜员机随即出钞 1000 元。许霆经查询,发现其银行卡中仍有 170 余元,遂意识到银行柜员机出现异常,能够超出账户余额取款且不能如实扣帐。许霆于是在 21 时 57 分至 22 时 19 分、23 时 13 分至 19 分、次日零时 26 分至 1 时 06 分三个时间段内,持银行卡在该柜员机指令取款 170 次,共计取款 174000 元。许霆告知郭安山该台柜机出现异常后,郭安山亦采用同样手段取款 19000 元。同月 24 日下午,许霆携款逃匿。广州市商业银行发现被告人许霆账户交易异常后,经多方联系许霆及其亲属,要求退还款项未果,于 2006 年 4 月 30 日向公安机关报案。公安机关立案后,将许霆列为犯罪嫌疑人上网追逃。2007 年 5 月 22 日,许霆在陕西宝鸡被抓获归案。

【辩题】

控方观点:许霆构成盗窃罪

辩方观点:许霆不构成犯罪

案例四

1999 年 10 月 16 日下午,被告人何起明遇到陈二(在逃),闲聊中陈二提出去搞一辆摩托车,何表示同意。后陈二去寻找目标,何在东兴市东兴镇北仑大道建安加油站处等候。当晚 8 时许,陈二雇请宋某驾驶两轮摩托车到加油站载上何起明一同到东兴镇东郊村罗浮附近,以等人为由让宋某停车等候。陈二趁宋某下车未拔出钥匙之际,将摩托车开走,宋某欲追赶,何起明以陈二用其车去找人会回来换车等理由稳住宋某。后何起明又以去找陈二为由,叫宋某在原地等候,自己趁机跑掉。经鉴定,该摩托车价值人民币 4905 元。

【辩题】

控方观点：何起明构成抢夺罪

辩方观点：何起明构成诈骗罪

案例五

2006年6月9日16时许，被告人马某纠集多人，分别乘坐两辆汽车窜至某村，将该村支书沈某的头蒙住，强行带到山上某偏僻处，持砍刀、手枪等作案工具威胁沈某要将其活埋，向沈某强行索要10万元，并声称是借款，以后要归还。后经沈某求饶，双方谈至3万元。马某当场给沈某打了张"今借到沈某三万元整，三个月内归还"的欠条。随后，马某将沈某送下山，找了辆出租车，让司机和沈某一起去取钱，并威胁其不得报警。沈某借机脱身后报警，马某在等候取款时被警方抓获。

【辩题】

控方观点：马某构成抢劫罪

辩方观点：马某构成敲诈勒索罪

案例六

王某系私营速递公司卸货员，主要任务是将公司收取的货物从汽车上卸下，再按送达地重新装车。某晚，趁公司监督人员上厕所之机，王某将客户托运的一台价值一万元的摄像机夹带出公司大院，藏在门外沟渠里，并伪造被盗现场。后监督人员发现货物丢失，遂询问王某，王某不予承认，监督人员报警，王某的行为被警方查实。

【辩题】

控方观点：王某构成盗窃罪

辩方观点：王某构成侵占罪

案例七

李某持西瓜刀冲入某银行储蓄所，将刀架在储蓄所保安乙的脖子上，喝令储蓄所职员丙交出现金1万元。见丙故意拖延时间，李某便在乙的脖子上划了一刀。刚取出5万元现金的储户丁看见乙血流不止，于心不忍，就拿出1万元扔给李某，李某得款后迅速逃离。

【辩题】

控方观点：李某构成绑架罪

辩方观点：李某构成抢劫罪

参考文献

[1] 最高人民法院：《刑事审判参考》第12辑，法律出版社2001年版。

[2] 陈兴良：《刑法案例优秀作业选》，中国人民大学出版社2008年版。

[3] 陈兴良：《判例刑法学》，中国人民大学出版社2009年版。

实验五　主观罪过、不作为、因果关系等问题疑难案例辨析

一、实验目的

1. 通过完成本实验项目，让学生尝试运用刑法理论知识对具体刑事案件的实体内容进行独立的判断和思考，并通过学生发表观点并论证、讨论或辩论、教师引导的方式，掌握犯罪论中的危害行为、犯罪故意和犯罪过失、不作为的成立要件以及刑法中的因果关系等问题的基本观点和基本知识，进一步增强学生的理论素养。

2. 锻炼学生提炼刑事案件核心问题的能力，并掌握根据核心问题查找相关文献资料、搜寻相关刑事判例、整理核心论据、准确巧妙地将这些内容为自己所用的能力。

3. 本实验采用讨论方式，使学生学会站在对方的立场考虑问题，锻炼学生倾听他人观点、总结他人论点和论据、修正自己论点和论据的能力。

二、实验要求

（一）基本能力要求

1. 掌握刑法中关于犯罪故意、犯罪过失的具体法律条文的规定。
2. 掌握危害行为的概念及特征、成立条件，能明辨什么行为不是刑法中的危害行为。
3. 掌握危害行为的分类、不作为的概念和成立条件，不作为的义务来源。

（二）提高能力要求

1. 能够发现刑事案件中的由实体法规定的核心问题。
2. 对不作为的义务来源问题做拓展学习。
3. 通过实验过程的训练，了解并理解刑法中的因果关系理论的相关学说，并能运用相关学说对具体的问题进行判断。
4. 在实验过程中，培养团队精神和敬业精神以及认真对待工作的精神。
5. 着力强化创新意识和对知识的创造性应用，使学生具有获取知识、信息的能力和创新精神。

（三）综合能力要求

通过实验案例的分析和讨论过程，促使学生能够主动学习和思考，深刻领会刑法学中相关的法律规定和理论，使自己所掌握的刑法学知识系统化、立体化，培养自己的专业素质、树立自己的专业理念。

（四）培养良好习惯的要求

按照实验教师的要求开展具体试验活动，除了实验活动需要交流之外，彼此之间不谈论与实验活动无关的话题，培养目标专一的能力，改正不分场合聊天、喧哗的不良习惯。遵守实验室操作要求、环境卫生要求，熟练使用实验室设备，保障实验室设施的完好无损，培养公益心和公德心。

三、实验原理

(一) 危害行为的概念和成立条件

危害行为，指行为人在其意识和意志的支配下实施的具有社会危害性与刑事违法性的身体的动静。其特征是：(1) 危害行为是表现于外部的行为人的身体的动静，这是危害行为的客观外在特征，称为"体素"。(2) 行为人的身体的动静是由行为人的心理态度支配的。这是危害行为的主观内在特征，称为"心素"。(3) 由行为人的心理态度支配的身体的动静，必须对社会具有危害性。这是危害行为的法律特征，称为"介素"。基于上述特征，下列行为不是危害行为：(1) 所谓"思想犯罪"。(2) 缺乏意识和意志因素（主观内在特征）的行为：①身体的条件反射行为；②睡梦中的言谈举止；③身体受到暴力强制时的行为。(3) 不具有社会危害性的行为，因缺乏危害行为的"介素"，当然不是危害行为。如合法行为和正当行为。

(二) 不作为的概念和成立条件

不作为是危害行为的一种基本形式，指刑法要求行为人必须履行实施某种特定积极行为的义务，行为人能够履行而没有履行该义务的行为。即"应为而不为"。不作为的特征：(1) 行为人负有实施某种积极行为的特定义务。(2) 行为人有履行特定义务的实际可能。(3) 行为人未履行特定义务，侵犯了刑法所保护的法益。

不作为中的特定义务来源：(1) 来源于法律上的明确规定，即行为人所违反的义务是法律所明确规定的，并被刑法所认可的。(2) 职务上、业务上所要求的义务。(3) 法律行为所引起的义务。(4) 先行行为引起义务，指由于行为人先前实施的某一行为，使刑法所保护的法律利益处于危险状态，行为人此时就负有救护法益、防止危险发生的义务。

(三) 刑法中的因果关系

刑法中的因果关系是指实行行为与危害结果之间引起与被引起的合乎规律的联系。相关重要学说包括：(1) 条件说。"无前者就无后者"的条件关系时，前者就是后者的原因。(2) 原因说。以某种规则（如最后一个条件、异常的行为、最有力的条件等）为标准，从导致结果发生的条件中挑选出应当作为原因的条件，只有这种原因与结果之间才存在因果关系。(3) 相当因果关系说。凡是同结果发生有相当因果关系的条件就是产生结果的原因。(4) 客观归责理论。将因果关系与归责问题相区别，因果关系以条件说为前提，在与结果有条件关系的行为中，只有当行为制造了不被允许的危险，而且该危险是在符合构成要件的结果中实现（或在构成要件的保护范围内实现）时，才能将该结果归责于行为。

(四) 犯罪故意和犯罪过失

犯罪故意，是指明知自己的行为会发生危害社会的结果，并且希望或者放任这种结果发生的心理态度。根据认识因素和意志因素的不同，将犯罪故意分为直接故意和间接故意。直接故意指行为人明知自己的行为必然或者可能发生危害社会的结果，并且希望危害结果发生的心理态度。"希望"是指对危害结果的发生，有目的地、积极地追求的意志状态，结果的发生是行为人努力希望达到的目的。"希望"即"追求"。间接故意指行为人明知自己的行为可能发生危害社会的结果，并且放任这种结果发生的心理态度。放任，是指行为人对结果的发生听之任之，不加控制和阻止的状态，危害结果的发生是他的意料之中的事。

犯罪过失是指行为人应当预见自己的行为可能发生危害社会的结果，因为疏忽大意而没有预见，或者应预见但轻信可以避免，以致发生了这种危害结果的心理态度。可分为疏忽大意的过失和过于自信的过失。

疏忽大意的过失，是指应当预见自己的行为可能发生危害社会的结果，因为疏忽大意而没有预见，以致发生了这种危害结果的心理态度，又称无认识过失。成立条件：(1) 没有预见。即行为人实施行为时没有遇见到自己的行为可能发生危害社会的结果。行为人在主观上不希望、不放任结果的发生，但仍然实施了可能导致危害结果发生的行为，根本原因就在于行为人没有预见到自己的行为可能发生危害社会的结果，否则他就不可能实施其行为或者采取必要的措施防止危害结果的发生。(2) 应当预见。应当预见指行为人在行为时有责任预见并且有能力预见。如果根本不应当预见，主观上就没有罪过，也就没有刑事责任。应当预见包括预见义务和预见能力两方面内容。(3) 应当预见而没有预见的原因是行为人的疏忽大意。

过于自信的过失，是指行为人虽然已经预见到自己的行为可能发生危害社会的结果，但轻信可以避免，以致发生了这种结果的心理态度，又称有认识的过失。成立条件：(1) 轻信可以避免，即行为人轻信能够避免自己的行为可能发生的危害结果。行为人自恃具有防止结果发生的有利条件，他在主观上对危害结果的发生既不希望也不放任，而是持否定态度的，他自信这种结果不会发生，但是他过高地估计了避免危害结果发生的有利因素，过低估计了自己的错误行为可能导致危害结果发生的程度。这就是"轻信"。(2) 已经预见。行为人已经预见到自己的行为可能发生危害社会的结果——认识因素。这是成立过于自信的过失的前提，是其区别于疏忽大意的过失的明显标志。

四、实验器材

计算机、投影仪、幕布。

五、实验步骤

环节一：案例的公布及核心问题的发现

1. 在实验教室，由实验教师向学生说明实验主题，通过多媒体播放相关实验素材和背景资料。

2. 根据实验教学大纲，对学生按照6~8人一组进行分组，并告知各组课后需要做的准备工作，为下次课的案例讨论做准备。

3. 各组按照给出的案例，并按照《刑法学（总论）》中的相关课程内容进行准备，主要工作为案例核心问题的提炼和归纳，教师在此环节可进行简略的引导。

4. 各实验小组按照自己所总结的核心问题，进行讨论、查阅资料，将讨论结果整理成书面材料交给实验指导老师。

环节二：案例的公开讨论

1. 教师公布本案的核心问题。即：问题一，危害行为的成立。B 是否对他被砸昏后的危害结果负责？问题二，不作为的义务来源及成立问题。B、C、D 分别有救治 A 的义务吗？B、C、D 分别成立不作为犯罪吗？问题三，因果关系问题。B 的过失伤害行为是否和 A 的死亡有刑法上的因果关系？B 应承担什么样的刑事责任？C 的见死不救行为同 A 的死亡是否有刑法上的因果关系？C 是否应当承担刑事责任？D 的见死不救行为是否同 A 的死亡有刑法上的因果关系？是否应承担刑事责任？承担什么样的刑事责任？问题四，B 是否成立过失的主观罪过？D 是否成立故意的主观罪过？如成立，D 的主观方面是直接故意，还是间接故意？问题五，B、C、D 三人的行为分别是否构成犯罪，如果构成，构成何罪？

2. 各组代表依序分别就每一个问题分别发言，陈述观点并论证。

3. 自由辩论。

4. 各组整理并最后阐明自己的观点。

环节三：实验结论的整理和汇总

1. 各位同学进行实验报告的撰写。各小组对自己的观点进行加固论证或修改，并将实验过程中的完成成果进行整理汇总，一并上交。

2. 实验学生对此次实验课程做出评价和建议，既能培养自己的主体参与性，也会促使实验课教师在今后的教学中不断改进，以满足实验教学的要求。

3. 实验教师根据自己的观察，对相关理论的具体运用、法律问题的发现等问题进行总结，要对每一个实验学生的表现、各个团队的整体表现进行具体、有针对性的点评，指出以后在实验课中应注意的问题。最后对此次实验课进行总结。

六、思考题

1. 客观归责理论与传统的因果关系理论相比，其理论优势是什么？

2. 为什么对污染环境罪、丢失枪支不报罪等具体罪学界会出现犯罪主观方面是犯罪故意还是犯罪过失的争论？

七、实验素材

（一）基本素材一

教学案例：女秘书 A 和她的经理男 B、副经理男 C 分别保持情人关系三年时间，B 和 C 每周分别去 A 租住的小屋一次。A 同时又非常喜欢男大学生 D，经常为 D 花钱购置东西，二人瞒着 B、C 以男女朋友关系同居了两年，B 和 C 去时，D 即返校。后 D 因大学毕业找到了一份较好的工作，就决定和 A 分手。某日，D 在 A 租住的小屋中提出分手，A 坚决不同意，二人发生了争执。在争执的过程中，B 意外回来。慌乱之中，D 躲到了衣橱之中。为了让 D 放心，A 坚决同 B 提出断绝关系。B 不同意，二人发生争执，在争执中，B 不小心将 A 推倒，A 的头部碰到了桌角，血流不止，B 蹲下打算救护 A。D 听到这种状况就从衣橱中出来并趁 B 不备顺手用闹钟朝 B 的后脑勺砸去，将 B 砸昏。A此时尚清醒，向D呼救，D想起正无法摆脱A，就绝情离去。C当晚回来，见屋内躺着两个不知死活的人，也悄悄离去。后A因失血过多死亡。B被救治苏醒后得知A死亡非常难过，他表示：当时自己正欲救治A，如果不被砸昏，依A当时的伤势，她肯定不会死亡。

（二）基本素材二

1. 高铭暄、马克昌主编：《刑法学》，高等教育出版社、北京大学出版社2011年版。
2. 控辩双方的书面控辩材料与法院的最终判决。
3. 相关法律规定：
（1）《中华人民共和国刑法》第14条、第15条。
（2）《中华人民共和国刑法》第232条、第233条、第234条。

（三）基本素材三

拓展阅读素材1：张明楷著：《刑法学》，法律出版社2011年版。
拓展阅读素材2：相关论文和类似判例。

实验六　主观罪过、法律解释等重要理论问题疑难案例辨析

一、实验目的

1. 通过完成本实验项目，让学生尝试运用刑法理论知识对具体刑事案件的实体内容进行独立的判断和思考，并通过学生发表观点并论证、讨论或辩论、教师引导的方式，掌握犯罪论中间接故意和过于自信的过失的区分问题、类推适用和扩大解释的区分问题、量刑情节和犯罪情节的区分问题，进一步增强理论素养。

2. 锻炼学生提炼刑事案件核心问题的能力，并掌握根据核心问题查找相关文献资料、搜寻相关刑事判例、整理核心论据、准确巧妙的将这些内容为自己所用的能力。

3. 本实验采用辩论方式，使学生学会站在控方和辩方双方的立场考虑问题，感受法庭辩论氛围，实践法庭辩论能力，掌握法庭辩论技巧，锻炼论证自己的观点、驳斥对方的观点的能力。

二、实验要求

（一）基本能力要求

1. 掌握刑法中关于犯罪故意和犯罪过失的具体法律条文的规定。
2. 掌握类推适用、扩大解释的相关内容。
3. 掌握犯罪情节、量刑情节、免予刑事处罚的相关内容。

（二）提高能力要求

1. 能够发现刑事案件中的实体法规定的核心问题。

2. 对量刑理论中的相关问题、法律解释问题做拓展学习。

3. 在实验过程中，培养团队精神和敬业精神以及认真对待工作的精神。

4. 着力强化创新意识和对知识的创造性应用，使学生具有获取知识、信息的能力和创新精神。

（三）综合能力要求

通过实验案例的分析和讨论过程，促使学生能够主动学习和思考，深刻领会《刑法学》中相关的法律规定和理论，使自己所掌握的刑法学知识系统化、立体化，培养自己的专业素质、树立自己的专业理念。

（四）培养良好习惯的要求

按照实验教师的要求开展具体试验活动，除了实验活动需要交流之外，彼此之间不谈论与实验活动无关的话题，培养目标专一的能力，改正不分场合聊天、喧哗的不良习惯。遵守实验室操作要求、环境卫生要求，熟练使用实验室设备，保障实验室设施的完好无损，培养公益心和公德。

三、实验原理

（一）间接故意和过于自信的过失的区分

相同点：都预见到危害结果发生的可能性；都没有希望危害结果的发生。

不同点：（1）认识因素：间接故意是明知自己的行为导致危害结果发生的现实可能性，即明知这样确实可能发生危害结果，但他没有想到靠什么办法来避免这种可能性变成现实性。过于自信的过失则是预见到行为发生危害结果的假定可能性。行为人过高估计了有利因素，过低估计了不利因素的作用，行为人对于可能性是否会转化为现实性的客观事实发生了错误认识，行为人主观和客观不一致。（2）意志因素：间接故意是放任危害结果的发生。过于自信的过失中行为人反对、排斥危害结果发生。

（二）类推解释和扩大解释的区分

扩大解释是指刑法条文的字面含义窄于刑法的真实含义，扩张字面含义使其符合刑法的真实含义的刑法解释方法。而类推解释，是指对刑法条文没有明确规定的除行为之外的事项，比照最相类似的刑法条文规定的相关事项，作超出该规定含义范围而推论适用的解释。

扩大解释是对用语通常含义的扩张，不能超出用语可能具有的含义，否则，属于违反罪刑法定原则的类推解释。应否做出扩大解释，还必须考虑处罚的必要性；对于一个行为而言，其处罚的必要性越大，将其解释为犯罪的可能性就越大，但如果行为离刑法用语核心含义的距离越远，则解释为犯罪的可能性就越小。扩大解释方法本身并不违反罪刑法定原则，但其解释结论则可能与罪刑法定原则相抵触。所以，在扩大解释内部，也需要进一步区分合理的扩大解释与不合理的扩大解释。当然，由于类推解释与扩大解释之间的界限具有相对性，由于合理的扩大解释与不合理的扩大解释之间的区别具有模糊性，区分扩大解释与类推解释的界限，与衡量扩大解释是否具有合理性，也是相对的和模糊的。

（三）定罪情节和量刑情节的区分

定罪情节是指决定行为是否成立犯罪的事实；量刑情节是指在某种行为已经确定构成犯罪的前提下，法院对犯罪人裁量刑罚时应当考虑的，据以决定量刑轻重或者免除刑罚处罚的各种情况。两者的主要区别在于：（1）定罪情节是犯罪构成要件所涵盖的内容和行为成立某种犯罪的事实根据，它表明并揭示该种犯罪的共性，而量刑情节则表明个案之间的特点和差异，揭示同种犯罪中不同案犯的个性。（2）量刑情节对决定是否处刑以及处刑轻重具有重要影响，是否处刑以及处刑轻重，是量刑的主要内容，量刑情节对此具有决定作用。因此，量刑情节不同于定罪情节。定罪情节作这一种罪量要素，是决定犯罪成立的事实根据，它所要解决的是罪之有无的问题。而量刑情节是在行为构成犯罪的基础上，解决罪之轻重的问题。（3）定罪情节只限于罪中情节，外延比较狭窄；而量刑情节则包括罪中情节、罪前情节和罪后情节，外延比较宽广。

四、实验仪器

视频资料、计算机、投影仪、幕布、庭审服装、庭审桌椅等。

五、实验步骤

环节一：案例的公布及核心问题的发现

1. 在实验教室，由实验教师向学生说明实验主题，通过多媒体播放相关实验素材和背景资料。

2. 根据实验教学大纲，对学生按照每8~10人为一组进行分组，由本组队员自行决定担任控方或辩方。教师并告知各组课后需要做的准备工作，为下次课的案例辩论做准备。

3. 教师提示本案应注意的一些核心问题。问题一，刘某的主观罪过形式是否如其辩护律师所说出于过失？问题二，法官将动物园的熊解释为"公私财物"，将刘某向熊泼硫酸的行为解释为"故意毁坏"，将罪名确定为"故意毁坏公私财物罪"，是否如其辩护律师所说为类推适用，违反了罪刑法定原则？这样的解释是否是法律解释中的扩大解释，甚至仅仅是文理解释？这样的解释是否具有合理性？问题三，法院判决认定刘某犯罪情节轻微，认罪态度良好，因此免予刑事处罚。有某中级人民法院法官撰文认为该判决前后矛盾，因为构成故意毁坏公私财物罪需要情节严重，但法院判决同时又认为犯罪情节轻微，因此是一个错误的判决。应如何看待这样的观点？

4. 各组按照给出的案例，由控辩双方分别按照具体案例和相关课程内容进行辩论前的准备，并针对教师提出的核心问题进行资料的查找和问题的解答，教师在此环节可进行简略的引导。

5. 各实验小组按照自己所总结的核心问题，进行讨论、查阅资料，将讨论结果整理成书面材料交给实验指导老师。

环节二：案例的公开辩论

1. 辩论双方仅于辩题所确定的事实基础上进行言词辩论，省略刑事诉讼法所规定的刑事审判中的其他环节，仅仅进行双方陈述观点、法庭辩论、最后陈述和总结环节。

每组进行法庭辩论时，其他组同学进行旁听。

2. 由公诉人发表公诉意见。
3. 由辩护人发表辩护意见。
4. 双方就核心问题进行自由辩论（双方组员均可自由发言）。
5. 公诉人进行总结陈词。
6. 辩护人进行总结陈词。

环节三：实验结论的整理和汇总

1. 各位同学进行实验报告的撰写。各小组对自己的观点进行加固论证或修改，并将实验过程中的完成成果进行整理汇总，一并上交。
2. 实验学生对此次实验课程做出评价和建议，培养自己的主体参与性，也使实验课教师在今后的教学中不断改进，以满足实验教学的要求。
3. 实验教师根据自己的观察，对相关理论的运用、辩论技巧、辩论漏洞等问题进行总结，要对每一个实验学生的表现、各个团队的整体表现进行具体、有针对性的点评，指出以后在实验课中应注意的问题。最后对此次实验课进行总结。

六、思考题

1. 如何区分扩张解释与类推适用？
2. 如何区分定罪情节与量刑情节？同一情节能否既作定罪情节用，也作量刑情节用？

七、实验素材

（一）基本素材一

教学案例：被告人刘某，男，清华大学电机系学生。为"考证黑熊嗅觉是否灵敏"，刘某先后两次用火碱、硫酸将北京动物园的五只熊烧伤，其中一头黑熊双目失明。后被公诉机关以故意毁坏财物罪向人民法院提起刑事诉讼。公诉机关认为，刘某的行为构成故意毁坏财物罪。刘某的辩护人则辩护，刘某伤熊的行为不构成故意毁坏财物罪，而且法律没有明文规定为犯罪行为。其主观动机是做一种实验，轻信熊的皮厚且嗅觉灵敏能够避免，因此是过失行为，不构成故意犯罪。北京市西城区人民法院经开庭宣判后判决被告人刘某犯故意毁坏财物罪，免予刑事处罚。

（二）基本素材二

1. 高铭暄、马克昌主编：《刑法学》高等教育出版社、北京大学出版社 2011 年版。
2. 控辩双方的书面控辩材料与法院的最终判决。
3. 相关法律规定：
（1）《中华人民共和国刑法》第 14 条、第 15 条。
（2）《中华人民共和国刑法》第 37 条、第 275 条。

（三）基本素材三

拓展阅读素材 1：张明楷著：《刑法学》法律出版社 2011 年版。

拓展阅读素材2：相关论文和类似判例。

实验七　共同犯罪中的停止形态疑难案例辨析

一、实验目的

1. 通过完成本实验项目，让学生尝试运用刑法理论知识对具体刑事案件的实体内容进行独立的判断和思考，并通过学生发表观点并论证、讨论或辩论掌握共同犯罪案件中不同共犯的停止形态问题的基本观点和基本知识，进一步增强学生的理论素养。

2. 锻炼学生提炼刑事案件核心问题的能力，并掌握根据核心问题查找相关文献资料、搜寻相关刑事判例、整理核心论据、准确巧妙的将这些内容为自己所用的能力。

3. 本实验采用讨论方式，使学生学会站在多方的立场考虑问题，锻炼学生倾听他人观点、总结他人论点和论据、修正自己论点和论据的能力。

二、实验要求

（一）基本能力要求

1. 掌握刑法中关于共同犯罪、停止形态的具体法律条文的规定。
2. 掌握共犯与犯罪停止形态交织时的基本理论观点和司法实践中常见的处理方式。

（二）提高能力要求

1. 对共犯与犯罪停止形态交织的相关问题做拓展学习，引导学生反思并理解我国刑法理论中关于共同犯罪和停止形态交织时的理论观点、具体判例的经验和教训，以及在刑事案件中的正确处理方案。

2. 在实验过程中，培养团队精神和敬业精神以及认真对待工作的精神。

3. 着力强化创新意识和对知识的创造性应用，使学生具有获取知识、信息的能力和创新精神。

（三）综合能力要求

通过实验案例的分析和讨论过程，促使学生能够主动学习和思考，深刻领会《刑法学》中相关的法律规定和理论，使自己所掌握的刑法学知识系统化、立体化，培养自己的专业素质、树立自己的专业理念。

（四）培养良好习惯的要求

按照实验教师的要求开展具体试验活动，除了实验活动需要交流之外，彼此之间不谈论与实验活动无关的话题，培养目标专一的能力，改正不分场合聊天、喧哗的不良习惯。遵守实验室操作要求、环境卫生要求，熟练使用实验室设备，保障实验室设施的完好无损，培养公益心和公德心。

三、实验原理

（一）共同犯罪的概念和成立条件、共同犯罪人的分类

刑法第25条规定，共同犯罪是二人以上共同故意犯罪。构成共同犯罪，应当具备三个条件：第一，主体要件。必须是两个以上的人。第二，客观要件，必须有共同犯罪的行为。各共同犯罪人的行为结成了一个整体，互相联系，共同配合，共同导致了危害结果的发生。第三，主观要件。各共同犯罪人的行为之所以能结成一个整体，就是由于共同犯罪主观要件的存在——共同犯罪的故意。所谓共同犯罪的故意，指各共同犯罪人通过意思联络，认识到他们的行为会发生危害社会的结果，并且希望或者放任该结果的发生。我国刑法采取"以作用分类法为主，以分工分类法为补充"的标准，将共同犯罪人分为主犯、从犯、胁从犯和教唆犯。

（二）犯罪既遂、犯罪预备、犯罪未遂、犯罪中止的概念和成立条件

犯罪既遂，是指行为人所实施的犯罪行为具备了刑法分则规定的该种犯罪构成的全部要件。

犯罪预备，是指行为人为了犯罪而进行了准备工具、创造条件的行为，由于行为人意志以外的原因未及着手实行犯罪的未完成形态。成立条件：（1）行为人已经进行了准备工具、制造条件的预备行为。（2）预备行为是在着手之前进行的，并且在着手实行犯罪之前已经终止。（3）预备行为在着手实行犯罪之前已经停止，是由于行为人意志以外的原因。

犯罪未遂，指犯罪分子已经着手实行犯罪，由于其意志以外的原因而未能达到既遂状态的未完成形态。成立条件：（1）犯罪分子已经着手实行犯罪。即犯罪分子开始实施刑法分则条文规定的具体犯罪的实行行为。（2）犯罪行为未能达到既遂状态。即"犯罪未得逞"，即犯罪行为未达到犯罪构成的全部要件。（3）犯罪未得逞是由于犯罪分子意志以外的原因。

未遂犯在面对外在的阻力的情况下无可奈何地、不得不停止犯罪，是企图实施而不能实施。

犯罪中止，指在犯罪过程中，行为人自动中止犯罪或者自动有效地防止犯罪结果发生的犯罪未完成形态。中止犯的条件：（1）时间性条件。在犯罪预备阶段、犯罪实行阶段及犯罪实行后阶段均可以成立中止犯。（2）自动性条件。行为人在确信能够将犯罪进行到底的情况下，基于本人的自由意志而决定放弃犯罪行为，或者主动有效地防止犯罪结果发生。（3）有效性条件。犯罪人彻底抛弃了犯罪意图，放弃实施犯罪行为，或者有效地防止了犯罪结果的发生。

（三）共犯不同停止形态的处理原则

我国刑法理论在简单共犯即在共同实行犯罪的情况下，采用"部分实行全部责任"的原则。在复杂共同犯罪的场合，一般整个共同犯罪的进程从属于实行犯的进程，教唆犯、帮助犯停止形态的认定应根据实行犯所成立的停止形态来具体认定，如果部分共犯意欲成立犯罪终止，必须消除其行为对既遂结果可能产生的具体影响力，且部分共犯的中止效力只及于本人。

四、实验仪器

计算机、投影仪、幕布。

五、实验步骤

环节一：案例的公布及核心问题的发现

1. 在实验教室，由实验教师向学生说明实验主题，通过多媒体播放相关实验素材和背景资料。

2. 根据实验课大纲，对学生按照6~8人一组进行分组，并告知各组课后需要做的准备工作，为下次课的案例讨论做准备。

3. 各组按照给出的案例，并按照《刑法学（总论）》中的相关课程内容进行准备，主要工作为案例核心问题的提炼和归纳，教师在此环节可进行简略的引导。

4. 各实验小组按照自己所总结的核心问题，进行讨论、查阅资料，将讨论结果整理成书面材料交给实验指导老师。

环节二：案例的公开讨论

1. 教师引导学生探讨本案的核心问题。即在共同犯罪案件中，部分正犯在着手实行行为之后因意志以外的原因被迫停止犯罪（或者自动终止自己的行为，但并未消除自己的行为与结果之间的因果性，由其他正犯的行为直接导致危害结果发生时），部分正犯是成立未遂犯还是既遂犯？

2. 各组代表依序分别就每一个问题分别发言，陈述观点并论证。

3. 自由辩论。

4. 各组整理并最后阐明自己的观点。

环节三：实验结论的整理和汇总

1. 各位同学进行实验报告的撰写。各小组对自己的观点进行加固论证或修改，并将实验过程中的完成成果进行整理汇总、一并上交。

2. 实验学生对此次实验课程做出评价和建议，培养自己的主体参与性，也使实验课教师在今后的教学中不断改进，以满足实验教学的要求。

3. 实验教师根据自己的观察，对相关理论的具体运用、法律问题的发现等问题进行总结，要对每一个实验学生的表现、各个团队的整体表现进行具体、有针对性的点评，指出以后在实验课中应注意的问题。最后对此次实验课进行总结。

七、思考题

如何看待我国刑法理论中共犯停止形态的认定标准？

参考文献

[1] 高铭暄、马克昌主编：《刑法学》，高等教育出版社，北京大学出版社2011年版。

[2] 张明楷著：《刑法学》，法律出版社2011年版。

第四章　证据法学实验

实验一　民事诉讼证明责任的分配

一、实验目的

由于人类认识手段的局限性、认识客体的限制、认识期限上的有限性以及作为认识主体的法官本身的原因,在诉讼过程中,必然存在法官在案件关键事实的判断上真伪不明的心理状态。但是,在司法最终解决原则之下,法官并不能够因事实真伪不明而拒绝做出裁判,这时就要求法官必须依照一定的规则确定由某一方诉讼当事人承担不利的诉讼后果。而证明责任的基本功能恰恰在于保障法官在事实真伪不明时,可以适用客观的证明责任所提供的法律规范,履行裁判案件的职责。这正是证据法中设置证明责任制度的目的。

通过真实案例的分析,希望学生能够了解民事诉讼证明责任分配的重要意义和价值,掌握民事诉讼证明责任分配的一般原则和特殊原则,以及证明责任分配的基本原理。

二、实验要求

1. 了解证明责任分配的基本原理。
2. 掌握民事诉讼证明责任分配的一般原则和特殊原则。
3. 查阅资料,了解有关彭宇案的不同观点。

三、实验原理

举证责任的分配,是指法院按照一定的标准,将事实真伪不明风险的风险,在双方当事人之间进行分配,使原告负担一些事实真伪不明的风险,被告负担另一些事实真伪不明的风险。民事诉讼中举证责任的分配具有很重要的意义,很大程度上决定了诉讼的结果。

根据我国《民事诉讼法》第 64 条的规定:"当事人对自己提出的主张,有责任提供证据。"也就是我们通常所说的"谁主张谁举证",这里的主张指的是民事诉讼中的事实主张,不包括法律主张。但是,由于民事诉讼的复杂性,谁主张谁举证的一般原则不能完全解决民事司法实践中出现的有关证明责任分配的所有问题,有时还会出现举证责任的倒置,也就是不再按照谁主张谁举证的原则分配,提出主张的人不承担证明责任,最高人民法院《关于适用《中华人民共和国民事诉讼法》若干问题的意见》、《关于民事诉讼证据的若干问题》等司法解释中对证明责任的倒置的具体情况做了相关规定。(条文内容略)

四、实验器材

模拟法庭、多媒体等。

五、实验步骤

1. 教师介绍民事诉讼证明责任的概念及重要意义和价值。
2. 学生回忆所学的民事诉讼证明责任的分配原理及一般分配原则。
3. 播放视频案例。
4. 学生对案件中所涉及的证据进行整理和分析。
5. 学生分析判决书中对证据及证明责任的分配。讨论及辩论。
6. 提出自己对该案证据和证明责任分配的观点。

六、思考题

1. 法院判决中对证据是如何判断的?
2. 法院在什么情况下进行了证明责任的分配?证明责任是如何分配的,按照什么规则分配的?
3. 本案法院证明责任分配是否恰当?

七、实验素材

2006年11月20日早晨,一位老太太在南京市水西门广场一公交站台等83路车。人来人往中,老太太被撞倒摔成了骨折,鉴定后构成8级伤残,医药费花了不少。老太太指认撞人者是刚下车的小伙彭宇。老太太告到法院索赔13万元。

彭宇表示无辜。他说,当天早晨3辆公交车同时靠站,老太要去赶第3辆车,而自己从第2辆车的后门下来。"一下车,我就看到一位老太跌倒在地,赶忙去扶她了,不一会儿,另一位中年男子也看到了,也主动过来扶老太。老太不停地说谢谢,后来大家一起将她送到医院。"彭宇继续说,接下来,事情就来了个180度大转弯,老太及其家属一口就咬定自己是"肇事者"。

2007年9月4日下午4点半,鼓楼区法院一审宣判。法院认为,本案主要存在两个争议焦点:

(1)彭宇与老人是否相撞;
(2)应赔偿的损失数额问题。

法院认为本次事故双方均无过错。按照公平的原则,当事人对受害人的损失应当给予适当补偿。

南京彭宇案一审判决书摘要:

南京市鼓楼区人民法院

民事判决书（2007）鼓民一初字第212号

原告徐××，女，汉族，1942年8月9日生，住本市×××12号。

被告彭×，男，汉族，1980年7月2日生，江苏×××有限公司职工，住本市×××2X3-1号。

原告徐××诉称（略）。

被告彭×辩称（略）。

经审理查明，2006年11月20日上午，原告在本市水西门公交车站等候83路车，大约9时30分左右有两辆83路公交车同时进站。原告准备乘坐后面的83路公交车，在行至前一辆公交车后门时，被告第一个从公交车后门下车，原告摔倒致伤，被告发现后将原告扶至旁边，在原告的亲属到来后，被告便与原告亲属等人将原告送往医院治疗，原告后被诊断为左股骨颈骨折并住院治疗，施行髋关节置换术，产生了医疗费、护理费、营养费等损失。

事故发生后，南京市公安局公共交通治安分局城中派出所接到报警后，依法对该起事故进行了处理并制作了讯问笔录。案件诉至本院后，该起事故的承办民警到法院对事件的主要经过作了陈述并制作了谈话笔录，谈话的主要内容为：原、被告之间发生了碰撞。原告对该份谈话笔录不持异议。被告认为谈话笔录是处理事故的民警对原、被告在事发当天和第二天所做询问笔录的转述，未与讯问笔录核对，真实性无法确定，不能作为本案认定事实的依据。

案件审理期间，处理事故的城中派出所提交了当时对被告所做讯问笔录的电子文档及其誊写材料，电子文档的属性显示其制作时间为2006年11月21日，即事发后第二天。讯问笔录电子文档的主要内容为：彭×称其没有撞到徐××；但其本人被徐××撞到了。原告对讯问笔录的电子文档和誊写材料不持异议，认为其内容明确了原、被告相撞的事实。被告对此不予认可，认为讯问笔录的电子文档和誊写材料是复制品，没有原件可供核对，无法确定真实性，且很多内容都不是被告所言；本案是民事案件，公安机关没有权利收集证据，该电子文档和誊写材料不能作为本案认定事实的依据。

被告申请证人陈二春出庭作证，证人陈二春证言主要内容：2006年11月20日其在21路公交车水西门车站等车，当时原告在其旁边等车，不久来了两辆车，原告想乘后面那辆车，从其面前跑过去，原告当时手上拿了包和保温瓶；后来其看到原告倒在地上，被告去扶原告，其也跑过去帮忙；但其当时没有看到原告倒地的那一瞬间，也没有看到原告摔倒的过程，其看到的时候原告已经倒在地上，被告已经在扶原告；当天下午，根据派出所通知其到派出去做了笔录，是一个姓沈的民警接待的。对于证人证言，原告持有异议，并表示事发当时是有第三人在场，但不是被告申请的出庭证人。被告认可证人的证言，认为证人证言应作为本案认定事实的依据。

另查明，在事发当天，被告曾给付原告二百多元钱，且此后一直未要求原告返还。关于被告给付原告钱款的原因，双方陈述不一：原告认为是先行垫付的赔偿款，被告认为是借款。

审理中，对事故责任及原、被告是否发生碰撞的问题，双方也存在意见分歧。原告认为其是和第一个下车的被告碰撞倒地受伤的；被告认为其没有和原告发生碰撞，其搀扶原告是做好事。因原、被告未能就赔偿问题达成协议，原告遂诉至法院，要求被告赔偿原告医疗费、护理费、营养费、住院伙食补助费等损失，并承担本案诉讼费用。

审理中，原告申请对其伤情的伤残等级进行司法鉴定，本院依法委托南京鑫盾司法鉴定所进行鉴定，鉴定结论为：被鉴定人徐××损伤构成八级伤残。因双方意见不一，致本案调解无效。

上述事实，有双方当事人陈述；原告提供的住院记录、医疗费票据；被告申请的证人陈二春的当庭证言；城中派出所提交的对原告的询问笔录、对被告讯问笔录的电子文档及其誊写材料；本院委托鉴定的鉴定报告、本院谈话笔录以及本院开庭笔录等证据证实。

本院认为，当事人的合法权益受法律保护。对于本案的基本事实，即2006年11月20日上午原告在本市水西门公交车站准备乘车过程中倒地受伤，原、被告并无争议。但对于原告是否为被告撞倒致伤，双方意见不一。根据双方诉辩观点，本院归纳本案的争议焦点为：一、原、被告是否相撞；二、原告损失的具体数额；三、被告应否承担原告的损失，对此分别评述如下：

一、原、被告是否相撞。

本院认定原告系与被告相撞后受伤，理由如下：

1. 根据日常生活经验分析，原告倒地的原因除了被他人的外力因素撞倒之外，还有绊倒或滑倒等自身原因情形，但双方在庭审中均未陈述存在原告绊倒或滑倒等事实，被告也未对此提供反证证明，故根据本案现有证据，应着重分析原告被撞倒之外力情形。人被外力撞倒后，一般首先会确定外力来源、辨认相撞之人，如果相撞之人逃逸，作为被撞倒之人的第一反应是呼救并请人帮忙阻止。本案事发地点在人员较多的公交车站，是公共场所，事发时间在视线较好的上午，事故发生的过程非常短促，故撞倒原告的人不可能轻易逃逸。根据被告自认，其是第一个下车之人，从常理分析，其与原告相撞的可能性较大。如果被告是见勇为做好事，更符合实际的做法应是抓住撞倒原告的人，而不仅仅是好心相扶；如果被告是做好事，根据社会情理，在原告的家人到达后，其完全可以在言明事实经过并让原告的家人原告送往医院，然后自行离开，但被告未作此等选择，其行为显然与情理相悖。

城中派出所对有关当事人进行讯问、调查，是处理治安纠纷的基本方法，其在本案中提交的有关证据能够相互印证并形成证据锁链，应予采信。被告虽对此持有异议，但并未提供相反的证据，对其抗辩本院不予采纳。根据城中派出所对原告的询问笔录、对被告讯问笔录的电子文档及其誊写材料等相关证据，被告当时并不否认与原告发生相撞，只不过被告认为是原告撞了被告。综合该证据内容并结合前述分析，可以认定原告是被撞倒后受伤，且系与被告相撞后受伤。

2. 被告申请的证人陈二春的当庭证言，并不能证明原告倒地的原因，当然也不能排除原告和被告相撞的可能性。因证人未能当庭提供身份证等证件证明其身份，本院未能当庭核实其真实身份，导致原告当庭认为当时在场的第三人不是出庭的证人。证人出庭后第二天提交了身份证以证明其证人的真实身份，本院对证人的身份予以确认，对原告当庭认为当时在场的第三人不是出庭的证人的意见不予采纳。证人陈二春当庭陈述其本人当时没有看到原告摔倒的过程，其看到的只是原告已经倒地后的情形，所以其不能证明原告当时倒地的具体原因，当然也就不能排除在该过程中原、被告相撞的可能性。

3. 从现有证据看，被告在本院庭审前及第一次庭审中均未提及其是见义勇为的情节，而是在二次庭审时方才陈述。如果真是见义勇为，在争议期间不可能不首先作为抗辩理由，陈述的时机不能令人信服。因此，对其自称是见义勇为的主张不予采信。

4. 被告在事发当天给付原告二百多元钱款且一直未要求原告返还。原、被告一致认可上述给付钱款的事实，但关于给付原因陈述不一：原告认为是先行垫付的赔偿款，被告认为是借款。根据日常生活经验，原、被告素不认识，一般不会贸然借款，即便如被告所称为借款，在有承担事故责任之虞时，也应请公交站台上无利害关系的其他人证明，或者向原告亲属说明情况后索取借条（或说明）等书面材料。但是被告在本案中并未存在上述情况，而且在原告家属陪同前往医院的情况下，由其借款给原告的可能性不大；而如果撞伤他人，则最符合情理的做法是先行垫付款项。被告证人证明原、被告双方到派出所处理本次事故，从该事实也可以推定出原告当时即以为是被被告撞倒而非被他人撞倒，在此情况下被告予以借款更不可能。综合以上事实及分析，可以认定该款并非借款，而应为赔偿款。

二、原告损失的范围和具体数额。（略）

三、被告应否承担原告损失。

根据前述分析，原告系在与被告相撞后受伤且产生了损失，原、被告对于该损失应否承担责任，应根据侵权法诸原则确定。

本案中，原告赶车到达前一辆公交车后门时和刚从该车第一个下车的被告瞬间相撞，发生事故。原告在乘车过程中无法预见将与被告相撞；同时，被告在下车过程中因为视野受到限制，无法准确判断车后门左右的情况，故对本次事故双方均不具有过错。因此，本案应根据公平责任合理分担损失。公平责任是指在当事人双方对损害均无过错，但是按照法律的规定又不能适用无过错责任的情况下，根据公平的观念，在考虑受害人的损害、双方当事人的财产状况及其他相关情况的基础上，判令加害人对受害人的财产损失予以补偿，由当事人合理地分担损失。根据本案案情，本院酌定被告补偿原告损失的40%较为适宜。

关于原告主张的精神损害抚慰金问题。本次事故虽给原告的精神上造成了较大痛苦，因双方均无过错，故原告要求赔偿精神损害抚慰金15000元的诉讼请求于法无据，本院不予支持。综上，为维护当事人的合法权利，依据《中华人民共和国民法通则》第九十八条、第一百一十九条、最高人民法院《关于审理人身损害赔偿案件适用法律若干问题的解释》第十七条之规定，判决如下：

被告彭×于本判决生效之日起十日内一次性给付原告徐××人民币45876.36元。被告彭×如果未按本判决指定的期间履行给付金钱义务，应当按照《中华人民共和国民事诉讼法》第二百三十二条之规定,加倍支付迟延履行期间的债务利息。本案受理费890元、其他诉讼费980元,合计1870元由原告徐××负担1170,彭×负担700元,原告已预交,故由被告在履行时一并将该款给付原告。

如不服本判决,可在判决书送达之日起十五日内,向本院递交上诉状,并按对方当事人的人数提出副本,上诉于江苏省南京市中级人民法院。

审 判 长　××
代理审判员　×××
代理审判员　××
二〇〇七年九月三日

实验二　刑事诉讼中证据的运用

一、实验目的

本实验试图通过具体的案例,向同学们展示刑事诉讼运用证据证明的过程。尽管在教材和课堂中已经对刑事诉讼证据的属性,各种不同证据证明力的特点,运用证据证明的规则,以及非法证据排除规则等,但是在面对具体案件时,如何把理论知识自觉应用到实践中才是能力的体现。希望通过本实验,让同学们整体的了解刑事诉讼证明的过程,将所学的知识贯穿起来,灵活应用。

二、实验要求

1. 掌握刑事证据的概念和种类。
2. 掌握我国刑事诉讼法中的"非法证据排除规则"。
3. 了解2012年刑事诉讼法修改前后关于证据规定的变化,以及修改的原因。

三、实验原理

刑事诉讼中证据的审查判断以及运用证据证明案件事实是一个复杂的过程,涉及很多证据本身属性的判断,也涉及证据之间如何形成完整证据链条,以及各种证据规则。如何在诉讼过程中运用证据证明案件事实是证据法中的难点。

2012年刑事诉讼法修改时,证据制度是修改的重点内容。在刑事诉讼法第五章中用16个条文对证据概念、证据种类、运用证据的基本原则、举证责任的分配的原则、禁止非法方法收集证据、证明标准,非法证据排除规则、证人作证等问题作了规定。这些内容是刑事诉讼中运用证据证明、案件的基本规范。(条文内容略)

四、实验器材

模拟法庭、多媒体等。

五、实验步骤

1. 学生回忆所学的刑事诉讼中关于证据种类、证据属性、证据能力、证据规则的方面的知识和内容，为分析案例做好准备。
2. 教师介绍案例。
3. 分组讨论，围绕问题分析案件。

六、思考题

1. 法院对于辩护人提出排除非法证据的请求的处理是否正确？为什么？
2. 如法院对证据合法性有疑问，应当如何进行调查？
3. 法院对尤某的犯罪事实的认定是否已经达到事实清楚、证据确实充分？为什么？
4. 现有证据能否证明何某构成犯罪？为什么？
5. 如何判断证据是否具有关联性？法院认定何某辩护人提供的4份书面材料不具有关联性是否适当？为什么？

七、实验素材

2010年10月2日午夜，A市某区公安人员在辖区内巡逻时，发现路边停靠的一辆轿车内坐着三个年轻人（朱某、尤某、何某）形迹可疑的年轻人，即上前盘查。经查，在该车后备箱中发现盗窃机动车工具，遂将三人带回区公安分局进一步审查。案件侦查终结后，区检察院向区法院提起公诉。

朱某——在侦查中供称，其作案方式是3人乘坐尤某的汽车在街上寻找作案目标，确定目标后由朱某、何某下车盗窃，得手后共同分赃。作案过程由尤某策划、指挥。在法庭调查中承认起诉书指控的犯罪事实，但声称在侦查中被刑讯受伤。

尤某——在侦查中与朱某供述基本相同，但不承认作案由自己策划、指挥。在法庭调查中翻供，不承认参与盗窃机动车的犯罪，声称对朱某盗窃机动车毫不知情，并声称在侦查中被刑讯受伤。

何某——始终否认参与犯罪。声称被抓获当天从C市老家来A市玩，与原先偶然认识的朱某、尤某一起吃完晚饭后坐在车里闲聊，才被公安机关抓获。声称以前从没有与A市的朱某、尤某共同盗窃，并声称在侦查中被刑讯受伤。

公安机关——在朱某、尤某供述的十几起案件中核实认定了A市发生的3起案件，并依循线索找到被害人，取得当初报案材料和被害人陈述。调取到某一案发地录像，显示朱某、尤某盗窃汽车经过。根据朱某、尤某在侦查阶段的供述，认定何某在2010年3月19日参与一起盗窃机动车案件。

何某辩护人——称在案卷材料中看到朱某、尤某、何某受伤后包有纱布的照片，并提供4份书面材料：（1）何某父亲的书面证言：2010年3月19日前后，何某因打架被当地公安机关告知在家等候处理，不得外出。何某未离开C市；（2）2010年4月5日，公安机关发出的行政处罚通知书；（3）C市某机关工作人员赵某的书面证言：2010年3月19日案发前后，经常与何某在一起打牌，何某随叫随到，期间未离开C

市；(4) 何某女友范某的书面证言：2010 年 3 月期间，何某一直在家，偶尔与朋友打牌，未离开 C 市。

庭审中，3 名被告人均称受到侦查人员刑讯。辩护人提出，在案卷材料中看到朱某、尤某、何某受伤后包有纱布的照片，被告人供述系通过刑讯逼供取得，属于非法证据，应当予以排除，要求法庭调查。公诉人反驳，被告人受伤系因抓捕时 3 人有逃跑和反抗行为造成，与讯问无关，但未提供相关证据证明。法庭认为，辩护人意见没有足够根据，即开始对案件进行实体审理。

法庭调查中，根据朱某供述，认定尤某为策划、指挥者，系主犯。

审理中，何某辩护人向法庭提供了证明何某没有作案时间的 4 份书面材料。法庭认为，公诉方提供的有罪证据确实充分，辩护人提供的材料不足以充分证明何某在案发时没有来过 A 市，且材料不具有关联性，不予采纳。

最后，法院采纳在侦查中朱某、尤某的供述笔录、被害人陈述、报案材料、监控录像作为定案根据，认定尤某、朱某、何某构成盗窃罪（尤某为主犯），分别判处有期徒刑 9 年、5 年和 3 年。

参考文献

[1] 陈瑞华：《刑事证据法学》，北京大学出版社 2012 年版。
[2] 何家弘、刘品新：《证据法学》（第四版），法律出版社 2011 年版。
[3] 龙宗旨：《证据法的理念、制度、方法》，法律出版社 2008 年版。

第五章　民事诉讼法实验

实验一　简易程序模拟审判

一、实验目的

1. 掌握民事诉讼简易程序适用的范围。
2. 掌握民事诉讼简易程序开庭审判的步骤和过程。
3. 明确民事诉讼简易程序与普通程序的区别和联系。

二、实验要求

完成模拟审判报告书，内容包括：实验名称、实验目的、模拟审判的全部过程。

三、实验原理

简易程序是普通程序的简化，基层人民法院和它派出的法庭审理事实清楚、权利义务关系明确、争议不大的简单的民事案件，适用简易程序。标的额为各省、自治区、直辖市上年度就业人员年平均工资百分之三十以下的，实行一审终审。

四、实验器材

1. 审判桌：包括审判席、书记员席、原告方席、被告方席。
2. 桌牌：包括审判长1个，书记员1人，原告1个，被告3个。
3. 实验服装：法官服1件，书记员服1件，法警服2件。
4. 民事诉讼中的文书材料：一般包括：（1）原告起诉书；（2）被告答辩状；（3）法院判决书。
5. 其他器材：法槌、照相机、摄像机等。

五、实验步骤

（一）选择案例

本次模拟审判选择的案例是：王大力诉被告王小力、陈大壮、陈小壮法定继承纠纷一案，王大力和王小力系被继承人继子女，陈大壮、陈小壮系被继承人亲生子女。

（二）确定角色（横线上填写扮演者姓名）

审判长（实验组长）＿＿＿＿＿＿＿＿

书记员＿＿＿＿＿＿＿＿＿
法警1＿＿＿＿＿＿＿＿＿＿
法警2＿＿＿＿＿＿＿＿＿＿
原告＿＿＿＿＿＿＿＿＿＿
被告1＿＿＿＿＿＿＿＿＿＿
被告2＿＿＿＿＿＿＿＿＿＿
被告3＿＿＿＿＿＿＿＿＿＿

（三）开庭前准备

1. 当事人双方可以同时到基层法院或者它的派出法庭，请求解决纠纷，基层法院或其派出法庭可以当即审理，也可以另定日期审理。

2. 人民法院可以用简便方式传唤当事人和证人、送达诉讼文书。

3. 由审判员一人独任审理，书记员担任纪录。

4. 当事人一方或双方就适用简易程序提出异议的，人民法院应当进行审查。

（四）开庭审理

开庭审理的具体步骤和内容包括：

1. 开庭准备

2. 法庭调查和法庭辩论

可以打乱法定调查和法定辩论的顺序，可以合并进行，也可以穿插进行，由审判员根据案件的具体情况灵活掌握。

3. 法庭调解

根据最高人民法院《关于适用简易程序审理民事案件的若干规定》第14条的规定，下列民事案件，人民法院在开庭审理时应当进行调解：婚姻家庭纠纷和继承纠纷；劳务合同纠纷；交通事故和工伤事故引起的权利义务关系较为明确地损害赔偿纠纷；宅基地和相邻关系纠纷；诉讼标的额较小的纠纷。但是根据案件的性质和当事人的实际情况不能调解或者显然没有调解必要的除外。当事人愿意调解的，可以当庭进行调解，也可以休庭后进行调解。经过调解，双方当事人达成协议的，应当在调解协议上签字盖章。人民法院应当根据双方当事人达成的调解协议制作调解书，并送达当事人。双方当事人达成协议后当即履行完毕，不要求发给调解书的，应当记入笔录，在双方当事人、审判员、书记员签名或盖章后，即具有法律效力。双方当事人当庭达成调解协议的，审判员应当宣布调解结果，告知当事人调解书经双方当事人签收后，即具有法律效力。调解成功后，独任审判员宣布闭庭。

4. 案件评议

5. 宣告判决

基层人民法院和它派出的法庭审理符合本法第一百五十七条第一款规定的简单的民事案件，标的额为各省、自治区、直辖市上年度就业人员年平均工资百分之三十以下的，实行一审终审。

六、思考题

1. 分析简易程序的价值取向。
2. 在什么情形下不得适用简易程序？

七、实验素材

法定继承纠纷简易程序模拟审判庭审过程

[书记员]：现在宣布法庭纪律。请旁听人员遵守以下法庭纪律：
1. 未经许可，不准录音、录像和摄影；
2. 不得随意走动和进入审判区；
3. 不得鼓掌、喧哗、哄闹和实施其他妨害审判活动的行为；
4. 不得发言、提问；
5. 不准吸烟和随地吐痰；
6. 随身携带的移动电话、传呼机等通讯工具必须关闭或调到振动位置；
7. 对法庭的审判活动有意见，可以在闭庭以后以书面或口头形式向人民法院提出；
8. 违反法庭纪律的，审判员可以当庭口头警告、训诫，也可以责令退出法庭，对于严重扰乱法庭秩序的人，将依法其刑追究事责任。

[审判员]：（击法槌）现在开庭。
[审判员]：当事人陈述身份情况。
[原告]：王大力，陈述身份情况（略）。
[被告1]：王小力，陈述身份情况（略）。（未到庭）
[被告2]：陈大壮，陈述身份情况（略）。
[被告3]：陈小壮，陈述身份情况（略）。
[审判员]：上海市虹口区人民法院民事审判一庭今天对原告王大力诉被告王小力、陈大壮、陈小壮法定继承纠纷一案进行公开审理。本案适用简易程序进行审理。本案依法由审判员姚卫民独任审理，书记员杨文鑫担任法庭记录。当事人是否申请法庭组成人员回避？
[原告]：不申请回避。
[被告2、3]：不申请回避。
[审判员]：依照《民事诉讼法》第49条、第50条、第51条之规定，诉讼当事人享有委托代理人、申请回避、收集提供证据、进行辩论、请求调解、提起上诉、申请执行以及查阅、复制本案相关材料和法律文书，自行和解、放弃变更和承认反驳诉讼请求，提起反诉的权利。当事人应依法行使诉讼权利，遵守诉讼秩序，对自己提出的主张在举证期间内提供证据，履行发生法律效力的判决书、裁定书、调解书，按规定交纳案件受理费等诉讼费用。以上权利、义务双方当事人是否听清楚了？
[原告]：听清楚了。
[被告2、3]：听清楚了。

［审判员］：原告诉讼请求？

［原告］：要求水电路房屋由原告和被告按照法庭继承平均分割。且被继承人死亡时年纪尚轻，不存在原告不尽赡养义务的问题。

［审判员］：被告答辩。

［被告2］：邻居都知道我父亲身体情况不好，原告和被告1都没有尽到过赡养义务。

［被告3］：我父亲和原告母亲离婚时有过一份协议，双方家庭分清楚了，子女各自抚养各自的父母，不存在原告继承我父亲遗产的问题。

［被告3］：原告和被告1既然说是我父亲的继子，他们在我父亲死亡后连一柱香也没有上过。我父亲和原告母亲离婚后双方都没有任何来往。原告和被告1在他们母亲跟我父亲离婚时他们就不再是我父亲的继子了。因为继子女与继父母的关系基础是继父母的婚姻关系，既然婚姻关系解除了，继子女与继父母的关系也解除了。因此我认为原告和被告1无权继承我父亲的遗产。

［审判员］：陈庆与王芳结婚时，四个子女都未成年，且原告与被告1与陈庆、王芳共同生活。关于这一节事实被告是否有异议？

［被告2、3］：无异议。但认为陈庆与王芳离婚时继父与继子关系解除。

［审判员］：陈庆与王芳离婚后原告与被告1与陈庆没有来往？

［被告2、3］：是的。

［审判员］：被告2与陈庆共同生活？

［被告3］：我与父亲和奶奶一起生活。

［被告2］：我们兄弟与父亲、奶奶一起生活。我父亲去世后被告3搬出去了。

［审判员］：被继承人与被告2、3共同生活原告是否有异议？

［原告］：无异议。

［审判员］：身份情况原被告均认可，庭审中不再质证。房屋情况原被告均认可，庭审中不再质证。双方是否有其他证据需要质证？

［原告］：没有。

［被告2、3］：没有。

［审判员］：事实调查结束。本案主要争议焦点为四个法定继承人的继承份额问题。下面进行法庭辩论。原告辩论意见？

［原告］：双方应该均分房屋产权。由于母亲和继父离婚导致我们没有与继父住在一起，不证明我不愿意照顾。继父是突然去世，去世前后也没有通知我。

［审判员］：被告2辩论意见？

［被告2］：我父亲不是正常退休，是身体不好单位照顾才早退休的。我父亲的身体一直不好，原告都知道。原告说我父亲病危我们没有通知他。我父亲晕倒我邻居都知道，原告肯定也知道，难道还要我们来通知？父亲的遗产应该是我和被告3继承，因为原告和被告1没有尽到任何赡养义务。

［审判员］：被告3辩论意见？

［被告3］：我父亲的债都是我和被告2还的，现在债还的差不多了，原告又来要求

继承房子。不同意房子由四个人平分。原告想承担儿子的责任可以，先把老人安葬，老人的钱应该先用在老人自己身上。老人的事情处理好了再说。

［审判员］：法庭辩论结束。

［审判员］：被告1表示庭审中会到庭，但一直未到庭，本庭缺席审理。

［审判员］：根据法律规定，双方当事人有最后陈述的权利。

［原告］：坚持诉请。

［被告2、3］：不同意原告和被告1继承父亲的遗产。

［审判员］：根据法律规定，双方当事人可以在法庭主持下进行调解。原告是否要求调解？

［原告］：不要求调解。

［审判员］：鉴于原告不申请调解，故本庭不再主持调解。

［审判员］：休庭。继续开庭后本案当庭判决。

［审判员］：继续开庭（敲击法槌）。

［审判员］：依照继承法第10条、第13条第3款、第29条的规定，判决如下：水电路房屋属于被继承人50%的份额，由原告、被告1各自继承10%份额，由被告2、被告3各自继承15%份额。判决书15日内送达当事人。

［审判员］：今天庭审到此，当事人和其他诉讼参与人阅看上述笔录，认为自己的陈述记录有遗漏或者差错的，有权申请补正，确认无误后请签名认可。休庭，退庭。（敲击法槌）（实验素材来源：2013年3月7日虹口法院庭审直播）

实验二　一审普通程序模拟审判（A）

一、实验目的

1. 掌握民事诉讼普通程序开庭审判的步骤和过程。
2. 掌握民事诉讼中的证明对象、证明责任的分配、证明标准、证明过程等知识。
3. 了解法官、原告、被告在民事诉讼中的权利和义务。

二、实验要求

完成模拟审判报告书，内容包括实验名称、实验目的、模拟审判的全部过程。

三、实验原理

普通程序是人民法院审理第一审民事案件通常适用的程序。普通程序是民事诉讼的基础程序，清楚地体现了民事诉讼审判程序的全貌，是民事诉讼审判程序中最完整、最系统、适用最广泛的程序。

四、实验器材

1. 审判桌：包括审判席、书记员席、原告方席、被告方席。

2. 桌牌：包括审判长1个，审判员2个，书记员1个，原告1个，被告1个。

3. 实验服装：法官服3件、书记员服1件、法警服2件。

4. 审判阶段公示牌。事先准备以下卡片，在各阶段开始之前，由审判阶段说明人举牌公示。以下为特大字的内容：第一阶段：开庭准备；第二阶段：法庭调查；第三阶段：法庭辩论；第四阶段：宣告判决。

5. 民事诉讼中的文书材料：一般包括：(1) 原告起诉书；(2) 被告答辩状；(3) 法院判决书。

6. 书证和物证：房产证、违法搭建照片、律师费发票。

7. 其他器材：法槌1个、照相机、摄像机等。

五、实验步骤

（一）选择案例

本次模拟审判选择的案例是：2012年7～8月间，被告在其居住的底楼天井搭建了一个顶棚及其他违法搭建，直接给原告的生活带来了不便，而且给原告的人身安全和财产安全都带来了威胁，如易引起火灾、入室盗窃等。故原告要求判令被告排除妨碍，拆除违法搭建，并支付律师代理费2000元。

（二）确定角色（横线上填写扮演者姓名）

审判阶段说明人＿＿＿＿＿＿＿＿＿＿

审判长（实验组长）＿＿＿＿＿＿＿

审判员＿＿＿＿＿＿＿＿＿

审判员＿＿＿＿＿＿＿＿＿

书记员＿＿＿＿＿＿＿＿＿

法警1＿＿＿＿＿＿＿＿＿

法警2＿＿＿＿＿＿＿＿＿

原告＿＿＿＿＿＿＿＿＿

被告＿＿＿＿＿＿＿＿＿

（三）开庭前准备

1. 合议庭组成后，应当在3日内将合议庭组成人员告知当事人，以便其在必要时依法充分、有效地行使回避申请权。

2. 人民法院审理民事案件，应当在开庭3日前通知当事人和其他诉讼参与人。

3. 公开审理的，应当公告当事人姓名、案由和开庭的时间、地点。

（四）开庭审理

开庭审理的具体步骤和内容包括：

1. 开庭准备

（1）开庭审理前，书记员应当查明当事人和其他诉讼参与人是否到庭。当事人或其他诉讼参与人没有到庭，应当将情况及时报告审判长。

（2）书记员宣布法庭纪律。

(3) 书记员宣布全体起立，请审判长、审判员入庭。然后，书记员应当向审判长报告当事人及其诉讼代理人的出庭情况，由审判长逐一核对当事人及其诉讼代理人的身份，并询问各方当事人对于出庭人员有无异议。当事人的身份经审判长核对无误，且当事人对对方出庭人员没有异议，审判长即应宣布各方当事人及其诉讼代理人符合法律规定，可以参加本案诉讼。

(4) 审判长宣布开庭，并就案名、案由、审理程序和方式予以说明。对依法不公开开庭审理的，应当说明理由。

(5) 审判长宣布合议庭组成人员、书记员名单，告知当事人有关的诉讼权利义务，并询问各方当事人是否申请回避。当事人不提出回避申请的，庭审活动得以继续进行；当事人提出回避申请的，合议庭应当宣布休庭。

2. 法庭调查

审判长宣布进入法庭调查阶段后，应当告知当事人法庭调查的重点是双方当事人争议的事实。当事人对自己提出的主张，有责任提供证据；反驳对方主张的，也应当提供证据或说明理由。法定调查应当按照下列顺序进行：

(1) 当事人陈述

当事人陈述的顺序：原告、被告、第三人。原告陈述时，应当简要地叙述其起诉的请求和理由，或者宣读起诉状；被告陈述时，应当针对原告起诉中的请求和理由做出承认或否定的答辩，对双方当事人确认的事实，应当记入笔录，法庭对此无需再作调查；第三人陈述或答辩时，有独立请求权的第三人应当陈述其诉讼请求及理由，无独立请求权的第三人应当针对原、被告的陈述提出承认或否定的答辩意见。

(2) 告知证人的权利义务，证人作证，宣读未到庭的证人证言

证人出庭作证时，法庭应首先查明证人的身份，并告知证人作证的义务及作伪证应负的法律责任。证人作证后，应征询双方当事人对证人证言的意见。经法庭许可，当事人及其诉讼代理人可以向证人发问。证人不能出庭的，其所提交的书面证言应当当庭宣读。当事人自己调查取得的证人证言，由当事人宣读后提交法庭，对方当事人可以质询；人民法院调查取得的证人证言，由书记员宣读，双方当事人可以质询。

(3) 出示书证、物证、视听资料、电子数据

无论是当事人提交的证据，还是人民法院调查收集的证据，都应当在法庭上出示，并由当事人互相质证。

(4) 宣读鉴定意见

对案件中涉及的专门性问题进行鉴定的，应当由鉴定人当庭宣读鉴定意见。宣读后，由双方当事人发表意见。经法定许可，当事人及其诉讼代理人可以向签定人发问。签定人确因特殊原因无法出庭的，经人民法院准许，可以书面答复当事人的质询。

(5) 宣读勘验笔录

如果受诉人民法院在审前调查时对物证或现场进行过勘验的，应由勘验人当庭宣读勘验笔录。宣读后，由双方当事人发表意见。经法庭许可，当事人及其诉讼代理人可以向勘验人发问。

按照上列顺序，经过法庭调查，双方当事人争议的事实查清后，审判长应询问双

方当事人有无新的证据提出，原告的诉讼请求或被告的反诉请求有无变更，然后宣布法定调查结束。法定调查结束前，审判长应就法庭调查认定的事实和当事人争议的问题进行归纳总结。

3. 法庭辩论

法定辩论按照下列顺序进行：

（1）原告及其诉讼代理人发言；
（2）被告及其诉讼代理人答辩；
（3）第三人及其诉讼代理人发言或答辩；
（4）相互辩论。

法庭辩论终结，由审判长按照原告、被告、第三人的先后顺序征询各方最后意见。

4. 法庭调解

法庭辩论终结，应当依法做出判决。判决前能够调解的，还可以进行调解，调解不成的，应当及时判决。所以，经过法庭调查和辩论，如果事实清楚的，审判长可以按原告、被告和有独立请求权的第三人的顺序询问当事人是否愿意调解。各方当事人均表示愿意调解的，法庭即可组织调解；有一方当事人不同意调解的，终结调解，随即宣布休庭。

5. 案件评议

当事人不愿意调解或调解不成的，合议庭应当休庭进行评议，就案件的性质、认定的事实、适用的法律、是非责任和处理结果做出结论。合议庭评议案件，应当秘密进行，并实行少数服从多数的原则。评议应当制作笔录，由合议庭成员签名。评议中的不同意见，书记员必须如实记入笔录。

6. 宣告判决

合议庭评议后，应当由审判员宣布继续开庭并宣读裁判。宣判时，当事人及其诉讼代理人、旁听人员均应起立。宣判的内容包括：认定的事实、适用的法律、判决的结果和理由，诉讼费用的负担，当事人的上诉权利、上诉期限和上诉的法院。不能当庭宣判的，审判长应当宣布另定日期宣判。

六、思考题

1. 普通程序有哪些的特点？
2. 法院在审理前要做哪些准备工作？
3. 法院在什么情形下可以延期审理？

七、实验素材

相邻关系纠纷案普通程序模拟审判庭审过程

第一阶段 开庭准备

［书记员］：请旁听人员保持安静，现在宣布法庭纪律：

1. 未经法庭允许不得录音、录像、摄影；

2. 除本院因工作需要允许进入审判区的人员外，其他人员一律不准进入审判区；

3. 不得鼓掌、喧哗、吵闹以及实施其他妨害审判活动的行为，未经审判长许可，不准发言、提问；

4. 旁听人员如对法庭的审判活动有意见，可在休庭或闭庭后，口头或书面向法庭提出；

5. 对于违反法庭规则的人，审判人员可以口头警告训诫，也可以没收录音、录像和摄影器材，责令退出；

6. 对哄闹、冲击法庭、侮辱、诽谤、殴打审判人员等严重扰乱法庭秩序的人，依法追究刑事责任，情节较轻的予以罚款；

7. 请关闭随身携带的手机、寻呼机。

全体起立，请审判长、合议庭成员入庭。

[审判员]：原、被告请入座。

[审判员]：（击法槌）现在开庭。

[审判员]：原告及代理人是否到庭？

[原　告]：原告未到庭，原告代理人到庭。

[审判员]：被告是否到庭？身份信息。

[被　告]：到庭。身份信息略。

[审判员]：原告、被告是否清楚诉讼权利？

[原　告]：清楚。

[被　告]：清楚。

[审判员]：原告×××诉被告×××相邻权纠纷一案，由本院法官×××即我本人担任审判长，本院法官×××和×××组成合议庭，书记员×××担任法庭记录。有关合议庭的组成人员已经在庭前书面通知了当事人，当事人对合议庭组成人员以及今天出庭担任记录的书记员是否申请回避。

[原　告]：不申请

[被　告]：不申请

第二阶段　法庭调查

[审判员]：下面进行法庭调查，首先由原告陈述诉讼事实及理由。

[原　告]：原来业主已经在楼下的天井里搭建了遮阳棚，2012年7~8月间，被告在其居住的底楼天井搭建了一个顶棚及其他违法搭建，直接给原告的生活带来了不便，而且给原告的人身安全和财产安全都带来了威胁，如易引起火灾、入室盗窃。故原告要求判令被告排除妨碍，拆除违法搭建，并支付律师代理费2000元。

[审判员]：被告答辩。

[被　告]：我本来打算跟楼上沟通，但我认为是我买下来的，我不想拆。居委打电话给我，说要调解一下，但到最后也不了了之。之所以要搭玻璃房，楼上房屋是出租的，垃圾都往楼下丢，很脏，所以我才搭建了玻璃房。

[审判员]：刚才被告答辩提到，以前楼下业主留下的遮阳棚，你曾经跟原告商

量过?

［被　告］：是的，想协商，无结果。

［被　告］：原告家的防盗窗已经早就安好了，我也不知道谁给装的。

［审判员］：那你现在对于拆掉玻璃棚有什么意见?

［被　告］：不同意拆，因为我买下了房屋，我认为没有影响到其他人。

［审判员］：对于原告要求支付2000元律师代理费是什么意见?

［被　告］：不同意。

［审判员］：下面对自己的请求进行举证、质证。

［原　告］：第一份材料是房产证，证明楼上房屋的主人。第二份材料违法搭建照片。第三份是律师费发票。

［审判员］：第一份证据是产权证，是要证明原被告是上下邻居是吗?

［原　告］：是的。

［审判员］：被告对证据及证明力有无异议?

［被　告］：没有。

［审判员］：原告提供了8份照片，是现场拍摄的吗?证明什么?

［原　告］：是现场拍摄，违法搭建造成了脏的后果，有烟蒂，容易引起火灾，而且上面有烧过的痕迹。也证明不安全，小偷可以爬上来的。因为玻璃棚顶部过高，也导致原告没有办法正常晾晒衣服。

［审判员］：对照片真实性有无异议?

［被　告］：第一张是101的照片，不是我的房屋的照片。从晾衣架到顶棚的高度是1.745米，不可能不能晾晒。上面的火烧痕迹、包括垃圾都是以前业主留下的。其中五张照片显示蓝色顶部，都是在我未搬入前拍摄的。剩余照片也不真实，其中一张照片是我在房屋装修时拍摄的，不是现在的状况。

［审判员］：原告对被告质证意见有无异议?

［原　告］：是被告在装修时拍摄的照片，大概是在去年7、8月份拍摄的。

［审判员］：现在状况如何?

［原　告］：他在天井里搭建了玻璃棚。

［审判员］：是在去年7、8月份装修的吗?

［被　告］：是9月份装修的。

［审判员］：现在天井里的是玻璃棚吗?

［被　告］：西面就是原来业主搭建的。蓝顶是原来留下的，两次搭建顶部基本持平。以前搭建的是彩钢板的，我搭建的是玻璃顶。

［被　告］：我可以考虑弥补装修防盗窗。

［审判员］：对第三份证据有无异议?

［被　告］：真实性没有异议。但我不同意支付。

［审判员］：被告有无证据?

［被　告］：没有。

［审判员］：你在天井里搭建是否征得过原告同意，有无办理手续，遗留的遮阳棚

是否有相关手续？

[被　　告]：都没有。

[审判员]：原告，你们什么时候住在202的？

[原　　告]：大概十五年前。

[审判员]：你对于被告刚才陈述的玻璃棚及蓝顶遮阳棚搭建有无异议？

[原　　告]：蓝顶搭建到现在已经有两三年了，他搭建了我们也反映了，但是没有效果。也向居委物业反映过。

[审判员]：有无向法院起诉过？

[原　　告]：没有。

[审判员]：当时搭建蓝顶棚的时候是否有协商补偿过？

[原　　告]：没有。防盗窗搭建跟遮阳棚搭建没有关系。

[审判员]：被告，有无相关部门向你发出整改或拆除书？

[被　　告]：物业有电话通知过要拆除，要求拆除的是原来的，就是彩钢棚。但我没同意。

[被　　告]：后来房管部门通知我，如果不拆，就冻结买卖手续。

[审判员]：有无手续？现在是否已经冻结？

[被　　告]：冻结了，我现在再买卖要受限制。手续我已经遗失了。

[审判员]：原告有无异议？

[原　　告]：没有异议。

[审判员]：原、被告有无其他证据要补充？

[原　　告]：无。

[被　　告]：无。

[审判员]：事实部分还有无补充吗？

[原　　告]：新老遮阳棚都要拆掉。

[被　　告]：没有补充了。

[审判员]：原告是否要发问？

[原　　告]：不要。

[审判员]：被告有吗？

[审判员]：还有无补充？

[被　　告]：我现在买的房屋以前是棋牌室，更吵闹，但是原告也没有要求拆掉彩钢棚。

[审判员]：总结争议焦点。原告认为被告搭建的棚屋，对原告的生活、安全造成了影响。但被告不同意，一是因为不影响生活，二是认为棚屋有一部分是以前的业主搭建的，标明以前原告是同意的。被告也不同意支付代理费。

第三阶段　法庭辩论

[审判员]：现在开始法庭辩论。

[原　　告]：被告是非法搭建，应该拆除。而且既不安全，也不卫生。这属于侵权

纠纷，被告是侵权方，所以应当承担代理费。

［被　　告］：第一，对于楼上没有什么影响，顶棚上方空间足够。第二，楼顶赃是因为二楼以上住户造成的，但我现在已经尽到义务了。对于安全问题，原告已经装了防盗。我们是老小区，底楼都是搭建。

［审 判 员］：原告是否有新意见？

［原　　告］：我们已经向相关部门反映过，其他没有了。

［审 判 员］：被告是否有新意见？

［被　　告］：我肯定不拆，但是可以通过补偿实现。

［审 判 员］：法庭辩论结束。原被告作最后陈述。

［原　　告］：坚持诉讼。

［被　　告］：希望调解。

［审 判 员］：原被告是否同意在法庭组织下调解？

［原　　告］：不同意。

［审 判 员］：因原告没有调解意向，现在休庭。（敲法槌）

第四阶段　宣告判决

［审 判 员］：下面继续开庭。经过法庭审理后，法庭认为，被告没有征得对方同意，也没有取得相关手续，以前的搭建棚也没有取得手续。从现场来看，被告搭建棚距离原告阳台确实过近，影响了对方生活。法庭宣判如下，被告应将天井内设施拆除，驳回原告要求被告支付律师代理费的诉请。闭庭（敲法槌）。（实验素材来源：2013 年 3 月 13 日嘉定法院庭审直播）

实验三　一审普通程序模拟审判（B）

从立法体例上看，民事诉讼第一审普通程序规定最为完整，其他诉讼程序没有特殊规定的，均需适用普通程序的规定，普通程序实际上起着各种诉讼程序通则的作用，是整个民事审判程序的基础。因此，理解和掌握普通程序的相关内容是学好民事诉讼程序的关键。关于该程序的实验内容，要求学生从以下几个方面来学习。

一、实验目的

通过实验，学生要理解民事诉讼法关于管辖、诉、当事人、证据等基本制度的原理并能够综合运用上述制度的规定解决实践问题；了解普通程序的含义、内容、法定阶段及重要地位和作用；明确各个诉讼阶段的具体任务、要求和所要达到的目的；掌握法官、当事人、诉讼代理人在开庭审判中的角色以及相关原理的运用，正确适用普通程序的各项法律规定；能够综合运用所学知识完成开庭审判的模拟活动。

二、实验要求

1. 学生温习民事诉讼关于开庭审理的相关知识和原理，在老师的指导下进行案例分析和点评。

2. 学生完成开庭审判的模拟实践活动，并提交作业。通过对民事案件开庭审判的实际训练，要求学生在完成实验任务后，根据实验情况写出实验报告，内容包括：（1）实验目的；（2）实验内容；（3）实验步骤；（4）实验结果；（5）问题讨论与实验心得。

三、实验原理

1. 民事诉讼法关于管辖、诉、当事人、证据等基本制度的原理。
2. 民事诉讼法关于开庭审理的相关知识和原理。
3. 法官、当事人、诉讼代理人在开庭审判中的角色以及相关原理的运用。

四、实验器材

1. 设置模拟法庭，布置审判庭，购置司法专用服装，印制模拟实验中须用的文书、表格，由专人统一管理，具备模拟办案的基本物质条件。
2. 组织观摩法庭审理。

五、实验步骤

整个庭审过程分为六个阶段。

（一）开庭准备

1. 书记员应先到达法庭，做好以下开庭前准备工作：
（1）检查庭审设施是否完备，标志牌是否齐全、摆放到位。
（2）检查当事人、诉讼代理人是否到庭。
先检查原告×××，委托代理人×××是否到庭；
再检查被告×××，委托代理人×××是否到庭；
最后检查第三人×××，委托代理人×××是否到庭。
（3）宣布：请当事人、委托代理人入庭按席位就坐。
（4）公开开庭的，应当检查参加旁听的人员是否适合，是否有现场采访的记者。
如发现有未成年人（经批准的除外）、精神病人和醉酒的人以及其他不宜旁听的人旁听开庭的，应当请其退出法庭。
如发现有记者到庭采访，应当确认其是否办理审批手续。如未经批准，不得录音、录像或者摄影；但应当允许记者作为旁听人员参加旁听和记录。

2. 宣布法庭规则和法庭纪律
书记员宣布：请大家肃静，现在宣布法庭纪律。
依照《中华人民共和国人民法院法庭规则》的规定，下列人员不得参加旁听：不满18周岁的未成年人；精神病人和醉酒的人；被剥夺政治权利的人；正在监外服刑的人及被监视居住、取保候审的人；携带武器、凶器的人；其他有可能妨害法庭秩序的人。
当事人、其他诉讼参与人、旁听人员必须遵守以下纪律：
（1）旁听人员必须保持肃静，不准鼓掌、喧哗、吵闹，不得有其他妨碍审判活动的行为；

（2）旁听人员不得随便走动，不得进入审判区；

（3）当事人和其他诉讼参与人未经审判长同意不得中途退庭，不得发言、提问，发言注意文明礼貌，不得攻击、辱骂他人；

（4）未经法庭许可，任何人不得在法庭录音、摄影、录像；

（5）不准吸烟和随地吐痰；

（6）关闭移动电话和其他通讯设备。对违反法庭纪律的，法庭将给予口头警告、训诫，不听劝告的，经审判长决定，可以没收录音、录像、摄影器材，责令退出法庭，或者经院长批准予以罚款、拘留。对于哄闹、冲击法庭等严重扰乱法庭秩序的人，依法追究刑事责任。

3. 法官入庭和报告庭审前准备情况

（1）书记员宣布：现在请本案审判长和合议庭成员入庭，全体起立。

（2）书记员向审判长报告当事人及诉讼代理人出庭情况：

A. 出庭的诉讼参加人有：……

B. 出庭的其他诉讼参与人有：……

C. 经批准到庭旁听采访的新闻单位及记者有：……

最后，书记员报告：法庭准备工作就绪，请审判长主持开庭。

4. 核对确认诉讼参加人的身份

（1）核对当事人身份。

审判长：现在核对当事人、诉讼代理人的身份。

原告向法庭陈述自己的姓名、性别、出生年月日、籍贯、职业、住所地（是诉讼代表人的陈述姓名、职业、住所地；是法定代表人的陈述姓名、职业、单位住所地）。委托代理人向法庭陈述自己的身份及代理权限。

被告、第三人及委托代理人向法庭陈述自己的身份。

如果书记员已经核对了诉讼参加人身份，审判长简单核对即可。

（2）审判长询问当事人：

原告对对方出庭人员的身份有无异议？

被告对对方出庭人员的身份有无异议？

第三人对原、被告出庭人员的身份有无异议？

当事人均表示无异议后，审判长宣布：

各方当事人（及其诉讼代理人）符合法律规定，可以参加本案诉讼。

（3）被告、无独立请求权第三人经传票传唤，无正当理由拒不到庭的，审判长应宣布：

被告、无独立请求权第三人×××经本院×年×月×日送达开庭传票，无正当理由拒不到庭，依照《中华人民共和国民事诉讼法》的规定，本庭依法决定缺席审理。

5. 宣布开庭

审判长先敲击法槌，然后宣布开庭：×××人民法院民事审判庭，依照《中华人民共和国民事诉讼法》第134条的规定，适用民事诉讼法第一审普通程序，今天公开（不公开）审理原告×××与被告××× ×××纠纷一案，现在开庭。

（不公开开庭审理的，应说明理由。）

6. 介绍审判人员

审判长：依照《中华人民共和国民事诉讼法》的规定，本案依法组成合议庭审理，由×××担任审判长，×××、×××担任审判员，书记员×××担任记录。会计师（工程师、翻译）×××接受本院委托担任本案的鉴定人（勘验人、翻译人员）。

7. 告知诉讼权利义务，并征询申请回避意见

审判长：现在告知当事人在法庭上的诉讼权利和诉讼义务。

（1）当事人在法庭上享有以下诉讼权利：

A. 申请回避的权利。根据民事诉讼法第 44 条、第 45 条之规定，当事人如认为合议庭组成人员、书记员、翻译人员、鉴定人、勘验人是本案当事人或者当事人、诉讼代理人近亲属；或与本案有利害关系；或与本案当事人、诉讼代理人有其他关系，可能影响对本案公正审理的；以及审判人员接受当事人、诉讼代理人请客送礼，或者违反规定会见当事人、诉讼代理人的。有权申请回避，但申请回避应当说明具体的理由。

B. 提出新的证据的权利。根据民事诉讼法第 49 条、第 139 条之规定，当事人有权提供证据来证明自己陈述的事实和主张，经审判长许可，可以提供新的证据。

C. 经法庭许可，当事人可以向证人、鉴定人、勘验人发问，可以申请重新调查、勘验和鉴定。

D. 进行辩论和申请调解的权利。根据民事诉讼法第 49 条、第 142 条的规定，当事人有权对对方的主张提出自己的看法，阐述自己的观点，论述自己的主张，以及对如何认定案件事实和适用法律进行辩论。在案件审理直至宣判前，当事人都可以根据自愿的原则，请求人民法院依法调解。

E. 原告有放弃、变更、增加诉讼请求的权利，被告有反诉的权利。原告增加、变更诉讼请求，被告反诉，应在法庭辩论结束前提出。

F. 陈述最后意见的权利。根据民事诉讼法第 141 条的规定，法庭辩论结束后，当事人可以向法庭陈述对案件处理的最后意见。

（2）当事人在法庭上必须自觉履行下列诉讼义务：

A. 依法正确行使诉讼权利；

B. 遵守法庭纪律和诉讼秩序，听从审判长指挥；

C. 对自己提出的主张有责任提供证据；

D. 如实陈述案件事实，不得歪曲事实，提供虚假证据，不得伪造证据，否则，应当承担法律责任。

如果开庭前已经将《当事人的权利义务告知书》送达各方当事人，审判长只要逐一询问各方当事人是否知道自己在诉讼中的权利和义务即可。

（3）审判长询问当事人：

原告是否听清当事人在法庭上的诉讼权利和诉讼义务？是否申请合议庭组成人员及书记员、鉴定人（或勘验人、翻译人员）回避？

被告是否听清当事人在法庭上的诉讼权利和诉讼义务？是否申请合议庭组成人员及书记员、鉴定人（或勘验人、翻译人员）回避？

第三人是否听清当事人在法庭上的诉讼权利和诉讼义务？是否申请合议庭组成人

员及书记员、鉴定人（或勘验人、翻译人员）回避？

当事人提出回避申请的，审判长应要求当事人陈述申请回避的理由，然后宣布：由于本案当事人×××对合议庭成员×××或书记员（鉴定人、勘验人、翻译人员）×××提出回避申请，现在休庭，待做出是否回避的决定后继续开庭。

做出决定后继续开庭，由审判长宣布决定：

A.（对审判人员以外的其他人员提出回避的）审判长

（1）×××申请本案书记员（鉴定人、勘验人、翻译人员）×××回避，经审查，不符合《中华人民共和国民事诉讼法》第44条的规定，对×××提出的回避申请不予准许；或（2）×××申请×××回避，经审查，符合《中华人民共和国民事诉讼法》第44条的规定，对其回避申请予以准许，本案更换书记员（或鉴定人、勘验人、翻译人员），另行择期开庭。

B.（当事人对审判人员提出回避申请的）审判长

（1）×××申请本案合议庭成员×××回避，经本院院长（或本院审判委员会）（院长担任审判长的，是否回避由审判委员会决定）审查，不符合《中华人民共和国民事诉讼法》第44条的规定，对×××提出的回避申请不予准许；或（2）×××申请合议庭成员×××回避，经本院院长或审判委员会审查，符合《中华人民共和国民事诉讼法》第44条的规定，对×××提出的回避申请予以准许。

当事人对驳回回避申请的决定不服，申请复议的，不影响案件的开庭。对复议申请应当在3日内做出复议决定，并通知复议申请人。

8. 宣告庭审阶段。

审判长宣布：庭审活动分为：法庭调查、法庭辩论、当事人最后陈述、法庭调解，调解不成的，法庭将休庭评议后进行宣判。

9. 诉讼指导。

在庭审过程中，当事人可以要求法庭对诉讼权利义务、诉讼风险和举证责任的具体内容予以释明。法庭也可以对诉讼能力比较低的当事人给予适当诉讼指导，以确保审判的公正和公平。

（二）法庭调查

1. 宣布法庭调查

审判长宣布：现在进行法庭调查，法庭调查是通过双方当事人及其诉讼代理人的陈述、举证、质证，查明案件事实，重点是当事人争议的事实以及本合议庭认为应当调查的事实。依照《中华人民共和国民事诉讼法》第64条的规定，当事人对自己的主张有责任提供证据，反驳对方的主张也应当提供证据或说明理由。

2. 当事人陈述

（1）先由原告向法庭陈述诉讼请求以及所依据的事实和理由，询问委托代理人有无补充意见；

再由被告对原告的起诉作答辩，询问委托代理人有无补充意见；

最后由第三人陈述（或答辩），（有独立请求权的第三人陈述诉讼请求和理由），询问委托代理人有无补充意见。

（2）当事人提出增加、变更诉讼请求，审判长应询问被告：

原告提出×××（陈述增加或变更诉讼请求），对其原来的诉讼请求作了增加（变更），根据《中华人民共和国民事诉讼法》的规定，原告增加（变更）的诉讼请求你方可以要求当庭审理，也可以要求在 15 天答辩期满后开庭审理。被告是否同意当庭审理？

若被告不同意当庭审理，审判长应宣布：由于原告××× 增加（变更）诉讼请求，被告×××要求在答辩期内答辩，本案将延期审理（或当庭宣布下一次开庭日期），现在休庭。

3. 归纳小结

审判长宣布：根据当事人陈述，结合案件的其他诉讼材料，法庭归纳小结以下几个方面的内容：

（1）本案的诉讼请求是：……

（2）当事人没有争议事实有：……

在确认之前，主持人可以征询各方当事人的意见。

各方当事人陈述一致或者都认可的事实，除涉及身份关系，或者涉及国家、第三人的权益，或者与其他证据有冲突的外，经合议庭评议确认后可以直接予以认定，并当庭宣布：以上事实，各方当事人陈述一致或均予认可，足以认定。并宣告：以上经法庭认定的事实，无须当事人举证、质证。

实践中，如果当事人对案件事实没有或者基本没有争议，且根据当事人陈述即可直接认定全案事实的，经合议庭评议确认后，即可宣布法庭调查结束。

（3）本案诉讼争议的焦点有：……

在确认之前，主持人可以征询各方当事人的意见，在各方当事人均确认无异后予以确认。

（4）法庭进一步调查的范围如下……

4. 当庭举证

审判长：现在请当事人当庭举证，当事人举证必须按照下列程序和要求进行。

（1）当事人所举的证据必须符合《中华人民共和国民事诉讼法》第 63 条规定的八种证据形式，即当事人的陈述、书证、物证、视听资料、电子数据、证人证言、鉴定意见、勘验笔录。

（2）举证时应向法庭及对方当事人提交自己一方的证据复印件，书记员应同时提供原件，以备当庭核对，物证要提供原物，原物确实无法提供的，要说明原物存放的地点。

（3）出示和宣读证据时，应向法庭陈述证据的名称、证据的来源和证据的基本内容，说明提供该份或该组证据的目的，要证明什么问题。

由法庭调取的证据由法庭或者申请调取该证据的当事人出示和说明。

法庭应当引导举证当事人根据具体调查事项，有针对性地提供证据材料。

5. 当庭质证

审判长：请当事人质证。当事人质证应当按照下列要求进行：

（1）对对方提供的证据进行质证，要对该证据的真实性进行确认，对该证据的取得是否合法提出意见，同时，应明确提出该证据是否能够证明对方的主张。反驳对方的意见应说明理由或提供相关证据。

（2）对对方提供的证据不作肯定或否定的表态，视为对该证据无异议。对质证意见的辩解也要求明确做出同意或者反对的表态，否则视为无异议。

（3）对一方当事人提供的证据，另一方质证时可以就相关问题提问，但提问须经审判长许可。

先由原告对自己的主张向法庭提交证据，由被告进行质证。

由被告提交反驳原告诉讼请求的证据，原告质证。

由第三人举证，由×××质证。

当事人举证完毕后，如发现一方或双方对自己的某些主张没有举证，审判长应告知：原告或被告主张×××，应向法庭提交相关证据。

若当事人对某些主张不能当庭举证，确有理由的，审判长应宣布：原告×××或被告所述关于×××的证据，应在庭审后×日内向法庭提交，并在下次开庭时进行质证。逾期不提交，视为不能举证，承担相应的法律后果。

6. 证人、鉴定人、勘验人、翻译人员等出庭作证

（1）证人出庭

证人出庭作证应由当事人在庭审前或者法庭辩论结束前提出。

A. 传证人×××出庭。

B. 要求证人向法庭出示有效身份证件，询问证人姓名、性别、出生年月日、工作单位、职务、住所地、与当事人的关系。

C. 向证人宣布权利和义务：根据《中华人民共和国民事诉讼法》第72条、第111条的规定，凡是知道案件情况的单位和个人，都有义务出庭作证；证人要如实向法庭陈述案件事实，不得作虚假陈述，否则要承担相应的法律责任；证人依法作证的权利受法律保护，法律禁止任何对证人作证进行打击报复。

D. 证人向法庭陈述自己知道的案件情况。

E. 经审判长许可，当事人分别向证人发问。

F. 合议庭成员向证人提问。

G. 证人退庭。

证人确有困难不能出庭的，可以通过书面证言、视听传输技术或者视听资料等方式作证，对方当事人进行质证。

（2）鉴定人等出庭

A. 传鉴定人（勘验人、翻译人员）出庭。

B. 要求鉴定人（勘验人、翻译人员）出示本人有效身份证件，询问鉴定人姓名、性别、出生年月日、工作单位、职务、住所地、与当事人的关系。

C. 法庭宣读委托鉴定（勘验、翻译）书。

D. 鉴定人（勘验人、翻译人员）宣读鉴定意见（勘验笔录、翻译文本），并作说明。

E. 经审判长许可，当事人分别向鉴定人（勘验人、翻译人员）提问。
F. 合议庭成员向鉴定人（勘验人、翻译人员）提问。
G. 鉴定人（勘验人、翻译人员）退庭。

根据《中华人民共和国民事诉讼法》第78条的规定，鉴定人有出庭作证的义务，经人民法院通知，鉴定人拒不出庭作证的，鉴定意见不得作为认定事实的根据，支付鉴定费用的当事人可以要求返还鉴定费用。

（3）宣读或出示合议庭调查收集的证据
A. 法庭宣读书证及证人证言、勘验笔录；当庭出示物证；当庭播放视听资料。
B. 当事人对法庭出示的证据分别发表质证意见。

7. 合议庭询问
（1）审判长询问双方当事人有无新的证据出示。
（2）审判长征询合议庭成员有无需要向当事人发问的问题。

宣布由合议庭向当事人调查与案件有关的问题。要求一方当事人陈述，另一方当事人做出肯定或否定的回答。提问应公正、客观、明确，不得带有倾向性。

（3）审判长宣布休庭：

现在休庭，由合议庭对庭审质证的证据进行评议后继续开庭。

（如案件疑难复杂，或对有些证据需要庭审后再调查核实，无法当庭认证的，可以直接进入法庭辩论程序，待法庭辩论结束休庭，合议庭评议后再开庭认证并宣判。）

8. 法庭认证

由审判长根据当事人举证、质证和合议庭调查核实情况，分别对当事人出示的证据进行确认。认证要对证据的真实性、合法性和关联性进行确认。能当庭确认的，应当庭确认。合议庭评议后认为不能当庭确认的，告知当事人待合议庭进一步核实后在下次开庭时确认。

对证据的审核和认定应遵循以下一般规则：

（1）当事人对自己的主张，只有本人陈述而不能提出其他相关证据的，除对方当事人认可外，其主张不予支持。

（2）一方当事人提出的证据，对方当事人认可或者不予反驳的，可以确认其证明力。

（3）一方当事人提出的证据，对方当事人举不出相应证据反驳的，可以确认其证明力。

（4）双方当事人对同一事实分别举出相反的证据，但都没有足够的依据否定对方证据，人民法院应当结合案件情况，判断一方提供证据的证明力是否明显大于另一方提供证据的证明力，并对证明力较大的证据予以确认。

（5）物证、历史档案、鉴定意见、勘验笔录或者经过公证、登记的书证，其证明力一般高于其他书证、视听资料和证人证言。

（6）证人提供的对与其有亲属或者其他密切关系的当事人有利的证言，其证明力低于其他证人证言。

（7）原始证据的证明力大于传来证据。

(8) 直接证据的证明力大于间接证据。

(9) 未成年人提供的与其年龄和智力状况不相当的证言；与一方当事人或者其代理人有利害关系的证人出具的证言；存有疑点的视听资料；无法与原件、原物核对的复印件、复制品；无正当理由未出庭作证的证人证言，不能单独作为认定案件事实的依据。

认证结论的表述主要有以下两种方式：

(1) 确认证据足予采信的，认证结论为：经合议庭评议确认，……（证据名称）内容真实，形式合法，可以作为认定……（案件事实）的根据。

(2) 确认证据不予采信的，认证结论为：经合议庭评议确认，……（证据名称），因……（不予采信的理由），故不能作为本案认定事实的根据（不予采信）。

9. 宣布法庭调查结束

当事人没有新的证据提供和其他事实需要调查后，审判长宣布：法庭调查结束。

当事人要求提供新的证据或者合议庭认为事实尚未查清，确需人民法院补充调查、收集证据或通知新的证人到庭、或必须进行鉴定、勘验，因而有必要延期审理的，可以宣布延期审理。

（三）法庭辩论

1. 宣布法庭辩论

审判长宣布：下面进行法庭辩论。法庭辩论的目的是在法庭调查的基础上，通过当事人发表辩论意见，提出法律依据，分清是非责任。双方当事人应当围绕本案双方当事人争议的×××问题及法庭确认的事实和证据，提出维护自己诉讼请求和反对对方主张的辩驳意见。在辩论中，应实事求是，举出法律依据，讲明道理，不得进行人身攻击。

2. 对等辩论、互相辩论

(1) 根据《中华人民共和国民事诉讼法》第141条的规定，法庭辩论按下列顺序进行：

A. 原告及其诉讼代理人发言；

B. 被告及其诉讼代理人发言；

C. 第三人及其诉讼代理人发言；

辩论发言一般不宜重复诉状的内容。一轮辩论结束，审判长可根据案件需要，宣布进行第二轮辩论，但应强调不得重复上一轮意见，并可限定当事人及其诉讼代理人每次发表意见的时间。

D. 互相辩论。

在互相辩论中，当事人要求辩论发言的，可以向法庭举手示意。经法庭许可，方能发言。当事人未经许可而进行自由、无序的辩论发言或者辩论发言的内容重复的，法庭应予以制止。

(2) 法庭辩论时，合议庭成员不得对案件性质、是非责任发表意见，不得与任何一方当事人进行辩论。

3. 法庭调查阶段的回转

法庭辩论时，当事人又提出新的事实和证据，审判长可视情况宣布中止辩论，恢复法庭调查。

4. 宣布法庭辩论结束

审判长根据辩论情况征询各方当事人,如无补充意见,宣布:法庭辩论结束。

(四) 当事人最后陈述

审判长按原告、被告、第三人的顺序要求各方陈述最后意见。

(五) 法庭调解

1. 宣布法庭调解

审判长宣布:现在进行法庭调解。

法庭要把握时机,根据案件审理的实际情况,在法庭调查和法庭辩论中适时组织调解。在法庭辩论之后,当事人或者法定代理人出庭参加诉讼,或者委托的代理人有特别授权的,法庭应当组织调解。如果当事人或者法定代理人未出庭参加诉讼,而且委托的代理人也没有特别授权的,法庭不能当庭组织调解。庭后有调解必要和可能的,应当于休庭后组织调解。

2. 询问当事人调解意愿

(1) 根据《中华人民共和国民事诉讼法》第9条、第93条的规定,人民法院审理民事案件,应当根据自愿合法原则,在查清事实,分清是非的基础上进行调解。

(2) 审判长分别征询当事人是否愿意在合议庭的主持下进行调解,当事人均同意调解时,法庭即可组织调解;有一方当事人不同意调解的,审判长宣布:终结调解。随即宣布休庭。

3. 组织调解

应分别由各方当事人提出调解方案。合议庭也可以根据当事人的请求提出调解方案,供当事人参考。也可以根据当事人的请求和时间安排,休庭后再继续调解。双方当事人经调解达成协议的,合议庭应当宣布调解结果,告知当事人调解书经双方当事人签收后即具有法律效力。根据《民事诉讼法》第98条的规定不需要制作调解书的案件,当事人各方同意在调解协议上签名或者盖章后生效,经人民法院审查确认后,应当记入笔录或者将协议附卷,并由当事人、审判人员、书记员签名或者盖章后即具有法律效力。当事人请求制作调解书的,人民法院应当制作调解书送交当事人。当事人拒收调解书的,不影响调解协议的效力。

调解成功后,审判长宣布闭庭。

4. 终结调解

当事人不愿意调解,或经调解不能达成协议的,审判长应当宣布:调解结束,现在休庭,由合议庭评议,评议后继续开庭(敲击法槌)。

六、评议和宣判

1. 评议

决定当庭宣判的,应于休庭后立即进行评议;择期宣判的,应在庭审结束后五个工作日内进行评议。

合议庭评议案件时，先由承办法官对认定案件事实、证据是否确实、充分以及适用法律等发表意见，审判长最后发表意见；审判长作为承办法官的，由审判长最后发表意见。对案件的裁判结果进行评议时，由审判长最后发表意见。审判长应当根据评议情况总结合议庭评议的结论性意见。合议庭成员应当认真负责，充分陈述意见，独立行使表决权，不得拒绝陈述意见或者仅作同意与否的简单表态。同意他人意见的，也应当提出事实根据和法律依据，进行分析论证。

评议后，合议庭应当依照规定的权限，及时对已经评议形成一致或者多数意见的案件直接做出判决或者裁定。

2. 法官入庭和宣布继续开庭

书记员宣布：全体起立，请审判长和合议庭成员入庭。审判长和合议庭成员入庭后，书记员宣布：请坐下。审判长敲击法槌后，即宣布：现在继续开庭。

3. 宣布评议结果

宣判时，应由书记员宣布全体起立。原定当庭宣判的，但经合议庭评议后未能做出裁判或评议决定不当庭宣判的，审判长应予说明，后宣布休庭。

经合议庭评议，能够当庭宣判的，审判长应宣告：经过合议庭评议，评议结论已经做出。现予宣布……

宣判的内容包括：（1）认证结论（先前已宣布的认证结论除外），（2）裁判理由，（3）裁判结果以及诉讼费的负担。关于当事人的基本情况、案由、当事人陈述等部分内容，在当庭宣判时无须宣读。

判决宣读完毕，书记员宣布：请坐下。

4. 交代诉权和说明文书的送达方式

当庭宣判的，审判长宣布：如不服本判决（裁定），可以在判决（裁定）书送达之日起＿＿＿＿日内，向本院递交上诉状，并按对方当事人的人数提出副本，上诉于＿＿＿＿法院。

书面文本的说明：除判决（裁定）结果外，本判决（裁定）的其他具体内容以书面文本为准。

文书送达的说明：经询问确认当事人或者其诉讼代理人、代收人，同意在指定的期间内到人民法院接受送达的，审判长宣告：请当事人于＿＿＿＿（时间）到＿＿＿＿（地点）领取判决书（裁定书）。无正当理由逾期不来领取的，视为送达。当事人要求邮寄送达的，审判长宣告：法庭将根据当事人确认的地址邮寄送达，邮件回执上注明的收到或者退回之日即为送达之日。

5. 宣布闭庭

审判长宣布：庭审结束。现在宣布闭庭！（敲击法槌）

书记员宣布：全体起立！待合议庭成员退庭后，宣布：散庭。诉讼参加人和旁听人员方退庭。

6. 审阅笔录的说明

（1）审判长和合议庭成员退庭后，书记员宣布：请旁听人员退庭，当事人及诉讼代理人可以当庭或5日内阅读庭审笔录。

（2）根据《中华人民共和国民事诉讼法》第 147 条的规定，当事人和其他诉讼参与人认为对自己的陈述记录有遗漏或者差错的，有权申请补正。如果不予补正，应当将申请记录在案。

（3）法庭笔录由当事人和其他诉讼参与人签名或者盖章。拒绝签名盖章的，记明情况附卷。

六、思考题

1. 如何写起诉状、答辩状和代理词？
2. 法官在庭审过程中如何体现程序公正？
3. 如何制作规范的判决书？

七、实验素材

原告赵某和被告许某从小相识，1975 年建立恋爱关系，1978 年 10 月登记结婚，婚后生育三个子女：长女 1980 年 12 月出生，次女 1983 年 5 月出生，幼子 1988 年 1 月出生。结婚后，赵某与许某同心同德，勤俭持家，家境慢慢好转。1986 年赵某与他人合伙办起了"聚宝修配厂"，经营机械修理业务，许某一人基本上承担了全部家务及农活，有时也抽空到厂里干活挣钱。1988 年两人拆了老房修建了二层楼房一栋，价值约 5 万元。1989 年赵某与他人的合伙关系因故解散，赵某与许某夫妻二人单独办起了聚宝机械厂，并贷款添置了设备。1991 年两人利用现有资金和贷款另建三层楼房一栋，价值约 10 万元，同时还陆续投资扩大再生产。

1993 年赵某在业务往来中认识了个体女业主林某，不久两人即关系密切，许某对此不满，与赵某发生口角，夫妻关系出现裂缝。1995 年下半年赵某结识了寡妇肖某，两人很快勾搭成奸，赵某因此经常深更半夜才回家，许某知道此事后，曾公开责骂赵某与寡妇肖某，赵某不仅没有悔改之意，反而与肖某有成婚之念，拒绝与许某同居，公开称肖某为其"爱人"。由于赵某和许某关于子女抚养和财产分割协商不成，无法达成协议离婚，于是 1998 年 5 月 25 日原告赵某向人民法院提起诉讼，要求离婚。

实验四　二审程序模拟审判（A）

一、实验目的

1. 明确第二审程序与第一审程序的联系和区别。
2. 掌握二审案件的审理范围、方式及裁判的种类。

二、实验要求

完成模拟审判报告书，内容包括实验名称、实验目的、模拟审判的全部过程。

三、实验原理

第二审人民法院审理上诉案件，依照第二审程序进行，第二审程序没有规定的适用普通程序的规定。第二审人民法院应当对上诉请求的有关事实和适用法律进行审查。第二审人民法院的判决、裁定，是终审的判决、裁定。

四、实验器材

1. 审判桌：包括审判席、书记员席、上诉人席、被上诉人席。
2. 桌牌：包括审判长1个，审判员2个，书记员1个，上诉人2个，被上诉人1个。
3. 实验服装：法官服3件，书记员服1件、法警服2件。
4. 审判阶段公示牌。事先准备以下卡片，在各阶段开始之前，由审判阶段说明人举牌公示。以下为特大字的内容。第一阶段：开庭准备；第二阶段：法庭调查；第三阶段：法庭辩论；第四阶段：宣判。
5. 民事诉讼中的文书材料：一般包括：(1) 上诉状；(2) 被告答辩状；(3) 法院判决书。
6. 其他器材：法槌1个、照相机、摄像机等。

四、实验步骤

（一）选择案例

上诉人朱某、曲某于1997年9月到被上诉人和平饭店工作，2008年9月30日双方签订了无固定期限的劳动合同，两上诉人担任总机接待员。2012年2月14日，安保部员工举报，两人在2月12日凌晨2点左右进入饭店厨房，偷拿饭店物品。事后，两人写下关于该行为的书面认识，认为仅食用了两个苹果。2012年2月23日，被上诉人管理层以备忘录形式致函饭店总经理和工会代表，要求将涉事两名员工撤离酒店或除名。同年3月15日，被上诉人根据员工手册规定，以严重违纪为由解除劳动合同。2012年3月22日，上诉人向黄浦区劳动人事争议仲裁委员会申请仲裁，要求被上诉人恢复与上诉人的劳动关系，并支付工资。仲裁委裁决不予支持。后诉至黄浦法院，黄浦法院一审判决不予支持。上诉人不服，上诉至上海二中院。

（二）确定角色（横线上填写扮演者姓名）

审判阶段说明人_____

审判长（实验组长）_____

审判员_____

审判员_____

书记员_____

法警1_____

法警2_____

上诉人1_____

上诉人2_____

被上诉人_____

(三) 开庭前准备

(四) 开庭审理

开庭审理的具体步骤和内容包括：

1. 开庭准备
2. 法庭调查
3. 法庭辩论
4. 法庭调解

第二审人民法院审理上诉案件，可以进行调解。调解达成协议，应当制作调解书，由审判人员、书记员署名，加盖人民法院印章。调解书送达后，原审人民法院的判决即视为撤销。

5. 案件评议
6. 宣告判决

第二审人民法院对上诉案件，经过审理，按照下列情形，分别处理：原判决、裁定认定事实清楚，适用法律正确的，以判决、裁定方式驳回上诉，维持原判决、裁定；原判决、裁定认定事实错误或者适用法律错误的，以判决、裁定方式依法改判、撤销或者变更；原判决认定基本事实不清的，裁定撤销原判决，发回原审人民法院重审，或者查清事实后改判；原判决遗漏当事人或者违法缺席判决等严重违反法定程序的，裁定撤销原判决，发回原审人民法院重审。

六、思考题

1. 简述二审法院对上诉案件的调解。
2. 简述二审法院对上诉案件的裁判种类。

七、实验素材

劳动合同纠纷案二审程序模拟审判庭审过程。

第一阶段　庭审准备

[书记员]：请旁听人员保持安静，现在宣布法庭纪律：

1. 未经法庭允许不得录音、录像、摄影；
2. 除本院因工作需要允许进入审判区的人员外，其他人员一律不准进入审判区；
3. 不得鼓掌、喧哗、吵闹以及实施其他妨害审判活动的行为，未经审判长许可，不准发言、提问；
4. 旁听人员如对法庭的审判活动有意见，可在休庭或闭庭后，口头或书面向法庭提出；
5. 对于违反法庭规则的人，审判人员可以口头警告训诫，也可以没收录音、录像和摄影器材，责令退出；
6. 对哄闹、冲击法庭、侮辱、诽谤、殴打审判人员等严重扰乱法庭秩序的人，依法追究刑事责任，情节较轻的予以罚款；

7. 请关闭随身携带的手机、寻呼机。

全体起立，请审判长、合议庭成员入庭。

［审判长］：核对当事人身份。

［审判长］：上海市第二中级人民法院民事审判第三庭现在开庭（敲法槌）。上诉人朱一夕、曲波因劳动合同纠纷一案，不服上海市黄浦区人民法院（2012）黄浦民一（民）初字第2348、2349号民事判决，向本院提起上诉，本案进行公开开庭审理。本案合议庭由审判员张铮、代理审判员陈樱、代理审判员杨力组成，由张铮担任审判长，由陈樱主审本案。书记员丁洁琼，由丁洁琼担任庭审记录。

［审判长］：由于两案的被上诉人一致，以及两案的案情相似，故合议庭决定将两案合并审理。各方是否有异议？

［上诉人、被上诉人］：没有。

［审判长］：双方当事人，本院所发的通知是否收到？

［上诉人、被上诉人］：收到。

［审判长］：双方当事人，对通知中告知的权利义务及举证责任是否清楚？

［上诉人、被上诉人］：清楚。

［审判长］：根据《中华人民共和国民事诉讼法》的规定，当事人发现审判人员或合议庭组成人员、书记员有下列情形之一的，有权用口头或者书面方式申请他们回避：（一）是本案当事人或者当事人、诉讼代理人的近亲属；（二）与本案有利害关系；（三）与本案当事人有其它关系，可能影响对本案公正审理的。当事人提出回避申请，应当说明理由，应在法庭辩论终结前提出。以上告知的有关申请回避事项，当事人清楚了没有？是否申请回避？

［上诉人、被上诉人］：不申请回避。

第二阶段　法庭调查

［审判长］：下面进行法庭事实调查。首先，由上诉人曲波陈述上诉请求以及所依据的事实与理由。

［曲波］：上诉请求，撤销原审判决，支持上诉人原审时候的诉讼请求。事实理由和上诉状一致。

［审判长］：被上诉人，是否听清上诉人的上诉请求以及事实理由？

［被上诉人］：听清。

［审判长］：是否同意上诉人的上诉请求？

［被上诉人］：我们认为两上诉人的理由不存在，请求事项不应该予以支持，我们要求维持原判。经过仲裁和一审人民法院的审判，事实清楚明了。我们签订的无固定期限的劳动合同，曲波和朱一夕遵守劳动合同的约束，接受单位的管理和监督，他们是老员工更应该知道公司的管理制度和纪律。和平饭店的厨房是我们酒店一直申明不可由外人随意进入，朱一夕和曲波擅自进入厨房，拿了苹果，违反我们酒店的规定，我们根据酒店员工手册，可以与朱一夕和曲波解除劳动合同。我们认为仲裁和一审的事实认定是正确的。朱一夕和曲波，人事部对他们进行个别的谈话，我们都认为我们

的解除是进行过我们酒店公平的处理程序，我们也是通过工会同意的。

[审判长]：由上诉人朱一夕陈述上诉请求以及所依据的事实与理由。

[朱一夕]：上诉请求，撤销原审法院的判决，改判支持上诉人在原审时候的诉讼请求。理由和上诉状基本一致。但是我要指出一点的是，刚才被上诉人提供的证据在原审中没有质证过。

[审判长]：被上诉人，是否听清上诉人的上诉请求以及事实理由？

[被上诉人]：听清。

[审判长]：是否同意上诉人的上诉请求？

[被上诉人]：不同意。意见和前述陈述一致。

[审判长]：各方对原审查明的事实有没有异议？

[曲波]：没有异议。

[朱一夕]：没有异议。

[被上诉人]：没有异议。

[审判长]：合议庭在充分听取了各方诉辩意见及举证质证，现归纳本案争议焦点如下，和平饭店对于所制订的规章制度是否进行了合理解释，能否作为本案处理依据？双方对法庭归纳的争议焦点有无异议？

[曲波、朱一夕]：对于法庭归纳的焦点有异议，双方争议焦点关于被上诉人作为用人单位，能否按照自己的意志，对于员工手册进行有利于自己的解释。其他没有补充了。

[被上诉人]：我们同意法庭归纳争议焦点。

[审判长]：关于案件争议焦点，法庭有几个问题询问双方。先请和平饭店回答，对于朱一夕、曲波的违纪事实，原审中提供哪些证据予以佐证？

[被上诉人]：朱一夕是总机接电话的，曲波是行李员，他们的岗位不可能要求他们进入酒店的厨房，他们多次离开，他们离开岗位后，私自进入到了厨房间，他们自己也承认他们拿了苹果，我们认为一审认定的事实清楚，正确。

[审判长]：朱一夕、曲波对此有无异议？

[朱一夕、曲波均答]：我们有异议，我们只认可进入厨房拿了苹果的这一事实，对于其他事实我们不承认。

[审判长]：你们平时工作期间擅离岗位？

[朱一夕、曲波均答]：没有。

[审判长]：那为什么你们去厨房间？

[曲波]：那天我们正好是经过厨房间，我的岗位是行李员。

[审判长]：你的岗位是大堂吗？

[曲波]：是的，我的岗位是在大堂，送行李和送报纸等。

[审判长]：厨房是你工作范围吗？

[曲波]：我经过那里，去洗手间，朱一夕去洗手间，我去和他谈话。

[审判长]：你工作期间能够离开岗位去和其他同事聊天吗？

[曲波]：是可以的。

［朱一夕］：我是和前台交待过的，然后我才去了洗手间。

［审判长］：和平饭店，你们提供哪些证据？

［被上诉人］：我们有保安的举报和视频录像。客人的厕所和员工的厕所是不一样的，我们酒店规定员工只能用员工的厕所。

［审判长］：厨房和总机一个楼层？

［被上诉人］：厨房二楼，曲波一楼，他们的办公地点都不是在一个层面。那天他们是故意去了厨房间，是特意走过去的，不是经过的。我另外补充一点，一审中朱一夕、曲波的书面陈述中和今天庭审的说法也是不一致的。

［审判长］：被上诉人确定哪些违纪事实？

［被上诉人］：擅自进入厨房，且平时经常擅自离岗，我们的视频都可以证明我们所说的。

［审判长］：上诉人对此有何异议？

［朱一夕、曲波］：我强调，酒店以《员工手册》第八章第三条第二款的内容来确定两上诉人是违纪行为，并以此开除了两上诉人。我们对于进入厨房的事实是认可的，我们也会吸取经验教训，也已经表现出良好的认错态度。但两上诉人的违纪也仅仅就此一次，没有多次违纪。

［审判长］：对于该节事实在原审中提供哪些证据予以佐证？

［被上诉人］：我们以前和曲波和朱一夕也是指出过的，我们规定他们不能走客人的通道，因为酒店明文规定客人有客人的通道，员工有员工的通道。

［曲波、朱一夕］：两份信中原来上诉人处是没有的，后来我们退还给他们的。对于证据中说明的是私自食用苹果而不是盗窃和被上诉人所说的不一致。现在提供的一份一页的材料，一份是两页的材料，其中一页的材料没有在一审中质证过。我说的两份证据不同就是说两上诉人只是私拿苹果而不是盗窃。还有一份证据直接给两上诉人，另一份给业主方的。

［审判长］：上诉人，你们认为应该以两份中那份为准？

［朱一夕、曲波］：我们都不认可。

［审判长］：和平饭店员工手册是否经过民主程序？有否向员工告知？

［被上诉人］：我们组织所有部门对员工手册进行学习、宣读，而且我们也需要每个员工的签字。两上诉人也是签字认可的。我们在原审的时候也提供了证据证明。

［审判长］：朱一夕、曲波对此有无异议？

［朱一夕、曲波］：我们有异议。员工手册的发放应该直接发放给两上诉人本人的，但是我们签订劳动合同的时候没有看到过员工手册。

［审判长］：两上诉人，你们知道过《员工手册》吗？

［朱一夕、曲波］：我们都不知道，在酒店上班的时候也是没有培训过，所以我们不知道。

［审判长］：劳动合同条款你们看到过吗？

［朱一夕、曲波］：劳动合同字是我们签的，但是上面内容没有看清楚。我们的职责在《员工手册》上的规定，我们只知道自己的工作流程，其他都不清楚。

[被上诉人]：我们的的确确给员工进行过《员工手册》的学习。

[审判长]：和平饭店对于《员工手册》的第八章第二条第四款第二项规定，以及第八章第三条第二款规定如何解释？

[被上诉人]：我们在一审中以书面形式向一审法院提供了说明，即员工没有经过许可，不得私自在客房洗澡，用客人的洗漱用品，私自吃喝饭店食品以及饮料，这是第八章第二条第四款的解释，第八章第三条第二款的解释是秘密盗窃别人钱和物的行为，上诉人是在隐蔽不希望他们发现的情况下去拿的。两上诉人明明看到了厨房间的警告标牌，但是他们还是进入厨房间拿了饭店的物品，所以我们认为是偷窃酒店的物品。我们工会开会，也找过他们谈话，他们当时都是承认的。

[审判长]：朱一夕、曲波对此有无异议？

[朱一夕、曲波]：作为被上诉人的《员工手册》是对于全体员工适用有效，在《员工手册》没有明显区分两个条款适用对象的情况下，被上诉人对于不同条款适用不同员工的解释是没有道理的。既然作为被上诉人已经区分了私自食用食物和盗窃是不同的行为，酒店就应该区分对待。

[审判长]：对于本案的事实还有没有补充？

[朱一夕、曲波]：没有了。

[被上诉人]：没有了。

[审判长]：上诉人，有无新的证据向法庭提交？

[朱一夕、曲波]：没有。

[审判长]：被上诉人，有无新的证据向法庭提交？

[被上诉人]：没有。

第三阶段　法庭辩论

[审判长]：法庭调查结束，现在进行法庭辩论。请各方当事人围绕案件的争议焦点，对案件事实及法律适用发表辩论意见。

[朱一夕、曲波]：在刚才的庭审调查中，法庭对双方争议焦点作了调查，我们认为原审中存在两个问题。其一，事实调查没有确认的情况下，被上诉人单方面的陈述，作为法庭认定的依据，我们认为不正确。其二，对于《员工手册》的适用问题，仅仅就《员工手册》的适用，作为用人单位被上诉人无权单方面做出任意的有利于自身的解释。作为本案事实，两上诉人拿了酒店两个苹果，但是到底应该如何定性，应该按照私自食用食物来处分。综上，我们恳请二审法院能够针对本案一审中存在的问题做出有利于上诉人的判决。

[审判长]：被上诉人进行答辩。

[被上诉人]：1. 两上诉人是我们的老员工，你们明知道签订的合同要遵守酒店的约束和管理，我们人事部也对员工进行多次的教育，《员工手册》也是经职工大会程序通过的。2. 对于两上诉人的处理，因为他们违反了员工手册和劳动合同的规定。他们的行为违纪，故我们做出对两上诉人解除合同的处理，而且我们也是经过层层讨论，外方向我们提出，我们中方也经过讨论，所以我们对于你们两上诉人的处理是合情合

理的。我们把退工单也退还给你们的街道了。3. 请求法院维持原判。

[审判长]：各方的辩论意见本庭已充分注意，亦已记录在案。法庭辩论结束，双方若有新的辩论意见，可在庭后 3 日内以书面形式向法院提出。现进行最后陈述。

[朱一夕、曲波]：支持上诉请求。

[被上诉人]：驳回上诉，维持原判。

[审判长]：根据法律规定，当事人可以在自愿和平等的基础上，请求法庭进行调解，双方是否愿意调解？

[曲波]：愿意。

[朱一夕]：愿意。

[被上诉人]：不愿意。

[审判长]：被上诉人，诉讼调解是我国诉讼制度的重要组成部分，本案经历了仲裁和一审，从刚才的法庭调查和辩论可以看出，其实各方当事人对诉争问题的认识在逐步接近，并不是没有一点调解基础。而调解的方式解决诉争既可以减少当事人的讼累，又可以避免不必要的诉讼风险。本案现在已经进入终审阶段，法庭希望被上诉人念及两上诉人均为无固定期限员工，为和平饭店服务多年，不宜轻易定性，也给双方一个最后协商的机会。对于两上诉人法庭指出违纪的事实是非常明确的，应该正确认识自己的错误事实，和单位好好协商，而不是应该一再否认，这种情况下，首先是认识错误，然后再找到怎么去解决的方式，我们法庭希望你们考虑自身错误，认识错误和单位好好协商、调解，希望两上诉人也能够积极珍惜这样的一个机会，同时希望被上诉人给两上诉人一个机会在法庭调解下进行调解。

[被上诉人]：我们尊重法庭的建议。

[审判长]：鉴于各方当事人均同意调解，本庭休庭 10 分钟，征询当事人调解方案。

[审判长]：希望各方当事人在调解时尽管互谅互让，从利于解决纠纷的角度出发提出调解方案。

[审判长]：现在法庭继续审理。

[审判长]：被上诉人有何调解方案？

[被上诉人]：我们向老板请示了一下，为了维护和平饭店的规章制度，根据规定，有关领导同志不赞成调解，双方不能达成调解协议。

[上诉人]：一开始两上诉人已经有了良好的认识态度，上诉人一直本着积极认错的态度，希望与和平饭店协商。我们恳请法庭考虑到两上诉人并不是无理取闹的态度，支持上诉人诉讼请求。

[审判长]：鉴于朱一夕、曲波与和平饭店的调解意向差距太大，本院不再主持调解。

第四阶段 宣告判决

[审判长]：法庭听取了各方当事人的充分阐述，现经合议庭评议，本院判决如下。

[书记员]：全体起立。

[审判长]：驳回上诉，维持原判。

[审判长]：请坐。

[审判长]：今日庭审至此，退庭后请各方当事人阅看笔录并签字。如有遗漏或差错，可要求书记员补正。

[审判长]：现在退庭。（敲法槌）（实验素材来源：2012 年 10 月 30 日上海二中院庭审直播）

实验五　二审程序模拟审判（B）

由于我国在民事案件的审判上奉行两审终审制度，即当事人有权获得两级法院的审判救济，从而维护自身的合法权益。但是，二审法院在审理时是针对一审未生效的裁判，而非对案件的重复审理，这就决定了二审法院的审判程序要与一审法院有所区别。关于二审程序的实验内容，要求学生从以下几个方面来学习。

一、实验目的

1. 通过实验，学生要了解第二审程序的含义、性质和意义。
2. 明确第二审程序发生的基础及与第一审程序的关系。
3. 掌握提起上诉的条件和程序。
4. 正确适用受理和审判民事上诉案件的具体规定。

二、实验要求

1. 学生温习民事诉讼关于开庭审理的相关知识和原理，在老师的指导下进行案例分析和点评。
2. 学生完成二审开庭审判的模拟实践活动，并提交作业。通过对上诉案件开庭审判的实际训练，要求学生在完成实验任务后，根据实验情况写出实验报告，内容包括：①实验目的；②实验内容；③实验步骤；④实验结果；⑤问题讨论与实验心得。

三、实验原理

1. 民事诉讼法关于上诉的条件、上诉案件的审理和裁判等规定。
2. 民事诉讼法关于开庭审理的相关知识和原理。
3. 合议庭的组成，当事人、诉讼代理人在二审开庭审判中的角色、诉讼地位以及相关原理的运用。

四、实验器材

1. 设置模拟法庭，布置审判庭，购置司法专用服装，印制实习中须用的文书、表格，由专人统一管理，具备模拟办案的基本物质条件。
2. 组织观摩法庭审理。

五、实验步骤

整个庭审过程分为六个阶段。

（一）开庭准备

1. 书记员应先到达法庭，做好以下开庭前准备工作：

（1）检查庭审设施是否完备，标志牌是否齐全、摆放到位。

（2）检查当事人、诉讼代理人是否到庭。

上诉人×××，委托代理人×××是否到庭；

被上诉人×××，委托代理人×××是否到庭；

原审第三人、原审原告、原审被告×××，委托代理人×××是否到庭。

（3）宣布请当事人、委托代理人入庭按席位就坐。

（4）公开开庭的，应当检查参加旁听的人员是否适合，是否有现场采访的记者。

如发现有未成年人（经批准的除外）、精神病人和醉酒的人以及其他不宜旁听的人旁听开庭的，应当请其退出法庭。

如发现有记者到庭采访，应当确认其是否办理审批手续。如未经批准，不得录音、录像或者摄影；但应当允许记者作为旁听人员参加旁听和记录。

2. 宣布法庭规则和法庭纪律

书记员宣布：请大家肃静，现在宣布法庭纪律。

依照《中华人民共和国人民法院法庭规则》的规定，下列人员不得参加旁听：不满18周岁的未成年人；精神病人和醉酒的人；被剥夺政治权利的人；正在监外服刑的人及被监视居住、取保候审的人；携带武器、凶器的人；其他有可能妨害法庭秩序的人。

当事人、其他诉讼参与人、旁听人员必须遵守以下纪律：

（1）旁听人员必须保持肃静，不准鼓掌、喧哗、吵闹，不得有其他妨碍审判活动的行为；

（2）旁听人员不得随便走动，不得进入审判区；

（3）当事人和其他诉讼参与人未经审判长同意不得中途退庭，不得发言、提问，发言注意文明礼貌，不得攻击、辱骂他人；

（4）未经法庭许可，任何人不得在法庭录音、摄影、录像；

（5）不准吸烟和随地吐痰；

（6）关闭移动电话和其他通讯设备。对违反法庭纪律的，法庭将给予口头警告、训诫，不听劝告的，经审判长决定，可以没收录音、录像、摄影器材，责令退出法庭，或者经院长批准予以罚款、拘留。对于哄闹、冲击法庭等严重扰乱法庭秩序的人，依法追究刑事责任。

3. 法官入庭和报告庭审前准备情况

（1）书记员宣布：现在请本案审判长和合议庭成员入庭，全体起立。

（2）书记员向审判长报告当事人及诉讼代理人出庭情况。

A. 出庭的诉讼参加人有：……

B. 出庭的其他诉讼参与人有：……

C. 经批准到庭旁听采访的新闻单位及记者有：……

最后，书记员报告：法庭准备工作就绪，请审判长主持开庭。

4. 核对确认诉讼参加人的身份

（1）核对当事人身份。

审判长：现在核对当事人、诉讼代理人的身份。

上诉人向法庭陈述自己的姓名、性别、出生年月日、籍贯、职业、住所地（是诉讼代表人的陈述姓名、职业、住所地；是法定代表人的陈述姓名、职业、单位住所地）。委托代理人向法庭陈述自己的身份及代理权限。

被上诉人、原审第三人、原审原告、原审被告及委托代理人向法庭陈述自己的身份。

如果书记员已经核对了诉讼参加人身份，审判长简单核对即可。

（2）审判长询问当事人：

上诉人对对方出庭人员的身份有无异议？

被上诉人对对方出庭人员的身份有无异议？

原审原告、原审被告、原审第三人对上诉人、被上诉人出庭人员的身份有无异议？

当事人均表示无异议后，审判长宣布：

各方当事人（及其诉讼代理人）符合法律规定，可以参加本案诉讼。

（3）被上诉人、原审第三人、原审原告、原审被告经传票传唤，无正当理由拒不到庭的，审判长应宣布：

被上诉人、原审第三人、原审原告、原审被告×××经本院×年×月×日送达开庭传票，无正当理由拒不到庭，依照《中华人民共和国民事诉讼法》的规定，本庭依法决定缺席审理。

5. 宣布开庭

审判长先敲击法槌，然后宣布开庭：×××人民法院民事审判庭，依照《中华人民共和国民事诉讼法》第169条的规定，今天公开（不公开）审理上诉人×××与被上诉人×××、×××纠纷一案，现在开庭。

（不公开开庭审理的，应说明理由。）

6. 介绍审判人员

审判长：依照《中华人民共和国民事诉讼法》的规定，本案依法组成合议庭审理，由×××担任审判长，×××、×××担任审判员，书记员×××担任记录。会计师（工程师、翻译）×××接受本院委托担任本案的鉴定人（勘验人、翻译人员）。

7. 告知诉讼权利义务，并征询申请回避意见

审判长：现在告知当事人在法庭上的诉讼权利和诉讼义务。

（1）当事人在法庭上享有以下诉讼权利：

A. 申请回避的权利。根据民事诉讼法第44条、第45条之规定，当事人如认为合议庭组成人员、书记员、翻译人员、鉴定人、勘验人是本案当事人或者当事人、诉讼代理人近亲属；或与本案有利害关系；或与本案当事人、诉讼代理人有其他关系，可能影响对本案公正审理的；以及审判人员接受当事人、诉讼代理人请客送礼，或者违反规定会见当事人、诉讼代理人的。有权申请回避，但申请回避应当说明具体的理由。

B. 提出新的证据的权利。根据民事诉讼法第49条、第139条之规定，当事人有权

提供证据来证明自己陈述的事实和主张，经审判长许可，可以提供新的证据。

C. 经法庭许可，当事人可以向证人、鉴定人、勘验人发问，可以申请重新调查、勘验和鉴定。

D. 进行辩论和申请调解的权利。根据民事诉讼法第49条、第142条的规定，当事人有权对对方的主张提出自己的看法，阐述自己的观点，论述自己的主张，以及对如何认定案件事实和适用法律进行辩论。在案件审理直至宣判前，当事人都可以根据自愿的原则，请求人民法院依法调解。

E. 陈述最后意见的权利。根据民事诉讼法第141条的规定，法庭辩论结束后，当事人可以向法庭陈述对案件处理的最后意见。

（2）当事人在法庭上必须自觉履行下列诉讼义务：

A. 依法正确行使诉讼权利；

B. 遵守法庭纪律和诉讼秩序，听从审判长指挥；

C. 对自己提出的主张有责任提供证据；

D. 如实陈述案件事实，不得歪曲事实，提供虚假证据，不得伪造证据。否则，应当承担法律责任。

如果开庭前已经将《当事人的权利义务告知书》送达各方当事人，审判长只要逐一询问各方当事人是否知道自己在诉讼中的权利和义务即可。

（3）审判长询问当事人：

上诉人是否听清当事人在法庭上的诉讼权利和诉讼义务？是否申请合议庭组成人员及书记员、鉴定人（或勘验人、翻译人员）回避？

被上诉人是否听清当事人在法庭上的诉讼权利和诉讼义务？是否申请合议庭组成人员及书记员、鉴定人（或勘验人、翻译人员）回避？

原审原告、原审被告、原审第三人是否听清当事人在法庭上的诉讼权利和诉讼义务？是否申请合议庭组成人员及书记员、鉴定人（或勘验人、翻译人员）回避？

当事人提出回避申请的，审判长应要求当事人陈述申请回避的理由，然后宣布：由于本案当事人×××对合议庭成员×××或书记员（鉴定人、勘验人、翻译人员）×××提出回避申请，现在休庭，待做出是否回避的决定后继续开庭。

做出决定后继续开庭，由审判长宣布决定：

A.（对审判人员以外的其他人员提出回避的）审判长：

（1）×××申请本案书记员（鉴定人、勘验人、翻译人员）×××回避，经审查，不符合《中华人民共和国民事诉讼法》第44条的规定，对×××提出的回避申请不予准许；或（2）×××申请×××回避，经审查，符合《中华人民共和国民事诉讼法》第44条的规定，对其回避申请予以准许，本案更换书记员（或鉴定人、勘验人、翻译人员），另行择期开庭。

B.（当事人对审判人员提出回避申请的）审判长：

（1）×××申请本案合议庭成员×××回避，经本院院长（或本院审判委员会）（院长担任审判长的，是否回避由审判委员会决定）审查，不符合《中华人民共和国民事诉讼法》第44条的规定，对×××提出的回避申请不予准许；或（2）×××申请合议庭成员×××回避,经本院院长或审判委员会审查,符合《中华人民共和国民事诉讼法》第44条的规定,对×××提出的回避申请予以准许。

当事人对驳回回避申请的决定不服,申请复议的,不影响案件的开庭。对复议申请应当在3日内做出复议决定,并通知复议申请人。

8. 宣告庭审阶段

审判长宣布:庭审活动分为法庭调查、法庭辩论、当事人最后陈述、法庭调解,调解不成的,法庭将休庭评议后进行宣判。

9. 诉讼指导

在庭审过程中,当事人可以要求法庭对诉讼权利义务、诉讼风险和举证责任的具体内容予以释明。法庭也可以对诉讼能力比较低的当事人给予适当诉讼指导,以确保审判的公正和公平。

（二）法庭调查

1. 宣布法庭调查

审判长宣布:现在进行法庭调查,法庭调查是通过双方当事人及其诉讼代理人的陈述、举证、质证,查明案件事实,重点是当事人争议的事实以及本合议庭认为应当调查的事实。依照《中华人民共和国民事诉讼法》第64条的规定,当事人对自己的主张有责任提供证据,反驳对方的主张也应当提供证据或说明理由。

2. 当事人陈述

（1）先由上诉人向法庭陈述上诉请求以及所依据的事实和理由,询问委托代理人有无补充意见;

再由被上诉人对上诉人的上诉作答辩,询问委托代理人有无补充意见;

最后由原审原告、原审被告、原审第三人陈述（或答辩）,询问委托代理人有无补充意见。

（2）原审原告增加独立的诉讼请求或原审被告提出反诉的,审判长应宣布对该部分请求将在庭后进行调解,庭审时不予审理。

3. 归纳小结

审判长宣布:根据当事人陈述,结合案件的其他诉讼材料,法庭归纳小结以下几个方面的内容:

（1）本案的上诉请求是:……

（2）当事人没有争议事实有:……

在确认之前,主持人可以经征询各方当事人的意见。

各方当事人陈述一致或者都认可的事实,除涉及身份关系,或者涉及国家、第三人的权益,或者与其他证据有冲突的外,经合议庭评议确认后可以直接予以认定,并当庭宣布:以上事实,各方当事人陈述一致或均予认可,足以认定。并宣告:以上经法庭认定的事实,无须当事人举证、质证。

实践中,如果当事人对案件事实没有或者基本没有争议,且根据当事人陈述即可直接认定全案事实的,经合议庭评议确认后,即可宣布法庭调查结束。

（3）本案诉讼争议的焦点有:……

在确认之前,主持人可以经征询各方当事人的意见,在各方当事人均确认无异后予以确认。

(4) 法庭进一步调查的范围如下……

4. 当庭举证

审判长:现在请当事人当庭举证。

(1) 当事人举证必须按照下列程序和要求进行:

A. 当事人所举的证据必须符合《中华人民共和国民事诉讼法》第63条规定的八种证据形式,即当事人的陈述、书证、物证、视听资料、电子数据、证人证言、鉴定意见、勘验笔录。

B. 举证时应向法庭及对方当事人提交自己一方的证据复印件,书记员应同时提供原件,以备当庭核对,物证要提供原物,原物确实无法提供的,要说明原物存放的地点。

C. 出示和宣读证据时,应向法庭陈述证据的名称、证据的来源和证据的基本内容,说明提供该份或该组证据的目的,要证明什么问题。

由法庭调取的证据由法庭或者申请调取该证据的当事人出示和说明。

(2) 审判长归纳举证范围。

审判长应宣布对原审判决已确认、双方当事人亦无争议的事实,法庭不作重复调查,当事人不再进行举证和质证。审判长归纳双方当事人无争议的事实,询问双方当事人有无异议,无异议的记录在案。对有争议的事实,要求当事人逐项举证。

5. 当庭质证

审判长:请当事人质证。

(1) 当事人质证应当按照下列要求进行:

A. 对对方提供的证据进行质证,要对该证据的真实性进行确认,对该证据的取得是否合法提出意见,同时,应明确提出该证据是否能够证明对方的主张。反驳对方的意见应说明理由或提供相关证据。

B. 对对方提供的证据不作肯定或否定的表态,视为对该证据无异议。对质证意见的辩解也要求明确做出同意或者反对的表态,否则视为无异议。

C. 对一方当事人提供的证据,另一方质证时可以就相关问题提问,但提问须经审判长许可。

(2) 质证的顺序:先由上诉人对自己的主张向法庭提交证据,由被上诉人进行质证。

由被上诉人提交反驳上诉人上诉请求的证据,上诉人质证。

由原审原告、原审被告、原审第三人举证,由×××质证。

当事人举证完毕后,如发现一方或双方对自己的某些主张没有举证,审判长应告知:上诉人或被上诉人主张×××,应向法庭提交相关证据。

若当事人对某些主张不能当庭举证,确有理由的,审判长应宣布:上诉人×××或被上诉人所述关于×××的证据,应在庭审后×日内向法庭提交,并在下次开庭时进行质证。逾期不提交,视为不能举证,承担相应的法律后果。

6. 证人、鉴定人、勘验人、翻译人员等出庭作证

（1）证人出庭。

证人出庭作证应由当事人在庭审前或者法庭辩论结束前提出。

A. 传证人×××出庭。

B. 要求证人向法庭出示有效身份证件，询问证人姓名、性别、出生年月日、工作单位、职务、住所地、与当事人的关系。

C. 向证人宣布权利和义务：根据《中华人民共和国民事诉讼法》第72条、第111条的规定，凡是知道案件情况的单位和个人，都有义务出庭作证；证人要如实向法庭陈述案件事实，不得作虚假陈述，否则要承担相应的法律责任；证人依法作证的权利受法律保护，法律禁止任何对证人作证进行打击报复。

D. 证人向法庭陈述自己知道的案件情况。

E. 经审判长许可，当事人分别向证人发问。

F. 合议庭成员向证人提问。

G. 证人退庭。

证人确有困难不能出庭的，可以通过书面证言、视听传输技术或者视听资料等方式作证，对方当事人进行质证。

（2）鉴定人等出庭。

A. 传鉴定人（勘验人、翻译人员）出庭。

B. 要求鉴定人（勘验人、翻译人员）出示本人有效身份证件，询问鉴定人姓名、性别、出生年月日、工作单位、职务、住所地、与当事人的关系。

C. 法庭宣读委托鉴定（勘验、翻译）书。

D. 鉴定人（勘验人、翻译人员）宣读鉴定意见（勘验笔录、翻译文本），并作说明。

E. 经审判长许可，当事人分别向鉴定人（勘验人、翻译人员）提问。

F. 合议庭成员向鉴定人（勘验人、翻译人员）提问。

G. 鉴定人（勘验人、翻译人员）退庭。

根据《中华人民共和国民事诉讼法》第78条的规定，鉴定人有出庭作证的义务，经人民法院通知，鉴定人拒不出庭作证的，鉴定意见不得作为认定事实的根据，支付鉴定费用的当事人可以要求返还鉴定费用。

（3）宣读或出示合议庭调查收集的证据。

A. 法庭宣读书证及证人证言、勘验笔录；当庭出示物证；当庭播放视听资料。

B. 当事人对法庭出示的证据分别发表质证意见。

7. 合议庭询问

（1）审判长询问双方当事人有无新的证据出示。

（2）审判长征询合议庭成员有无需要向当事人发问的问题。

宣布由合议庭向当事人调查与案件有关的问题。要求一方当事人陈述，另一方当事人做出肯定或否定的回答。提问应公正、客观、明确，不得带有倾向性。

（3）审判长宣布休庭：

现在休庭，由合议庭对庭审质证的证据进行评议后继续开庭。

（如案件疑难复杂，或对有些证据需要庭审后再调查核实，无法当庭认证的，可以直接进入法庭辩论程序，待法庭辩论结束休庭，合议庭评议后再开庭认证并宣判。）

8. 法庭认证

由审判长根据当事人举证、质证和合议庭调查核实情况，分别对当事人出示的证据进行确认。认证要对证据的真实性、合法性和关联性进行确认。能当庭确认的，应当庭确认。合议庭评议后认为不能当庭确认的，告知当事人待合议庭进一步核实后在下次开庭时确认。

对证据的审核和认定应遵循以下一般规则：

（1）当事人对自己的主张，只有本人陈述而不能提出其他相关证据的，除对方当事人认可外，其主张不予支持。

（2）一方当事人提出的证据，对方当事人认可或者不予反驳的，可以确认其证明力。

（3）一方当事人提出的证据，对方当事人举不出相应证据反驳的，可以确认其证明力。

（4）双方当事人对同一事实分别举出相反的证据，但都没有足够的依据否定对方证据的，人民法院应当结合案件情况，判断一方提供证据的证明力是否明显大于另一方提供证据的证明力，并对证明力较大的证据予以确认。

（5）物证、历史档案、鉴定意见、勘验笔录或者经过公证、登记的书证，其证明力一般高于其他书证、视听资料和证人证言。

（6）证人提供的对与其有亲属或者其他密切关系的当事人有利的证言，其证明力低于其他证人证言。

（7）原始证据的证明力大于传来证据。

（8）直接证据的证明力大于间接证据。

（9）未成年人所作的与其年龄和智力状况不相当的证言；与一方当事人或者其代理人有利害关系的证人出具的证言；存有疑点的视听资料；无法与原件、原物核对的复印件、复制品；无正当理由未出庭的作证的证人证言，不能单独作为认定案件事实的依据。

认证结论的表述主要有以下两种方式：

（1）确认证据足予采信的，认证结论为：经合议庭评议确认，……（证据名称）内容真实，形式合法，可以作为认定……（案件事实）的根据。

（2）确认证据不予采信的，认证结论为：经合议庭评议确认，……（证据名称），因……（不予采信的理由），故不能作为本案认定事实的根据（不予采信）。

9. 宣布法庭调查结束

当事人没有新的证据提供和其他事实需要调查后，审判长宣布：法庭调查结束。

当事人要求提供新的证据或者合议庭认为事实尚未查清，确需人民法院补充调查、收集证据或通知新的证人到庭、或必须进行鉴定、勘验，因而有必要延期审理的，可以宣布延期审理。

(三) 法庭辩论

1. 宣布法庭辩论

审判长宣布：下面进行法庭辩论。法庭辩论的目的是在法庭调查的基础上，通过当事人发表辩论意见，提出法律依据，分清是非责任。双方当事人应当围绕本案双方当事人争议的×××问题及法庭确认的事实和证据，提出维护自己诉讼请求和反对对方主张的辩驳意见。在辩论中，应实事求是，举出法律依据，讲明道理，不得进行人身攻击。

2. 对等辩论、互相辩论

(1) 根据《中华人民共和国民事诉讼法》第141条的规定，法庭辩论按下列顺序进行：

A. 上诉人及其诉讼代理人发言；

B. 被上诉人及其诉讼代理人发言；

C. 原审原告、原审被告、原审第三人及其诉讼代理人发言；

辩论发言一般不宜重复诉状的内容。一轮辩论结束，审判长可根据案件需要，宣布进行第二轮辩论，但应强调不得重复上一轮意见，并可限定当事人及其诉讼代理人每次发表意见的时间。

D. 互相辩论。

在互相辩论中，当事人要求辩论发言的，可以向法庭举手示意。经法庭许可，方能发言。当事人未经许可而进行自由、无序的辩论发言或者辩论发言的内容重复的，法庭应予以制止。

(2) 法庭辩论时，合议庭成员不得对案件性质、是非责任发表意见，不得与任何一方当事人进行辩论。

3. 法庭调查阶段的回转

法庭辩论时，当事人又提出新的事实和证据，审判长可视情况宣布中止辩论，恢复法庭调查。

4. 宣布法庭辩论结束

审判长根据辩论情况征询各方当事人，如无补充意见，宣布：法庭辩论结束。

(四) 当事人最后陈述

审判长按上诉人、被上诉人、原审原告、原审被告、原审第三人的顺序要求各方陈述最后意见。

(五) 法庭调解

1. 宣布法庭调解

审判长宣布：现在进行法庭调解。

2. 询问当事人调解意愿

(1) 根据《中华人民共和国民事诉讼法》第9条、第93条的规定，人民法院审理民事案件，应当根据自愿合法原则，在查清事实、分清是非的基础上进行调解。

(2) 审判长分别征询当事人是否愿意在合议庭的主持下进行调解，当事人均同意调解时,法庭即可组织调解;有一方当事人不同意调解的,审判长宣布:终结调解。随即宣布休庭。

3. 组织调解

应分别由各方当事人提出调解方案。合议庭也可以根据当事人的请求提出调解方案,供当事人参考。也可以根据当事人的请求和时间安排,休庭后再继续调解。双方当事人经调解达成协议的,合议庭应当宣布调解结果,告知当事人调解书经双方当事人签收后即具有法律效力。

调解成功后,审判长宣布闭庭。

4. 终结调解

当事人不愿意调解,或经调解不能达成协议的,审判长应当宣布:调解结束,现在休庭,由合议庭评议,评议后继续开庭(敲击法槌)。

(六)评议和宣判

1. 评议

决定当庭宣判的,应于休庭后立即进行评议;择期宣判的,应在庭审结束后5个工作日内进行评议。

合议庭评议案件时,先由承办法官对认定案件事实、证据是否确实、充分以及适用法律等发表意见,审判长最后发表意见;审判长作为承办法官的,由审判长最后发表意见。对案件的裁判结果进行评议时,由审判长最后发表意见。审判长应当根据评议情况总结合议庭评议的结论性意见。合议庭成员应当认真负责,充分陈述意见,独立行使表决权,不得拒绝陈述意见或者仅作同意与否的简单表态。同意他人意见的,也应当提出事实根据和法律依据,进行分析论证。

评议后,合议庭应当依照规定的权限,及时对已经评议形成一致或者多数意见的案件直接做出判决或者裁定。

2. 法官入庭和宣布继续开庭

书记员宣布:全体起立,请审判长和合议庭成员入庭。审判长和合议庭成员入庭后,书记员宣布:请坐下。审判长敲击法槌后,即宣布:现在继续开庭。

3. 宣布评议结果

宣判时,应由书记员宣布全体起立。原定当庭宣判的,但经合议庭评议后未能做出裁判或评议决定不当庭宣判的,审判长应予说明,后宣布休庭。

经合议庭评议,能够当庭宣判的,审判长应宣告:经过合议庭评议,评议结论已经做出。现予宣布……。此判决(裁定)从宣判之日起生效,当事人不服的,可以按照法律规定行使申诉的权利。

宣判的内容包括:(1)认证结论(先前已宣布的认证结论除外),(2)裁判理由,(3)裁判结果以及诉讼费的负担。关于当事人的基本情况、案由、当事人陈述等部分内容,在当庭宣判时无须宣读。

判决宣读完毕,书记员宣布:请坐下。

4. 送达方式

文书送达的说明:经询问确认当事人或者其诉讼代理人、代收人同意在指定的期间内到人民法院接受送达的，审判长宣告：请当事人于…（时间）到…（地点）领取判决书（裁定书）。无正当理由逾期不来领取的，视为送达。当事人要求邮寄送达的，审判长宣告：法庭将根据当事人确认的地址邮寄送达，邮件回执上注明的收到或者退回之日即为送达之日。

5. 宣布闭庭

审判长宣布：庭审结束。现在宣布闭庭！（敲击法槌）

书记员宣布：全体起立！待合议庭成员退庭后，书记员宣布：散庭。诉讼参加人和旁听人员方退庭。

6. 审阅笔录的说明

（1）审判长和合议庭成员退庭后，书记员宣布：请旁听人员退庭，当事人及诉讼代理人可以当庭或5日内阅读庭审笔录。

（2）根据《中华人民共和国民事诉讼法》第147条的规定，当事人和其他诉讼参与人认为对自己的陈述记录有遗漏或者差错的，有权申请补正。如果不予补正，应当将申请记录在案。

（3）法庭笔录由当事人和其他诉讼参与人签名或者盖章。拒绝签名盖章的，记明情况附卷。

六、思考题

1. 第二审程序有什么特点？
2. 第二审程序与第一审程序的区别具体体现在何处？
3. 如何书写上诉状？

七、实验素材

1999年8月31日，四川籍农民工幸万强因讨薪被李玉成、兰景昆杀害（已另案处理），尸体停放于燕郊冶金医院一年后，幸万强之父母幸永怀、李正芳从老家四川省南部县大桥镇新井村赶至燕郊医院希望见儿子一面，但燕郊医院却以公安机关未批准为由，拒绝幸永怀、李正芳的请求。不久，北京市通州区殡仪馆在河北省三河市公安局通知下到燕郊冶金医院领走了幸万强尸体，2000年8月19日，通州区殡仪馆在未通知幸永怀、李正芳的情况下于将幸万强的尸体火化，2000年11月，幸永怀、李正芳得其子尸体已被通州殡仪馆领走后又速赶至北京市通州区，但通州区殡仪馆却告知经公安机关批准他们将幸万强尸体火化，当幸永怀、李正芳提出领取幸万强骨灰时，却被通州区殡仪馆告知骨灰存放已逾两个月，通州区殡仪馆依据其内部管理规定已将其视作无主骨灰丢弃。幸永怀、李正芳为此深受伤害！但口说无凭，故数年来，幸永怀、李正芳多次找通州区殡仪馆及其负责人乔馆长索讨幸万强骨灰或火化有关凭证，但通州区殡仪馆直至2006年1月11日，才正式书面出具证明承认幸万强的骨灰已于2000年8月19日在其处火化，但其却无法将骨灰交付幸永怀、李正芳。幸永怀、李正芳认为，通州区殡仪馆经由公安部门通知收殓幸万强的遗骸，不应该不知道死者亲属的联系方式或联系渠道，幸万强的尸骨也不属于无主尸骨，但是，其却无视幸永怀、李正芳人格和精神情感，无视幸永怀、李正芳对幸万强骨灰所享有的特定的无可取代的民事权利，擅自处分该具有人格象征意义的特定纪念物品，给幸永怀、李正芳带来无可挽回的损失和巨大的精神伤害。由于通州区殡仪馆的过错和侵权行为，导致幸永怀、李正芳永远失去了亲人的骨灰，无法有针对性地表达自己的追悼之情，无法按人之常情使自己对亲人的思念有具体的寄托，人格权和亲情受到无法弥合的巨大伤害。2007年7月27日，北京市通州区人民法院宋庄法庭正式开庭审理了幸永怀诉北京通州殡仪馆人格权侵权案，原被告双方都提供了证据并进行了质证，可是，一审法院最终却以"公民、法人的合法权利受法律保护"为由，判决驳回幸永怀等一审原告的所有诉讼请求。因此，幸永怀、李正芳、任少珍（幸万强之妻）、幸凯（幸万强之子）向北京市中级人民法院提起上诉。

参考文献

［1］江伟主编：《民事诉讼法（第六版）》，中国人民大学出版社 2013 年版。
［2］陈桂明著：《程序理念和程序规则》，中国法制出版社 1999 年版。
［3］齐树洁著：《民事上诉制度研究》，法律出版社 2006 年版。
［4］江伟主编：《民事诉讼法教程》中国人民大学出版社 2008 年版。
［5］张卫平："民事诉讼法修改中效率与公正的价值博弈"载《中国司法》2012 年第 6 期。
［6］傅郁林："新民事诉讼法中的程序性合意机制"，载《比较法研究》2012 年第 5 期。
［7］范愉："司法资源供求失衡的悖论与对策——以小额诉讼为切入点"，载《法律适用》2011 年第 3 期。
［8］范愉："诉讼调解：审判经验与法学原理"载《中国法学》2009 年第 6 期。

第六章 民法实验

实验一 民事法律行为案例诊断

一、实验目的

1. 通过运用本章理论知识对各种常见生活现象的法律分析,进一步掌握民事行为与事实行为的区别;
2. 熟练地对无效民事行为、可变更可撤销民事行为、效力未定民事行为、民事法律行为加以区分和处理。

二、实验要求

在实验课堂上,要求学生扮演各个角色,阐述观点,对有争议的问题展开辩论,模拟审判结束之后,将辩论心得整理成文。

三、实验原理

法律事实是由"行为"和"事件"组成,其中"行为"又分为民事行为、事实行为。但凡后果是行为人所追求的,就是民事行为(共5种类型)。民事行为是需要"有意思表示"的行为。不要求其合法或非法,只要求其有"意思自治"即可,所以要求行为人具有民事行为能力。因此,只要有"主体、意思表示和标的"这3个要素即可构成"民事行为"。"合法性"只是判断该民事行为是否具有法律效力的要件,而不是其构成要件。而根据《民法通则》,民事行为是指民事主体在民事活动领域内基于其意志所实施的,能够产生一定民事法律后果的行为。注意,这里并没有指明是"合法的行为"。

虽然民事行为不要求具有合法性,但要想获得法律的保护,就只能是具备法律规定的有效条件的民事行为,才具有法律确认的法律效力,产生行为人所预期的法律效果,而这种合法的民事行为,就是"民事法律行为"(即有效的民事行为)。而不具备法定有效条件的民事行为则不具有法律效力,不产生行为人所追求的法律后果。因此,民事行为包括:民事法律行为、无效的民事行为、可撤销和可变更的民事行为、效力待定的民事行为。

四、实验器材

50台计算机、互联网连接等。

五、实验步骤

1. 选定诊断题目。讨论题目的选定非常重要，往往决定着讨论能否顺利进行和讨论进行的激烈程度。讨论题目应具有重大的理论价值和实践价值，具有可讨论性，是学科的前沿问题，实践中的热点问题，学生关注的难点问题。为使讲座充分进行，在讨论题目的设定上还可以多设定一些题目，以供学生们选择。

2. 公布诊断题目。为了使同学们能够有充足的准备时间，保证讨论的顺利进行和讨论的质量，应该将讨论题目和具体安排于一周前通知大家。遇到有些理论前沿问题，例如需要进行事前调查才能保证讨论顺利进行的实践热点问题，给予同学们准备的时间应该更长。

3. 介绍相关资料。考虑到同学们对所讨论问题的初次接触，同时为了保证讨论的质量和讨论的顺利进行，在讨论题目和讨论安排布置的同时，应从以下几个方面为同学们提供资料上的方便：（1）背景资料；（2）相关资料；（3）法律条文；（4）客观事实。

4. 分组进行讨论。为了调动每一位同学的积极性，使每一位同学都有发言的机会，课堂讨论以分组进行为宜。在分组上，宜小不宜大，每组最好不超10人，由同学们自由结合，并由教师指定或小组成员推举一人做小组长。小组讨论在小组长的组织下进行。在讨论进行中，应由一名同学担任记录，将每一位同学发言的基本思路、基本观点记录在案，为总结发言打下基础。

5. 总结发言。在小组发言的基础上，由小组长或小组长指定的同学向全班介绍他们小组讨论的情况、基本的主张和重要观点。

六、思考题

1. 民事行为的成立与生效之间的关系。
2. 民事行为无效或被撤销后的法律后果。

七、实验素材

讨论题1

王某与李某平素不合，某日，王某出门遇到李某，为生活琐事，争吵过程中，王某因往日小气被李某奚落一番，王某大怒，抄起路边的棍子追打李某，将李某打伤。刘某见状，上前拉架，结果王某失手将拉架的刘某打中要害，伤重致死。刘某死后，刘家发生了财产继承。试分析此题中哪些是事件，哪些是行为？

讨论题2

原告王留锁，男，47岁，干部。
原告张春玲，女，45岁，干部。
被告陈满仓，男，36岁，工人。
第三人陈玉英，女，40岁，工人。
第三人陈玉英在外县任教，准备在原籍清江县小关村修建几间房。经申请，当地乡政府和村民委员会给陈批了三分宅基地。1986年春，陈玉英出资3500元委托其弟陈满仓在所批的宅基上建房三间。同年5月，房屋建好后，本案原告王留锁、张春玲夫妇见无人居住，愿以7000元高价买下这三间房屋。陈满仓见有利可图，便背着其姐和村委会，私下同王、张夫妇签订了房屋买卖合同，合同约定：此三间房屋以7000元价格卖给王、张，买卖成立后，不得反悔，如果出了问题，由陈满仓负责。同年8月，原告夫妇搬入此房居住，安装了水管，建了厕所，一间房搞了棚楼，安了两副门扇。房屋出卖后，被告始终未告知第三人。1987年春节，陈玉英回原籍探亲时，发现自己的房屋被弟弟卖掉，很生气，责令其赶快追回。陈满仓找原告夫妇协商多次，都未协商成，陈满仓便找了几人将东院墙掀毁。原告以房屋买卖契约为凭，诉至人民法院，要求依法保护所有权。法院受理后，通知第三人参加诉讼。第三人认为原、被告之间的房屋买卖行为是违法的，侵犯她的所有权，要求宣告买卖行为无效，尽快追回房屋。

问题：本案中原、被告之间的房屋买卖行为是否有效？被告应承担什么民事责任？

讨论题3

原告：陈永昌，男，59岁，干部。

被告：陈英，女，63岁，无业。

被告：夏芳，女，41岁，工人。

第三人：某市水产公司。

原告陈永昌系某市水产公司干部，因住房困难屡向公司要求解决住房问题。当时，水产公司办公用房也紧，为了解决办公用房和陈永昌的住房困难，公司答应让陈永昌在本市找房、由公司出钱购买。1983年原告经人介绍与想卖房的被告母女相识。被告母女在本市上海路50号有三间房，为改善居住环境，她们想将该房卖掉再买合适的房屋。原、被告经协商议妥，被告将本市上海路50号砖木结构房屋三间以21000元的价格卖给原告陈永昌，双方订立有房屋买卖契约。当时，原告从公司取出21000元，先交付被告房价款15000元，等搬入居住后再交付6000元。但当被告得知原告购买房子是水产公司以原告的名义购买时，她们害怕日后被发现也要追查她们的责任，便提出翻悔，要求解除买卖关系。原告因而诉至人民法院。

法院审理查明，原告购买房屋，确系水产公司以原告名义购买，因而通知水产公司作为第三人参加诉讼。经审理认定，第三人以私人名义购买私房，违背国务院《城市私有房屋管理条例》的规定，是规避法律的行为。原告与第三人合谋规避法律，其与被告进行的买卖房屋的行为属于无效民事行为。被告在房屋买卖过程中也有不慎之处，应负一定责任，故判决如下：（一）原、被告之间买卖房屋的行为属于无效民事行为，所订契约无效；（二）被告将卖房款15000元退还第三人水产公司，房屋退还被告。房屋估价费人民币99元由被告陈英、夏芳承担49元，第三人即水产公司承担50元。

问题：原被告之间的房屋买卖行为是否有效？人民法院的处理是否正确？

实验二　表见代理模拟审判

一、实验目的

1. 训练学生在比较系统复杂的证据材料中发现法律事实并分析法律关系的能力。
2. 掌握民事代理制度的法律特征与基本内容。
3. 使学生感受法庭的真实，锻炼同学们的法律运用能力和思辩能力。

二、实验要求

要求学生在课堂上回答教师就所给材料提出的相关问题，在课后各自撰写相应司法文书并组织模拟法庭活动。

三、实验原理

表见代理是指行为人虽无代理权，但由于本人的行为，造成了足以使善意第三人相信其有代理权的表象，而与善意第三人进行的、由本人承担法律后果的代理行为。表见代理实质上是无权代理，是广义无权代理的一种。若无权代理行为均由被代理人追认决定其效力的话，会给善意第三人造成损害。因此，在表见的情形之下，规定由被代理人承担表见代理行为的法律后果，更有利于保护善意第三人的利益，维护交易安全，并以此加强代理制度的可信度。《合同法》第49条规定："行为人没有代理权、超越代理权或者代理权终止后以被代理人名义订立合同，相对人有理由相信行为人有代理权的，该代理行为有效。"其意义在于维护代理制度的诚信基础，保护善意第三人的合法权益，建立正常的民事流转秩序。

四、实验器材

审判员服、律师袍、法槌、照相机等模拟法庭相关器材。

五、实验步骤

1. 选定法律案例

根据专业课程实践教学大纲的要求选取恰当案例。案例内容按要求可以是涵盖单一部门法，也可以是跨几个部门法，由专业课程实践教学任务确定。要求所选案例中，当事人人数符合实训人员要求，案情比较复杂，有一定的学术探讨价值和实践指导意义。

2. 组建模拟法庭

根据所选案例确定模拟法庭组成人员：审判人员三、五、七人均可，最好三人；书记员一到二人。原告和被告人数也根据案情确定，并每位原告和被告人可指定一到二人作为诉讼代理人。根据案情还可确定证人、鉴定人员等若干人。

3. 确定、分配各模拟法庭人员实验任务

各模拟法庭人员必须先仔细研究、分析案情，然后按分工要求完成所属任务。要求：

（1）符合事先确立的各模拟法庭人员的身份和工作职责范围，不得越"权"、越"职"、换"岗"。

（2）各模拟法庭人员从自己所代表人员的角度，独立分析案情，为自身立论引据。力争定性准确，证据充分，引用法律条款正确，叙述条理清楚，逻辑性强；

（3）各模拟法庭人员必须以案情为依据，不得私自随意增减案情，不得在案情外杜撰、私改证据。

（4）态度端正，字迹工整。

（5）审判庭成员还必须另准备一套和供法庭调查用的要求诉讼参与人必须提供的主要证据目录，以备开庭时使用。

（6）所有诉讼参与人必须准备一份开庭时自用的诉讼提纲、提问目录和要求对方提供的证据目录。

4. 模拟法庭开庭审判

模拟法庭开庭审理案件前，必须先了解、熟悉民事法庭庭审程序。

（1）开庭

由书记员先入庭，宣布："请全体起立！请审判长、审判员入庭。"审判长、审判员依次入庭后，书记员宣布："请坐下！"（从此始书记员开始作庭审过程书面记录），再由审判长宣布："依照《中华人民共和国民事诉讼法》第三条、第六条、第七条等规定，由某某法院于某年、月、日公开审理某某一案。现在开庭！"并继续由审判长核实参加庭审人员是否到齐，接着宣读《法庭纪律》。最后，由审判长告知各诉讼参与人："根据《中华人民共和国民事诉讼法》第四十四条的规定，当事人及其法定代理人发现本案中的审判人员、书记员、鉴定人等有下列情形之一的，有权要求他们回避：（一）是本案的当事人或者当事人、诉讼代理人的近亲属的；（二）与本案有利害关系的；（三）与本案当事人有其他关系，可能影响对案件公正审理的。"

（2）法庭调查

经审判长允许，先由原告或其诉讼代理人宣读起诉书；然后，由被告对发生的民事事实进行陈述。为节省时间和使诉讼过程条理化，审判长应要求各诉讼参与人必须按顺序提供证据以支持本方的事实陈述。

（3）法庭辩论

先由原告或其诉讼代理人发表诉讼意见，提出与被告的民事纠纷应如何认定和应适用的法律依据等意见；再由被告及其诉讼代理人发表代理意见。

（4）当事人最后陈述

由原告和被告作最后陈述。其内容可以是对本次审理过程的意见，也可以是对双方民事纠纷如何处理的意见。审判长还应征求双方当事人是否愿意调解的意见。

（5）评议和宣判

由审判长宣布"休庭"，审判庭全体人员退庭，到另一室进行合议，审判庭应根据少数服从多数原则决定对本案的最后判决结果，不同意见应记录在案。由审判长宣布"复庭"，书记员"请全体起立！"由审判长宣布判决书。（也可另定期宣判）

5. 模拟法庭实训活动总结

各模拟法庭人员必须按要求上交所有实习中的诉讼文书。指导老师对模拟法庭的庭审过程和审前准备活动进行指导和监督，并对模拟法庭的庭审过程中的各人表现进行点评。

六、思考题

1. 表见代理构成的核心要素是什么？
2. 表见代理与无权代理之间的区别。

七、实验素材

张兴善诉中国建设银行成都市分行第三支行承担其工作人员犯集资诈骗罪的返本付息责任案

案情：1998年初，张兴善（原告）持四张分别加盖有中国建设银行成都市分行第三支行（被告）现金收讫章和工作人员私章的总金额为61万元的集资款现金首款单，要求被告兑付本息。四张现金首款单分别是：（一）1996年10月15日现金交款单，金额8万元，年息20%，加盖被告现金收讫（2）号章和工作人员罗子二私章；（二）1996年12月13日现金交款单，金额3万元，年息20%，加盖被告现金收讫（2）号章和工作人员罗子二私章；（三）1997年1月7日现金交款单，金额49万元，年息18%，加盖被告现金收讫（2）号章和工作人员刘智勇私章；（四）1997年3月8日现金交款单，金额1万元，未载明利息，加盖被告现金收讫（2）号章和工作人员罗子二签名。原告称上述款项是其亲自或通过熟人交给罗子二的，由于罗子二是被告的出纳，现金收款单上又加盖了被告的现金收讫章，有理由认为是被告从事集资活动，故要求被告还本付息。被告称该款是其工作人员罗子二集资诈骗，拒绝付款。罗子二是被告出纳科工作人员，本案所涉及的集资款均被罗子二占有、使用，其已经成都市青羊区法院的生效判决认定犯集资诈骗罪，被判处有期徒刑8年。

原告诉称：其经人介绍得知被告搞内部集资，先后分四次向被告交集资款61万元，当原告要求领取本息时，被告以从未搞集资，该款是罗子二诈骗所得而拒绝退还集资款。

成都市青羊区法院认为：罗子二作为被告员工，擅自使用盖有被告印鉴的现金缴款单，以被告名义进行活动，给人以假象，使原告完全有理由相信其有代理权。此为表见代理，法律后果首先由罗子二承担。但罗子二已被追究刑事责任，无法承担民事法律责任，应由被告承担管理不严的过错责任，支付原告61万元，被告支付后有权向罗子二追偿。于1998年12月1日判决被告支付原告61万元。

被告不服上诉称：罗子二的行为对于被告不构成表见代理。表见代理有两个要件：(1) 相对人为善意且无过失；(2) 无权代理人所为的行为应符合法律行为的一般有效要件和代理行为的表面特征。本案上诉两个要件都不具备。因为原告为追求20%的高额利息，明知银行无权从事集资活动而参与非法集资，有重大过错且非善意；集资行为是受我国法律法规的严格规范和限制的，金融机构是不能进行"内部集资"的，"内部集资"本身就不具有合法性，因而是无效的，故原告没有理由相信罗子二具有代理权；罗子二已经被生效判决认定为集资诈骗罪，个人的犯罪行为显然是无效的；对罗子二擅自使用被告现金收讫章的行为，被告无明显过错。

成都市中级法院认为：（1）罗子二，其已经成都市青羊区法院的生效判决认定犯集资诈骗罪，被告对罗子二擅自使用单位内部印章从事诈骗活动并无明显过错。（2）国务院1993年《关于坚决制止乱集资和加强债券发行管理的通知》、1993年《关于清理有偿集资活动坚决制止乱集资问题的通知》及1995年生效的《中华人民共和国商业银行法》，早就明文禁止未经中国人民银行批准不得从事发行债券和集资等活动。根据这些政策和法律的规定，原告明知或应当知道被告不可能从事非法集资活动，却为追求高额红利，轻信谣传，导致罗子二诈骗得逞。原告具有重大过错。罗子二不符合表见代理的法律特征。（3）被告无明显过错。法院于1999年3月15日判决撤销一审判决，驳回原告诉请。

实验三　诉讼时效适用模拟审判

一、实验目的

1. 提高学生在系统比较复杂的证据材料中发现法律事实并分析法律关系的能力。
2. 掌握诉讼时效的法律特征与基本内容。
3. 使学生感受法庭的真实，锻炼同学们的法律运用能力和思辩能力。

二、实验要求

要求学生在课堂上回答教师就所给材料提出的相关问题，在课后各自撰写相应司法文书并组织模拟法庭活动。

三、实验原理

诉讼时效是指民事权利受到侵害的权利人在法定的时效期间内不行使权利，当时效期间届满时，人民法院对权利人的权利不再进行保护的制度。在法律规定的诉讼时效期间内，权利人提出请求的，人民法院就强制义务人履行所承担的义务。而在法定的诉讼时效期间届满之后，权利人行使请求权的，人民法院就不再予以保护。值得注意的是，诉讼时效届满后，义务人虽可拒绝履行其义务，权利人请求权的行使仅发生障碍，权利本身及请求权并不消灭。当事人超过诉讼时效后起诉的，人民法院应当受理。受理后查明无中止、中断、延长事由的，判决驳回其诉讼请求。

四、实验器材

审判员服、律师袍、法槌、照相机等模拟法庭相关器材。

五、实验步骤

1. 选定法律案例

根据专业课程实践教学大纲的要求选取恰当案例。案例内容按要求可以是涵盖单一部门法，也可以是跨几个部门法，由专业课程实践教学任务确定。要求所选案例中，当事人人数符合实训人员要求，案情比较复杂，有一定的学术探讨价值和实践指导意义。

2. 组建模拟法庭

根据所选案例确定模拟法庭组成人员：审判人员三、五、七人均可，最好三人；书记员一到二人。原告和被告人数也根据案情确定，并每位原告和被告人可指定一到二人作为诉讼代理人。根据案情还可确定证人、鉴定人员等若干人。

3. 确定、分配各模拟法庭人员实验任务

各模拟法庭人员必须先仔细研究、分析案情，然后按分工要求完成所属实训任务。要求：

（1）符合事先确立的各模拟法庭人员的身份和工作职责范围，不得越"权"、越"职"、换"岗"以偷换任务；

（2）各模拟法庭人员从自己所代表人员的角度，独立分析案情，为自身立论引据。力争定性准确，证据充分，引用法律条款正确，叙述条理清楚，逻辑性强；

（3）各模拟法庭人员必须以案情为依据，不得私自随意增减案情，不得在案情外杜撰、私改证据；

（4）态度端正，字迹工整；

（5）审判庭成员还必须另准备一套和供法庭调查用的要求诉讼参与人必须提供的主要证据目录，以备开庭时使用；

（6）所有诉讼参与人必须准备一份开庭时自用的诉讼提纲、提问目录和要求对方提供的证据目录。

4. 模拟法庭开庭审判

模拟法庭开庭审理案件前，必须先了解、熟悉民事法庭庭审程序。

（1）开庭

由书记员先入庭，宣布："请全体起立！请审判长、审判员入庭。"审判长、审判员依次入庭后，书记员宣布："请坐下！"（从此始书记员开始作庭审过程书面记录），再由审判长宣布："依照《中华人民共和国民事诉讼法》第三条、第六条、第七条等规定，由某某法院于某年、月、日公开审理某某一案。现在开庭！"并继续由审判长核实参加庭审人员是否到齐，接着宣读《法庭纪律》。最后，由审判长告知各诉讼参与人："根据《中华人民共和国民事诉讼法》第四十四条的规定，当事人及其法定代理人发现本案中的审判人员、书记员、鉴定人等有下列情形之一的，有权要求他们回避：（一）是本案的当事人或者当事人、诉讼代理人的近亲属的；（二）与本案有利害关系的；（三）与本案当事人有其他关系，可能影响对案件公正审理的。"

（2）法庭调查

经审判长允许，先由原告或其诉讼代理人宣读起诉书；然后，由被告对发生的民事事实进行陈述。为节省时间和使诉讼过程条理化，审判长应要求各诉讼参与人必须按顺序提供证据以支持本方的事实陈述。

（3）法庭辩论

先由原告或其诉讼代理人发表诉讼意见，提出与被告的民事纠纷应如何认定和应适用的法律依据等意见；再由被告及其诉讼代理人发表代理意见。

（4）当事人最后陈述

由原告和被告作最后陈述。其内容可以是对本次审理过程的意见，也可以是对双方民事纠纷如何处理的意见等。审判长还应征求双方当事人是否愿意调解的意见。

（5）评议和宣判

由审判长宣布"休庭"，审判庭全体人员退庭，到另一室进行合议，审判庭应根据少数服从多数原则决定对本案的最后判决结果，不同意见应记录在案。由审判长宣布"复庭"，书记员宣布"请全体起立！"由审判长宣布判决书。（也可另定期宣判）

5. 模拟法庭实训活动总结

各模拟法庭人员必须按要求上交所有实习中的诉讼文书。指导老师对模拟法庭的庭审过程和审前准备活动进行指导和监督，并对模拟法庭的庭审过程中的各人表现进行点评。

六、思考题

1. 诉讼时效与除斥期间的区别。
2. 诉讼时效的中止、中断与延长之间的区别。

七、实验素材

某电业公司与某纺织公司多年来一直存在着事实上的供用电合同关系。1998年，纺织公司因项目扩建向电业公司申请增容，电业公司遂为纺织公司新安装400KTA变压器一台，并换装40/5计量CT。但由于电业公司工作人员的疏忽，未更改计量CT的变比，仍按原来的倍率计算电量，致使自1998年5月起，电业公司少收电费900多万元。2005年10月5日，电业公司检查时发现了这一疏漏，同时以纺织公司所使用的用电设备在电业公司登记备案的数值与实际数值可能不符为由申请公证处进行证据保全，经公证处现场公证后进行了倍率的更改，开始按新的倍率收费。电业公司自2005年11月为此多次与纺织公司协商未果，遂于2006年10月17日诉至法院，以不当得利为由请求纺织公司支付少交纳的电费。纺织公司则辩称，原告所诉称的不当得利无论从法理上还是法律规定上均不成立；原告已丧失行使撤销权的法定权利，其诉讼请求不成立；原告的起诉已经超过法定诉讼时效期间，依法丧失胜诉权。

［审理结果］

一审法院审理后认为，电业公司于2005年10月发现了倍率计算的错误，当即经公证处现场公证后进行了倍率的更改，在双方协商未成的情况下于2006年10月向法院提起诉讼。据此，电业公司的诉讼时效应从 2005 年 10 月开始计算，其于 2006 年 10 月提起诉讼，并未超过法定的诉讼时效。同时认为，纺织公司没有法律的依据、也没有合同的约定，少缴纳了 900 余万元的电费，构成不当得利，应当返还给电业公司。依据《中华人民共和国民法通则》第九十二条、第一百三十五条、第一百三十七条之规定，判决：纺织公司给付电业公司少缴纳的电费 9033447.31 元。宣判后，纺织公司不服上诉至省高级人民法院。在省高院审理期间，纺织公司又自动撤回了上诉，省高院裁定予以准许。

[评析]

本案所涉及的问题有三个：第一，电业公司行使的是撤销权还是请求权？第二，纺织公司的行为是否构成不当得利？第三，电业公司的诉讼请求是否超过诉讼时效？

第一，电业公司行使的是合同撤销权还是履行请求权？

有人认为："双方之间存在合法的供用电合同关系，原告由于自身工作上的错误，未更改计量 CT 的变比，致使电量计算错误而受到较大损失，原告对于电量的计数存在重大误解，在此基础上，原告只能通过撤销或者变更这一重大误解行为才能弥补损害，而原告请求支付少缴电费的诉讼请求正是行使撤销变更权的体现。按照最高人民法院《关于贯彻执行〈中华人民共和国民法通则〉若干问题的解释》第七十三条第二款的规定，撤销变更权自行为成立起超过一年不行使的即归消灭，原告的误解行为从 1998 年 5 月持续到 2005 年 10 月，原告因未在法定除斥期间行使而导致撤销权消灭。

撤销变更重大误解行为的权利在民法理论上属于形成权，所谓形成权是指权利人依自己的行为，使自己或与他人共同的法律关系发生变动的权利；而请求权则是要求他人为某种特定给付的权利。本案原告诉讼请求的目的是请求对方履行合同，而非撤销变更重大误解行为，行使的是请求权，而不是形成权。

首先，撤销或者变更重大误解行为是当事人的权利，任何人不能在权利人没有做出撤销或者变更意思表示的时候，仅凭重大误解行为的存在想当然地认为权利人必定会行使撤销权或者变更权。事实上，原告并没有做出撤销或者变更重大误解行为的意思表示。原告没有否认双方之间事实上的供用电关系，没有否认其收取电费的行为效力，其诉讼请求只是"请求"对方支付"少缴"的电费。

其次，原告的诉讼请求不能仅凭其单方意思表示即可实现。形成权的行使一般依单方面意思表示即发生相应的法律后果，撤销变更有瑕疵的民事行为的权利虽然需要权利人通过诉讼或者仲裁方式进行，法院或者仲裁机构主要是对权利人是否有撤销权做出认定，只要权利人确有该权利，自判决之日起即发生权利人行使权利撤销或者变更该民事行为的法律后果，因而并没有改变撤销变更权单方意思表示即可行使的性质。但本案中，即使法院支持了其诉讼请求，原告请求仍不能自动实现，仍需要依法院的判决作为依据向被告主张，如果被告不履行，还需要申请法院强制执行。

最后，被告负有的义务是一种积极给付义务，而非消极的忍受义务。由于原告诉讼请求的主要内容是要求对方支付少缴的电费，如果对方不采取行动，仅是消极的不作为，原告的这一权利不可能实现。

综上所述，原告并没有主张撤销或者变更任何重大误解行为，而是要求对方履行合同，对于这一请求是否应当支持，只能适用合同履行的规定，而不能适用撤销、变更民事行为的规定。

第二，纺织公司的行为是否构成不当得利？

对于纺织公司的行为是否构成不当得利，有观点认为：在误解者不行使变更权或者撤销权的情况下，或者在误解者没有行使变更权和撤销权之前，对方当事人是按约履行合同。其行为是合法的，不属于没有法律依据而获取利益的情形。电业公司和纺织公司存在供用电合同关系，合同的履行过程中，电业公司在行为上产生了重大误解，并且导致了对己不利的法律后果，如果电业公司没有通过一定的程序来变更和撤销误解行为，那么纺织公司的行为就不构成不当得利。

《中华人民共和国民法通则》第九十二条规定，没有合法依据，取得不当利益，造成他人损失的，应当将取得的不当利益返还受损失的人。构成不当得利的四个要件：（1）一方获得利益；（2）另一方受到损失；（3）取得利益与受到损失之间有因果关系；（4）一方获得利益没有合法依据，其合法依据既包括法律的规定，也包括合同的约定。本案纺织公司的行为构成不当得利：第一，纺织公司少交纳电费900余万元，应当支出的费用没有支出，纺织公司获得了利益；第二，该数额是电业公司七年间应收取而未收取的电费，是电业公司受到的损失；第三，纺织公司所获利益与电业公司所受损失，二者之间具有客观上的因果关系；第四，纺织公司获得的利益无合法依据。电业公司与纺织公司多年来一直存在着事实上的供用电合同关系，纺织公司依据电业公司提供的确定的电费标准和用电量缴费，双方之间不存在违约行为，但是纺织公司却实际上享有了900多万元的电量而没有缴纳该费用，虽然双方之间存在合同关系，但是该用电量却不是依据合同关系取得，少缴电费也没有合同上的依据，而是由于电业公司工作人员的失误造成，该获利就属于不当得利。

那么电业公司是否要首先撤销合同，才能主张不当得利请求权？订立合同中的误解行为，如不撤销或者变更，合同发生法律效力，对方因合同而获得的利益有依据，不构成不当得利，因而行使撤销权或者变更权是不当得利返还的前提。但对于履行中的重大误解行为，权利人并不一定必须主张撤销或者变更才能主张不当得利的返还。如某一买卖合同的买方付款中误将一百元钞票当成五十元钞票支付给了卖方，他固然可以要求撤销给付行为，要求对方返还该一百元钞票，返还后，买方没有发生履行的法律后果，仍需要继续履行合同，给付货款；但如果买方不要求撤销，仅要求对方返还多收的五十元，亦并无不可，因为按照合同，卖方并无权利保有该五十元，构成不当得利。因此，本案中的电业公司不必撤销合同，而直接行使不当得利请求权。

第三，电业公司的诉讼请求是否超过诉讼时效？

《中华人民共和国民法通则》规定："向人民法院请求保护民事权利的诉讼时效期间为二年，法律另有规定的除外；诉讼时效期间从知道或者应当知道权利被侵害时起计算"。权利人"知道"或"应当知道"自己的权利遭到了侵害，这是权利人请求法院保护其权利的基础。在本案中，电业公司在2005年10月检查以前，其对权利被侵害在主观上是不明了的，诉讼时效应当从电业公司发现侵权行为的确切事实后、可以行使诉讼权利起开始计算。因此，电业公司于2005年10月5日发现了倍率计算存在的疏漏，于 2006 年 10 月 17 日向法院提起诉讼，并未超过法定的诉讼时效。

实验四　物权变动案例诊断

一、实验目的

1. 领悟物权变动与物权公示方面的理论知识，掌握物权变动与物权公示在民法中的地位和作用。

2. 运用这一理论对具体的物权变动与物权公示的效力予以判断，从而掌握物权变动与物权公示方面的法律效果。

二、实验要求

在实验课堂上，要求学生扮演各个角色，阐述观点，对有争议的问题展开辩论，模拟审判结束之后，将辩论心得整理成文。

三、实验原理

物权的变动是指物权的产生、变更和消灭的总称。能够引起物权变动的民事法律事实有两大类，一类是物权法律行为，即物权行为，包括双方物权行为和单方物权行为，双方物权行为又称为物权契约和物权合同；一类是物权行为以外的法律事实，包括生产、收益、继承、时效、拾得遗失物、发现埋藏物或隐藏物、先占、添附、国家强制、标的物灭失、混同，等等。

物权变动的原则有公示原则和公信原则，公示是物权变动的具体方法之抽象，公信是物权变动的具体效力之抽象。公示是物权变动时，将物权变动的事实通过法定的方式向社会公开。物权具有主体上的对世性和效力上的排他性，这就决定了必须采取一定的方式将物权变动的事实进行公开，以让第三人知悉物权变动的事实，保证交易安全。公信是物权变动的公示方法所表现的物权即使与真实的权利状态不符，法律仍承认其具有与真实物权存在相同的效果。根据这一原则，物权的公示方法具有公信力，只要物权的变动符合法律规定的公示方法，就具有相应的法律效力。

《物权法》第九条规定：不动产物权的设立、变更、转让和消灭，经依法登记，发生效力；未经登记，不发生效力，但法律另有规定的除外。第二十三条规定：动产物权的设立和转让，自交付时发生效力，但法律另有规定的除外。

四、实验器材

50 台计算机、互联网连接等。

五、实验步骤

1. 选定诊断之题目。其中包括：(1) 物权变动的概念和原则；(2) 物权变动的原因；(3) 物权变动的模式；(4) 物权的公示方法。

2. 公布诊断题目。为了使同学们能够有充足的准备时间，保证讨论的顺利进行和讨论的质量，应该将讨论题目、具体安排于一周前通知大家。遇到有些理论前沿问题，需要进行事前调查才能保证讨论顺利进行的实践热点问题，给予同学们准备的时间应该更长。

3. 介绍相关资料。考虑到同学们对所讨论问题的初次接触，同时为了保证讨论的质量和讨论的顺利进行，在讨论题目和讨论安排布置的同时，应从以下几个方面为同学们提供资料上的方便：（1）背景资料；（2）相关资料；（3）法律条文；（4）客观事实。

4. 分组进行讨论。为了调动每一位同学的积极性，使每一位同学都有发言的机会，课堂讨论以分组进行为宜。在分组上，宜小不宜大，每组最好不超10人，由同学们自由结合，并由教师指定或小组成员推举一人做小组长。小组讨论在小组长的组织下进行。在讨论进行中，应由一名同学担任记录，将每一位同学发言的基本思路、基本观点记录在案，为总结发言打下基础。

5. 总结发言。在小组发言的基础上，由小组长或小组长指定的同学向全班介绍他们小组讨论的情况，基本的主张和重要观点。

六、思考题

1. 负担行为与处分行为的区别？
2. 债权行为与物权行为之间的区别。

七、实验素材

讨论题 1

房地产开发商时代鼎盛房地产有限责任公司甲，欲销售其开发的幸福住宅小区最后一套别墅，于是打电话给乙、丙、丁三人，具体说明了该类型房的建筑面积、每平方米价格以及相关配套设施等内容。并且声明，此信息有效期限为一个月。该信息发出后第十日，甲公司与乙签订了该别墅的房屋买卖合同，并交付该房屋予乙，乙支付了该房屋的全部价款，但未办理房屋产权变更登记手续。第二十三日，甲与丙签订了该房屋的买卖合同，丙不知甲、乙之间已经就该房屋签订了买卖合同，甲、丙将该房屋办理了过户变更登记手续，第二十七日，甲又与丁签订了就该房屋的买卖合同，而丁也不知道甲和乙、丙已经签订了该房屋买卖的合同。第二十九日，该别墅因百年不遇的泥石流而遭毁灭。乙、丙、丁遂与甲发生纠纷，诉至法院。

问题：

（1）乙能否取得该房屋的所有权？甲乙之间的房屋买卖的合同效力如何？
（2）丙能否取得该房屋的所有权？甲丙之间的房屋买卖的合同效力如何？
（3）丁能否取得该房屋的所有权？甲丁之间的房屋买卖的合同效力如何？
（4）该房屋毁灭的损失风险由谁来承担？

讨论题 2：

上海星辰建筑有限责任公司于 2007 年承建上海市浦东新区某公园项目，并由上海浦城有限责任公司挂靠在上海星辰建筑有限责任公司名下实际承建，上海星辰建筑有限责任公司向上海浦城有限责任公司收取挂靠管理费。2008 年，上述两公司进行结算，上海市浦城有限责任公司实际应向上海星辰建筑有限责任公司支付 350 万元管理费，其中的 120 万元上海市浦城有限责任公司以公司的一辆价值 120 万元的车辆抵管理费。在签订结算协议后，上海市浦城有限责任公司将前述车辆交付上海星辰建筑有限责任公司。2010 年，上海市浦城有限责任公司法定代表人谢某以前述车辆登记在自己名下为由，向法院提起诉讼，要求上海星辰建筑有限责任公司返还车辆并支付使用费。原告谢某的诉讼请求，要求上海星辰建筑有限责任公司返还前述价值 120 万元的车辆，并支付占用该车辆期间的使用费共计 40 万元。其理由是：该车的产权登记证上登记的产权所有人为原告，故该车的所有权是属于原告的，上海星辰建筑有限责任公司理应将车辆返还给其所有权人。上海星辰建筑有限责任公司公司的答辩意见，上海星辰建筑有限责任公司与上海市浦城有限责任公司签订了工程挂靠的结算协议，约定上海市浦城有限责任公司以该车辆作价抵挂靠管理费 120 万元。上海星辰建筑有限责任公司是基于抵债这个合法的理由获得了车辆的所有权，并成为了诉争车辆的所有权人。虽然谢某称该车辆产权登记在其名下，但是其不能证明自己是基于付出了合理的对价获得车辆的所有权，且其作为上海市浦城有限责任公司的法定代表人是完全清楚上海星辰建筑有限责任公司与上海市浦城有限责任公司之间关于诉争车辆的约定的。因此，虽然本案中车辆产权登记在谢某的名下，但是不能仅仅因此就认定谢某对诉争车辆享有所有权。

问题：本案中车辆所有权的归属？

讨论题 3：

2007 年 7 月 8 日，原告崔开武将一批猪肉运至被告苏州加创食品有限公司处委托冷藏保管。原告、被告实际确认接收原告猪肉为 1500 公斤，但未签订仓储保管合同。2007 年 9 月中旬，兽医卫生监督检验所在例行常规检查中，发现由被告保管的原告的猪肉属病死猪肉，要求原告提供该批猪肉的合法检疫证、运输消毒证和无疫病区证明等手续，虽经被告电话、短信联系，原告未至兽医卫生监督检验所说明情况。期间，兽医卫生监督检验所亦与原告电话联系，但原告仍未到场。2007 年 10 月 16 日，兽医卫生监督检验所、畜牧兽医站开具《病害动物、动物产品处理通知单》一份，并将该批病死猪肉从被告处运至垃圾场填埋销毁。之后，原告向被告索要猪肉未果，遂诉诸法院，要求被告返还猪肉或赔偿损失。

法院经审理认为，原、被告双方之间保管合同合法有效。被告在兽医卫生监督检验所依法处理原告猪肉的过程中已尽了告知原告的义务。兽医卫生监督检验所、畜牧兽医站作为行政机关所做出的行政处罚，被告应予协助配合，其将原告的病死猪肉交付行政执法机关依法处理的行为并无不当。被告不能归还原告保管物系因行政行为所致，被告对此不承担民事责任。故判决驳回原告诉讼请求。

问题：人民法院的处理是否正确？

实验五　担保物权模拟审判

一、实验目的

1. 提高学生在比较系统复杂的证据材料中发现法律事实并分析法律关系的能力；
2. 能领悟掌握抵押权、质押权、留置权的构成及其法律效力，从而得出不同效力状况下的法律后果；
3. 使学生感受法庭的真实，锻炼同学们的法律运用能力和思辩能力。

二、实验要求

要求学生在课堂上回答教师就所给材料提出的相关问题，在课后各自撰写相应司法文书并组织模拟法庭活动。

三、实验原理

担保物权，是与用益物权相对应的他物权，指的是为确保债权的实现而设定的，以直接取得或者支配特定财产的交换价值为内容的权利。担保物权包括抵押权、质权和留置权。抵押权是债务人或第三人向债权人提供不动产作为清偿债务的担保而不转移占有所产生的担保物权。当债务人到期不履行债务时，抵押权人有权就抵押财产的价金优先受偿。质权是债权人因担保债权，占有债务人或第三人移交的财产，并可就其卖得的价金优先接受清偿的权利。留置权是债权人对已占有的债务人的动产，在未清偿前加以留置作为担保的权利。

四、实验器材

审判员服、律师袍、法槌、照相机等模拟法庭相关器材。

五、实验步骤

1. 选定法律案例

根据专业课程实践教学大纲的要求选取恰当案例。案例内容按要求可以是涵盖单一部门法，也可以是跨几个部门法，由专业课程实践教学任务确定。要求所选案例中，当事人人数符合实训人员要求，案情比较复杂，有一定的学术探讨价值和实践指导意义。

2. 组建模拟法庭

根据所选案例确定模拟法庭组成人员：审判人员三、五、七人均可，最好三人；书记员一到二人。原告和被告人数也根据案情确定，并每位原告和被告人可指定一到二人作为诉讼代理人。根据案情还可确定证人、鉴定人员等若干人。

3. 确定、分配各模拟法庭人员实验任务

各模拟法庭人员必须先仔细研究、分析案情，然后按分工要求完成所属实训任务。

要求：

（1）符合事先确立的各模拟法庭人员的身份和工作职责范围，不得越"权"、越"职"、换"岗"以偷换任务；

（2）各模拟法庭人员从自己所代表人员的角度，独立分析案情，为自身立论引据。力争定性准确，证据充分，引用法律条款正确，叙述条理清楚，逻辑性强；

（3）各模拟法庭人员必须以案情为依据，不得私自随意增减案情，不得在案情外杜撰、私改证据；

（4）态度端正，字迹工整；

（5）审判庭成员还必须另准备一套和供法庭调查用的要求诉讼参与人必须提供的主要证据目录，以备开庭时使用；

（6）所有诉讼参与人必须准备一份开庭时自用的诉讼提纲、提问目录和要求对方提供的证据目录。

4. 模拟法庭开庭审判

模拟法庭开庭审理案件前，必须先了解、熟悉民事法庭庭审程序。

（1）开庭

由书记员先入庭，宣布："请全体起立！请审判长、审判员入庭。"审判长、审判员依次入庭后，书记员宣布："请坐下！"（从此始书记员开始作庭审过程书面记录），再由审判长宣布："依照《中华人民共和国民事诉讼法》第三条、第六条、第七条等规定，由某某法院于某年、月、日公开审理某某一案。现在开庭！"并继续由审判长核实参加庭审人员是否到齐，接着宣读《法庭纪律》。最后，由审判长告知各诉讼参与人："根据《中华人民共和国民事诉讼法》第四十五条的规定，当事人及其法定代理人发现本案中的审判人员、书记员、鉴定人等有下列情形之一的，有权要求他们回避：（一）是本案的当事人或者当事人、诉讼代理人的近亲属的；（二）与本案有利害关系的；（三）与本案当事人有其他关系，可能影响对案件公正审理的。"

（2）法庭调查

经审判长允许，先由原告或其诉讼代理人宣读起诉书；然后，由被告对发生的民事事实进行陈述。为节省时间和使诉讼过程条理化，审判长应要求各诉讼参与人必须按顺序提供证据以支持本方的事实陈述。

（3）法庭辩论

先由原告或其诉讼代理人发表诉讼意见，提出与被告的民事纠纷应如何认定和应适用的法律依据等意见；再由被告及其诉讼代理人发表代理意见。

（4）当事人最后陈述

由原告和被告作最后陈述。其内容可以是对本次审理过程的意见，也可以是对双方民事纠纷如何处理的意见等。审判长还应征求双方当事人是否愿意调解的意见。

（5）评议和宣判

由审判长宣布"休庭"，审判庭全体人员退庭，到另一室进行合议，审判庭应根据少数服从多数原则决定对本案的最后判决结果，不同意见应记录在案。

由审判长宣布："复庭"，书记员："请全体起立！"由审判长宣布判决书。（也可

另定期宣判）

5. 模拟法庭实训活动总结

各模拟法庭人员必须按要求上交所有实习中的诉讼文书。指导老师对模拟法庭的庭审过程和审前准备活动进行指导和监督，并对模拟法庭的庭审过程中的各人表现进行点评。

六、思考题

1. 抵押权、质权与留置权的成立要件。
2. 抵押权、质权与留置权的效力。

七、实验素材

原告蒋瑞成诉被告中国农业银行股份有限公司兴安县支行担保物权纠纷案

原告蒋瑞成，男，1963年4月17日出生，住兴安县兴安镇灵湖路五巷（兴安县水产畜牧兽医局宿舍）。

被告中国农业银行股份有限公司兴安县支行，地址，兴安县兴安镇三台路。

负责人莫小林，该支行行长。

委托代理人莫胜发，该支行高尚营业所主任。

委托代理人蒙杰，中国农业银行股份有限公司桂林分行法务部职员。

原告诉称：1998年9月原告以位于高尚镇开发区的房屋作抵押向被告贷款四万元，一年的贷款期满后，因无力归还，双方于2001年11月29日办理了贷新还旧手续，并更新了房屋抵押登记。贷款逾期后，被告一直未向原告主张债权和抵押权，属于自动放弃担保物权。请求法院确认被告丧失抵押权；被告返还原告的房屋所有权证和他项权证、国有土地使用权证，协助原告办理注销登记手续。

被告辩称：原告贷款属实，贷款逾期后被告一直在向原告催讨贷款，只因被告逃债离开原住所无法找到，被告享有的抵押权仍然有效。

经审理查明：2001年11月29日，蒋瑞成和胡秀荣（原蒋瑞成之妻）向农行所设立的高尚营业所贷款四万元，并以自己所有的位于兴安县高尚镇开发区的房屋作为抵押，签订了个人综合消费借款合同，约定贷款期自2001年11月29日至2002年11月28日，并到房管部门办理了房屋抵押登记和他项权证。贷款逾期后，蒋瑞成和胡秀荣均未归还贷款本息。期间，蒋瑞成将抵押房屋出租，全家搬至兴安县城居住，高尚营业所一直未找到蒋瑞成，直到2008年2月高尚营业所的主任才多方打听到蒋瑞成的新住处，在兴安县水产畜牧兽医局宿舍区找到蒋瑞成催收贷款，蒋拒绝签收。2009年12月28日，蒋瑞成遂向本院起诉。

2009年4月13日本院以（2009）兴民初字第85号民事判决书判决蒋瑞成和胡秀荣离婚，抵押房屋归蒋瑞成所有。

上述事实，有贷款合同、房产证、他项权证和庭审笔录所证实。

本院认为：原告蒋瑞成、胡秀荣与被告农行签订的个人综合消费借款合同及其中包含的抵押担保条款是双方的真实意思表示，且双方到房管部门办理了抵押登记，抵押担保条款合法有效。借款合同约定的贷款期限届满（2002年11月28日）后，原告未履行还款义务，被告在主债权诉讼时效期间（2002年11月29日至2004年11月29日）一直未向原告和胡秀荣主张债权，被告也未能提供引起诉讼时效中止、中断、延长的有效证据，故主债权的诉讼时效在2004年11月29日结束。被告作为抵押权人在主债权诉讼时效结束后至2006年11月29日的二年内又没有向原告和胡秀荣主张过抵押权，故被告享有的抵押权消灭。胡秀荣虽是共同贷款人，因已经与原告蒋瑞成离婚，法院生效判决书将抵押物的权利和义务转移给原告，故原告的诉讼请求本院予以支持；被告虽然在时效届满后的2008年2月找到过原告，但因原告不同意履行过期债务，不能引起时效中断，故被告的抗辩理由不成立。依照《中华人民共和国物权法》第二百零二条的规定，判决如下：

一、被告中国农业银行股份有限公司兴安县支行对原告蒋瑞成所有的位于兴安县高尚镇开发区的房屋的抵押权消灭；

二、被告中国农业银行股份有限公司兴安县支行在判决书生效后三十日内返还原告蒋瑞成的房屋所有权证和他项权证、国有土地使用权证，并协助原告办理注销抵押登记手续。

义务人逾期履行义务的，权利人可在本案生效判决规定的履行期限最后一日起二年内，向本院申请执行。

本案受理费100元，由被告负担。

如不服本判决，可在判决书送达之日起十五日内，向本院或桂林市中级人民法院递交上诉状，并按对方当事人的人数提出副本，同时预交上诉案件受理费100元（收款单位：桂林市中级人民法院，帐号：（省略），开户行：农行桂林高新支行），上诉于桂林市中级人民法院。递交上诉状后七日内未交上诉费的，按自动撤回上诉处理，本判决即发生法律效力。

实验六　侵权责任模拟审判

一、实验目的

1. 训练学生在比较系统复杂的证据材料中发现法律事实并分析法律关系的能力。

2. 领悟侵权责任在民法中的地位和作用，并能运用一般侵权和特殊侵权的构成要件及侵权责任赔偿等相关法律问题对具体行为的效力予以判断，从而得出不同效力状况下产生的法律后果。

3. 使学生感受法庭的真实，锻炼同学们的法律运用能力和思辩能力。

二、实验要求

要求学生在课堂上回答教师就所给材料提出的相关问题，在课后各自撰写相应司法文书并组织模拟法庭活动。

三、实验原理

侵权责任是指民事主体因实施侵权行为而应承担的民事法律后果。侵权责任是民事主体因违反法律规定的义务而应承担的法律后果；侵权责任以侵权行为为前提要件；侵权责任的形式具有多样性。侵权责任包括"一般侵权责任"和"特殊侵权责任"两种。一般侵权行为是指因行为人对因故意或过失侵害他人财产权和人身权，并造成损害的违法行为应当承担的民事责任。特殊侵权民事责任，是指当事人基于自己有关的行为、物件、事件或者其他特别原因致人损害，依照民法上的特别责任条款或者民事特别法的规定仍应对他人的人身、财产损失所应当承担的民事责任。特殊侵权责任实行过错推定或无过错责任。

四、实验器材

审判员服、律师袍、法槌、照相机等器材。

五、实验步骤

1. 选定法律案例

根据专业课程实践教学大纲的要求选取恰当案例。案例内容按要求可以是涵盖单一部门法，也可以是实验跨几个部门法，由专业课程实践教学任务确定。要求所选案例中，当事人人数符合实验人员要求，案情比较复杂，有一定的学术探讨价值和实践指导意义。

2. 组建模拟法庭

根据所选案例确定模拟法庭组成人员：审判人员三、五、七人均可，最好三人；书记员一到二人。原告和被告人数也根据案情确定，并每位原告和被告人可指定一人作为诉讼代理人。根据案情还可确定证人、鉴定人员等若干人。

3. 确定、分配各模拟法庭人员实验任务

各模拟法庭人员必须先仔细研究、分析案情，然后按分工要求完成所属实训任务。要求：

（1）符合事先确立的各模拟法庭人员的身份和工作职责范围，不得越"权"、越"职"、换"岗"以偷换任务；

（2）各模拟法庭人员从自己所代表人员的角度，独立分析案情，为自身立论引据。力争定性准确，证据充分，引用法律条款正确，叙述条理清楚，逻辑性强；

（3）各模拟法庭人员必须以案情为依据，不得私自随意增减案情，不得在案情外杜撰、私改证据；

（4）态度端正，字迹工整；

（5）审判庭成员还必须另准备一套和供法庭调查用的要求诉讼参与人必须提供的主要证据目录，以备开庭时使用；

（6）所有诉讼参与人必须准备一份开庭时自用的诉讼提纲、提问目录和要求对方提供的证据目录。

4. 模拟法庭开庭审判

模拟法庭开庭审理案件前，必须先了解、熟悉民事法庭庭审程序。

（1）开庭

由书记员先入庭，宣布："请全体起立！请审判长、审判员入庭。"审判长、审判员依次入庭后，书记员宣布："请坐下！"（从此始书记员开始作庭审过程书面记录），再由审判长宣布："依照《中华人民共和国民事诉讼法》第三条、第六条、第七条等规定，由某某法院于某年、月、日公开审理某某一案。现在开庭！"并继续由审判长核实参加庭审人员是否到齐，接着宣读《法庭纪律》。

最后，由审判长告知各诉讼参与人："根据《中华人民共和国民事诉讼法》第四十五条的规定，当事人及其法定代理人发现本案中的审判人员、书记员、鉴定人等有下列情形之一的，有权要求他们回避：（一）是本案的当事人或者当事人、诉讼代理人的近亲属的；（二）与本案有利害关系的；（三）与本案当事人有其他关系，可能影响对案件公正审理的。"

（2）法庭调查

经审判长允许，先由原告或其诉讼代理人宣读起诉书；然后，由被告对发生的民事事实进行陈述。为节省时间和使诉讼过程条理化，审判长应要求各诉讼参与人必须按顺序提供证据以支持本方的事实陈述。

（3）法庭辩论

先由原告或其诉讼代理人发表诉讼意见，提出与被告的民事纠纷应如何认定和应适用的法律依据等意见；再由被告及其诉讼代理人发表代理意见。

（4）当事人最后陈述

由原告和被告作最后陈述。其内容可以是对本次审理过程的意见，也可以是对双方民事纠纷如何处理的意见等。审判长还应征求双方当事人是否愿意调解的意见。

（5）评议和宣判

由审判长宣布"休庭"，审判庭全体人员退庭，到另一室进行合议，审判庭应根据少数服从多数原则决定对本案的最后判决结果，不同意见应记录在案。由审判长宣布"复庭"，书记员"请全体起立！"由审判长宣布判决书。（也可另定期宣判）

5. 模拟法庭实训活动总结

各模拟法庭人员必须按要求上交所有实习中的诉讼文书。指导老师对模拟法庭的庭审过程和审前准备活动进行指导和监督，并对模拟法庭的庭审过程中的各人表现进行点评。

六、思考题

1. 现代侵权法的功能？
2. 侵权责任的构成要件？

七、实验素材

2006年9月份，被告蒋永龙建房做水磨石地坪，需用三相电，便向被告五里供电所申请临时用电。被告五里供电所认为被告蒋永龙家用的三相电源接线太长，存在安全隐患，未同意。后被告蒋永龙通过找关系说情，交纳了启动费200元后，被告五里供电所便同意其从五里镇丁圩村配电间变压器下边配电箱接线至其家中。被告蒋永龙将做水磨石地坪的工程承揽给被告蒋士权，双方约定：材料费3000元，每平方按20余元计算工钱。被告蒋士权在收取了3000元材料费后，于2006年9月12日6时许，自带万能线从被告蒋永龙家放线，通过东西走向水泥路南侧路面往配电间连接的过程中，原告孟翠英骑电动自行车由西向东靠南面行驶，在看到相对方向被告姜一标驾驶的苏HC9950号农用三轮运输车（该车超载，核载500kg，实载1450kg，且制动不符合安全要求，未年检）在道路中间行驶时，原告孟翠英为避让农用三轮车，便压在万能线上行驶，因侧滑突然拐向路中间连人带车摔倒在地，此时姜一标车速较快，刹不住车，两车相撞，农用三轮车将电动车连人带车刮到道路北侧土坡上。交警部门依据《交通事故处理程序规定》第四十七条第二款，经调查，无法认定当事各方责任。

　　淮安市淮阴区人民法院经审理后认为：

　　被告淮阴供电公司以及五里供电所提供临时供用电合同，临时用电配电盘检查表，剩余电流动作保护器安装使用检查表，低压供电方案答复意见书，以证明其供电符合规定，且事故发生在用电方负责的范围，按照合同约定，应由用电方承担责任，供电方不承担责任。但经质证，上列证据均在事故发生后，其为了推卸责任叫其工作人员拿去叫被告蒋永龙妻子补签蒋永龙名字。

　　交警部门依据《交通事故处理程序规定》第四十七条第二款，无法认定当事各方的责任。据此，被告蒋永龙、蒋士权、淮阴供电公司及五里供电所辩解：依据江苏省高级人民法院《关于审理交通事故损害赔偿案件适用法律若干问题的意见（一）》的相关规定，属于交通意外事故，各方均无责任的，或不能认定事故责任的，由机动车方承担全部赔偿责任。本案不属于单纯的交通事故损害赔偿纠纷案件，而是一起较为特殊的人身损害赔偿纠纷案件，原、被告在该起事故中均有过错应承担相应的民事责任。故原告的损失应由机动车方被告姜一标承担全部赔偿责任的辩解不能成立。首先，原告孟翠英在看到对面来车时，为了避让，可以采取下车推行，或在万能线南侧行驶，而其却压在万能线上行驶，原告作为完全民事行为能力人，应该预见到可能摔倒的危险，却放任这种结果的发生，以致发生这种损害后果。原告孟翠英在该起事故中存在一定的过错，故应减轻赔偿义务人的赔偿责任，本院酌情认定为25%。被告姜一标驾驶未经年检、严重超载，且制动不符合安全要求的农用运输车上道路行驶，在看到对面来车时未减速慢行，导致遇紧急情况不能及时刹车，以致造成原告损害后果的发生，也是导致此事故的原因之一，被告姜一标亦应承担相应的责任，本院酌情认定为25%。被告蒋士权因不懂电工常识，将万能线直接摆放在交通道路上，违反了我国《建设工程施工现场公用电安全规范》的规定，电线应架空敷设或埋地敷设，对该起事故的发生具有不可推卸的责任，本院酌情认定其应承担的责任为25%。

　　被告蒋永龙将自家的水磨石地坪工程承揽给无资质又不懂电工常识的被告蒋士权去完成，被告蒋永龙在选任承揽人上有过错，导致该起事故的发生，造成原告损害，被告蒋永龙应承担相应的责任为25%。被告五里供电所在被告蒋永龙家申请临时用电存在安全隐患的情况下,迫于人情关系仍然同意给其接电,在接电过程中,未尽安全管理职责,未告知有关注意事项,在事故发生后,为推卸责任,又补办相关手续,程序上违法,对双方不具有约束力。被告五里供电所及被告蒋永龙存在共同过错,故被告五里供电所对被告蒋永龙应承担的责任负连带赔偿责任。因被告五里供电所不具有对外独立承担民事责任的能力,故由其上级主管部门被告淮阴供电公司承担赔偿责任。关于被告蒋士权辩解,其为被告蒋永龙连接三相电属于义务帮工范畴,其导致的损害后果应由被帮工人承担赔偿责任。

本院认为,两被告对连接三相电没有特别约定,故应将连接三相电与铺水磨石地坪看作一个整体,不能割裂开来,都属于承揽合同的组成部分。故对被告蒋士权的辩解主张不予采信。关于原告主张上述几被告共同侵权造成原告损害,应当承担连带责任。淮阴区法院认为,上述几被告人行为不符合共同侵权的构成要件,这些行为对损害结果而言并非全部都是直接或者必然导致损害结果的发生,只是为损害结果发生创造了条件,而其各方并不会也不可能直接或必然引发损害后果。原、被告各方的过错行为的间接结合,是导致本案损害后果产生的因素。

几被告对原告所受损害应否承担赔偿责任问题。本案中,孟翠英所受损害的直接原因是交通事故,公安机关虽然做出了无法认定当事人各方责任的认定,但人民法院可以依据查明的事实依法确定当事人各方的责任。从本起交通事故发生的原因看,孟翠英为了避让对面来车,可以采取下车推行,或在万能线南侧行驶,而其却压在万能线上行驶,致其电瓶车因侧滑突然改变方向,与姜一标驾驶的车辆发生碰撞,孟翠英在该起事故中存在一定过错,对损害后果应承担一定的责任。被告姜一标驾驶的车辆发生碰撞,孟翠英在该起事故中存在一定过错,对损害后果应承担一定的责任。被告姜一标驾驶未经年检严重超载,且制动不符合安全要求的农用运输车辆上路行驶,在看到对面来车时未减速慢行,也是导致此事故的原因之一,姜一标应对损害后果承担相应的赔偿责任。被告蒋士权将万能线直接摆放在交通道路上,妨碍交通安全,该行为是引发本起交通事故的重要原因,故蒋士权对该起事故造成的损害也应承担相应的责任。被告蒋永龙与被告蒋士权系承揽关系,蒋永龙将接电工作交给不懂电工常识的蒋士权去完成存在选任上的过失,应当对损害后果承担相应的赔偿责任。被告淮阴供电公司应否承担连带责任问题,供电公司的下属单位五里供电所,在同意蒋永龙家申请临时用电的情况下未告知蒋永龙有关安全注意事项未尽安全管理职责,对蒋永龙所负的赔偿责任应承担连带责任。

因此,原告孟翠英的各项损失合计 25879.16 元,由被告姜一标赔偿 25% 计 6469.79 元,由被告蒋永龙赔偿 25% 计 6469.79 元,被告淮阴供电公司对被告蒋永龙应承担的份额负连带赔偿责任,被告蒋士权赔偿 25% 计 6469.79 元。案件受理费 360 元,其他诉讼费 500 元,实支费 600 元,合计 1460 元,由原告孟翠英负担 365 元,被告姜一标负担 365 元,被告蒋永龙负担 365 元,被告蒋士权负担 365 元。

判决生效后,供电公司上诉,淮安市中级人民法院经开庭审理,裁定驳回上诉维持原判。

参考文献

［1］ 王利明主编：《民法》中国人民大学出版社 2010 年 7 月版。
［2］ 王泽鉴著：《民法总则》中国政法大学出版社 2001 年 7 月版。
［3］ 张俊浩主编：《民法学原理》中国政法大学出版社 2000 年版。
［4］ 江平主编：《物权法教程》中国政法大学出版社 2007 年版。
［5］ 王利明，周友军，高圣平：《中国侵权责任法教程》人民法院出版社 2010 年版。

第七章 合同法实验

实验一 合同的起草与谈判

一、实验目的

1. 训练学生的口头表达能力和文字表达能力,特别是对文字细节的关注度;
2. 使学生正确理解要约邀请、要约、承诺等合同订立主要步骤;
3. 使学生熟悉《合同法》第十二条规定的合同主要条款以及分则中各种具体合同的特殊条款。

二、实验要求

在一个给定的模拟商业交易环境下,要求参与的同学通过协商谈判,形成一个完整的合同文本。

三、实验原理

(一) 合同订立的主要步骤

订立合同的程序,是指当事人双方就合同的一般条款经过协商一致并签置书面协议的过程。合同订立的过程就是当事人各方就合同条款通过协商达成协议的过程。这一过程分为要约和承诺两阶段:

1. 要约

要约也称订约提议,是当事人一方向他方提出订立合同的建议。要约中要有与对方订立合同的意愿和合同应有的主要条款、要求对方做出答复的期限等内容。在要约约定的对方答复期限内,要约人受其要约的约束。

2. 承诺

承诺也称接受订约提议,是当事人一方完全同意要约方提出要约的主要内容和条件的答复。要约人收到承诺时,双方就要订立合同;如收到承诺时已具备符合法律规定的合同形式,合同就成立了。

如果要约的接受方不完全同意要约而改变了其中的主要条款,就意味着对原来订约条件的拒绝,而是接受方提出了新的订约提议。订立合同的过程,往往是一方提出要约,另一方又再提出新的要约,反复多次,如最后合同关系能成立,总是有一方完全接受了对方的要约内容。

(二) 合同的主要条款

合同双方当事人的权利义务是通过合同条款来确定的。因此,《合同法》第 12 条规定，合同的内容由当事人约定，一般包括以下条款：

1. 当事人的名称或者姓名和住所。如果当事人是自然人，其住所就是其户籍所在地或居住地；自然人的经常居住地与住所不一致的，其经常居住地视为住所。如果当事人是法人，其住所是其主要办事机构所在地。如果法人有两个以上的办事机构，即应区分何者为主要办事机构，主要办事机构之外的办事机构为次要办事机构，而以该主要办事机构所在地为法人的住所。

2. 标的。标的是合同权利义务所指向的对象，标的是一切合同必须具备的主要条款。合同中应清楚地写明标的的名称，以使其特定化。特别是作为标的的同一种物品会因产地的差异和质量的不同而存在差别时，更是需要详细说明标的的具体情况。例如，白棉布有原色布与漂白布之分，因此如果购买白棉布，就必须说明是购买原色布，还是漂白布。

3. 数量。合同双方当事人应选择共同接受的计量单位和计量方法，并允许规定合理的磅差和尾差。

4. 质量。标的的质量主要包括五个方面：第一，标的物的物理和化学成份；第二，标的物的规格，通常是用度、量、衡来确定的质量特性；第三，标的物性能，如强度、硬度、弹性、抗腐蚀性、耐水性、耐热性、传导性和牢固性；第四，标的物的款式，例如标的物的色泽、图案、式样；第五，标的物的感觉要素，例如标的物的味道、新鲜度。

5. 价款或者报酬。价款是购买标的物所应支付的代价，报酬是获得服务应当支付的代价，这两项作为合同的主要条款应予以明确规定。在大宗买卖或对外贸易中，合同价款还应对运费、保险费、装卸费、保管费和报关费做出规定。

6. 履行期限、地点和方式。当事人可以就履行期限是即时履行、定时履行、分期履行做出规定。当事人应对履行地点是在出卖人所在地，还是买受人所在地；以及履行方式是一次交付，还是分批交付，是空运、水运还是陆运应做出明确规定。

7. 违约责任。当事人可以在合同中约定违约致损的赔偿方法以及赔偿范围等。

8. 解决争议的方法。当事人可以约定在双方协商不成的情况下，是仲裁解决、还是诉讼解决买卖纠纷。当事人还可以约定解决纠纷的仲裁机构或诉讼法院。

另外，根据《合同法》第 131 条的规定，买卖合同的内容除依照上述规定以外，还可以包括包装方式、检验标准和方法、结算方式、合同使用的文字及其效力等条款。

四、实验器材

50 台计算机、互联网连接等。

五、实验步骤

1. 教师给出虚拟的谈判环境和背景资料；
2. 将同学们分成若干小组，以抽签方式决定谈判对手；

3. 教师引导各小组在课下查找资料，特别是注意对通用合同示范文本的扬弃利用；
4. 双方在一定时间内完成合同文本的草拟和签署；
5. 结合合同解释方法，在教师引导下集体分析和讨论合同最后文本，确定其得失；
6. 对谈判中涉及的相关材料的法律意义集体讨论，并分析其与最后文本的关系；
7. 学生进一步修改合同文本。

六、思考题

1. 订立合同的必备条款有哪些？
2. 如何理解要约与承诺的一致，是否为完全一致？

七、实验素材

（一）法律文件素材

主要为《中华人民共和国合同法》等法律及最高人民法院《关于适用〈中华人民共和国合同法〉若干问题的解释》等司法解释。

（二）案例素材

王某系平安县农机公司采购员，受厂长李某委托，到太原市机械厂订购100辆小型农用拖拉机，型号J 150型，单价6000元。交货条件为卖方送货，交货期为2000年2月10日前，买方承担运费，货到付款，按出厂技术标准验收，为确保合同履行，王某交付定金6000元。

根据以上条件，进行模拟谈判并起草一份小型农机买卖合同。

实验二　买卖合同中的当事人权利义务

一、实验目的

1. 训练学生在比较系统复杂的证据材料中发现法律事实并分析法律关系的能力；
2. 强化学生以法律关系为线索思考问题的习惯；
3. 训练学生根据事实正确适用法律的能力；
4. 使学生进一步掌握买卖合同中当事人权利义务的相关理论知识。

二、实验要求

要求学生在课堂上回答教师就所给材料提出的相关问题，在课后各自撰写相应司法文书，并组织模拟法庭活动。

三、实验原理

买卖合同双方当事人的权利义务主要围绕标的物交付及价款支付发生，其中出卖人的义务就是交付标的物并转移标的物的所有权，而买受人的义务就是支付价款。

1. 交付标的物

出卖人应当按照约定的期限交付标的物，当事人约定交付期限的，出卖人可以在该交付期限内的任何时间交付；当事人没有约定标的物的交付期限或者约定不明确的，依照法律规定执行。标的物在订立合同之前已为买受人占有的，合同生效的时间为交付时间。出卖人应当按照约定的地点交付标的物，当事人没有约定交付地点或者约定不明确，依照《合同法》有关规定仍不能确定的，适用下列规定：（1）标的物需要运输的，出卖人应当将标的物交付给第一承运人以运交给买受人。（2）标的物不需要运输，出卖人和买受人订立合同时知道标的物在某一地点的，出卖人应当在该地点交付标的物；不知道标的物在某一地点的，应当在出卖人订立合同时的营业地交付标的物。

2. 转移标的物的所有权

出卖人应当履行向买受人交付标的物或者交付提取标的物的单证，并转移标的物的所有权的义务。故交付标的物时，标的物必须是属于出卖人所有或者出卖人有权处分的物。法律、行政法规禁止或者限制转让的标的物，不得随意转让，应依照有关规定执行。

3. 标的物的风险承担

（1）标的物毁损、灭失的风险，在标的物交付之前由出卖人承担，交付之后由买受人承担，但法律另有规定或者当事人另有约定的除外。据此，标的物的所有权转移与风险的承担可能发生不一致，所有权转移与否不是确定风险转移的唯一标准。

（2）因买受人的原因致使标的物不能按照约定的期限交付的，买受人应当自违反约定之日起承担标的物毁损、灭失的风险。

（3）出卖人出卖交由承运人运输的在途标的物，除当事人另有约定的以外，毁损、灭失的风险自合同成立时起由买受人承担。

（4）当事人没有约定交付地点或者约定不明确，标的物需要运输的，出卖人将标的物交付给第一承运人后，标的物毁损、灭失的风险由买受人承担。

（5）出卖人按照约定或者依照《合同法》有关规定将标的物置于交付地点，买受人违反约定没有收取的，标的物毁损、灭失的风险自违反约定之日起由买受人承担。

（6）出卖人未按照约定未交付有关标的物的单证和资料的，不影响标的物毁损、灭失风险的转移。

（7）因标的物不符合质量要求，致使不能实现合同目的的，买受人可以拒绝接受标的物或者解除合同。买受人拒绝接受标的物或者解除合同的，标的物毁损、灭失的风险由出卖人承担。

（8）标的物毁损、灭失的风险由买受人承担的，不影响因出卖人履行债务不符合约定，买受人要求其承担违约责任的权利。

4. 标的物的质量与检验

标的物出卖人应当按照约定的质量要求交付标的物。出卖人提供有关标的物质量说明的，交付的标的物应当符合该说明的质量要求。出卖人交付的标的物不符合质量要求的，买受人可以依法要求其承担违约责任。

5. 价款支付

买受人应当按照约定的数额支付价款。对价款没有约定或者约定不明确的，适用《合同法》的有关规定确定。买受人应当按照约定的地点支付价款。对支付地点没有约定或者约定不明确，依照《合同法》有关规定仍不能确定的，买受人应当在出卖人的营业地支付，但约定支付价款以交付标的物或者交付提取标的物单证为条件的，在交付标的物或者交付提取标的物单证的所在地支付。

四、实验器材

审判员服、律师袍、法槌、照相机等模拟法庭相关器材。

五、实验步骤

1. 选定法律案例

根据专业课程实践教学大纲的要求选取恰当案例。案例内容按要求可以是涵盖单一部门法，也可以是跨几个部门法，由专业课程实践教学任务确定。要求所选案例中，当事人人数符合实训人员要求，案情比较复杂，有一定的学术探讨价值和实践指导意义。

2. 组建模拟法庭

根据所选案例确定模拟法庭组成人员：审判人员三、五、七人均可，最好三人；书记员一到二人。原告和被告人数也根据案情确定，并且每位原告和被告人可指定一到二人作为诉讼代理人。根据案情还可确定证人、鉴定人员等若干人。

3. 确定、分配各模拟法庭人员实验任务

各模拟法庭人员必须先仔细研究、分析案情，然后按分工要求完成所属实训任务。要求：

（1）符合事先确立的各模拟法庭人员的身份和工作职责范围，不得越"权"、越"职"、换"岗"以偷换任务；

（2）各模拟法庭人员从自己所代表人员的角度，独立分析案情，为自身立论引据。力争定性准确，证据充分，引用法律条款正确，叙述条理清楚，逻辑性强；

（3）各模拟法庭人员必须以案情为依据，不得私自随意增减案情，不得在案情外杜撰、私改证据；

（4）态度端正，字迹工整；

（5）审判庭成员还必须另准备一套供法庭调查用的要求诉讼参与人必须提供的主要证据目录，以备开庭时使用；

（6）所有诉讼参与人必须准备一份开庭时自用的诉讼提纲、提问目录和要求对方提供的证据目录。

4. 模拟法庭开庭审判

模拟法庭开庭审理案件前，必须先了解、熟悉民事法庭庭审程序。

（1）开庭

由书记员先入庭，宣布："请全体起立！请审判长、审判员入庭。"审判长、审判员依次入庭后，书记员宣布："请坐下！"（自此，书记员开始作庭审过程书面记录），再由审判长宣布："依照《中华人民共和国民事诉讼法》第三条、第六条、第七条等规定，由某某法院于某年、月、日公开审理某某一案。现在开庭！"并继续由审判长核实参加庭审人员是否到齐，接着宣读《法庭纪律》。最后，由审判长告知各诉讼参与人："根据《中华人民共和国民事诉讼法》第四十五条的规定，当事人及其法定代理人发现本案中的审判人员、书记员、鉴定人等有下列情形之一的，有权要求他们回避：（一）是本案的当事人或者当事人、诉讼代理人的近亲属的；（二）与本案有利害关系的；（三）与本案当事人有其他关系，可能影响对案件公正审理的。"

（2）法庭调查

经审判长允许，先由原告或其诉讼代理人宣读起诉书；然后，由被告对发生的民事事实进行陈述。为节省时间和使诉讼过程条理化，审判长应要求各诉讼参与人必须按顺序提供证据以支持本方的事实陈述。

（3）法庭辩论

先由原告或其诉讼代理人发表诉讼意见，提出被告的民事纠纷应如何认定和应适用的法律依据等意见，再由被告人及其诉讼代理人发表代理意见。

（4）当事人最后陈述

由原告和被告人作最后陈述，其内容可以是对本次审理过程的意见，也可以是对双方民事纠纷如何处理的意见等。审判长还应征求双方当事人是否愿意调解的意见。

（5）评议和宣判

由审判长宣布"休庭"，审判庭全体人员退庭，到另一室进行合议，审判庭应根据少数服从多数原则决定对本案的最后判决结果，不同意见应记录在案。由审判长宣布"复庭"，书记员宣布。"请全体起立！"由审判长宣布判决书。（也可另定期宣判）

5. 模拟法庭实训活动总结

各模拟法庭人员必须按要求上交所有实习中的诉讼文书，指导老师对模拟法庭的庭审过程和审前准备活动进行指导和监督，并对模拟法庭的庭审过程中的各人表现进行点评。

六、思考题

1. 出卖人与买受人的权利义务？
2. 买卖合同中标的物的风险负担与利益承受？

七、实验素材

买卖合同当事人权利义务纠纷案

案情摘要：

原告：沛县东光铸造有限公司（以下简称"东光公司"）

被告：徐州宏达水泵厂

被告：李传营

案情：

被告徐州水泵厂系个人独资企业，在 2000 年至 2002 年间多次向原告购买配件。2002 年 6 月，双方结欠货款 57259 元，在支付 2 万元后，被告投资人李传营以水泵厂名义和原告于 2002 年 8 月达成还款计划，约定余款于 2003 年 5 月前还清。

2002 年 11 月 8 日，李传营（甲方）与王某（乙方）达成转让协议，甲方决定将徐州水泵厂转让给乙方，协议约定：（1）至转让之后所发生的债权债务由乙方承担。（2）乙方自签字之日方能有自由经营权。（3）本协议自签字之日起生效。协议签定的当日，徐州水泵厂即在工商部门办理了企业投资人变更登记。后原告依还款计划要求被告徐州水泵厂偿还到期债务，但被告以投资人变更为由拒绝偿还。原告诉至沛县人民法院，要求徐州水泵厂承担到期债务的清偿责任，在审理期间，又依原告申请追加李某为被告。被告徐州水泵厂辩称，徐州水泵厂为个人独资企业，原厂负责人是李传营，2002 年 11 月 6 日变更为王传沛，并办理了工商变更登记，依据协议的约定，转让前的债务应由李传营承担，请求驳回原告对徐州水泵厂的诉讼请求。被告李传营辩称徐州水泵厂负责人的变更不能影响债务的承担方式，故应由企业承担清偿责任。

分析：

原告东光公司与被告徐州宏达水泵厂买卖合同成立并合法有效，本案的争议焦点为二被告应由谁履行还款义务。徐州宏达水泵厂工商登记为个人独资企业，而个人独资企业因其有自己的名称，且必须以企业的名义活动的特性，使个人独资企业在法律人格上具有相对独立性，因此对企业债务的承担亦应具有相对独立性。即应先以其独立的自身财产承担责任，而不是既可由企业承担，亦可由投资人承担。本案中徐州宏达水泵厂所负债务应首先以企业财产偿还，在其财产不足偿还的情况下原告有权请求现在的投资人以个人所有的其他财产偿还，若由此而致现投资人利益受损，现投资人可依其与李传营签订的企业转让协议向李传营追偿。原告不能依投资人应对个人独资企业的债务承担无限责任的特性向徐州宏达水泵厂的原投资人李传营追偿。

法院判决：

法院依照《中华人民共和国合同法》第六十条第一款，第一百六十一条的规定，江苏省沛县人民法院于 2003 年 12 月 18 日做出判决：

1. 被告徐州宏达水泵厂在本判决生效后十日内向原告支付货款 18629.50 元。
2. 驳回原告对李传营的诉讼请求。

参考文献

[1] 崔建远主编：《合同法》法律出版社 2003 年版。
[2] 张新宝：《买卖合同赠与合同》，法律出版社 1999 年版。
[3] 王利明：《合同法疑难案例研究》，中国人民大学出版社 1997 年版。

第八章　婚姻家庭法实验

实验一　离婚纠纷诉讼模拟审判

一、实验目的

通过对离婚诉讼案件的模拟操作，理解婚姻法中关于离婚过程中应当注意的有关法律规定，如离婚的条件、离婚损害赔偿的适用法定事由、夫妻财产的分割、债务的清偿、子女的抚养等问题以及在实务中的运用，掌握实践中处理离婚纠纷案件的技巧，特别注意在法律规定不明时如何制定诉讼策略，赢得诉讼。

二、实验要求

在实验课堂上，要求学生扮演各个角色，阐述观点，对有争议的问题展开辩论，模拟审判结束之后，将辩论心得整理成文。

三、实验原理

本实验所涉及的知识点主要有：离婚的条件、离婚损害赔偿的适用法定事由、夫妻财产的分割、债务的清偿、子女的抚养等问题。运用《中华人民共和国婚姻法》及相关司法解释的规定，正确分析案件，采用适当的策略进行诉讼，争取胜诉的结果。

四、实验器材

审判员服、律师袍、法槌、照相机等模拟法庭相关器材。

五、实验步骤

1. 选定法律案例

根据专业课程实践教学大纲的要求选取恰当案例。案例内容按要求可以是涵盖单一部门法，也可以是跨几个部门法，由专业课程实践教学任务确定。要求所选案例中，当事人人数符合实训人员要求，案情比较复杂，有一定的学术探讨价值和实践指导意义。

2. 组建模拟法庭

根据所选案例确定模拟法庭组成人员：审判人员三、五、七人均可，最好三人；书记员一至二人。原告和被告人数也根据案情确定，并且每位原告和被告人可指定一到二人作为诉讼代理人。根据案情还可确定证人、鉴定人员等若干人。

3. 确定、分配各模拟法庭人员实验任务

各模拟法庭人员必须先仔细研究、分析案情，然后按分工要求完成所属实训任务。要求：

（1）符合事先确立的各模拟法庭人员的身份和工作职责范围，不得越"权"、越"职"、换"岗"以偷换任务；

（2）各模拟法庭人员从自己所代表人员的角度，独立分析案情，为自身立论引据。力争定性准确，证据充分，引用法律条款正确，叙述条理清楚，逻辑性强；

（3）各模拟法庭人员必须以案情为依据，不得私自随意增减案情，不得在案情外杜撰、私改证据；

（4）态度端正，字迹工整；

（5）审判庭成员还必须另准备一套供法庭调查用的要求诉讼参与人必须提供的主要证据目录，以备开庭时使用；

（6）所有诉讼参与人必须准备一份开庭时自用的诉讼提纲、提问目录和要求对方提供的证据目录。

4. 模拟法庭开庭审判

模拟法庭开庭审理案件前，必须先了解、熟悉民事法庭庭审程序。

（1）开庭

由书记员先入庭，宣布："请全体起立！请审判长、审判员入庭。"审判长、审判员依次入庭后，书记员宣布："请坐下！"（从此始书记员开始作庭审过程书面记录），再由审判长宣布："依照《中华人民共和国民事诉讼法》第三条、第六条、第七条等规定，由某某法院于某年、月、日公开审理某某一案。现在开庭！"并继续由审判长核实参加庭审人员是否到齐，接着宣读《法庭纪律》。最后，由审判长告知各诉讼参与人："根据《中华人民共和国民事诉讼法》第四十五条的规定，当事人及其法定代理人发现本案中的审判人员、书记员、鉴定人等有下列情形之一的，有权要求他们回避：（一）是本案的当事人或者当事人、诉讼代理人的近亲属的；（二）与本案有利害关系的；（三）与本案当事人有其他关系，可能影响对案件公正审理的。"

（2）法庭调查

经审判长允许，先由原告或其诉讼代理人宣读起诉书；然后，由被告对发生的民事事实进行陈述。为节省时间和使诉讼过程条理化，审判长应要求各诉讼参与人必须按顺序提供证据以支持本方的事实陈述。

（3）法庭辩论

先由原告或其诉讼代理人发表诉讼意见，提出与被告的民事纠纷应如何认定和应适用的法律依据等意见；再由被告人及其诉讼代理人发表代理意见。

（4）当事人最后陈述

由原告和被告人作最后陈述。其内容可以是对本次审理过程的意见，也可以是对双方民事纠纷如何处理的意见等。审判长还应征求双方当事人是否愿意调解的意见。

(5）评议和宣判

由审判长宣布"休庭",审判庭全体人员退庭,到另一室进行合议,审判庭应根据少数服从多数原则决定对本案的最后判决结果,不同意见应记录在案。

由审判长宣布"复庭",书记员"请全体起立!"由审判长宣布判决书。(也可另定期宣判)

5. 模拟法庭实训活动总结

各模拟法庭人员必须按要求上交所有实习中的诉讼文书。指导老师对模拟法庭的庭审过程和审前、准备活动进行指导和监督,并对模拟法庭的庭审过程中的个人表现进行点评。

六、思考题

1. 离婚损害赔偿适用的法定事由?
2. 婚姻法的基本原则在离婚诉讼中的体现?

七、实验素材

素材来源主要由以下几个方面:①教师给出的素材;②学生结合实验项目要求,从其他公共媒体中选用的案例素材。

赵某诉许某离婚案

原告赵某和被告许某从小相识,1995年建立恋爱关系,1998年10月登记结婚,婚后2000年10月生育一个女儿。结婚后,赵某与许某同心同德,勤俭持家,家境慢慢好转。1996年赵某与他人合伙办起了"聚宝修配厂",经营机械修理业务,许某一人基本上承担了全部家务及农活,有时也抽空到厂里干活挣钱。1998年两人拆了老房修建了二层楼房一栋,价值约15万元。1999年赵某与他人的合伙关系因故解散,赵某与许某夫妻二人单独办起了聚宝机械厂,并贷款添置了设备。2001年两人利用现有资金和贷款另建三层楼房一栋,价值约20万元,同时还陆续投资扩大再生产。

2003年赵某在业务往来中认识了个体女业主林某,不久两人即关系密切,许某对此不满,与赵某发生口角,夫妻关系出现裂缝。2005年下半年赵某结识了寡妇肖某,两人很快勾搭成奸,赵某因此经常深更半夜才回家,许某知道此事后,曾公开责骂赵某与寡妇肖某,赵某不仅没有悔改之意,反生与肖某成婚之念,拒绝与许某同居,公开称肖某为其"爱人"。2006年5月25日原告赵某第一次向人民法院提起诉讼,要求离婚。人民法院查明事实后,于2006年7月10日进行调解,双方达成和好协议,但是,此后夫妻关系并未改善,仍然分居,原告赵某仍保持与寡妇肖某的关系,原告与被告之间打骂不断,当地乡村领导也多次进行教育,但无济于事。2008年5月30日原告赵某第二次向人民法院起诉离婚。

法院查明,赵某与许某的财产有:二层楼房一栋,价值约15万元;三层楼房一栋,价值约20万元;货车一辆,折人民币10.2万元;现金18万元、彩电、冰箱和其他家具等折人民币26500元;债权10万元。债务有:银行贷款本息共40万元。被告许某宣称赵某曾为寡妇肖某置办了2万余元的金银首饰,此应为其夫妻共同财产。

实验二　法定继承纠纷模拟审判

一、实验目的

通过对继承纠纷的模拟审理，理解婚姻法、继承法、公司法中关于法定继承中夫妻共同财产价值的确定、债务的认定与清偿、法定继承适用原则、遗产的分割等问题以及在实务中的运用，掌握实践中处理继承纠纷案件的技巧，特别注意在法律规定不明时如何制定诉讼策略，赢得诉讼。

二、实验要求

要求学生在课堂上回答教师就所给材料提出的相关问题，在课后各自撰写相应司法文书并组织模拟法庭活动。

三、实验原理

本实验所涉及的知识点主要有：继承法中法定继承人的权利、遗产的分割方式、婚姻法中夫妻共同财产价值的确定以及分割、公司法中关于股东权利以及股份的分割等问题。运用婚姻法、继承法、公司法及相关司法解释的规定正确分析案件。

四、实验器材

审判员服、律师袍、法槌、照相机等模拟法庭相关器材。

五、实验步骤

1. 选定法律案例

根据专业课程实践教学大纲的要求选取恰当案例。案例内容按要求可以是涵盖单一部门法，也可以是跨几个部门法，由专业课程实践教学任务确定。要求所选案例中，当事人人数符合实训人员要求，案情比较复杂，有一定的学术探讨价值和实践指导意义。

2. 组建模拟法庭

根据所选案例确定模拟法庭组成人员：审判人员三、五、七人均可，最好三人；书记员一到二人。原告和被告人数也根据案情确定，并且每位原告和被告人可指定一到二人作为诉讼代理人。根据案情还可确定证人、鉴定人员等若干人。

3. 确定、分配各模拟法庭人员实验任务

各模拟法庭人员必须先仔细研究、分析案情，然后按分工要求完成所属实训任务。要求：

（1）符合事先确立的各模拟法庭人员的身份和工作职责范围，不得越"权"、越"职"、换"岗"以偷换任务；

（2）各模拟法庭人员从自己所代表人员的角度，独立分析案情，为自身立论引据。

力争定性准确，证据充分，引用法律条款正确，叙述条理清楚，逻辑性强；

（3）各模拟法庭人员必须以案情为依据，不得私自随意增减案情，不得在案情外杜撰、私改证据；

（4）态度端正，字迹工整；

（5）审判庭成员还必须另准备一套供法庭调查用的要求诉讼参与人必须提供的主要证据目录，以备开庭时使用；

（6）所有诉讼参与人必须准备一份开庭时自用的诉讼提纲、提问目录和要求对方提供的证据目录。

4. 模拟法庭开庭审判

模拟法庭开庭审理案件前，必须先了解、熟悉民事法庭庭审程序。

（1）开庭

由书记员先入庭，宣布："请全体起立！请审判长、审判员入庭。"审判长、审判员依次入庭后，书记员宣布："请坐下！"（从此始书记员开始作庭审过程书面记录），再由审判长宣布："依照《中华人民共和国民事诉讼法》第三条、第六条、第七条等规定，由某某法院于某年、月、日公开审理某某一案。现在开庭！"并继续由审判长核实参加庭审人员是否到齐，接着宣读《法庭纪律》。最后，由审判长告知各诉讼参与人："根据《中华人民共和国民事诉讼法》第四十五条的规定，当事人及其法定代理人发现本案中的审判人员、书记员、鉴定人等有下列情形之一的，有权要求他们回避：（一）是本案的当事人或者当事人、诉讼代理人的近亲属的；（二）与本案有利害关系的；（三）与本案当事人有其他关系，可能影响对案件公正审理的。"

（2）法庭调查

经审判长允许，先由原告或其诉讼代理人宣读起诉书；然后，由被告对发生的民事事实进行陈述。为节省时间和使诉讼过程条理化，审判长应要求各诉讼参与人必须按顺序提供证据以支持本方的事实陈述。

（3）法庭辩论

先由原告或其诉讼代理人发表诉讼意见，提出与被告的民事纠纷应如何认定和应适用的法律依据等意见；再由被告人及其诉讼代理人发表代理意见。

（4）当事人最后陈述

由原告和被告人作最后陈述。其内容可以是对本次审理过程的意见，也可以是对双方民事纠纷如何处理的意见等。审判长还应征求双方当事人是否愿意调解的意见。

（5）评议和宣判

由审判长宣布"休庭"，审判庭全体人员退庭，到另一室进行合议，审判庭应根据少数服从多数原则决定对本案的最后判决结果，不同意见应记录在案。

由审判长宣布"复庭"，书记员"请全体起立！"由审判长宣布判决书。（也可另定期宣判）

5. 模拟法庭实训活动总结

各模拟法庭人员必须按要求上交所有实习中的诉讼文书。指导老师对模拟法庭的庭审过程和审前准备活动进行指导和监督，并对模拟法庭的庭审过程中的各人表现进行点评。

六、思考题

1. 遗产的范围？
2. 遗产分割的原则与方法？

七、实验素材

素材来源主要由以下几个方面：教师给出的素材（学生可以根据素材进行扩展）；学生也可以结合实验项目要求，从其他公共媒体中选用的案例素材。

单洪远、刘春林与胡秀花、单良、单译贤法定继承纠纷案

原告：单洪远，男，64岁，退休教师，住江苏省连云港市新浦区。

原告：刘春林，女，61岁，农民，单洪远之妻，住址同单洪远。

被告：胡秀花，女，38岁，个体工商户，住江苏省连云港市新浦区。

被告：单良，男，13岁，学生，胡秀花之子，住址同胡秀花。

被告：单译贤，女，5岁，幼儿，胡秀花之女，住址同胡秀花。

原告单洪远、刘春林因与被告胡秀花、单良、单译贤发生法定继承纠纷，向江苏省连云港市中级人民法院提起诉讼。

原告单洪远、刘春林诉称：其子单业兵因车祸死亡，遗留有家庭财产约300万元，均由单业兵的妻子、被告胡秀花掌管，去除一半作为胡秀花个人的财产，尚有约150万元的财产可以作为遗产分配，应由单洪远、刘春林、胡秀花、单良、单译贤等五位继承人均分，二原告应分得60万元左右。单业兵死亡后，原告多次与胡秀花协商分割遗产，但未达成一致，请求法院依法做出判决。

被告胡秀花辩称：首先，其所保管的单业兵遗产没有150万元。（1）单业兵死亡前，因买房、买车及经营生意欠下大量债务，其中一部分债务已由她以夫妻共同财产予以偿还；（2）单业兵死亡后，其经营的公司已不能营业，原告起诉中所列的公司财产（主要是化妆品）已基本报废；（3）单业兵死亡后的丧葬费用、修车费用等不少于20万元。以上三项均应从夫妻共同财产中扣除。其次，被告单良、单译贤系其与单业兵的子女，均尚未成年，需由其抚养。母子三人只能靠原夫妻共同财产生活，并无其他经济来源。二原告生活富足，不应与孙子女争夺遗产。

连云港市中级人民法院经审理查明：被继承人单业兵系原告单洪远、刘春林之子，被告胡秀花之夫，被告单良、单译贤之父。单业兵与胡秀花于1987年10月26日结婚。2002年6月21日凌晨，单业兵因车祸死亡。此后，单洪远、刘春林与胡秀花因遗产继承问题发生纠纷，经多次协商未果，遂诉至法院。

对于单业兵死亡后遗留的夫妻共同财产，双方当事人共同认可的有：（1）位于连云港市新浦区"银城之都"5号楼102室的住宅1套及汽车库1间；（2）位于连云港市新浦区海连东路盐场医院东侧综合楼底层营业用房2间；（3）位于淮安市清河区太平东街13-29-1-508室住宅1套；（4）位于连云港市新浦区陇海步行中街1号楼109号底层营业用房1间；（5）车牌号为苏GB1616的广州本田轿车1辆；（6）车牌号

为苏 GB5426 的长安小客车 1 辆；（7）连云港市倍思特化妆品有限公司（以下简称倍思特公司）34.5% 的股份。以上财产均由胡秀花保管。双方当事人对以上房产、车辆的价值存在争议，根据原告申请，一审法院委托连云港市价格认证中心进行评估，根据评估结果，法院确认以上房产、车辆共价值 2601300 元。

双方当事人对以下问题存在争议：（1）单业兵、胡秀花所经营的连云港倍思特商场（以下简称倍思特商场）在单业兵死亡后尚存的财产数额；（2）倍思特商场是否欠广州市白云三元里利丰行（以下简称利丰行）货款；（3）倍思特商场是否欠广州市康丽源生物保健品有限公司（以下简称康丽源公司）货款；（4）单业兵生前是否欠北京欧洋科贸有限公司（以下简称欧洋公司）债务；（5）单业兵生前是否欠徐贵生借款。

关于倍思特商场在单业兵死亡后尚存的财产数额，原告单洪远、刘春林称：单业兵死亡后，经倍思特公司和倍思特商场会计对账，截止 2002 年 6 月 30 日，倍思特商场库存商品价值 904217.12 元，应收账款 245394.20 元，现金 183321.51 元，合计 1332923.23 元，并提供了会计对账形成的《2002 年 6 月 30 日倍思特商场收入、利润、流动资产一览表》（以下简称《对账表》）为证。在一审审理过程中，倍思特公司会计赵春香到庭作证，详细说明了当时同倍思特商场会计侍作璋对账的情况及《对账表》的来历，并提供了当时侍作璋给其的 2002 年 6 月倍思特商场的财务报表。被告胡秀花辩称：原告方提供的《对账表》没有她本人签名，库存商品基本报废，相关财务报表已被她销毁。连云港市中级人民法院认为，胡秀花未能按照法院的要求将倍思特商场的会计侍作璋带到法庭，亦未能提供支持其诉讼主张的财务报表及库存商品报废的有关证据，根据民事诉讼相对优势证据原则，对胡秀花所称倍思特商场没有对账、库存不足、库存商品基本报废的辩解理由不予采纳，认定倍思特商场在单业兵死亡后尚有财产 1332923.23 元。

关于倍思特商场是否欠利丰行货款的问题，被告胡秀花称：单业兵生前经营倍思特商场时，欠利丰行货款 486900 元，她本人在单业兵死亡后已偿还货款 235000 元，尚欠 251900 元，并提供了利丰行于 2003 年 10 月 24 日出具的证明，主张从单业兵遗产中扣除已偿还的该笔债务，并保留剩余债务份额。原告单洪远、刘春林称胡秀花所述与《对账表》不符，倍思特商场对外没有债务。根据胡秀花申请，连云港市中级人民法院前往利丰行进行核实。经查，利丰行现已更名为广州戈仕贸易公司，该公司称单业兵欠该公司 48 万余元化妆品货款，单业兵生前已还款 25 万余元，单业兵死亡后未再还款，该公司称没有详细账目可以提供，仅提供了 1 份《江苏连云港倍思特商场记账簿》。连云港市中级人民法院认为，胡秀花虽称单业兵生前经营倍思特商场时欠利丰行货款，她本人在单业兵死亡后已偿还货款 235000 元，但胡秀花不能提供倍思特商场的原始账目以证明该笔债务的存在；广州戈仕贸易公司虽证明单业兵生前已还款 25 万余元，在单业兵死亡后倍思特商场未再偿还货款，但未向法院提供双方发生业务往来的详细账目，所提供的记账簿不能反映双方经济往来的真实情况，且该公司的证明内容与胡秀花的陈述不一致。因此，现有证据不能充分证明该笔债务确实存在，不予认定。

关于倍思特商场是否欠康丽源公司货款的问题，被告胡秀花称：单业兵生前经营倍思特商场时，欠康丽源公司货款 354000 元，她已于单业兵死亡后还款 340000 元，尚欠14000元，并提供了康丽源公司于2003年10月24日出具的证明，主张从单业兵遗产中扣除已偿还的该笔债务，并保留剩余债务份额。原告单洪远、刘春林称胡秀花所述与《对账表》不符，倍思特商场对外没有债务。经胡秀花申请，连云港市中级人民法院前往康丽源公司核实情况，该公司称单业兵欠该公司354000元化妆品货款，已经由胡秀花在2003年10月24日用现金一次还款340000元，尚欠14000元。但该公司没有提供双方业务往来账目，称所有账目已经在2003年10月24日胡秀花还款后销毁。此后，胡秀花又向法院提供了康丽源公司2003年10月24日出具的收款340000元的收条，但原告方认为已经超过举证期限而不予质证。在原告方要求胡秀花提供偿还康丽源公司340000元现金的来源时，胡秀花的陈述前后矛盾。连云港市中级人民法院认为，胡秀花不能提供倍思特商场的原始账目予以证明该笔债务的存在，在法院核实情况时，康丽源公司也未能提供双方发生业务往来的账目。胡秀花所称偿还340000元货款的时间是在收到本案应诉通知和举证通知以后，其完全有条件提供与康丽源公司的往来账目而未能提供，且其对于偿还该笔债务的现金来源的说法前后矛盾，仅凭其提供的康丽源公司出具的证明和收条，不能充分证明该笔债务确实存在，故不予认定。

关于单业兵欠欧洋公司债务的问题，被告胡秀花称：单业兵生前欠欧洋公司债务1190000元，并提供了2003年8月19日与欧洋公司签订的协议，该协议约定以单业兵所有的连云港市新浦区海连东路盐场医院东侧综合楼底层营业用房、连云港市新浦区陇海步行中街1号楼109号底层营业用房冲抵债务，待条件成熟时办理过户手续，过户之前由胡秀花使用，每月给付欧洋公司租金11800元，租满12年该房屋归胡秀花所有。原告单洪远、刘春林对该协议不予认可，称该协议与《对账表》相矛盾，单业兵生前没有外债。经胡秀花申请，连云港市中级人民法院前往欧洋公司核实情况，因该公司总经理欧洋瑞出国，公司其他人员称无法与其联系，与单业兵的合作是由总经理自己负责，有关合作合同、单业兵的借款手续等均由总经理保管。因无法对该笔债务进行核实，现有证据不能充分证明该笔债务确实存在，故不予认定。

关于单业兵是否欠徐贵生借款的问题，被告胡秀花称：为做化妆品生意，曾借其表哥徐贵生现金200000元，并提供了借条，该借条载明："今借到徐贵生大哥现金贰拾万元整，借款人：胡秀花，2001年5月8日。"原告单洪远、刘春林对此不予认可，称单业兵死亡前没有对外借款，且借条原件在胡秀花手中，从借条内容来看是胡秀花个人借款，与单业兵无关。连云港市中级人民法院认为，徐贵生没有到庭，借条原件在胡秀花手中，胡秀花不能证明该笔借款现在仍然存在，且从借条内容看是胡秀花个人借款，故对该笔债务不予认定。

综上，连云港市中级人民法院认定单业兵死亡后遗留的夫妻共同财产计3934223.23元，另有倍思特公司34.5%的股份及当期分红款270000元。从中扣除被告胡秀花偿还的购车贷款268000元、修车款47916.6元，认定实有3888306.63元及倍思特公司34.5%的股份，其中一半（价值1944153.32元的财产及倍思特公司17.25%的股份）应当作为单业兵的遗产。单业兵死亡后，继承开始，原告单洪远、刘春林和被告胡秀花、单良、单译贤作为单业兵的法定第一顺序继承人，均有权继承单业兵的遗产，单业兵的上述遗产应由五人均分，每人应得388830.66元的财产及倍思特公司

3.45%的股份。二原告只主张分得其中600000元的财产,依法予以支持。法院认为,遗产分割应当有利于生产和生活的需要,并不损害遗产的效用。考虑到前述各项遗产均由胡秀花使用和经营,且胡秀花尚需抚养单良、单译贤,故前述各项遗产仍由胡秀花继续使用、管理和经营为宜,二原告年龄较大,以分得现金为宜。据此,连云港市中级人民法院于2004年11月20日判决:

一、单洪远、刘春林继承单业兵在倍思特公司6.9%的股份,胡秀花于本判决生效之日起15日内给付单洪远、刘春林现金60万元;

二、单良、单译贤各继承单业兵在倍思特公司3.45%的股份及12581元的现金,二人共同继承连云港市新浦区陇海步行中街1号楼109号底层营业用房,在单良、单译贤年满18周岁之前,以上财产由其法定代理人胡秀花代为管理;

三、单业兵其余财产及倍思特公司20.7%的股份均归胡秀花所有。

一审宣判后,胡秀花不服,向江苏省高级人民法院提出上诉,主要理由是:(1)一审认定单业兵死亡后尚存价值3888306.63元的夫妻共同财产及倍思特公司34.5%的股份缺乏事实依据;(2)一审对单业兵遗留的夫妻共同债务不予认定错误;(3)一审让被上诉人分得现金,让上诉人占有库存商品和应收账款,这种分割显失公正。请求二审法院撤销原判,依法改判。

被上诉人单洪远、刘春林答辩称:(1)遗产作为财产,其金额应以评估结论为准,一审认定事实清楚;(2)一审关于倍思特商场是否有债务的认定正确。上诉人如欠徐贵生等人债务也是其个人债务,应由其个人来偿还。请求驳回上诉,维持原判。

江苏省高级人民法院经审理,确认了一审查明的事实。

二审的争议焦点为:(1)原审判决对单业兵死亡后遗留的夫妻共同财产价值的认定是否正确;(2)上诉人胡秀花关于单业兵生前遗留债务的主张是否成立;(3)原审判决对遗产的分割方式是否公平合理。

江苏省高级人民法院认为:

首先,一审判决对单业兵死亡后遗留的夫妻共同财产价值的认定,有评估报告等证据予以证明。上诉人胡秀花虽持异议,但未能举出确有证明作用的证据,故对其该项上诉主张不予支持。

其次,上诉人胡秀花虽主张单业兵生前遗留有债务,但未能举证证明这些债务真实存在,且属夫妻共同债务,故其该项上诉理由也不能成立。关于胡秀花向徐贵生的借款是否为夫妻共同债务的问题,胡秀花在二审时提交了江苏省南京市雨花台区人民法院(2005)雨民一初字第28号民事判决书(系在本案一审判决后做出),该判决书虽然载明"此案系民间借贷纠纷,因被告胡秀花经传票传唤无正当理由拒不到庭,法院遂依据原告徐贵生的陈述以及借条等证据认定该笔债务为夫妻共同债务,判决由胡秀花向徐贵生偿还人民币20万元",亦不足以在本案中证明胡秀花向徐贵生的借款是夫妻共同债务。该判决为处理夫妻对外债务关系,将胡秀花对徐贵生的借款认定为单业兵与胡秀花的夫妻共同债务并无不当,也符合最高人民法院《关于适用〈中华人民共和国婚姻法〉若干问题的解释(二)》第24条之规定。但前述规定的本意是通过扩大对债权的担保范围,保障债权人的合法利益,维护交易安全和社会诚信,故该规定一般只适用于对夫妻外部债务关系的处理。在处理涉及夫妻内部财产关系的纠纷时，不能简单地依据该规定，将夫或妻一方的对外债务认定为夫妻共同债务，其他人民法院依据该规定做出的关于夫妻对外债务纠纷的生效裁判，也不能当然地作为处理夫妻内部财产纠纷的判决依据，主张夫或妻一方的对外债务属于夫妻共同债务的当事人仍负有证明该项债务确为夫妻共同债务的举证责任。本案中，由于单业兵已经死亡，该笔债务是否认定为夫妻共同债务会直接影响其他继承人的权益，胡秀花应就其关于该笔借款属夫妻共同债务的主张充分举证。根据现有证据，胡秀花提供的借条的内容不能证明该笔借款系夫妻共同债务，且在本案一审期间，亦即南京市雨花台区人民法院（2005）雨民一初字第28号民事判决做出之前，该借条不在债权人手中，反被作为债务人的胡秀花持有，有违常情。鉴于二审中胡秀花不能进一步举证证明该笔债务确系夫妻共同债务，故对其该项上诉主张不予支持。

其三，原审判决以查明事实为基础，综合考虑各继承人的实际情况，将除一处营业用房外的各项遗产判归上诉人胡秀花继续管理使用，判决被上诉人单洪远、刘春林分得现金。这种对遗产的分割方式既照顾到各继承人的利益，又不损害遗产的实际效用，并无不当，故对胡秀花的该项上诉请求不予支持。

综上，江苏省高级人民法院认为原判认定事实清楚，适用法律正确，依照《中华人民共和国民事诉讼法》第一百五十三条第一款第（一）项之规定，于2005年5月15日判决：

驳回上诉，维持原判。

参考文献

［1］巫昌祯主编：《婚姻家庭与继承法学》，中国政法大学出版社2007年版。
［2］曾宪义等主编：《以案说法——婚姻家庭继承篇》，中国人民大学出版社2000年版。
［3］郭明瑞等：《继承法研究》，中国人民大学出版社2003年版。

第九章 知识产权法实验

实验一 著作权争议案例模拟审判

一、实验目的
1. 掌握著作权侵权行为认定的技巧。
2. 掌握著作权侵权纠纷解决的技巧。
3. 熟悉民事诉讼的程序。

二、实验要求
在模拟法庭上,要求学生扮演各种诉讼参加人的角色,阐述观点,对有争议的问题展开辩论。通过起草诉状、答辩状、判决书等诉讼文书培养学生的书面表达能力。

三、实验原理
有关著作权的保护问题,包括著作权的主体、客体、权利内容、权利的限制以及法律救济等方面。准确迅速地找到相关的法律依据,并将其正确适用于具体的案件。另外,学生在解释法律规范和填补法律漏洞时关注法院特别是最高人民法院的倾向和主流学说的主张。

四、实验器材
1. 审判桌:包括审判席、书记员席、原告方席、被告方席。
2. 桌牌:包括审判长1个,审判员两个,书记员1人,原告1个,被告一个。
3. 实验服装:法官服3件、书记员服1件、法警服2件。
4. 审判阶段公示牌。

事先准备以下卡片,在各阶段开始之前,由审判阶段说明人举牌公示。以下为特大字的内容:第一阶段:开庭准备;第二阶段:法庭调查;第三阶段:法庭辩论;第四阶段:宣告判决。

5. 民事诉讼中的文书材料:一般包括:1. 原告起诉书;2. 被告答辩状;3. 法院判决书。
6. 书证和物证:音乐磁带、委托合同书、广告片等。
7. 其他器材:法槌1个、照相机、摄像机等。

五、实验步骤

1. 选定法律案例

根据专业课程实践教学大纲的要求选取恰当案例,案例内容按要求可以是涵盖单一部门法,也可以是跨几个部门法,由专业课程实践教学任务确定。要求所选案例中,当事人人数符合实训人员要求,案情比较复杂,有一定的学术探讨价值和实践指导意义。

2. 组建模拟法庭

根据所选案例确定模拟法庭组成人员:审判人员三、五、七人均可,最好三人;书记员一到二人。原告和被告人数也根据案情确定,并每位原告和被告人可指定一到二人作为诉讼代理人。根据案情还可确定证人、鉴定人员等若干人。

3. 确定、分配各模拟法庭人员实验任务

各模拟法庭人员必须先仔细研究、分析案情,然后按分工要求完成所属实训任务。要求:

(1) 符合事先确立的各模拟法庭人员的身份和工作职责范围,不得越"权"、越"职"、换"岗"以偷换任务;

(2) 各模拟法庭人员从自己所代表人员的角度,独立分析案情,为自身立论引据。力争定性准确,证据充分,引用法律条款正确,叙述条理清楚,逻辑性强;

(3) 各模拟法庭人员必须以案情为依据,不得私自随意增减案情,不得在案情外杜撰、私改证据;

(4) 态度端正,字迹工整;

(5) 审判庭成员还必须另准备一套供法庭调查用的要求诉讼参与人必须提供的主要证据目录,以备开庭时使用;

(6) 所有诉讼参与人必须准备一份开庭时自用的诉讼提纲、提问目录和要求对方提供的证据目录。

4. 模拟法庭开庭审判

模拟法庭开庭审理案件前,必须先了解、熟悉民事法庭庭审程序。

(1) 开庭

由书记员先入庭,宣布:"请全体起立!请审判长、审判员入庭。"审判长、审判员依次入庭后,书记员宣布:"请坐下!"(从此始书记员开始作庭审过程书面记录),再由审判长宣布:"依照《中华人民共和国民事诉讼法》第三条、第六条、第七条等规定,由某某法院于某年、月、日公开审理某某一案。现在开庭!"并继续由审判长核实参加庭审人员是否到齐,接着宣读《法庭纪律》。最后,由审判长告知各诉讼参与人:"根据《中华人民共和国民事诉讼法》第四十五条的规定,当事人及其法定代理人发现本案中的审判人员、书记员、鉴定人等有下列情形之一的,有权要求他们回避:(一)是本案的当事人或者当事人、诉讼代理人的近亲属的;(二)与本案有利害关系的;(三)与本案当事人有其他关系,可能影响对案件公正审理的。"

(2) 法庭调查

经审判长允许，先由原告或其诉讼代理人宣读起诉书；然后，由被告对发生的民事事实进行陈述。为节省时间和使诉讼过程条理化，审判长应要求各诉讼参与人必须按顺序提供证据以支持本方的事实陈述。

(3) 法庭辩论

先由原告或其诉讼代理人发表诉讼意见，提出与被告的民事纠纷应如何认定和应适用的法律依据等意见；再由被告人及其诉讼代理人发表代理意见。

(4) 当事人最后陈述

由原告和被告人作最后陈述。其内容可以是对本次审理过程的意见，也可以是对双方民事纠纷如何处理的意见等。审判长还应征求双方当事人是否愿意调解的意见。

(5) 评议和宣判

由审判长宣布"休庭"，审判庭全体人员退庭，到另一室进行合议，审判庭应根据少数服从多数原则决定对本案的最后判决结果，不同意见应记录在案。

由审判长宣布"复庭"，书记员"请全体起立！"由审判长宣布判决书。（也可另定期宣判）

5. 模拟法庭实训活动总结

各模拟法庭人员必须按要求上交所有实习中的诉讼文书。指导老师对模拟法庭的庭审过程和审前准备活动进行指导和监督，并对模拟法庭的庭审过程中的各人表现进行点评。

六、思考题

1. 著作权侵权行为的概念、构成及分类？
2. 著作权侵权行为的法律责任？
3. 著作权侵权诉讼举证责任的分配？
4. 著作权侵权诉讼需要提供哪些证据材料？

七、实验素材

（一）法律文件素材

主要为《中华人民共和国著作权法》等法律及最高人民法院《关于审理著作权民事纠纷案件适用法律若干问题的解释》等司法解释。

（二）案例素材

当你乘坐飞机聆听美妙的乐曲，在空中自由翱翔时；当你听着流行歌曲，愉快购物时；当你欣赏着轻松乐曲，品尝着美味佳肴时；当你在电视广告中听到了熟悉的歌声时，或许不会想到，使用这些背景音乐，可能会带来侵犯著作权的法律责任。日前，北京市海淀区人民法院审结了一起著作权纠纷案，就涉及到了背景音乐侵犯著作权的问题。

本案三原告分别为：魏明伦，系四川省川剧艺术研究院顾问；王持久，系海军政治部歌舞团编剧；陈翔宇，作曲家。本案三被告分别为：河南许昌帝豪集团（简称帝豪集团）、北京标格广告有限公司（简称标格公司）、北京未来广告公司（简称未来公司）。

三原告诉称，歌曲《众人划桨开大船》是由魏明伦、王持久作词，陈翔宇作曲，并于1993年在中央电视台春节联欢晚会上首次播出。2001年，被告帝豪集团在未告知、未被许可的情况下，将上述作品用作其集团形象广告的背景音乐，该广告由标格公司制作、未来公司发布，在中央电视台一频道《今日说法》栏目中播放，时间长达八个月，经原告再三要求，帝豪集团停止了侵权广告的播放。原告认为，三被告的行为侵犯了其合法权益，并造成了不良影响，要求被告消除影响、赔礼道歉、赔偿损失50万元。

被告帝豪集团辩称，我集团与标格公司于2001年3月20日签定了一份协议书，约定：由标格公司为帝豪集团制作其拥有合法版权的广告，今后发生的关于本广告的著作权纠纷，帝豪集团不承担任何责任。另根据《广告法》第20条和25条之规定，在其制作的广告中使用原告拥有著作权的作品，应当由标格公司事先取得原告的同意。依据《著作权法》相关规定，制作录音作品时使用已公开发表的录音作品，无需获得著作权人的许可，只须支付报酬。帝豪集团既不是广告的制作者，也不是发布者，不应向原告支付报酬。其认为原告要求赔偿50万元的经济损失没有事实与法律依据。帝豪集团认为，其没有侵权的主观故意，客观上没有实施侵权行为，与标格公司、未来公司也不存在共同的侵权故意，因此不应承担侵权责任、连带赔偿责任。

被告标格公司首先向原告表示歉意，但辩称侵权行为的发生由于工作失误和法律意识的缺乏，没有侵权的故意，事后积极与原告协商解决，书面致歉，并通知未来公司撤下了侵权广告，其认为原告要求赔偿50万元明显过高，愿意在合理的范围内支付补偿。

被告未来公司辩称，其发布广告时，依法与标格公司签定了广告发布业务合同，约定若发生侵权责任由标格公司承担，并且涉案广告的内容完全是由标格公司制定的。根据《广告法》第20条规定，广告涉及侵犯民事权益的，由广告主负责解决。未来公司依照《广告法》第27条的规定，核实了相关的证明文件，履行了注意义务，并在接到原告的律师函，经确认后立即撤换了侵权广告。因此，不承担侵权责任。

法院审理结果：依据《著作权法》的相关规定，歌曲《众人划桨开大船》属于音乐作品，该作品于1993年中央电视台联欢晚会上播出时署名的词曲作者为魏明伦、王持久、陈翔宇三人，对此三被告不持异议，法院由此确认在作品上署名的魏明伦、王持久、陈翔宇三人是歌曲《众人划桨开大船》的著作权人。

《著作权法》第24条规定，使用他人作品应当同著作权人订立许可使用合同。被告标格公司所制作的广告片违反了上述规定，擅自使用了原告享有著作权的歌曲中的片断作为背景音乐是一种侵权行为，该广告片由被告未来公司在中央电视台一频道《今日说法》栏目中播放长达6个月的时间，产生了侵权后果。对此，标格公司对该侵权事实予以自认，并同意承担侵权责任，法院对此不持异议。

本案的焦点在于帝豪集团和未来公司是否应对该侵权后果共同承担责任。法院认为，标格公司是侵权作品的制作者，帝豪公司是侵权作品的使用者，未来公司是侵权作品的发布者，在整个侵权事实过程中，三被告对侵权结果的损失分担具有不可分性，故认定共同侵权，应承担连带责任。

法院做出以下判决：自判决生效之日起三十日内，被告帝豪集团、标格公司、未来公司在《中国电视报》上刊登致歉声明一次，向原告魏明伦、王持久、陈翔宇赔礼道歉、消除影响（声明内容须经法院审核，逾期不履行，法院将自行拟定一份公告，刊登在相关媒体上，费用由不履行该项义务的被告负担；自判决生效之日起十日内，被告帝豪集团、标格公司赔偿原告魏明伦、王持久、陈翔宇经济损失5万元；被告未来公司对上述经济损失承担连带赔偿责任；案件受理费由三被告共同负担。原告被告均未上诉。

案件评析：音乐作品具有巨大的吸引力，并且普遍存在，音乐作品的使用具有重要的经济意义，各国的法律和各种国际法律均在受保护的作品清单中提到了音乐作品。音乐作品包括配词或不配词的声音的各种具有独特性的组合，构成音乐作品的要素是旋律、和声和节奏。音乐作品的词曲作者依法应享有著作权。本文结合案件就著作权侵权行为的认定、归责原则、损害赔偿问题作以探讨。

一、对侵权行为的认定

本案的关键所在是三被告的行为是否构成侵权，即对著作权侵权做出认定。

侵犯著作权的行为是指未经著作权人的许可，不法侵害著作权人的合法权益，依法律规定，应承担损害后果的行为。

基于过错责任原则所认定的侵权行为，大致可分为三要件说和四要件说。法国民法主张损害事实、因果关系和过错三要件说。德国民法主张行为的违法性、损害事实、因果关系和过错四要件说。台湾地区学者史尚宽提出不同的三要件说：须有归责之意思状态；须有违法之行为；须有因果律之损害。我国学者有的主张三要件说，有的主张四要件说。

通说认为，基于过错责任原则所认定的侵权行为，其构成要件为四个：违法行为、损害事实、前两者的因果关系及行为人的主观过错，这与传统的民法理论相一致。

本案被告帝豪集团与被告标格公司签订了委托设计广告片的合同。合同中约定，标格公司拥有所制作广告片的合法版权，今后如发生关于本广告片的著作权的纠纷，帝豪集团不承担任何责任。法院认为，版权所有人承担侵权责任，并不必然推出版权使用人不承担侵权责任的结论。第一，帝豪集团的答辩理由没有法律依据。《著作权法》第17条规定："受委托创作的作品，著作权的归属由委托人和受托人通过合同约定。"标格公司与帝豪集团关于广告片权属的约定，受本法条的保护，不仅在当事人之间产生法律效力，同时对第三人也产生效力。但该条仅对委托作品的权属做出了规定，至于委托作品发生侵权时的民事责任并没有做出规定，如发生侵权应按著作权法的一般规定和通常的理解进行处理，而不应做扩大解释。第二，帝豪集团的答辩理由没有法理支持。本案中，广告作品发生侵权以后，不是标格公司与帝豪集团之间的合同内部纠纷，而是合同双方当事人对合同以外的人权利的侵犯。由于合同只能约束合同的双方当事人，而不能对抗合同以外的任何人。因此，在没有法律特殊规定的情况下，帝豪集团与标格公司关于免责条款的约定不能对抗本案原告。第三，广告在中央电视台发布后，帝豪集团是直接受益人，享受了侵权所带来的利益，这份利益是无法免责的。第四，关于委托作品的侵权问题，北京市高级人民法院在关于审理著作权纠纷案件若干问题的解答中认为："委托人和受托人都应当承担侵权责任。合同当事人在合同中约定的免责条款不能对抗合同以外的第三人，不能依据该条款免除当事人的侵权责任。"此外，本案中的侵权广告是一部录音录像制品，并非单纯的录音制品，不适用著作权法中的法定许可规定，帝豪集团关于本广告片无需获得著作权人同意即可使用的辩称理由不成立。综上所述，帝豪集团应认定为本案侵权人。

未来公司也应承担侵权责任。作为本案广告片的发布者，未来公司认为，根据《广告法》第27条的规定，其不负有审查广告片内容是否侵权的法定义务，也不是本案原告作品的使用者。法院认为，《广告法》主要是一部经济法，调整的对象主要是广告监督管理机关和广告主、广告经营者和广告发布者之间的管理关系，侧重于公法领域的保护，至于对私权的保护主要受《民法》、《著作权法》调整。因此，《广告法》第27条所没有规定的审查内容并不意味着未来公司可以免责。歌曲《众人划桨开大船》是一部在春节晚会上播出并产生一定影响的作品，春节晚会在我国是一个收视率极高的节目，未来公司中央电视台《今日说法》栏目的广告代理商，在审查涉案广告片的过程中，从其本身所具有的业务知识和职业特点应推定其能够发现涉案广告侵权的事实，但未来公司并未制止侵权行为的发生或对侵权后果进行补救，相反，却促成该广告在电视台有偿播放，扩大了损害后果，主观过错明显，应承担侵权责任。侵权行为发生后，未来公司在原告的要求下停止了侵权，但鉴于侵权事实已经发生，民事赔偿责任不能免除。

综上所述，三被告均存在不同程度的侵权行为，原告的著作权遭受侵权的事实明显存在，并且二者之间存在因果关系。标格公司是侵权作品的制作者，帝豪集团是侵权作品的使用者，未来公司是侵权作品的发布者，在整个侵权事实过程中，三被告对侵权结果的损失分担具有不可分性，故认定为共同侵权，应承担连带责任。

实验二　商标权争议案例模拟审判

一、实验目的

1. 了解申请注册的商标应具备的条件。
2. 熟悉商标注册的程序。
3. 熟悉行政诉讼的程序。

二、实验要求

在模拟法庭上，要求学生扮演法官、原告、被告、证人等角色，阐述观点，对有争议的问题展开辩论。除了口头表达能力之外，书面表达能力也是本教学环节训练的重点。通过起草诉状、答辩状、判决书等诉讼文书培养学生的书面表达能力。

三、实验原理

商标异议人不服商标评审委员会的裁定而产生的行政诉讼，其内容包括商标显著性的认定、获得显著性、驰名商标的认定、商标注册的申请、审查和核准等方面。学生根据双方当事人争议的焦点，找到相关的法律规范，并且在正确解释适用相关法律规范的基础上解决法律纠纷。对于法律漏洞，能够参考相关的学说，提出合理可行的解决方案并加以论证。

四、实验器材

1. 审判桌：包括审判席、书记员席、原告方席、被告方席。
2. 桌牌：包括审判长1个，审判员两个，书记员1人，原告1个，被告一个。
3. 实验服装：法官服3件、书记员服1件、法警服2件。
4. 审判阶段公示牌。

事先准备以下卡片，在各阶段开始之前，由审判阶段说明人举牌公示。以下为特大字的内容：第一阶段：开庭准备；第二阶段：法庭调查；第三阶段：法庭辩论；第四阶段：宣告判决。

5. 民事诉讼中的文书材料：一般包括：（1）原告起诉书；（2）被告答辩状；（3）法院判决书。
6. 书证和物证：《商标注册证》、《商标驳回复审决定书》等。
7. 其他器材：法槌1个、照相机、摄像机等。

五、实验步骤

1. 选定法律案例

根据专业课程实践教学大纲的要求选取恰当案例。案例内容按要求可以是涵盖单一部门法，也可以是跨几个部门法，由专业课程实践教学任务确定。要求所选案例中，当事人人数符合实训人员要求，案情比较复杂，有一定的学术探讨价值和实践指导意义。

2. 组建模拟法庭

根据所选案例确定模拟法庭组成人员：审判人员三、五、七人均可，最好三人；书记员一到二人。原告和被告人数也根据案情确定，并且每位原告和被告人可指定一到二人作为诉讼代理人。根据案情还可确定证人、鉴定人员等若干人。

3. 确定、分配各模拟法庭人员实验任务

各模拟法庭人员必须先仔细研究、分析案情，然后按分工要求完成所属实训任务。要求：

（1）符合事先确立的各模拟法庭人员的身份和工作职责范围，不得越"权"、越"职"、换"岗"以偷换任务；

（2）各模拟法庭人员从自己所代表人员的角度，独立分析案情，为自身立论引据。力争定性准确，证据充分，引用法律条款正确，叙述条理清楚，逻辑性强；

(3) 各模拟法庭人员必须以案情为依据,不得私自随意增减案情,不得在案情外杜撰、私改证据;

(4) 态度端正,字迹工整;

(5) 审判庭成员还必须另准备一套供法庭调查使用的要求诉讼参与人必须提供的主要证据目录,以备开庭时使用;

(6) 所有诉讼参与人必须准备一份开庭时自用的诉讼提纲、提问目录和要求对方提供的证据目录。

4. 模拟法庭开庭审判

模拟法庭开庭审理案件前,必须先了解、熟悉民事法庭庭审程序。

(1) 开庭

由书记员先入庭,宣布:"请全体起立!请审判长、审判员入庭。"审判长、审判员依次入庭后,书记员宣布:"请坐下!"(从此时,始书记员开始作庭审过程书面记录),再由审判长宣布:"依照《中华人民共和国民事诉讼法》第三条、第六条、第七条等规定,由某某法院于某年、月、日公开审理某某一案。现在开庭!"并继续由审判长核实参加庭审人员是否到齐,接着宣读《法庭纪律》。最后,由审判长告知各诉讼参与人:"根据《中华人民共和国民事诉讼法》第四十四条的规定,当事人及其法定代理人发现本案中的审判人员、书记员、鉴定人等有下列情形之一的,有权要求他们回避:(一)是本案的当事人或者当事人、诉讼代理人的近亲属的;(二)与本案有利害关系的;(三)与本案当事人有其他关系,可能影响对案件公正审理的。"审判人员接受当事人、诉讼代理人请客送礼,或者违反规定会见当事人、诉讼代理人的,当事人有权要求他们回避。

(2) 法庭调查

经审判长允许,先由原告或其诉讼代理人宣读起诉书;然后,由被告对发生的民事事实进行陈述。为节省时间和使诉讼过程条理化,审判长应要求各诉讼参与人必须按顺序提供证据以支持本方的事实陈述。

(3) 法庭辩论

先由原告或其诉讼代理人发表诉讼意见,提出与被告的民事纠纷应如何认定和应适用的法律依据等意见;再由被告人及其诉讼代理人发表代理意见。

(4) 当事人最后陈述

由原告和被告人作最后陈述。其内容可以是对本次审理过程的意见,也可以是对双方民事纠纷如何处理的意见等。审判长还应征求双方当事人是否愿意调解的意见。

(5) 评议和宣判

由审判长宣布"休庭",审判庭全体人员退庭,到另一室进行合议,合议庭应根据少数服从多数原则决定对本案的最后判决结果,不同意见应记录在案。

由审判长宣布"复庭",书记员"请全体起立!"由审判长宣布判决书。(也可另定期宣判)

5. 模拟法庭实训活动总结

各模拟法庭人员必须按要求上交所有实习中的诉讼文书。指导老师对模拟法庭的庭审过程和庭审前准备活动进行指导和监督，并对模拟法庭的庭审过程中的各人表现进行点评。

六、思考题

1. 我国法院审理的商标案件主要有哪几种？
2. 处理不服商标评审委员会裁定的行政诉讼案件的法定程序？
3. 我国商标司法复审的特点是什么？

七、实验素材

（一）法律文件素材

主要为《中华人民共和国商标法》等法律及最高人民法院《关于审理商标民事纠纷案件适用法律若干问题的解释》等司法解释。

（二）案例素材

案情简介：原告贾某不服被告国家工商行政管理总局商标评审委员会（简称商标评审委员会）于 2011 年 9 月 27 日做出的商评字［2011］第 22918 号《关于第 6661446 号"指南者 zhinanzhe"商标驳回复审决定书》（简称第 22918 号决定），于法定期限内向北京一中院提起行政诉讼。法院于 2012 年 1 月 5 日受理本案后，依法组成合议庭，于 2012 年 3 月 29 日公开开庭进行了审理。原告贾某的委托代理人张鹏、王玲然，被告商标评审委员会的委托代理人段莉、潘晓到庭参加了诉讼。本案现已审理终结。

第 22918 号决定系商标评审委员会针对贾某就第 6661446 号"指南者 zhinanzhe"商标（简称申请商标）提出的复审申请做出的。该决定认定：

申请商标中文字"指南者"与第 6370166 号"指南者及图"商标（简称引证商标一）中文字"指南者"文字相同，且均为显著识别部分，两商标近似，申请商标指定使用的服装等商品与引证商标一指定使用的服装等商品属于同一种或类似商品，两商标并存于同一种或类似商品上，易导致消费者混淆误认，已构成《中华人民共和国商标法》（简称《商标法》）第二十八条所指的使用在同一种或类似商品上的近似商标。申请商标指定使用的手套（服装）商品与引证商标一指定使用商品不属于类似商品，该商品上申请商标与引证商标一未构成类似商品上的近似商标。贾某暂缓审理请求缺乏法律依据，商标评审委员会不予支持。

综上，商标评审委员会依据《商标法》第二十七条、第二十八条及《中华人民共和国商标法实施条例》第二十一条第一款的规定，商标评审委员会决定：申请商标在指定使用的手套（服装）商品上的注册申请予以初步审定，由商标评审委员会移交国家工商行政管理总局商标局（简称商标局）办理相关事宜；申请商标指定使用在其余商品上的注册申请予以驳回。

原告贾某不服第 22918 号决定，在法定期限内向法院提起行政诉讼称：申请商标与引证商标一区别明显，并未构成使用在相同或类似商品上的近似商标，请求人民法院撤销第 22918 号决定。

被告商标评审委员会辩称：坚持其在第22918号决定中的认定，认为第22918号决定认定事实清楚，适用法律正确，审查程序合法，请求人民法院依法予以维持。

法院经审理查明如下事实：

申请商标（图样如下）由贾某于2008年4月15日商标局提出注册申请，商标申请号为6661446。该商标指定使用商品为国际分类第25类的手套（服装）、服装、婴儿全套衣、游泳衣、体操鞋、鞋、帽、袜、领带、腰带。

引证商标一（图样如下）由中山市小榄镇爱诺斯制衣厂于2007年11月9日提出注册申请，核准注册号为6370166，核定使用商品为国际分类第25类服装等，商标专用权自2011年8月7日至2021年8月6日止。

商标局于2010年2月23日做出发文编号为ZC6661446BH1的商标驳回通知书，决定驳回申请商标的注册申请，理由为申请商标与引证商标一、第6424840号"指南者GUIDES"商标（简称引证商标二）构成类似商品上的近似商标。

2010年3月24日，贾某向商标评审委员会提出复审申请，其主要理由为：引证商标二已无效；贾某已对引证商标一提出异议，请求待异议案件结束后审理本案。

复审期间，引证商标二被商标局裁定不予核准注册。

2011年9月27日，商标评审委员会做出第22918号决定。

另查，贾某庭审过程中明确表示对申请商标指定使用的复审商品与引证商标一核定使用的商品构成相同或类似商品不持异议，且其诉讼理由仅为对申请商标与引证商标一不构成近似商标。

以上事实，有第22918号决定、申请商标档案、引证商标档案、ZC6661446BH1商标驳回通知书、贾某提交的证据及当事人陈述等在案佐证。

法院审理结果：法院认为，鉴于贾某庭审过程中明确表示对申请商标指定使用的复审商品与引证商标一核定使用的商品构成相同或类似商品不持异议，且其诉讼理由仅为对申请商标与引证商标一不构成近似商标，故本案的焦点问题为申请商标与引证商标的标志本身是否构成近似的问题。

《商标法》第二十八条规定，申请注册的商标同他人在同一种商品或者类似商品上已经注册的或者初步审定的商标相同或者近似的，由商标局驳回申请，不予公告。

法院认为，商标近似是诉争商标与在先商标相比较，其文字的字形、读音、含义或者图形的构图及颜色，或者其各要素组合后的整体结构相似，或者其立体形状、颜色组合近似，易使相关公众对商品的来源产生误认或者认为其来源与原告注册商标的商品有特定的联系。本案中，申请商标与引证商标一的文字部分可认读为其显著识别部分，且均为"指南者"，在文字构成、呼叫等方面相同，同时使用在相同或类似商品上，易使相关公众误认为上述标志所标示的服务的提供者相同或存在某种特定的联系，从而对商品的来源产生混淆或误认，据此，商标评审委员会认定申请商标与引证商标一标志本身构成近似并无不当。贾某主张申请商标与引证商标一标志本身不构成近似，缺乏事实及法律依据，法院不予支持。

鉴于贾某对申请商标指定使用的复审商品与引证商标一核定使用的商品构成相同或类似商品不持异议，因此，商标评审委员会认定申请商标指定使用在复审商品上与引证商标一构成使用在相同或类似商品上的近似商标,从而驳回上述复审商品上申请商标的注册申请,亦无不当,法院予以支持。

综上所述,第22918号决定审查程序合法,认定事实清楚,适用法律正确,本院应当予以维持。原告的诉讼请求缺乏事实与法律依据,本院不予支持。依照《中华人民共和国行政诉讼法》第五十四条第(一)项之规定,法院判决如下:

1. 维持被告国家工商行政管理总局商标评审委员会做出的商评字〔2011〕第22918号《关于第6661446号"指南者zhinanzhe"商标驳回复审决定书》。

2. 案件受理费一百元,由原告贾某负担(已交纳)。

实验三　专利权争议案例模拟审判

一、实验目的

1. 了解专利权侵权诉讼的主体条件。
2. 熟悉专利侵权的举证责任。
3. 熟悉专利侵权的审理程序。

二、实验要求

在模拟法庭上,要求学生扮演法官、原告、被告、证人等角色,阐述观点,对有争议的问题展开辩论。除了口头表达能力之外,书面表达能力也是本教学环节训练的重点。通过起草诉状、答辩状、判决书等诉讼文书培养学生的书面表达能力。

三、实验原理

发明专利侵权案中要注意以下内容:(1)确定专利权的保护范围,应当以权利要求书的实质内容为基准,在权利要求书不清楚时,可以借助说明书和附图予以解释。(2)"全面覆盖原则"适用的前提是被控侵权客体(产品或方法)的全部技术特征中均包含在涉案专利的必要技术特征之内,如果缺少某项必要技术特征,则不能使用该原则判定侵权成立。学生要根据双方当事人争议的焦点,找到相关的法律规范,并且在正确解释适用相关法律规范的基础上解决法律纠纷。对于法律漏洞,能够参考相关的学说,提出合理可行的解决方案并加以论证。

四、实验器材

1. 审判桌:包括审判席、书记员席、原告方席、被告方席。
2. 桌牌:包括审判长1个,审判员两个,书记员1人,原告1个,被告1个。
3. 实验服装:法官服3件、书记员服1件、法警服2件。
4. 审判阶段公示牌:事先准备以下卡片,在各阶段开始之前,由审判阶段说明人举牌公示。以下为特大字的内容:第一阶段:开庭准备;第二阶段:法庭调查;第三阶段:法庭辩论;第四阶段:宣告判决。

5. 民事诉讼中的文书材料：一般包括：（1）原告起诉书；（2）被告答辩状；（3）法院判决书。

6. 书证和物证：《发明专利证》、《企业法人营业执照》等。

7. 其他器材：法槌1个、照相机、摄像机等。

五、实验步骤

1. 选定法律案例

根据专业课程实践教学大纲的要求选取恰当案例。案例内容按要求可以是涵盖单一部门法，也可以是跨几个部门法，由专业课程实践教学任务确定。要求所选案例中，当事人人数符合实训人员要求，案情比较复杂，有一定的学术探讨价值和实践指导意义。

2. 组建模拟法庭

根据所选案例确定模拟法庭组成人员：审判人员三、五、七人均可，最好三人；书记员一到二人。原告和被告人数也根据案情确定，并且每位原告和被告人可指定一到二人作为诉讼代理人。根据案情还可确定证人、鉴定人员等若干人。

3. 确定、分配各模拟法庭人员实验任务

各模拟法庭人员必须先仔细研究、分析案情，然后按分工要求完成所属实训任务。要求：

（1）符合事先确立的各模拟法庭人员的身份和工作职责范围，不得越"权"、越"职"、换"岗"以偷换任务；

（2）各模拟法庭人员从自己所代表人员的角度，独立分析案情，为自身立论引据。力争定性准确，证据充分，引用法律条款正确，叙述条理清楚，逻辑性强；

（3）各模拟法庭人员必须以案情为依据，不得私自随意增减案情，不得在案情外杜撰、私改证据；

（4）态度端正，字迹工整；

（5）审判庭成员还必须另准备一套和供法庭调查用的要求诉讼参与人必须提供的主要证据目录，以备开庭时使用；

（6）所有诉讼参与人必须准备一份开庭时自用的诉讼提纲、提问目录和要求对方提供的证据目录。

4. 模拟法庭开庭审判

模拟法庭开庭审理案件前，必须先了解、熟悉民事法庭庭审程序。

（1）开庭

由书记员先入庭，宣布："请全体起立！请审判长、审判员入庭。"审判长、审判员依次入庭后，书记员宣布："请坐下！"（从此始书记员开始作庭审过程书面记录），再由审判长宣布："依照《中华人民共和国民事诉讼法》第三条、第六条、第七条等规定，由某某法院于某年、月、日公开审理某某一案。现在开庭！"并继续由审判长核实参加庭审人员是否到齐，接着宣读《法庭纪律》。最后，由审判长告知各诉讼参与人："根据《中华人民共和国民事诉讼法》第四十四条的规定，当事人及其法定代理人发现本案中的审判人员、书记员、鉴定人等有下列情形之一的,有权要求他们回避:(一)是本案的当事人或者当事人、诉讼代理人的近亲属的;(二)与本案有利害关系的;(三)与本案当事人有其他关系,可能影响对案件公正审理的。"审判人员接受当事人、诉讼代理人请客送礼,或者违反规定会见当事人、诉讼代理人的,当事人有权要求他们回避。

(2)法庭调查

经审判长允许,先由原告或其诉讼代理人宣读起诉书;然后,由被告对发生的民事事实进行陈述。为节省时间和使诉讼过程条理化,审判长应要求各诉讼参与人必须按顺序提供证据以支持本方的事实陈述。

(3)法庭辩论

先由原告或其诉讼代理人发表诉讼意见,提出与被告的民事纠纷应如何认定和应适用的法律依据等意见;再由被告人及其诉讼代理人发表代理意见。

(4)当事人最后陈述

由原告和被告人作最后陈述。其内容可以是对本次审理过程的意见,也可以是对双方民事纠纷如何处理的意见等。审判长还应征求双方当事人是否愿意调解的意见。

(5)评议和宣判

由审判长宣布"休庭",审判庭全体人员退庭,到另一室进行合议,审判庭应根据少数服从多数原则决定对本案的最后判决结果,不同意见应记录在案。

由审判长宣布"复庭",书记员"请全体起立!"由审判长宣布判决书。(也可另定期宣判)

5. 模拟法庭实训活动总结

各模拟法庭人员必须按要求上交所有实习中的诉讼文书。指导老师对模拟法庭的庭审过程和庭审前准备活动进行指导和监督,并对模拟法庭的庭审过程中的各人表现进行点评。

六、思考题

1. 专利权的保护范围?
2. 专利侵权行为的构成要件及其法律责任?
3. 专利侵权认定的适用原则有哪些?

七、实验素材

(一)法律文件素材

主要为《中华人民共和国专利法》等法律及最高人民法院《关于审理侵犯专利权纠纷案件应用法律若干问题的解释》等司法解释。

(二)案例素材

李耀中诉太原市同翔金属镁有限公司侵犯发明专利权纠纷案

太原市中级人民法院经审理查明:李耀中于2002年9月19日向国家知识产权局申请了一项名称为"源头消除污染的热态脱硫的净化加热炉"的发明专利,于2008年6

月 25 日获得授权，专利号为 ZL02102956.3。该专利权利要求 1 记载："一种源头消除污染的热态脱硫的净化加热炉，包括燃烧净化器和脱硫净化器，其特征在于，加热炉内设有阻燃火焰、烟尘、废气流减慢流速的燃烧净化器和脱硫净化器，燃烧净化器内有阻燃的构件，在炉内的源头是双燃煤炉膛或单炉膛添湿水煤运行，炉膛的后位或侧位是阻燃炉膛火焰的隔墙，隔墙的下方是引向烟尘和废气流的大空间火道，或炉体外的输废气管，以及用耐火材料预制成的块状型单体的辅助的阻燃小部件；燃烧净化器包括：炉膛、隔墙、火道、阻燃的块状小部件、外排输废气管、插板；隔墙在炉膛的后位或侧位，火道在隔墙内至隔墙下方火道出口，单体阻燃的块状小部件、垒集成的大小不规则狭窄绕行的小空间火道同煅烧炉内矿料堆集形成的空间一样；烟尘就在阻燃的高温小空间火道内绕行外排的过程中燃烧尽；外排输废气管、插板在炉体外。脱硫净化器设在炉内燃烧净化器后的热态区域内至插板前，有三种形式：（1）在炉内的炉膛至热态区域的一周设有喷入粉状脱硫剂的管孔，喷入炉内的粉状脱硫剂在飞扬喷落的过程与废气硫中的二氧化硫热态接触反应中和了；（2）在炉内把块状小部件的脱硫剂，垒集成大小不规则的废气流外排能绕行通过去的空间或者用氧化钙或炼稀土后的渣块堆集在脱硫净化器内，当废气气流中的二氧化硫在外排绕行、经过大小空间时，脱硫剂二氧化硫接触发生中和反应形成硫酸钙；（3）在炉体外把废碳化钙粉或氧化钙粉及附加脱硫剂碱性材料制成浆液，喷入炉内排放废气流的通道中形成浆雾态与废气流中的二氧化硫接触反应脱硫。"该专利权利要求 5 记载："一种立式燃气煅烧炉，包括权利要求 1 所述的脱硫净化器中的块状型脱硫剂单体部件，其特征在于，燃气的立式煅烧炉体的高度 10～15 米，煅烧炉的外廓形状有圆体，也有方体，或下方上圆体；具有筒形状煅烧室；向炉内供煤气的燃烧室，在煅烧炉体地面 3 米以上的位置；矿石加料口在煅烧炉顶部，煅烧炉底部有 1～4 个落料漏斗。"

根据李耀中提供的涉案专利说明书，该发明涉及一种源头消除污染的热态脱硫的净化加热炉，采用组合燃烧净化器，彻底削除了煤在燃烧过程中产生的烟尘，只有废气流从烟筒口排出，各种燃烧净化器的部件应用于一切燃煤炉、一切燃油炉或一切燃气炉，在利用余热中生产碱性产品，用脱硫净化器脱掉了废气流中的二氧化硫。燃煤净化器是由多个耐火材料制件或金属制件或金属与耐火材料组合成的各种形状的再气化燃烧的火道阻燃结构；脱硫净化器是由耐火材料制件或金属制件内装脱硫剂与制位部件组合成的产品结构。脱硫净化器就是制位脱硫剂的一种装置，因脱硫剂比重小、不成型，或者说难成型及多种因素，很难在实践中得到合理应用，而且效果不好浪费资源。采用脱硫净化器制位各种脱硫剂，就什么问题也解决了。脱硫净化器在不同的炉体中，加热室或熔池后入烟道口处内的中段内 90℃～100℃ 段，装有框架脱硫净化器。在脱硫净化器内是多层排列着孔型脱硫剂或方棒形脱硫剂，脱硫剂的形状是块状或棒形同某种燃烧器部件的形状，有长方形、方形、圆形三种。块上两面有纵横排列穿透的长条孔或方孔或圆孔。框架的容积大小因需定，是随燃烧炉膛的大小确定的。在炉体内脱硫净化器有一个妥当合理的位置。脱硫净化器放置位置不同，脱硫剂的成分、形状、组合结构也各异，脱硫剂都是装在脱硫净化器内使用的。

太原市同翔金属镁有限公司成立于 1995 年 7 月 21 日，经营范围包括：金属镁、重溶用铜头镁锭、铸造镁合金等，属于生产金属镁民营企业。建煅烧炉初期，太原市同翔金属镁有限公司多次派人员到中国华北冶金建设公司岭南金属镁厂、潞城市大祥金属镁有限公司等进行考察，对煅烧炉进行全面改造。2005年1月20日，中国有色金属工业协会镁业分会对该公司煅烧炉技改成果进行考察，考察认为，该炉型具有结构简单、造价较低、操作方便、煤种选择灵活、回收利用率高、炉温及排放物调节可控、煅白产量和合格率明显提高的优点，是现阶段符合环保要求的煅烧窑型。

根据李耀中提供被控侵权煅烧炉的照片、图纸表明，太原市同翔金属镁有限公司使用的煅烧炉主要特征为：煅烧炉的整体外形呈圆锥体形，炉体高15.59米，煅烧炉由预热段、燃烧段、高温段、风预热段、冷却段组成，炉底部为一个斗式自然落料。煅烧炉的设计为煤气喷嘴，在煅烧炉体地面3米以上的位置均布，空气喷嘴在比煤气嘴低0.5米的地方均布，在炉腔的中心处设计有四个均布的空气嘴。煅烧炉加料口在预热带的顶部一侧。

李耀中诉称：原告持有涉案发明专利的有效专利证书，2008年8月8日，发现太原市同翔金属镁有限公司正在使用一台立式燃气煅烧炉煅白云石。该煅烧炉炉体高10~15米，煅烧炉的外廓形状是圆体，内腔具有筒形煅烧室，向煅烧炉内供煤气的燃烧室在煅烧炉体地面3米以上的位置，矿石加料口在煅烧炉顶部，一个落料漏斗在煅烧炉的底部。上述煅烧炉的形状结构特征，全部落入李耀中发明的立式燃气煅烧炉的权利要求范围，侵犯了其专利权，故请求法院判令：（1）太原市同翔金属镁有限公司立即停止侵权行为；（2）赔偿李耀中经济损失52万元；（3）承担本案的诉讼费用及其他相关费用。

太原市同翔金属镁有限公司辩称：我公司使用的煅烧炉在李耀中申请专利之前就已广泛使用，与李耀中持有的专利权利要求书保护的范围不同。我公司是1995年兴建的金属镁生产企业，在建煅烧炉初期，我公司多次派领导和技术人员到河南、河北及我省的潞城、运城等金属镁企业进行考察，这些厂家所使用的煅烧炉在20世纪80~90年代已广泛使用，但污染问题一直没有得到很好的解决。1998年我公司开始对煅烧炉进行全面改造，经过对多家金属镁生产企业考察，分析各种煅烧炉的性能、优缺点，决定以邯郸岭南镁厂煅烧白云石的粗炉型为基本炉型进行改造。该炉型是单炉体外燃式，煅烧分上、中、下三部分，上部分为预热带、中部为高温带、下部为冷却带，所煅烧的白云石产品符合要求。这种单炉体外燃式的缺点是保温性能差，不符合环保要求。后又经过考察，使用了潞城大祥金属镁煅烧炉，该煅烧炉是双体炉，外加煤燃烧室，它的优点是少了二个散热面，有利于保温，结构坚固合理。虽然效益好，但环保问题仍然没有从根本上得到彻底解决。2003年，经过环保技术改造，达到了环保要求，最终建成现在使用的煅烧炉，该炉外形是圆锥体形而不是圆体，是单炉体而不是双炉体，是由煤气站供煤气而不是自产煤气，煤气燃烧去除了燃烧室，煅烧炉内腔是由预热段、燃烧段、高温段、风预热段、白灰冷却段组成，是具有锥形的燃烧段而不是筒形燃烧室，是炉底间断半自动化落料的煅烧炉，与李耀中起诉专利侵权的煅烧炉没有必然的联系。请求判决驳回李耀中的诉讼请求。

太原市中级人民法院认为：李耀中于2008年6月25日依法获得专利号为

ZL02102956.3的源头消除污染的热态脱硫的净化加热炉发明专利权,应受法律保护。

关于涉案专利权的保护范围。根据《专利法》第56条的规定,发明专利权的保护范围以其权利要求的内容为准,说明书及附图可以用于解释权利要求。李耀中ZL02102956.3号发明专利的权利要求共有10项,其中权利要求1是净化加热炉整体的权利保护范围,权利要求5是立式燃气煅烧炉的权利保护范围。按照单一性原则的要求对于发明专利申请而言,应当仅限一项发明,但属于一个总的发明构思的两项以上的发明,可以作为一件提出。所谓"属于一个总的发明构思",是指两项以上的发明在技术上相互关联,并共同包含一个或多个相同或者相应的特定技术特征。权利要求1和权利要求5之间的关系,首先要符合《专利法》要求的单一性的关系,即权利要求5和权利要求1之间必须有相同或相应的必要技术特征,否则审查员不会批准该权利要求5的存在,从权利要求书字面内容看,尽管权利要求5和权利要求1描述的是不同的产品,这两种产品应当具有相同或相应的必要技术特征,权利要求1的必要技术特征部分包括"燃烧净化器和脱硫净化器",显然权利要求5也应当包括"燃烧净化器和脱硫净化器"等必要技术特征。故根据涉案专利权利要求1、5的描述,立式燃气煅烧炉的技术特征为:(1)包括权利要求1中所述的燃烧净化器和脱硫净化器以及权利要求1所述的脱硫净化器中的块状型脱硫剂单体部件;(2)燃气的立式煅烧炉体的高度10~15米;(3)煅烧炉的外廓形状有圆体,也有方体,或下方上圆体;(4)具有筒形状煅烧室;(5)向炉内供煤气的燃烧室,在煅烧炉体地面3米以上的位置。;(6)矿石加料口在煅烧炉顶部;(7)煅烧炉底部有1~4个落料漏斗。

太原市同翔金属镁有限公司是否侵犯了原告李耀中的专利权。发明专利侵权判定中,应当以专利权利要求中记载的技术方案的全部必要技术特征与被控侵权产品的全部技术特征逐一进行对应比较。将被控侵权煅烧炉技术特征与涉案立式燃气煅烧炉的必要技术特征一一对比,相同之处在于:(1)煅烧炉体的高度10~15米,被控侵权煅烧炉体的高度为15.59米,该技术特征属于无需经过创造性劳动就能够联想到的技术特征且增加的高度并不会影响到煅烧炉的功能及效果,两者属于等同特征;(2)向炉内供煤气的燃烧室,在煅烧炉体地面3米以上的位置;(3)矿石加料口在煅烧炉顶部;(4)煅烧炉底部有1~4个落料漏斗。不同之处在于:(1)被控侵权的煅烧炉不含有燃烧净化器和脱硫净化器。根据权利要求1的描述,燃烧净化器包括:炉膛、隔墙、火道、阻燃的块状小部件、外排输废气管、插板;脱硫净化器设在炉内燃烧净化器后的热态区域内至插板前,有三种形式:①在炉内的炉膛至热态区域的一周,设有喷入粉状脱硫剂的管孔,喷入炉内的粉状脱硫剂在飞扬喷落的过程与废气硫中的二氧化硫热态接触反应中和了;②在炉内把块状小部件的脱硫剂,垒集成大小不规则的废气流外排能绕行通过去的空间或者用氧化钙或炼稀土后的渣块堆集在脱硫净化器内,当废气气流中的二氧化硫在外排绕行、经过大小空间时,脱硫剂二氧化硫接触发生中和反应形成硫酸钙;③在炉体外把废碳化钙粉或氧化钙粉及附加脱硫剂碱性材料制成浆液,喷入炉内排放废气流的通道中形成浆雾态与废气流中的二氧化硫接触反应脱硫。李耀中提供的被控侵权煅烧炉的照片、图纸等证据不能证明太原市同翔金属镁有限公司使用的煅烧炉具有燃烧净化器和脱硫净化器技术特征。另外,从被控侵权煅烧炉功能角度出发，太原市同翔金属镁有限公司的煅烧炉是用于冶炼金属镁，本领域技术人员公知该反应中并不需要脱硫这一过程，所以该煅烧炉与权利要求5记载的"单体脱硫部件"所要达到的目标完全不一致，不存在等同的关系。虽然李耀中的说明书第13页下数第一行记载了"碱性材料的煅烧室是一个脱硫净化器"，说明书第14页第四段记载了"脱硫净化器在烟道的入火口处，是一个石灰石煅烧室"，但是李耀中对此并未反映在权利要求书中的技术方案，仅记载在专利说明书中，故不能纳入专利权保护的范围。（2）被控侵权煅烧炉外廊形状是圆锥体而不是圆体，也不具有筒形状的煅烧室，故上述技术特征也未落入原告专利的保护范围。综上所述，被控侵权煅烧炉的技术特征未包含李耀中专利权利要求中记载的全部必要技术特征，未落入专利权的保护范围，故太原市同翔金属镁有限公司未侵犯李耀中的专利权。依据《中华人民共和国专利法》第十一条、第五十六条第一款，最高人民法院《关于审理专利纠纷案件适用法律问题的若干规定》第十七条第一款，《中华人民共和国民事诉讼法》第六十四条、第一百二十八条之规定，判决如下：驳回李耀中的诉讼请求。

第十章 商法实验

实验一 股票 IPO 实验

股票 IPO 就是（initial public offerings）股票首次公开发行，是指股份公司申请在证券交易所上市前第一次通过公开发行股票募集资金的行为。通常，上市公司的股份是根据向相应证券公司出具的招股书或登记声明中约定的条款通过经纪商或做市商进行销售。一般来说，一旦首次公开上市完成后，该公司就可以申请到证券交易所或报价系统挂牌交易。另外一种获得在证券交易所或报价系统挂牌交易的可行方法是在招股书或登记声明中约定允许私人公司将它们的股份向公众销售。这些股份被认为是"自由交易"的，从而使得这家企业达到在证券交易所或报价系统挂牌交易的要求。

一、实验目的

通过完成一个实验项目，让学生学会亲自动手和独立思考，将日常学习中掌握的抽象理论知识在实验中以具体的活动展现出来，增加学生对股票首次公开发行的感性认识。同时要让学生掌握股票首次公开发行的原则、基本要求、发行程序、发行前的准备工作，并能够撰写招股说明书等材料。让学生深刻理解我国在《公司法》《证券法》《首次公开发行股票并上市管理办法》中基本的立法原理、意义，以及股票首次公开发行的规定对推进公司治理的重要意义。

二、实验要求

（一）基本能力要求

1. 掌握《公司法》《证券法》《首次公开发行股票并上市管理办法》等关于股票发行的具体法律条文的规定，对股票发行的基本原则、主体资格、规范运行等方面的规定要有所了解。

2. 通过实验能初步掌握股票首次公开发行募股招股说明书编写方法，以及招股前需要成立的机构，需要准备哪些材料等事项。

3. 了解股票 IPO 发行的一般流程，包括网上竞价发行的申购程序、网上定价发行的申购程序以及网下申购程序。

（二）提高能力要求

1. 能够提出一个与股票 IPO 相关的调研性课题，并能够组织调研活动和撰写调研报告。

2. 通过实验过程的训练，掌握基本的股票发行的基本知识，尤其是作为一名法律从业者，要熟知股票发行的各个环节及相关的法律规定，对于具体发行过程中的规范有基本的识别能力。

3. 在实验过程中，能够培养团队精神和敬业精神以及认真对待工作的精神。

4. 着力强化创新意识和对知识的创造性应用，使学生具有获取知识、信息的能力和创新精神。

（三）综合能力要求

1. 通过实验课程和实验操作过程，能够有主动性地学习和思考，深刻领会《公司法》、《证券法》、股票发行条例等涉及股票首次公开发行的规定，使自己所掌握的法律知识系统化、立体化。

2. 让实验学生通过实验活动去思考公司股票发行的具体流程，以及不同性质公司和不同量级股票发行的不同情况，通过案例分析对发行过程中出现的规避法律的各种做法进行分析，对照相关法律规定树立自己的专业素质、理念。

三、实验原理

（一）股票发行的原则

1. 公开原则

公开原则就是要求对投资者充分披露募集股份的信息，使投资者了解发行人真实的、全面的情况，支持投资者在掌握投资信息的基础上选择投资机会和估量投资风险，做出投资决策。股份发行活动，应当是规范的，有透明度的，禁止虚假信息和欺诈蒙骗投资者的行为。

2. 公平原则

这是股份发行的基本原则，要求参与股份发行的当事人在相同的条件下，地位是平等的，相同的投资者有相同的权利，相同的发行人在法律上负有相同的责任，不应当在相同的投资者之间有不公平的待遇，或者发行人中享有法律所不允许的特殊权利。

3. 公正原则

公正原则是在股权发行中必须遵守统一制定的规则，当事人受到的法律保护是相同的，股份发行活动应当做到客观公正，依法办事，维护社会正义，保证有关公正原则的各项规范得以实施。

4. 同股同权、同股同利原则

这一原则是指相同的股份在相同的条件下应当具有平等性。同一个公司，相同的股份，在享有的权利上是平等的，在股票上所体现的权利也应当是平等的，按持有股份的多少行使表决权，股利的分配也取决于持股的多少，不应当是相同的股份有不相同的权利和股利分配。

5. 证券发行、交易活动的当事人具有平等的法律地位，应当遵守自愿、有偿、诚实信用的原则。

（二）股票 IPO 发行价格的原理

1. 内在价值原则

股票价格是对未来收益的贴现值，若股价不能反映股票的内在价值，或者说，股票定价与股票内在价值的偏离度过高，就可以认为该股票一级市场的定价机制存在一定的偏差。股票的发行价格应该反映股票的内在价值，一般可用现金流贴现法、相对估价法、经济附加值法等进行计算。

2. 市场化原则

股票的发行价格应以市场化取向为原则来确定，充分反映市场的供求关系，使股票的供给和需求达到均衡，以准确地反映市场对股票价值的认可，也就是说，股票发行价格应考虑发行时整体股票价格水平、供求状况等，兼顾各方利益。一方面，新股发行定价必须考虑满足发行人筹资需要。筹集企业所需的资金是发行人发行新股的目的之一，因此，新股发行定价应考虑发行人的筹资需要，最大限度地满足发行者的筹资需求。若新股发行价格过低，在发行量不变的情况下，则企业筹资规模会比较小，这不仅损害了原有股东的利益，也不利于公司成长；另一方面，新股定价必须考虑投资者和承销商的利益。出于投资成本考虑，投资者希望新股价格低，若新股发行价格太高，将会增加其投资成本，打击其投资信心，同时也增加了承销商的发行责任和风险，给二级市场增加压力，从而损害上市公司的形象，降低上市公司再次增资扩股的能力。一般来说，定价是否合理，在股票上市后一段时期即能表现出来，大幅度地涨落均系不正常，上涨 5%~20% 通常被认为是比较正常的。如果定价不留余地，则股票上市后在二级市场的定位将会发生困难，影响公司的声誉。因而新股发行价格的确定要注意给二级市场的运作留有适当的余地。

3. 符合国际惯例与我国国情相结合的原则

一方面，证券市场的发展有其内在的规律和基本模式，我国证券市场也必须遵循这种规律和模式，因此我国股票发行价格的确定应引进国际惯例，尽量与国际通行做法相一致，以便于保持可比性；另一方面，我国的经济发展和证券市场的发展都有其特色，与发达国家的证券市场环境明显不同，尤其是我国的证券市场建立不久，与其他成熟的证券市场相比，仍然存在许多不足，某些市场信号并不能反映真实情况，加上我国股份制企业的特殊性（改制设立），所以价格制定要在符合国际惯例的条件下，照顾到我国的具体情况，不能盲目照搬。

4. 定性与定量相结合的原则

股票价格由于其特殊性，其构成因素有许多无法确定或很难确定，因此在价格制定中，应充分考虑影响新股的可量化因素和不可量化因素。对可量化因素进行定量分析，而对不可量化因素则进行定性分析，将定量分析和定性分析有机结合起来才能准确合理地制定价格。

四、实验器材

电脑，投影仪。

五、实验步骤

（一）环节一：股票首次公开发行前的准备

1. 在实验教室，由实验教师向学生说明实验主题，通过多媒体播放相关实验素材和背景资料。

2. 按照《首次公开发行股票并上市管理办法》及相关法律规定，列出股份有限公司在首次公开发行股票前需要做的准备工作。

3. 根据实验课大纲，对参加实验的学生进行分组，根据实验任务确定各团队的任务，并分别确定学生担当的角色，为某公司的股票首次公开发行做准备。

4. 按照《首次公开发行股票并上市管理办法》准备向证监会申报的材料，包括公司的法人治理结构情况、主体资格情况说明、资产情况说明、招股说明书等。

5. 各实验小组按照所分配任务，进行讨论、查阅资料，将讨论结果整理成书面材料交给实验指导老师。

（二）环节二：模拟某公司 IPO 程序

1. 按照《证券法》《首次公开发行股票并上市管理办法》规定，首先由材料准备组对需要提交证监会审查的材料进行收集准备，包括：本次发行股票的种类和数量、发行对象、价格区间或者定价、募集资金用途、发行前滚存利润的分配方案、决议的有效期、对董事会办理本次发行具体事宜的授权、其他必须明确的事项，等等。

2. 按照中国证监会的有关规定编制和披露招股说明书；要严格按照招股说明书内容与格式准则进行信息披露，包括：信息披露中要有公司全体董事、监事和高级管理人员在招股说明书上签字、盖章，保证招股说明书的内容真实、准确、完整；保荐人及其保荐代表人应当对招股说明书的真实性、准确性、完整性进行核查，并在核查意见上签字、盖章。

3. 担任保荐人的小组出具发行保荐书。

4. 各小组将实验过程中的完成成果进行整理汇总、一并上交。

5. 实验学生对此次实验课程做出评价和建议，培养自己的主体参与性，也使实验课教师在今后的教学中不断改进，以满足实验教学的要求。

6. 实验教师根据自己的观察，对每一个实验学生的表现、各个团队的整体表现以及学生的真实感进行具体、有针对性的点评，指出以后在实验课中应注意的问题。最后对此次实验课进行总结，建议学生在今后的实习活动中真正投入到股票发行工作实践中，将实验中获得的能力和技巧、理性运用到实际工作中去。

六、思考题

我国股票 IPO 定价制度现状及主要问题分析

七、实验素材

（一）素材一：相关法律规定

1. 《中华人民共和国公司法》

第一百二十七条　股份的发行，实行公平、公正的原则，同种类的每一股份应当具有同等权利。同次发行的同种类股票，每股的发行条件和价格应当相同；任何单位或者个人所认购的股份，每股应当支付相同价额。

2.《中华人民共和国证券法》

第十条　公开发行证券，必须符合法律、行政法规规定的条件，并依法报经国务院证券监督管理机构或者国务院授权的部门核准；未经依法核准，任何单位和个人不得公开发行证券。

3.《首次公开发行股票并上市管理办法》

第二十一条　发行人已经依法建立健全股东大会、董事会、监事会、独立董事、董事会秘书制度，相关机构和人员能够依法履行职责。

(二) 素材二

1. 由实验教师根据学生分组情况提供实验案例素材；

2. 由实验教师指导学生在实验过程中分配不同的任务，并根据分工准备各种角色所需要的材料。

实验二　汇票的填写与流转

票据行为是以票据权利义务的设立及变更为目的的法律行为。随着商业活动的深入发展，票据越来越成为一种商业交往中不可或缺的工具。广义的票据行为是指票据权利义务的创设、转让和解除等行为，包括票据的签发、背书、承兑、保证、参加承兑付款、参加付款、追索等行为在内。汇票是由出票人签发的，要求付款人在见票时或在一定期限内，向收款人或持票人无条件支付一定款项的票据。

《票据法》中对汇票的种类、内容、签发、背书、承兑、付款、追索等都有明确规定，对出票人、持票人、付款人的权利义务也有详细介绍。汇票是国际结算中使用最广泛的一种信用工具。

一、实验目的

1. 让参加实验课程的学生掌握汇票行为的基本原理。

2. 使学生掌握在商业活动中如何识别汇票，汇票的票面包括什么内容，汇票行为中出票人、持票人和付款人分别享有哪些权利和承担哪些义务，什么情况下持票人可以进行背书、付款人拒绝付款的理由以及持票人如何行使追索权等事项。

3. 让学生了解汇票与支票、本票的联系和区别。

4. 让学生熟悉汇票在商业活动中流转的流程。

5. 进一步让学生了解汇票在商业往来中的重要意义。

二、实验要求

1. 按照实验操作流程，通过汇票实物观察掌握汇票的样式、内容、填写方法等票面信息，要求学生对汇票有一个直观认识。

2. 通过实验的过程，参加学生应该对汇票的出票流程，汇票的使用原理、汇票使用中汇票当事人分别享有和承担的权利、义务有所了解。

3. 在实验过程中，每一个实验学生要认真对待自己的角色，通过具体的参与活动达到掌握票据法的法律规定的学习效果。特别注意避免将实验课看作是走形式，不认真对待。只有所有学生都全力投入到法律运用活动中，才能实现课程设置的实验目的。

4. 在实验过程中，要学习汇票的填写方法，准确按照《票据法》的规定，在票面完整填写需要标明的信息；程序方面，对票据的使用中每一个细节的法律规定都要吃透，做到合规、标准化。

5. 培养良好习惯的要求

按照实验教师的要求开展具体实验活动，除了实验活动需要交流之外，彼此之间不谈论与实验活动无关的话题，培养目标专一的能力，改正上课开小差、吃零食、闲聊、玩手机的不良习惯。遵守实验室操作要求、环境卫生要求，熟练使用实验室设备，保障实验室设施的完好无损，培养公益心和公德。

三、实验原理

在本次汇票行为实验中，需遵循票据法的基本原理：

(一) 票据的流通性

主要是指收款人或持票人可以通过背书或者交付的方式，转让其享有的票据权利，转让的法律效果是：一经转让，背书人所享有的票据权利就转让给了被背书人；作为受让人的被背书人，只要取得票据的行为是善意的，其享有的票据权利并不受实际上可能存在的背书人权利瑕疵的影响。纵观票据和票据制度的发展历史，从一定的角度来看，是票据规则不断发展完善以促进票据转让流通、适应商品经济发展需要的历史。因此完全可以认为，流通性是票据的最基本的特征。从某种意义上说，流通性原理是票据法和票据制度的最基本和核心原理，其他一切原理、原则和规则都服从于流通性原理。票据所具有无因性、文义性、要式性以及相应的票据理论，无一不是为了保证、促进或者维持票据的流通性。票据的转让与合同法上的债权转让有较大的区别，首先，票据的转让无须通知票据债务人，而一般债权的转让，除非当事人另有约定，均以通知债务人为要件，否则对债务人不发生效力。其次，为保证票据的流通性，各国票据法中设立了票据抗辩限制制度，即票据债务人不得以自己与出票人之间的抗辩事由或以自己与持票人前手之同的抗辩事由对抗持票人，而一般的债权转让中，债务人的抗辩随着债权的转让而转移。票据流通性的特点，正是票据法中一些独特规则的源头。

(二) 票据的无因性

主要是指票据一旦签发，其所产生的票据关系就独立于其赖以产生的票据基础关系，并与后者相分离，从而不再受到后者的存废或者效力有无的影响；在票据流通过程中，第三人在接受票据时，无须去过问和注意票据基础关系。如果将票据关系和票据基础关系完全、彻底而密切地联系在一起，也就是说将票据基础关系的存在和有效来决定票据及票据关系的存在和效力，势必大大增加票据转让的难度，从而限制或阻碍票据的流通，进而限制票据多种功能的发挥。正是基于此，各国票据法均强制票据的无因性，避免票据在商品流通中失去其应有的功能。

（三）票据的文义性

票据的文义性是指一切票据权利义务的内容，应当严格按照票据上记载的文义并根据票据法的规定予以解释或者确定，此外的任何理由和事项都不得作为根据。据此，即使当事人在票据上记载的文义有误，也不能以票据以外的其他证明结束进行变更或补充。票据的这一特征有利于保护善意持票人，维护票据的流通性，确保交易安全。

（四）票据的要式性

票据的要式性指票据的制作格式和记载事项，必须严格遵守法律规定的方式，才能产生正常的票据效力，否则，票据效力将受到一定程度的影响。换言之，票据必须按照票据法规定的格式进行出票、背书、保证、承兑等票据行为。而票据上记载的文字也在符合格式要式的范围内发生票据法上的文义效力。

四、实验器材

空白汇票样本及其复印件若干。

五、实验步骤

（一）环节一：汇票的填写

步骤一：在实验室内，实验教师将实验学生分组，每组5人，共7组，给每一组发一份空白汇票样本；

步骤二：实验指导教师根据案例，对每组学生进行角色分配，分别担当出票人、持票人、付款人、背书人、保证人，根据不同的角色定位，每位学生按照票据流转程序在自己环节填写相应的内容；

步骤三：汇票填写完毕后，进行小组讨论，每个小组对本小组所填的票据进行检查，对照相关票据填写方法，查看票据填写的内容是否完整，所填内容准确与否；对填写内容有不同意见的，小组内部可以进行讨论，找出正确的填写方法，如果小组成员无法达成一致，可以由实验指导老师进行具体指导。

步骤四：各小组讨论、检查结束后，再一次对照法律条文对票据填写涉及的内容逐一进行确认，加深印象。

步骤五：实验指导老师对本环节各位学生的表现进行评点，对该环节实验的意义和目的进行阐述，对该环节涉及的法律规定进行相应的讲解，让学生通过本次试验真正掌握汇票的填写方法。

（二）环节二：票据的流转

步骤一：按照上一环节的分组情况，重新分配角色，分别担任出票人、付款人、持票人、背书人、保证人等角色；每个角色按照法律规定宣读各自享有的权利和承担的义务。

步骤二：各小组根据《票据法》规定列出汇票流转程序：（1）付款人到开户行申

请开汇票——（2）付款人的开户银行受理——（3）开户行签发汇票——（4）付款人把汇票给客户——（5）背书转让——（6）被背书受理——（7）提示付款——（8）收妥付款。

步骤三：各小组对票据案例素材进行分析，充分使用所学的票据法的相关规定，查找案例中关于汇票流转中出现的不规范的地方，并指出正确的做法。

步骤四：总结陈述实验成果，互相评价

所有参加实验学生集中起来，各小组陈述自己在实验中的表现，实验教师可以考虑一种合适的激励方式，调动大家积极主动的自评和互评，营造一种包容、从善如流的互动氛围，让实验课学生在锻炼表达能力的同时掌握法律职业技能，并养成谦虚和诚实的品德。

步骤五：实验教师进行本次实验课总体目的是否实现、学生参与实验课堂的程度、对相关法律的掌握能力等方面的点评，并且布置下一次实验课内容，说明学生在课前准备的资料和各小组必要的分工。

六、思考题

汇票填制规则。

七、实验素材

实验素材的来源主要有以下几个方面：实验室提供的场所、器具，包括桌椅、工作台、电脑设备、投影仪等素材；实验指导教师在实验课前准备的素材，比如汇票样式、使用过的汇票原件和复印件若干、某公司的财务章和法人章；实验课前学生自己准备的一些文具、与票据相关的法律条文书籍；实验指导教师在实验前准备的案例材料。

素材一：汇票样本

1. 空白汇票样本；
2. 填写好的汇报样本；
3. 经过背书流转的汇票样本；
4. 以上汇票样本的复印件若干。

素材二：汇票使用案例

被告上海亚细亚皮具实业有限公司（简称亚细亚）签发了一张收款人系上海亚泰皮件厂、票面金额为20万元、汇票到期日为1996年5月30日的商业承兑汇票（号码为ZXZV6468553），同时该汇票经被告亚细亚承兑，到期日无条件支付票款。上海亚泰皮件厂收到汇票后，于同年3月8日背书后交付原告上海皮革公司德惠皮革制品厂（简称皮革厂），原告皮革厂遂在背书人一栏中填写了自己的名称。同年5月30日原告皮革厂因出借钱款又将汇票背书转让给借款方上海希伦赛勒赫和奎因皮革化工品技术服务寄售站（简称寄售站）。同日，该寄售站持该汇票至银行提示付款。次日，因被告亚细亚帐户内存款不足银行拒付款而退票。为此，该寄售站将汇票退回原告皮革厂，原告皮革厂与该寄售站之间已不存在债权债务关系。为此，原告皮革厂遂向法院提起诉讼。

原告皮革厂诉称：请求法院判令被告偿付票据金额20万元，承担利息及诉讼费。被告亚细亚公司辩称：原告皮革厂取得汇票后已背书转让给他人，且本案系汇票的前后手之间均无直接债权债务关系。原告皮革厂不具备持票人竞争资格，无票据权利，要求驳回原告皮革厂之诉。

素材三：相关法律规定

《合同法》、《公司法》中关于票据使用的相关法律条文。

实验三　保险合同的订立

保险合同是投保人与保险人约定保险权利义务关系的协议。订立保险合同，应当协商一致，遵循公平原则确定各方的权利和义务。人身保险的投保人在保险合同订立时，对被保险人应当具有保险利益。财产保险的被保险人在保险事故发生时，对保险标的应当具有保险利益。人身保险是以人的寿命和身体为保险标的的保险。财产保险是以财产及其有关利益为保险标的的保险。被保险人是指其财产或者人身受保险合同保障，享有保险金请求权的人。

依法成立的保险合同，自成立时生效。投保人和保险人可以对合同的效力约定附条件或者附期限。保险合同成立后，投保人按照约定交付保险费，保险人按照约定的时间开始承担保险责任。除本法另有规定或者保险合同另有约定外，保险合同成立后，投保人可以解除合同，保险人不得解除合同。

一、实验目的

1. 让参加实验课程的学生掌握保险合同签订的基本原则。

2. 让学生掌握如何运用所学法律知识签订保险合同，让学生了解如何订立保险合同才能取得利益最大化，实现保险合同保险利益原则，以及在合同履行中出现纠纷应如何处理。

3. 使学生掌握保险合同签订双方当事人的权利义务关系，签订保险合同时应包括哪些基本内容。

4. 让学生了解保险合同生效后的法律后果，如何获得保险补偿金。

二、实验要求

1. 按照实验操作流程，学生首先要对本次实验的目的有所了解，熟悉保险法中对保险合同的法律规定。

2. 通过实验的过程，参加学生应该对保险合同的签订原则，保险合同包含的基本合同条款及合同当事人分别享有和承担的权利、义务有所了解。

3. 在实验过程中，每一个实验学生要认真对待自己的角色，通过具体的参与活动达到掌握保险法的法律规定的学习效果。特别注意避免将实验课看作是走形式，不认真对待。只有所有学生都全力投入到法律运用活动中，才能实现课程设置的实验目的。

4. 在实验过程中，要学习保险合同的起草、签订，每位学生都要撰写一份保险合同，并对保险合同签订过程中每一个细节的法律规定都要认真理解。

5. 培养良好习惯的要求

按照实验教师的要求开展具体试验活动，除了实验活动需要交流之外，彼此之间不谈论与实验活动无关的话题，培养目标专一的能力，改正不分场合聊天、喧哗的不良习惯。遵守实验室操作要求、环境卫生要求，熟练使用实验室设备，保障实验室设施的完好无损，培养公益心和公德。

三、实验原理

在保险合同签订过程中应遵循的主要原则：

最大诚信原则

最大诚信的含义是指当事人真诚地向对方充分而准确的告知有关保险的所有重要事实，不允许存在任何虚伪、欺瞒、隐瞒行为。而且不仅在保险合同订立时要遵守此项原则，在整个合同有效期内和履行合同过程中也都要求当事人间具有"最大诚信"。保险合同当事人订立合同及合同有效期内，应依法向对方提供足以影响对方做出订约与履约决定的全部实质性重要事实，同时绝对信守合同订立地约定与承诺。否则，受到损害的一方，按民事立法规定可以此为由宣布合同无效，或解除合同，或不履行合同约定的义务或责任，甚至对因此受到的损害还可以要求对方予以赔偿。

近因原则

近因，是指在风险和损失之间，导致损失的最直接、最有效、起决定作用的原因，而不是指在时间上或空间上最接近的原因。在风险与保险标的损失关系中，如果近因属于被保风险，保险人应负赔偿责任；近因属于除外风险或未保风险，则保险人不负赔偿责任。

损失补偿原则

损失补偿原则是指保险合同生效之后，当保险标的发生保险责任范围内的损失时，通过保险赔偿，使被保险人恢复到受灾前的经济原状，但不能因损失而获得额外收益。

保险利益原则

保险利益是指投保人对保险标的具有的法律上承认的利益。在签订保险合同时或履行保险合同过程中，投保人和被保险人对保险标的必须具有保险利益。

四、实验器材

草拟的人身保险合同及财产保险合同若干。

五、实验步骤

（一）环节一：人身保险合同的签订

1. 在实验室内，实验教师将实验学生分组，安排他们分别扮演保险人、被保险人。

2. 实验指导教师利用事先准备的案例素材，给学生 10 分钟时间阅读，让学生扮演保险合同纠纷中的双方当事人，思考从自己所扮演角色的立场出发，保险合同事前应如何签订，纠纷产生后应如何争取利益。

3. 让扮演双方当事人的学生分别找律师或老师咨询，将有关情况向律师和老师说明并表达自己的愿望和权利诉求，请律师或老师给出答复。

4. 让扮演律师的学生通过多媒体网络以及实验室资料库等方式查找相关法律规定，讨论、研究、思考一个合乎法律的答复。

5. 通过对案例的讨论、分析、思考，扮演不同角色的学生，集中起来进行不分角色讨论，根据对素材中案例中得出经验和法律规定，每人草拟一份人身保险合同，并将各自完成的合同稿交给实验教师。

6. 实验教师将所有参加实验的学生分成两人一组，把学生草拟的人身保险合同稿分发给每个人，然后每组的两个学生分别代表保险合同的双方当事人签订人身保险合同，最后将签订好的合同交给实验指导教师。

7. 实验指导老师对本环节各位学生的表现进行评点，对该环节实验的意义和目的进行阐述，对该环节涉及的法律规定进行相应的讲解，让学生通过本次试验真正掌握人身保险合同撰写和签订的方法。

（二）环节二：财产合同的签订

1. 布置任务

每一个学生按照实验指导教师的分组，以财产保险合同双方当事人的角色草拟一份财产保险合同稿。

2. 合同稿草拟完毕后，拿出事先准备的保险法律条文资料进行对照，查看自己所起草的保险合同格式是否合规、内容是否完备、合同双方当事人的权利义务是否表述明确、合同产生纠纷后的处理办法等，对不符合标准的要进行及时更正或补充。

3. 总结陈述实验成果，互相评价

所有参加实验学生集中起来，各小组陈述自己在实验中的表现，实验教师可以考虑一种合适的激励方式，调动大家积极主动的自评和互评，营造一种包容、从善如流的互动氛围，让实验课学生在锻炼表达能力的同时掌握法律职业技能，并养成谦虚和诚实的品德。

4. 实验教师进行本次实验课总体目的是否实现、学生参与实验课堂的程度、对相关法律的掌握能力等方面的点评，并且布置下一次实验课内容，说明学生在课前需要准备的资料和各小组必要的分工。

五、思考题

保险合同订立要件分析。

六、实验素材

（一）素材一

原告：新疆北疆铁路公司石河子工务段（下称工务段）

被告：新疆石河子市人民保险公司（下称保险公司）。

1992年11月，原告工务段以132000元价格购买了湘江丰田双排座130汽车一辆。在办好牌照后于同年12月16日向被告保险公司投保了车辆损失险：保险期是1992年12月17日至1993年12月16日；保险金额为132000元。1993年1月24日，该车在乌—伊公路上行驶，在170公里处被郭自军驾驶的沙湾县乌拉乌苏乡加工厂的34-04586东风车碰撞，造成该车损坏及人员死亡。当地公安交通管理部门赴现场调查了事故发生的情况，并出具了事故责任认定书，认定郭自军负肇事的全部责任。郭自军未被追究刑事责任。事故发生后，工务段及时向保险公司报告了情况，但保险公司未派员到现场验损，也不与工务段商定车损的程度。工务段征得保险公司同意后，将损坏的汽车从事故现场拉回单位。该车系生产厂家用日本产的零件所组装，当地修理厂极缺该车零件，无法承修。随后，保险公司让工务段向郭自军驾驶的东风车的投保单位沙湾县人民保险公司索赔该保险公司以郭自军是借用乌拉乌苏乡加工厂的东风车，未在其公司备案为由拒赔；工务段又向乌拉乌苏乡加工厂及郭自军索赔，该厂以东风车已向沙湾县保险公司投保为由拒赔，郭自军本人又无力赔偿。工务段索赔未果，即向新疆石河子市人民法院提起诉讼，要求保险公司赔偿汽车的全部损失132000元。

被告保险公司答辩称：造成车辆事故的全部责任在第三者乌拉乌苏乡加工厂和驾驶员郭自军，原告应向郭自军追偿损失。郭自军造成原告方车毁人亡已构成刑事责任，原告的经济损失应由沙湾县人民法院按刑事附带民事案件一并处理，石河子市法院不应受理此案。原告放弃对第三者追偿的权利，未向我公司转让追偿权，故我公司不同意赔偿原告的经济损失。

石河子市人民法院经审理认为：原、被告双方的财产保险合同成立后，在保险合同期限内，原告的车辆发生损失险，被告应按车辆保险条例规定负责赔偿。本案原告所发生的损失完全是第三者汽车肇事造成的，在向第三者索赔无望的情况下，被告应先予赔偿，原告应将向第三者追偿的权利转让给被告，并协助被告向第三者追偿。被告在事故发生后不去事故现场验损和拒绝与原告商定投保车辆损坏程度的做法不妥。鉴于原告的投保车辆损坏程度严重，在新疆地区已无法修复，且保险公司拒绝验损，推定为该车全部损坏，由被告在保险额度内负全部赔偿责任。被告赔偿后，原告所投保车辆的残体由被告收回。被告提出原告应向第三者索赔或按刑事附带民事诉讼程序索赔，并拒绝赔偿原告的损失，其理由不能成立。该院依照《中华人民共和国经济合同法》第六条、第九条和《中华人民共和国财产保险合同条例》第十六条、第十七条、第十八条、第十九条及《汽车保险条款》第一条、第三条第四款之规定，于1993年8月26日判决如下：

第一，被告赔偿原告汽车损失126460元；

第二，原告将向第三者追偿的权利转让给被告，并协助被告向第三者追偿；

第三，原告投保的汽车残体归被告所有。

保险公司对判决不服，以原诉答辩的理由向新疆生产建设兵团农八师中级人民法院提出上诉。

二审法院在审理中委托有关专业人员对工务段投保汽车的损坏程度进行鉴定。经鉴定结论为：该车损坏需要的配件的价值和修理费为 80110 元，运至生产厂家修理需支运费 15372 元。

二审法院认为：上诉人与被上诉人签订的保险合同合法有效，被上诉人的车辆在保险合同有效期内发生损失险，上诉人应按《中国人民保险公司机动车保险条款》的有关规定负赔偿责任。该"条款"第二十三条规定，如果被保险人向保险公司提出赔偿请求，保险公司应按照本"条款"的有关规定，先予赔偿。上诉人以被上诉人没有将向第三者追偿的权利转让给上诉人为理由，不予赔偿，显属不当。原审法院没有委托有关部门对车辆定损，推定为全部损失，并将汽车残体判归上诉人，与《中国人民保险公司机动车辆保险条款》第七条规定相悖，应予纠正。据此，该院依照《中国人民保险公司机动车辆保险条款》第九条、第二十三条和《中华人民共和国民事诉讼法》第一百五十三条第一款第（二）项之规定，于 1994 年 5 月 30 日判决如下：

第一，维持原审判决第二项；

第二，撤销原审判决第一、三项；

第三，上诉人赔偿被上诉人购汽车配件款及修理费共 80110 元；

第四，上诉人支付给被上诉人将车运至厂家修理的运费 15372 元。

（二）素材二：与签订保险合同相关的法律规定

1. 《合同法》《民法通则》中关于保险合同签订的相关法律条文
2. 《保险法》

参考文献

[1] 刘煜辉，熊鹏：《票据的法律冲突》，载经济研究 2005 年 5 期。

[2] 牛红军：《基于核准制的中国股市 IPO 定价研究》，经济科学出版社 2010 年版。

[3] 潘攀：《票据的法律冲突》，北京大学出版社 2002 年版。

[4] 刘定华：《中国票据市场的发展及其法律保障研究》，中国金融出版社 2005 年版。

[5] 董安生：《票据法》，中国人民大学出版社 2009 年版。

[6] 安凤德：《保险合同纠纷诉讼指引与实务解答》，法律出版社 2013 年版。

[7] 贾林青，陈晨：《保险合同案例评析》，知识产权出版社 2013 年版。

[8] 奚晓明：《保险合同纠纷》，法律出版社 2010 年版。

[9] 赵旭东：《新编商法案例教程》，中国民主法制出版社 2008 年版。

第十一章 环境与资源法实验

实验一 环境法律责任

环境法律责任，是指违法者对其环境违法行为所应承担的具有强制性的法律后果，按其性质可以分为环境行政责任，环境民事责任和环境刑事责任三种。

环境法律责任作为环境法律规范的组成部分，与环境规范的特征密不可分，由于环境法律规范整体上有不同传统民法规范、行政法规范和刑法规范的特殊属性，因而，环境法律责任也有着不同于传统法律责任的理论、归责原则以及责任内容。

对于《环境保护法》而言，环境法律责任是该法的重要组成部分；对制裁性法律规范而言，环境法律责任是必不可少的构成要素，其主要功能在于体现环境法的强制性特征，反映环境法律规范的强制效力，保障环境法的有效实施。

一、实验目的

1. 使学生深刻理解环境法律责任的内容、性质。
2. 使学生理解环境行政责任、环境民事责任和环境刑事责任，并了解三者之间的关系。
3. 使学生理解环境行政诉讼、环境民事诉讼和环境刑事诉讼与普通行政诉讼、民事诉讼和刑事诉讼之间的区别。
4. 通过案例分析、模拟审判等环节，使学生了解环境行政诉讼、环境民事诉讼和环境刑事诉讼的一般程序和相关法律知识。

二、实验要求

1. 学习并理解环境环境法律责任的内容、性质，通过案例分析及分组讨论理解环境行政责任、环境民事责任和环境刑事责任，并了解三者之间的关系。针对案例并结合讨论结果，制作实验报告书。
2. 学习并分组模拟环境行政诉讼，制作庭审笔录、起诉状、答辩状、判决书、调解书等。
3. 学习并分组模拟环境民事诉讼，制作庭审笔录、起诉状、答辩状、判决书、调解书等。
4. 学习并分组模拟环境刑事诉讼，制作庭审笔录、起诉状、答辩状、判决书等。

三、实验原理

（一）环境行政责任

环境行政违法行为是指环境行政法律关系的主体违反环境法律法规，造成环境污染和破坏或侵害其他行政关系但尚未构成犯罪的有过错行为。这类行为的主要特征为：

第一，环境行政违法的主体是环境行政管理主体，环境行政管理机关工作人员或环境行政管理相对人。即任何组织和个人，只有以环境行政管理主体或环境行政管理相对人的身份出现时，其行为才有可能构成环境行政违法行为。

第二，环境行政违法行为是违反环境行政法律法规的行为。

第三，环境行政违法行为侵害的是环境行政法律关系，这种行为包括两大类：即环境行政主体及工作人员在环境行政管理中的违法行为和行政管理相对人所造成的污染和破坏环境的行为。

第四，环境行政违法行为是尚未构成犯罪的行为。由于环境行政违法行为在危害程度上及后果的严重性上均轻于犯罪行为，所以不由刑法调整而是由环境法调整。

第五，环境行政违法行为的法律后果是承担行政责任。

环境行政责任是指环境行政法律关系的主体在违反环境行政法律规范时应依法承担的法律后果。

1. 构成要件

（1）行为的违法性

《环境保护法》规定的行政违法行为主要包括：拒绝环境保护行政主观部门或者其他依法行使环境监督管理权的部门现场检查或者被检查时弄虚作假的；拒报或者谎报有关污染物申报事项的；不按国家规定缴纳排污费的；引进不符合我国环境保护规定要求的技术和设备的；将产生严重污染的生产设备转移给没有防治污染能力的单位使用的；建设项目防止污染设施没有建成或未达到国家规定的要求而投产使用的；未经主管部门同意，擅自拆除或者闲置防治污染设施又超标排污的；违反环境法的规定，造成污染事故的；令其限期治理而逾期未完成治理任务的。

（2）行为人主观有过错

过错是行为人实施违法行为时的心理状态，"故意"是指行为人明知自己的行为会造成破坏或者污染环境的后果，并且希望或者放任其发生；"过失"是指行为人应当预见自己的行为可能发生破坏或者污染环境的后果，却因疏忽大意没有及时纠正，或者已经预见却轻信可以避免，以致损害结果发生。

（3）行为有危害后果

违法行为造成了破坏或者污染环境、损害他人身体健康或其他财产损失等后果。

（4）违法行为与危害后果之间的因果关系

违法行为与破坏或者污染环境危害后果之间存在内在的、必然的联系，而不是表面的、偶然的联系。在不以危害后果为必要条件的场合，则不存在确定因果关系的问题。

2. 特征

（1）环境行政责任是环境行政法律关系主体的责任，它包括环境行政管理主体和

环境行政管理相对人的责任;

(2) 环境行政责任是一种法律责任,任何环境行政法律关系主体不履行法律义务都应承担法律责任;

(3) 环境行政责任是环境行政违法行为的必然法律后果。

3. 行政制裁

违反环境保护法而对承担行政责任者,依法实施的惩罚措施。包括:

(1) 行政处分,是国家行政机关、企业事业单位,根据行政隶属关系,依照有关法规或者内部规章对犯有违法失职和违纪行为的下属人员给予的一种行政制裁。包括对国家工作人员的警告、记过、记大过、降级、降职、撤职、开除留用查看、开除和对企业职工的警告、记过、记大过、降级、降职、留用查看、开除。

(2) 行政处罚,是环境保护监督管理部门对违反环境法或国家行政法规尚不构成犯罪的单位或个人给予的法律制裁。包括:《环境保护法》中的警告、罚款、责令停产或使用、责令重新安装使用、责令停业和关闭;《行政处罚法》中的警告、罚款、没收违法所得或没收非法财物、责令停产停业、暂扣或吊销许可证或执照、行政拘留、法律或法规规定的其他行政处罚。

另外,防治污染方面其他行政制裁形式还有:责令限期治理,缴纳排污费,支付消除污染费用,赔偿国家损失;责令限期改正,责令停止违法行为,责令消除污染,没收违法所得;责令搬迁,责令改正等。

对破坏环境者实施的其他的行政制裁和处罚形式还有:责令退还非法占用的土地,责令补种被毁坏的树木,责令停止开垦,责令恢复植被,责令停止违法行为,责令采取补种措施,吊销许可证,责令赔偿损失,责令其离开或者将其驱逐,没收猎获物、猎捕工具和违法所得,责令停业治理,责令限期拆除或者没收在非法占用的土地上新建筑物,等等。

4. 环境行政诉讼

环境行政诉讼,是指依照行政诉讼法规定,环境行政相对人认为负有环境监督管理职责的行政机关或行政工作人员的具体行政行为侵犯其合法权益向人民法院提起的诉讼。

(1) 范围

第一,司法审查之诉。环境行政相对人认为环保部门的行政行为不合法或者显失公平,要求人民法院依法进行司法审查的诉讼。这些行政行为包括:环境行政处罚行为;行政机关违法要求行政相对人履行环保义务的行为;违法限制人身自由、对财产进行查封、扣押等强制措施以及侵犯人身权、财产权、经营自主权等行为。

第二,请求履行职责之诉。环境行政相对人为要求环境行政管理机关及其工作人员履行其法定职责向人民法院提起的诉讼。这些职责包括:应当发放环保许可证和执照却拒不发放的;拒绝履行其他法定职责的。

第三,请求行政侵权赔偿之诉。公民、法人或其他组织的合法权益受到行政机关及其工作人员的具体行政行为的侵犯造成损害时要求赔偿向人民法院提起的诉讼。

(2) 诉讼时效

《环境保护法》规定,对行政复议决定不服的,诉讼时效为 15 天。《森林法》、《草原法》、《渔业法》规定了 30 天的诉讼时效。直接向人民法院起诉的,诉讼时效为 3 个月。

(二) 环境侵权民事责任

确立环境侵权行为,是追究行为人的法律责任或为受害人提供救济的前提条件。由于环境法律关系是一种以环境为媒介而产生的社会关系,所以环境侵权行为直接的表现形式是对环境的侵害,而后由于环境的生态作用而导致的人的权利侵害,故一般将环境侵权行为称之为"环境侵害"。

环境侵害是指由于人类活动所造成的环境污染与破坏,以致危害公民的环境权益或危及人类生存和发展的环境侵权行为。相较于传统侵权行为,环境侵害是具有社会性的个人利益侵害,是对人类环境资源多元价值的侵害,是一种复杂性侵害。此外,环境侵害还具有主体不平等,侵害对象广泛,侵害行为本身具有合法性、连续性和不确定性等特征。

正是由于环境侵害的这些特征已远远超出了传统侵权法的法理及制度架构,若仍然适用传统侵权法,以单纯的加害人与被害人个别责任人为主体,以违法行为与过失责任为归责要件,要求行为与损害结果之间具有直接的因果关系,原告承担举证责任,以及以损害赔偿为主要救济形式,将会遇到极大的困难并难以发挥妥善的救济功能。

1. 环境侵权责任

环境侵权责任,是因污染和破坏环境而导致他人环境权益的损害而应承担的法律后果。

环境侵权责任是一种特殊的侵权责任,具有强制性。与传统民事责任相较,有了新的构成要件。

(1) 有环境损害事实存在。在环境民事责任中,侵权所造成的损害事实不仅包括直接的财产损失,而且更多地包括因造成人体健康损害所引起的财产损失。

(2) 有污染和破坏环境的致害行为存在。环境法将环境侵害作为一类特殊侵权行为加以规定,就是注重强调保护环境的法定义务,强调环境侵害不以违法性为前提,而是以侵权损害的客观性作为承担环境民事责任的要件。

(3) 致害行为与损害结果之间的因果关系。在环境污染和破坏行为与后果之间又有环境因素的介入,加大了因果关系确定的难度,所以在环境民事责任中不要求有传统民事责任上的严密的、直接的、必然的因果关系证明,而是放宽了因果关系方面的旁证,采用"因果关系推定"等新的理论。

(4) 不要求行为人有主观过错。传统民事责任采用过错责任原则,以行为人主观上的故意和过失作为承担民事责任的最后条件。但在环境民事责任中,因为环境侵害的特殊性而采取了无过错责任原则,所以行为人的主观过错不再是承担环境民事责任的必要条件。

2. 无过错责任原则

无过错责任,或称无过失责任,是为弥补过错责任不足而建立的一种制度,环境法上的无过错责任是指因污染和破坏而给他人造成财产和人身损害的行为人，即使主观上没有过错，也要对其所造成的损害承担赔偿责任。这是环境民事法律责任的基本规则原则，这种归责原则既不考虑加害人的过失，也不考虑受害人的过失，其目的在于补偿受害人所受的损失。

公害是现代工业的产物，这些具有高度危险的行业，即使经营者在无过错情况下，也可能对资源环境造成污染和破坏，也可能对公民健康造成损害，如果恪守过错责任原则，受害人将得不到应有的赔偿。污染企业的经营获利，在一定程度上是建立在污染环境和给他人造成损害的基础上的，因此无论加害者有无过错，赔偿受害人损失理应是加害企业生产成本中的一部分。

无过错责任的免责条件，是指民法或环境法所规定的在因环境污染和破坏造成他人财产和人身损害时可以不承担法律责任的事由，又称为抗辩事由，这种抗辩是针对承担环境侵权责任的请求而提出来的。

法律在规定无过错责任的同时，也对无过错责任的承担范围作了明确的规定，确定了环境侵权责任的免责条件。一般情况下，法律规定的免责条件包括三项：

(1) 不可抗力

不可抗力是指独立于人的行为之外，且不以人的主观意志为转移的客观情况，包括自然灾害和社会现象。但是不可抗力作为免责事由，必须构成损害结果发生的原因，只有损害后果完全是由不可抗力引起，且经过及时采取合理措施，才能表明被告的行为与损害结果之间无因果关系，因此被免除责任。

(2) 受害人自身责任

受害人自身责任，是指受害人明知自己的行为会发生损害自己的后果，而希望或放任此种结果发生的后果由受害人自己承担，致害人免于承担责任的情况。

(3) 第三人过错

第三人过错，是指除原告和被告以外的第三人，对于原告的损害发生具有过错，被告应免于承当民事责任。第三人过错在环境法上规定的是第三人的行为是造成环境损害的唯一原因，同时，损害纯粹由第三人的过错所致，被告的行为与损害后果之间完全无关，因此，应使被告免责。

3. 环境民事责任的形式

关于承担环境民事责任的具体形式，我国环境法并未作统一规定，《环境保护法》第 41 条规定："造成环境污染危害的，有责任排除危害，并对直接受到危害的单位或者个人赔偿损失"，仅规定了排除危害和损害赔偿两种形式。但归纳其他有关环境保护的法律法规中规定了一切其他责任形式，主要有以下几种形式：

(1) 停止侵害。加害人实施的侵害环境权益行为正在进行中，受害人可以依法请求人民法院责令加害人停止其侵害行为。

(2) 排除妨碍。加害人实施的侵害行为使受害人无法行使或不能正常行使自己的环境权益，受害人有权请求排除危害。

(3) 消除危险。加害人的环境侵权行为对他人的人身和财产安全造成威胁，或者存在侵害他人人身和财产的可能，利益人有权要求行为人采取有效措施消除危险。

(4) 赔偿损失。加害人因环境侵权行为而给他人造成损害，应以其财产赔偿受害人所受的损失。

4. 环境民事纠纷处理途径

我国解决环境侵害民事纠纷的途径主要有行政处理和司法处理两种方式。

(1) 行政处理

依照当事人的请求，由环保行政主管部门或依法行使环境监督管理权的部门对赔偿责任和赔偿金额纠纷做出调节处理。这种调解属于行政调解的性质，不具有强制执行力。

(2) 环境民事诉讼

环境民事诉讼，是指环境侵权的受害人为保护其人身和财产权益，依据民事诉讼的条件和程序向人民法院对侵权行为人提起诉讼。相较一般民事诉讼，具有以下独特性：首先，起诉主体资格得到了放宽，任何人都可以提起诉讼；其次，举证责任倒置，举证责任由一方当事人转移给另一方当事人，通常由原告方转移给被告方，减轻了原告的举证责任。

环境民事诉讼如果不能用直接证据严格证明加害行为与损害结果之间的因果关系时，采用其他方法，人为地"推定"因果关系存在。最高人民法院《关于民事诉讼证据的若干规定》第4条第3项规定，"因环境污染引起的损害赔偿诉讼，由加害人就法律规定的免责事由及其行为与损害结果之间不存在因果关系承担举证责任"。

权利人在法定期间内不行使权力，就丧失了请求法院依诉讼程序保护其民事权益的权利。《环境保护法》第42条规定，"因环境污染损害赔偿提起诉讼的时效期间为3年，从当事人知道或者应当知道受到污染损害起时计算"。

(三) 环境刑事责任

环境刑事责任，是指故意或过失实施了严重危害环境的行为，并造成了人身伤亡或公私财产的严重损失，已经构成了犯罪所要受到的形式制裁。

由于环境问题的特殊性以及环境保护的必要性，需要采取比一般刑事责任更为严厉和广泛的制裁手段实现环境保护的目的，因而环境刑事责任呈现出较之于一般刑事责任更为鲜明的特征：

第一，较之传统刑法仅保护人身权和财产权，环境保护中，环境要素、环境权益成为主要的保护对象，扩大了刑法的使用范围。从生态观点出发，将环境要素视同人的生命、健康和财产。

第二，由于环境保护运用刑法手段起步较晚，传统的刑法对此并无规定，而严重危害环境的犯罪行为又不断发生，社会危害性十分严重。因此，一些特别刑法，或专门制定有关危害环境罪及其处罚的单行刑事法律（如日本的《公害罪法》），或修订普通刑法，设专章规定危害环境罪（如德国）；或在环境法律法规中规定刑事条款（如俄罗斯）等。

第三，在环境刑事责任中，如果按照一般刑事责任比较注重犯罪事实与犯罪后果，等到严重损害后果出现时再适用刑法往往为时已晚，因为环境侵权不论对人还是环境的侵害结果往往是不可逆的，且损害结果是损害行为长期日积月累后的结果。因此，刑法对环境的保护，必须体现预防为主的原则，扩大刑罚的范围。

第四，环境刑事责任形式较为广泛地运用了财产刑。因为追究环境刑事责任的根本目的仍在于保护环境，恢复和改善遭受损害的环境质量。所以，环境刑事责任一方面因实行并罚制度在对法人进行处罚时只能采取财产刑，另一方面在对自然环境犯罪追究刑事责任时也考虑恢复环境质量的需要，因而也在采取人身刑的同时采取了财产刑的形式。

1. 环境犯罪

环境犯罪，是指违反环境资源保护法规，故意或过失的造成或足以造成严重环境损害后果，依照《刑法》规定应受刑事处罚的行为。环境犯罪的犯罪构成要件包括：

（1）环境犯罪主体：是指实施犯罪行为，依法应负刑事责任的单位和个人。

（2）环境犯罪的主观要件：犯罪主体对自己所实施的犯罪行为及其危害后果所持的故意或过失的心理状态。

（3）环境犯罪的客体：是指为刑法保护的，而为犯罪所侵害的社会关系和国家环境资源管理制度。

（4）环境犯罪客观方面：是指环境犯罪行为和由这种行为所造成的危害后果，是环境犯罪行为的客观外在表现。

2. 《刑法》规定的环境资源犯罪

根据《刑法》及其修正案，以及相关司法解释，我国有关环境资源的犯罪主要有如下内容：

（1）走私罪。包括：

第一，走私文物罪、走私珍贵动物、珍贵动物制品罪（《刑法》第151条）。

第二，走私珍稀植物、珍稀植物制品罪（《刑法》第151条）。

第三，走私废物罪（《刑法》第152条）。

（2）妨害文物管理罪。包括：

第一，故意损毁文物罪（《刑法》第324条第1款）。

第二，故意损毁名胜古迹罪（《刑法》第324条第2款）。

第三，过失损毁文物罪（《刑法》第324条第3款）。

第四，非法向外国人出售、赠送珍贵文物罪（《刑法》第325条）。

第五，倒卖文物罪（《刑法》第326条）。

第六，非法出售、私赠文物藏品罪（《刑法》第327条）。

第七，盗掘古文化遗址、古墓葬罪（《刑法》第328条第1款）。

第八，盗掘古人类化石、古脊椎动物化石罪（《刑法》第328条第2款）。

（3）破坏环境资源保护罪

第一，重大环境污染事故罪（《刑法》第338条第1款）。

第二，非法处置进口的固体废物罪（《刑法》第339条第1款）。

第三，擅自进口固体废物罪（《刑法》第328条第2款、第3款）。

第四，非法捕捞水产品罪（《刑法》第340条）。

第五，非法猎捕、杀害珍贵、濒危野生动物罪（《刑法》第341条第1款）。

第六，非法收购、运输、出售珍贵、濒危野生动物、珍贵、濒危野生动物制品罪（《刑法》第341条第1款）。

第七，非法狩猎罪（《刑法》第341条第2款）。

第八，非法占用耕地罪（《刑法》第342条）。

第九，非法采矿罪（《刑法》第343条第1款）。

第十，破坏性采矿罪（《刑法》第341条第2款）。

第十一，非法采伐毁坏国家重点保护植物罪（《刑法》第344条）。

第十二，盗伐林木罪（《刑法》第345条第1款）。

第十三，滥伐林木罪（《刑法》第345条第2款）。

第十四，非法收购、运输盗伐、滥伐的林木罪（《刑法》第345条第3款）。

(4) 渎职罪

第一，违法发放林木采伐许可证罪（《刑法》第407条）。

第二，环境监管失职罪（《刑法》第408条）。

第三，非法批准征用、占用土地罪（《刑法》第410条）。

第四，非法低价出让国有土地使用权罪（《刑法》第410条）。

第五，动植物检疫徇私舞弊罪（《刑法》第413条第1款）。

第六，动植物检疫失职罪（《刑法》第413条第2款）。

第七，失职造成珍贵文物损毁、流失罪（《刑法》第419条）。

四、实验仪器

黑色、蓝色碳素笔、数码摄像机、数码照相机、记录本、台签、印台等。

五、实验步骤

（一）环境法律责任

1. 在实验教室，由实验教师向学生说明实验主题，通过多媒体播放相关实验素材和背景资料（可自行创造实验素材）。

2. 分组讨论，学习并按照《中华人民共和国环境保护法》及相关法律规定，列出案件的责任分担及注意事项。

3. 各实验小组按照所分配任务，进行讨论、查阅资料，将讨论结果整理成实验报告书交给实验指导老师。

（二）环境行政诉讼

1. 在模拟法庭，由实验教师向学生说明实验主题，通过多媒体播放相关实验素材和背景资料（可自行创造实验素材）。

2. 分组分角色讨论，查阅资料，制作起诉状、答辩状等。

3. 分组分角色实验，按照《中华人民共和国环境保护法》、《中国人民共和国行政诉讼法》等及其相关法律规定，针对实验素材模拟审判程序，展示完整审判过程，制作庭审笔录、调解书、判决书等。

4、模拟庭审后，由实验教师总结实验效果，提出不足之处和改进建议。课后由学生将所有庭审材料整理后交给实验指导教师。

（三）环境民事诉讼

1. 在模拟法庭，由实验教师向学生说明实验主题，通过多媒体播放相关实验素材和背景资料（可自行创造实验素材）。

2. 分组分角色讨论，查阅资料，制作起诉状、答辩状等。

3. 分组分角色实验，按照《中华人民共和国环境保护法》、《中国人民共和国民事诉讼法》等及其相关法律规定，针对实验素材模拟审判程序，展示完整审判过程，制作庭审笔录、调解书、判决书等。

4. 模拟庭审后，由实验教师总结实验效果，提出不足之处和改进建议。课后由学生将所有庭审材料整理后交给实验指导教师。

（四）环境刑事诉讼

1. 在模拟法庭，有实验教师向学生说明实验主题，通过多媒体播放相关实验素材和背景资料（可自行创造实验素材）。

2. 分组分角色讨论，查阅资料，制作起诉状、答辩状等。

3. 分组分角色实验，按照《中华人民共和国环境保护法》、《中国人民共和国刑法》、《中国人民共和国刑事诉讼法》等及其相关法律规定，针对实验素材模拟审判程序，展示完整审判过程，制作庭审笔录、判决书等。

4. 模拟庭审后，由实验教师总结实验效果，提出不足之处和改进建议。课后由学生将所有庭审材料整理后交给实验指导教师。

六、思考题

环境民事诉讼有何特点？

七、实验素材

案例一：

河南省某县农民张某，承包水库水面，用网箱养鱼，并租了一条水泥船和雇佣2个工作人员在水库中日夜看守，张某本人也经常住船看护。一天早晨，张某起床后后，看到许多死鱼漂浮在水面，且水面散发出难闻的气味。张某意识到可能是水体受到某化工厂污染致鱼死亡，于是马上到县环保局要求查看死鱼现场。某县环保局的工作人员说："根据《水污染防治法》的规定，渔业水污染事故应由渔业行政管理机构调查处理。于是张某又马上到负责渔政管理的水库管理局渔政管理站要求其调查处理死鱼事故。但渔政管理站的站长说，不可能是污染致鱼死亡，所以既不组织对水库水质进行监测，也不到现场调查死鱼情况。为了固定证据，张某只好让县公证处对其死鱼情况进行公证，证明死鱼损失达40多万元。死鱼事件后不久，某化工厂就收到渔政管理站发出的因渔业污染事故罚款15万元的决定。由于缺乏渔政管理站的现场调查监测资料，张某无法向排污者索赔，于是便以渔政管理站不履行法定职责为由，向人民法院提起以渔政管理站为被告的行政诉讼，要求其赔偿死鱼损失 40 万元。法院以渔政管理站不具有法人资格为由，让张某变更被告，但张某拒绝变更，于是法院裁定驳回张某的起诉。

问题：
1. 环保局工作人员的说法对吗？为什么？
2. 法院的裁定是否正确？为什么？
3. 张某应当通过什么途径解决死鱼损失赔偿问题？

案例二：

2001 年 4 月 4 日由于浙江省建德市新安江塑料化工厂操作工人操作失误，致使化工原料苯乙烯大量泄漏到排水沟，苯乙烯比水轻，极易挥发，而排水沟正好流经离工厂 100 米左右远的更楼中心小学，致使大量的苯乙烯飘到学校里，造成中心小学正在上课的 345 名学生发生头昏、恶心、呕吐、腹痛、咳嗽等刺激性反应，经医院诊断为一过性苯乙烯气体刺激反应。苯乙烯是一种易燃、易爆、挥发性强、剧毒的化学物品，苯乙烯的腐蚀性很大，有强烈的刺激性，浓度高时，有麻醉作用，并对人体的中枢神经系统有严重影响。人体皮肤直接接触时，轻则灼伤皮肤，重则让人产生胸闷、皮肤发痒、眼睛疼痛的感觉，可能致死、诱发癌症，是国际卫生组织确认的致癌物。所以这是一起严重的环境污染责任事故。事故调查后，建德市劳动部门对这个事件做出了处理：第一是企业停产整顿，第二是对企业罚款 1 万元。事故发生后，数百名学生家长先后给浙江省环保局、杭州市政府及环保局打电话并上访，作为环境保护的行政管理机关，没有做出任何具体行政行为。原告代理人北京市辽海律师事务所接受代理后也分别给浙江省、杭州市、建德市环保局发出公函，要求对这一特大事故立即做出处理决定和答复意见。但均未见环保部门对此事做出回应。故建德市新安江镇更楼中心小学 345 名学生认为环保部门没有履行环境监测、环境行政处罚等职责，遂以浙江省环保局环境行政不作为为由，向法院提起诉讼。

问题：
1. 什么是环境行政不作为？环境行政不作为的构成特征是什么？
2. 对于环境行政不作为的机关应如何追究其法律责任？
3. 法院对于环境行政不作为的案件如何处理？

案例三：

张某与南川区某村两名村民约定，以 1 万元价格购买其管护的一棵楠木古树。2011 年 8 月的一天，张某在未办理采伐许可证的情况下雇人携带电锯、油锯等工具砍伐该楠木树，砍树持续至当 17 时许。当地乡政府工作人员到达现场予以制止，明确告知该楠木树系古树不能砍伐，且将现场采伐工具全部没收，张某等人趁乱离开了砍树现场。当晚 22 时许，张某再次来到现场安排工人使用油锯继续砍树，将楠木树砍倒后离开现场。经鉴定，楠木树为国家二级重点保护野生植物。案发后张某投案自首。

问题：
1. 根据《中华人民共和国刑法》及相关法律法规，张某的行为应定性为何罪？
2. 法院对于此案应如何处理？

案例四：

何桂玉，椒江前所人，2008年左右开始经营一家塑料粉碎加工厂，主要业务就是收购做眼镜等形成的废塑料并提炼加工成燃油。因为是高温炼油，生产时每10天左右就会产生5、6吨"棕褐色、油性很粘稠、有刺激性臭味"的工业废水。在明知废水有毒，应该集中送污水处理厂处理的情况下，他为了省钱多次和一名员工尹某一起，雇佣拖拉机手李某将废水运往杜桥滩涂伺机倾倒。

据检察机关指控的事实，2009年4月，被告人何桂玉等三人用李某的拖拉机将约6吨的工业废水从该厂运至临海杜桥镇红旗闸附近，倾倒在滩涂上。同年5月10日夜，他们又故技重施，将2车约6吨废水倾倒在杜桥镇杜下浦南洋涂新坝南侧的涵洞口。该涵洞直接连接着大海，养殖户卢某等人在不知情的情况下将被污染的海水引入鱼塘，直接导致104亩海塘里的青蟹、白虾等海产品大量死亡，经鉴定，直接经济损失达470600元。

海产品大量非正常死亡后，养殖户当即向环保、渔政等部门报案，经水样抽检，确定是水污染导致，但因该地周边是化工园区，无法确定是哪家企业违规排放。于是，养殖户们私下决定每夜派人值守，一定要抓住肇事者。

5月30日夜，多次倾倒废水的三被告人故伎重演时被抓个正着，当即被群众扭送到环保部门处理。

经有关部门检测，排放的工业废水中含有大量甲苯、苯乙烯等有毒化工成分。

2010年3月，卢某等三名养殖户向法院提起诉讼，要求何桂玉赔偿海产品死亡损失并获得一、二审法院支持。但被告仅支付了部分款项。

问题：
1. 何桂玉等三名责任人应承担怎样的法律责任？
2. 何桂玉等三名责任人应当定性为何罪？
3. 法院对于此案应如何处理？
4. 卢某等三名养殖户还可以寻求怎样的司法救济途径？

实验二　环境行政处罚模拟

环境行政处罚是环境行政主体对违反环境法律、法规或者规章规定的公民、法人或者其他组织给予的一种惩戒或制裁。环境行政处罚直接限制或者剥夺违法行为人的权利或者资格，是环境保护主管部门日常管理中实施频率很高的一种具体行政行为。

环境行政处罚的主体为国家特定的行政机关和法律、法规授权的组织。环境行政处罚直接涉及管理相对人的实体权利义务，或限制或剥夺其某种权利，或科以其某种惩戒性义务，按照这种标准，可以将环境行政处罚分为：限制人身自由权的处罚、剥夺财产权的处罚、限制或剥夺行为权的行政处罚、科以义务的行政处罚、申诫罚等。在环境行政处罚的实施过程中，应遵循依法处罚、公正公开、过罚相当、处罚与教育相结合、一事不再罚等原则。

一、实验目的

通过模拟环境行政处罚的一般程序,实现下列实验目的:

(一) 使学生掌握环境行政处罚的立法目的、实施原则。

(二) 使学生充分了解环境行政处罚的一般程序,包括立案、调查取证、案件审查、告知和听证、处理、执行、结案、监督等环节。

(三) 使学生理解环境行政处罚并非环境管理的目标,只是环境管理的手段之一,且非最佳手段。

(四) 使学生理解实施行政处罚要正确处理管理目标与管理手段的关系,既要注重责任追究,又要注重利益维护(包括对违法行为人合法利益的维护)。

二、实验要求

1. 学习并模拟环境行政处罚的立案程序与规则,制作立案材料。
2. 学习并模拟调查取证程序,并制作调查笔录。
3. 学习并模拟听证程序,制作听证笔录,提出处罚建议。
4. 学习有关制作处罚决定书的规则和格式,并制作环境行政处罚决定书。

三、实验原理

(一) 环境行政处罚原则

环境行政处罚原则,是立法机关设置环境行政处罚规范和执法、司法部门实施环境行政处罚时必须遵循的指导思想。它贯穿于整个环境行政处罚过程,是具有约束力必须普遍遵守的法律规范,也是使行政机关的环境行政处罚决定合法和适当的法律保障。

1. 处罚法定原则

首先,对公民、法人或者其他组织实施环境行政处罚必须有法定的依据。法无明文规定不处罚。公民、法人或其他组织的任何行为,只有在法律法规明确规定应予处罚时,才能受到处罚。其次,环境行政处罚只能由国家特定的行政机关和法律、法规授权的组织实施。特定的行政机关只能实施法定内容的处罚。最后,实施环境行政处罚必须遵守法定的程序。处罚的范畴、种类、幅度以及程序,都应由法律明确规定并依法实施。"可以处罚","可以罚款"之类的笼统规定,以及在处罚时任意变更范围、种类、幅度和程序的作法,都不符合处罚法定原则。

2. 公正公开原则

设定和实施行政处罚,必须以事实为根据,以法律为准绳。法律、行政法规、地方性法规以及依法制定的规章,凡是要公民遵守的,要事先公布。行政机关依法进行管理,对违法当事人给予什么行政处罚,行政处罚的事实、理由及依据是什么要公开,重大的行政处罚要行政机关负责人集体做出决定;依法举行听证会的,除法律有特别规定的外,应当公开举行,要对群众公开、对社会公开,允许群众旁听,允许记者采访报导,这样便于人民群众进行监督,也有利于对广大公民进行教育。

3. 过罚相当原则

指设定或者实施环境行政处罚，必须根据破坏或者污染环境行为的事实、性质、情节以及社会危害程度认定给予行政处罚轻重的程度。也就是处罚必须与违法行为人的过失相适应。罚重于过，无以服人；罚轻于过，难以达到震摄和制止违法行为的目的。

4. 处罚与教育相结合原则

实施环境行政处罚，坚持教育与处罚相结合，服务与管理相结合，引导和教育公民、法人或者其他组织自觉守法。行政处罚主要是通过对违反行政法义务的行政相对人进行惩罚，从而对其本人及其他行政管理相对人产生威慑作用，抑制并预防将来可能的对行政管理秩序的侵害。所以处罚本身具有很强的教育作用。通过对违法的行政相对人实施处罚并对其进行思想教育，使其从思想上认识到自己行为的危害性，做到以后不再违法，以达到教育目的。对其他行政相对人也可以起到警戒作用，使其自觉守法，从而收到预防教育的效果。二者相辅相成，不可偏废。只有这样，才能达到制止、预防违法行为侵害社会的功效。

5. 一事不再罚原则

在《行政处罚法》第二十四条中规定："对违法当事人的同一个违法行为，不得给予两次以上罚款的行政处罚"。但环境违法行为不同于普通的违反行政法规的行为。环境违法行为可大致分为单纯性环境违法行为、延续性环境违法行为、连续（继续）性环境违法行为、关联性环境违法行为和牵连性环境违法行为五类。实践中，应针对不同性质的环境违法行为，区分"一事"和"同一违法行为"，再进行行政处罚。

（二）环境行政处罚证据规则

1. 认定的违法事实应当有充分必要的证据予以证明，尽量避免形成孤证。所收集的证据，应运用逻辑推理和环保专业知识进行全面、客观、公正地分析判断，确定证据材料与案件事实之间的证明关系，排除不具有关联性的证据材料。

2. 坚持"先取证后决定"的原则，所有证据的收集必须在做出处罚决定之前完成。

3. 证据的取得应具有合法性，以利诱、欺诈、胁迫、暴力等不正当手段获取的证据材料，以及严重违反法定程序收集的证据材料不能作为处罚的证据依据。

4. 所有证据应当尽可能是原件。原本、正本和副本均属于书证的原件。收集原件确有困难的，收集的书证可以是与原件核对无误的复印件、照片、节录本。提供由有关部门保管的书证原件的复制件、影印件或者抄录件的，应当注明出处，经该部门核对无异后加盖其印章。

5. 所有制作的调查笔录等书证应当使用蓝黑色或黑色水笔填写，要求字迹工整、书写清楚，尽量做到无涂改、无错别字。

（三）制作调查笔录时应遵循的原则

（1）合法性原则。合法性要求主体合法、形式合法、方法合法、程序合法。

（2）准确性原则。调查笔录应本着实事求是的精神，客观地反映案件事实，准确地反映当事人的原意。要围绕立案调查的违法行为,将与之相关的时间、地点、当事人及因果关系等主要事实查清楚。调查询问笔录应尽可能载明被询问人的姓名、性别、年龄、工作单位(职业)、职务、联系电话等详细材料,对个体经营者还应当载明其家庭住址等材料。

(3)统一性原则。在制作笔录时,记录人要对当事人前后矛盾的地方进行进一步的确定并前后统一起来。在同一违法事实,同时可以适用不同的法律法规时,调查人询问证据应选择好突破口,进行针对性提问,同时把握提问方式和案件定性的关键词句,不可模棱两可。

(4)重点性原则。制作调查笔录要准确把握,去粗取精,与案件事实关系密切、有助于案件定性的内容必须详尽,关系不密切的可以简略交待,与案情无关的,不需要记录,整个笔录应简洁明了、条理清晰、重点突出。

四、实验仪器

黑、蓝碳素笔,数码摄像机,数码照相机。

五、实验步骤

(一)环境行政处罚的立案

1. 在实验教室,由实验教师向学生说明实验主题,通过多媒体播放相关实验素材和背景资料。

2. 分组讨论,按照《环境行政处罚法》及相关法律规定,列出案件初步审查的条件、程序及注意事项。

3. 各实验小组按照所分配任务,进行讨论、查阅资料,将讨论结果整理成书面材料交给实验指导老师。

(二)调查取证及笔录制作

1. 学习有关调查取证和笔录制作的规则。

2. 分组实验,按照《环境行政处罚法》及相关法律规定,针对实验素材模拟调查取证程序,拍摄程序,配合完成笔录制作。整理后交给实验指导教师。

(三)听证程序

1. 假设实验素材中的当事人要求申请听证程序。学习有关环境行政处罚听证程序的相关规则。

2. 分组讨论并分角色完成模拟听证程序,制作完成听证笔录,综合分析,提出处罚建议,将结论整理后交给实验指导老师。

(四)处罚决定书的制作

1. 学习有关制作处罚决定书的规则和格式。

2. 根据前三个环节,参照附表格式制作处罚决定书并交给实验指导老师。

五、思考题

如何制作调查笔录?

六、实验素材

A市焦电股份有限公司大气污染环境违法案

行政机关：A市环保局

当事人：A市焦电股份有限公司（公开发布时不写真实名称）

（一）案件事实

2012年5月11日，A市三都镇群众向我局举报A市焦电股份有限公司未经有效处理直接向大气排放黄烟粉尘。造成周边地区大气严重污染，我局环境监察大队三中队执法人员到该公司现场调查处理。2012年9月27日，又有群众向我局举报该公司未经有效处理直接向大气散排大量有毒有害废气，造成周边地区严重影响，我局监察大队三中队执法人员到现场调查核实情况，认定该公司违法事实：未采取有效污染防治措施，向大气排放其他有毒物质气体。

（二）法律适用

《中华人民共和国大气污染防治法》第三十六条第二款："严格限制向大气排放有毒有害物质的废气和粉尘；确需排放的，必须经过净化处理，不超过规定的排放标准。"

《中华人民共和国大气污染防治法》第五十六条第一款："未采取有效污染防治措施，向大气排放粉尘、恶臭气体或者其他含有有毒物质气体的，由县级以上地方人民政府环境保护行政主管部门或者其他依法行使监督管理权的部门责令停止违法行为，限期改正，可以处五万以下的罚款。"

（三）决定结果

A市环保局依据《中华人民共和国大气污染防治法》第五十六条第一款，对该公司做出如下行政处罚决定：

1. 罚款伍万伍仟圆整；
2. 责令停止违法行为，立即改正。

履行决定的途径、方式，以及不履行决定的法律后果：

要求该公司限于接到本处罚决定书之日起十五日内缴至指定银行和帐号。逾期不缴纳罚款的，我局将每日按罚款数额的3%加处罚款。收款银行：市工行 户名：A市非税收入汇缴结算户（市环保局），账号：_____

该公司如不服本处罚决定，可在接到决定书之日起六十日内向A市环境保护局或者A市人民政府申请复议，也可在十五日内直接向A市人民法院起诉。逾期不申请复议，也不向人民法院起诉，又不履行本处罚决定的，我局将依法申请人民法院强制执行。

附表

_____省环境保护局

行政处罚决定书

_____环罚字 [   ] 号

单位名称：_____

  法定代表人（单位）：_____　　　　　职务：_____

  详细地址：_____

  一、环境违法事实和证据

  经调查核实，你单位以下行为：

_____

_____

_____

以上行为有下列证据为证：

1. _____
2. _____
3. _____
4. _____
5. _____

上述行为违反了《×××法》第×××条×××款之规定。

  二、行政处罚的依据、种类及其履行方式和期限

  我局依据《×××法》第×××条之规定，决定对你单位做出如下行政处罚：

1.

2. 罚款（大写×××）。限你单位接到本处罚决定书之日起十五日内将罚款缴至指定银行和帐号。逾期不缴纳罚款的，我局将每日按罚款数额的3%加处罚款。

  收款银行：　　　　　　　户名：

  账号：

  三、申请复议或者提起诉讼的途径和期限

  如不服本处罚决定，可在接到决定书之日起六十日内向国家环境保护总局或者向_____省人民政府申请复议，也可在三个月内直接向人民法院起诉。

  逾期不申请复议，也不向人民法院起诉，又不履行本处罚决定的，我局将依法申请人民法院强制执行。

年　　月　　日

实验三　环境影响评价

  环境影响评价，是指对规划和建设项目实施后可能造成的环境影响进行分析、预

测和评估，提出预防或者减轻不良环境影响的对策和措施，进行跟踪监测的方法与制度。一般分为规划环境影响评价和建设项目环境影响评价，目前我国进行较多的为建设项目环境影响评价。环境影响评价的根本目的是鼓励在规划和决策中考虑环境因素，最终达到更具环境相容性的人类活动。国家鼓励公众参与环境影响评价活动。公众参与实行公开、平等、广泛和便利的原则。

环境影响评价以评价对象为标准可分为：建设项目环境影响评价，规划环境影响评价，战略环境影响评价等；以环境要素为标准可分为：大气环境影响评价，水环境影响评价，噪声环境影响评价，固体废物环境影响评价等；以评价阶段为标准可分为：环境质量现状评价，环境影响预测评价，环境影响后评价等。环境影响评价必须客观、公开、公正，综合考虑规划或者建设项目实施后对各种环境因素及其所构成的生态系统可能造成的影响，为决策提供科学依据。

一、实验目的

1. 使学生深刻理解环境影响评价的重要性和公众参与制度的重要性。
2. 使学生了解建设项目环境影响评价的原则、一般程序、审批内容、法律依据等相关知识。
3. 通过模拟听证会，使学生了解公众参与环境影响评价的途径和程序。

二、实验要求

1. 学习并模拟某在建项目的调查和审批，制作建设项目环境影响报告书。
2. 学习并模拟听证会，制作听证笔录，提出建议和意见。

三、实验原理

《中华人民共和国环境影响评价法》第七条规定："国务院有关部门、设区的市级以上地方人民政府及其有关部门，对其组织编制的土地利用的有关规划，区域、流域、海域的建设、开发利用规划，应当在规划编制过程中组织进行环境影响评价，编写该规划有关环境影响的篇章或者说明。规划有关环境影响的篇章或者说明，应当对规划实施后可能造成的环境影响做出分析、预测和评估，提出预防或者减轻不良环境影响的对策和措施，作为规划草案的组成部分一并报送规划审批机关。未编写有关环境影响的篇章或者说明的规划草案，审批机关不予审批。"可见，环境影响评价涉及工业、农业、畜牧业、林业、能源、水利、交通、城市建设、旅游、自然资源开发等社会诸多领域。

（一）规划环境影响评价

国务院有关部门、设区的市级以上地方人民政府及其有关部门，对其组织编制的工业、农业、畜牧业、林业、能源、水利、交通、城市建设、旅游、自然资源开发的有关专项规划，应当在该专项规划草案上报审批前，组织进行环境影响评价，并向审批该专项规划的机关提出环境影响报告书。

专项规划的环境影响报告书应当包括下列内容：实施该规划对环境可能造成影响

的分析、预测和评估；预防或者减轻不良环境影响的对策和措施；环境影响评价的结论。

专项规划的编制机关对可能造成不良环境影响并直接涉及公众环境权益的规划，应当在该规划草案报送审批前，举行论证会、听证会，或者采取其他形式，征求有关单位、专家和公众对环境影响报告书草案的意见。但是，国家规定需要保密的情形除外。编制机关应当认真考虑有关单位、专家和公众对环境影响报告书草案的意见，并应当在报送审查的环境影响报告书中附具对意见采纳或者不采纳的说明。

专项规划的编制机关在报批规划草案时，应当将环境影响报告书一并附送审批机关审查；未附送环境影响报告书的，审批机关不予审批。设区的市级以上人民政府在审批专项规划草案，做出决策前，应当先由人民政府指定的环境保护行政主管部门或者其他部门召集有关部门代表和专家组成审查小组，对环境影响报告书进行审查。审查小组应当提出书面审查意见。

设区的市级以上人民政府或省级以上人民政府有关部门在审批专项规划草案时，应当将环境影响报告书结论以及审查意见作为决策的重要依据。在审批中未采纳环境影响报告书结论以及审查意见的，应当做出说明，并存档备查。

（二）建设项目环境影响评价

国家根据建设项目对环境的影响程度，对建设项目的环境影响评价实行分类管理。建设单位应当按照下列规定组织编制环境影响报告书、环境影响报告表或者填报环境影响登记表（以下统称环境影响评价文件）：可能造成重大环境影响的，应当编制环境影响报告书，对产生的环境影响进行全面评价；可能造成轻度环境影响的，应当编制环境影响报告表，对产生的环境影响进行分析或者专项评价；对环境影响很小、不需要进行环境影响评价的，应当填报环境影响登记表。

建设项目的环境影响报告书应当包括下列内容：建设项目概况；建设项目周围环境现状；建设项目对环境可能造成影响的分析、预测和评估；建设项目环境保护措施及其技术、经济论证；建设项目对环境影响的经济损益分析；对建设项目实施环境监测的建议；环境影响评价的结论。

建设项目的环境影响评价，应当避免与规划的环境影响评价相重复。作为一项整体建设项目的规划，按照建设项目进行环境影响评价，不进行规划的环境影响评价。已经进行了环境影响评价的规划所包含的具体建设项目，其环境影响评价内容建设单位可以简化。

接受委托为建设项目环境影响评价提供技术服务的机构，应当经国务院环境保护行政主管部门考核审查合格后，颁发资质证书，按照资质证书规定的等级和评价范围，从事环境影响评价服务，并对评价结论负责。为建设项目环境影响评价提供技术服务的机构的资质条件和管理办法，由国务院环境保护行政主管部门制定。国务院环境保护行政主管部门对已取得资质证书的为建设项目环境影响评价提供技术服务的机构的名单，应当予以公布。为建设项目环境影响评价提供技术服务的机构，不得与负责审批建设项目环境影响评价文件的环境保护行政主管部门或者其他有关审批部门存在任何利益关系。

接受委托为建设项目环境影响评价提供技术服务的机构，应当经国务院环境保护行政主管部门考核审查合格后，颁发资质证书，按照资质证书规定的等级和评价范围，从事环境影响评价服务，并对评价结论负责。为建设项目环境影响评价提供技术服务的机构，不得与负责审批建设项目环境影响评价文件的环境保护行政主管部门或者其他有关审批部门存在任何利益关系。

环境影响评价文件中的环境影响报告书或者环境影响报告表，应当由具有相应环境影响评价资质的机构编制。任何单位和个人不得为建设单位指定对其建设项目进行环境影响评价的机构。

除国家规定需要保密的情形外，对环境可能造成重大影响、应当编制环境影响报告书的建设项目，建设单位应当在报批建设项目环境影响报告书前，举行论证会、听证会，或者采取其他形式，征求有关单位、专家和公众的意见。

建设项目的环境影响评价文件，由建设单位按照国务院的规定报有审批权的环境保护行政主管部门审批；建设项目有行业主管部门的，其环境影响报告书或者环境影响报告表应当经行业主管部门预审后，报有审批权的环境保护行政主管部门审批。审批部门应当自收到环境影响报告书之日起六十日内，收到环境影响报告表之日起三十日内，收到环境影响登记表之日起十五日内，分别做出审批决定并书面通知建设单位。

国务院环境保护行政主管部门负责审批下列建设项目的环境影响评价文件：（一）核设施、绝密工程等特殊性质的建设项目；（二）跨省、自治区、直辖市行政区域的建设项目；（三）由国务院审批的或者由国务院授权有关部门审批的建设项目。其他的建设项目的环境影响评价文件的审批权限，由省、自治区、直辖市人民政府规定。建设项目可能造成跨行政区域的不良环境影响，有关环境保护行政主管部门对该项目的环境影响评价结论有争议的，其环境影响评价文件由共同的上一级环境保护行政主管部门审批。

建设项目的环境影响评价文件未经法律规定的审批部门审查或者审查后未予批准的，该项目审批部门不得批准其建设，建设单位不得开工建设。

（三）环境影响评价活动中的公众参与

环境影响评价活动中的公众参与主要是指环境保护行政主管部门在审批或者重新审核建设项目环境影响报告书过程中公开有关环境影响评价的信息，征求公众意见的相关活动。国家鼓励公众参与环境影响评价活动，实行公开、平等、广泛和便利的原则。

《环境影响评价公众参与暂行办法》中规定，按照国家规定应当征求公众意见的建设项目，建设单位或者其委托的环境影响评价机构应当按照环境影响评价技术导则的有关规定，在建设项目环境影响报告书中，编制公众参与篇章。按照国家规定应当征求公众意见的建设项目，其环境影响报告书中没有公众参与篇章的，环境保护行政主管部门不得受理。

1. 公众参与的一般要求

（1）公开环境信息

建设单位或者其委托的环境影响评价机构、环境保护行政主管部门应当按照本办法的规定，采用便于公众知悉的方式，向公众公开有关环境影响评价的信息。

在《建设项目环境分类管理名录》规定的环境敏感区建设的需要编制环境影响报告书的项目，建设单位应当在确定了承担环境影响评价工作的环境影响评价机构后7日内，向公众公告知：建设项目的名称及概要；建设项目的建设单位的名称和联系方式；承担评价工作的环境影响评价机构的名称和联系方式；环境影响评价的工作程序和主要工作内容；征求公众意见的主要事项；公众提出意见的主要方式。

建设单位或者其委托的环境影响评价机构在编制环境影响报告书的过程中，应当在报送环境保护行政主管部门审批或者重新审核前，向公众公告如下内容：建设项目情况简述；建设项目对环境可能造成影响的概述；预防或者减轻不良环境影响的对策和措施的要点；环境影响报告书提出的环境影响评价结论的要点；公众查阅环境影响报告书简本的方式和期限，以及公众认为必要时向建设单位或者其委托的环境影响评价机构索取补充信息的方式和期限；征求公众意见的范围和主要事项；征求公众意见的具体形式；公众提出意见的起止时间。

（2）征求公众意见

建设单位或者其委托的环境影响评价机构应当在发布信息公告、公开环境影响报告书的简本后，采取调查公众意见、咨询专家意见、座谈会、论证会、听证会等形式，公开征求公众意见。建设单位或者其委托的环境影响评价机构征求公众意见的期限不得少于10日，并确保其公开的有关信息在整个征求公众意见的期限之内均处于公开状态。环境影响报告书报送环境保护行政主管部门审批或者重新审核前，建设单位或者其委托的环境影响评价机构可以通过适当方式，向提出意见的公众反馈意见处理情况。

环境保护行政主管部门应当在受理建设项目环境影响报告书后，在其政府网站或者采用其他便利公众知悉的方式，公告环境影响报告书受理的有关信息。环境保护行政主管部门公告的期限不得少于10日，并确保其公开的有关信息在整个审批期限之内均处于公开状态。环境保护行政主管部门根据本条第一款规定的方式公开征求意见后，对公众意见较大的建设项目，可以采取调查公众意见、咨询专家意见、座谈会、论证会、听证会等形式再次公开征求公众意见。环境保护行政主管部门在做出审批或者重新审核决定后，应当在政府网站公告审批或者审核结果。

公众可以在有关信息公开后，以信函、传真、电子邮件或者按照有关公告要求的其他方式，向建设单位或者其委托的环境影响评价机构、负责审批或者重新审核环境影响报告书的环境保护行政主管部门，提交书面意见。

建设单位或者其委托的环境影响评价机构、环境保护行政主管部门，应当综合考虑地域、职业、专业知识背景、表达能力、受影响程度等因素，合理选择被征求意见的公民、法人或者其他组织。被征求意见的公众必须包括受建设项目影响的公民、法人或者其他组织的代表。

2. 公众参与的组织形式

（1）调查公众意见和咨询专家意见

建设单位或者其委托的环境影响评价机构调查公众意见可以采取问卷调查等方式，并应当在环境影响报告书的编制过程中完成。建设单位或者其委托的环境影响评价机构咨询专家意见可以采用书面或者其他形式。咨询专家意见包括向有关专家进行个人咨询或者向有关单位的专家进行集体咨询。

（2）座谈会和论证会

建设单位或者其委托的环境影响评价机构应当在座谈会或者论证会召开 7 日前，将座谈会或者论证会的时间、地点、主要议题等事项，书面通知有关单位和个人。建设单位或者其委托的环境影响评价机构应当在座谈会或者论证会结束后 5 日内，根据现场会议记录整理制作座谈会议纪要或者论证结论，应当如实记载不同意见并存档备查。

（3）听证会

建设单位或者其委托的环境影响评价机构（以下简称听证会组织者）决定举行听证会征求公众意见的，应当在举行听证会的 10 日前，在该建设项目可能影响范围内的公共媒体或者采用其他公众可知悉的方式，公告听证会的时间、地点、听证事项和报名办法。

希望参加听证会的公民、法人或者其他组织，应当按照听证会公告的要求和方式提出申请，并同时提出自己所持意见的要点。听证会组织者应当综合考虑地域、职业、专业知识背景、表达能力、受影响程度等因素，合理选择申请参加听证会的公民、法人或者其他组织，其中必须包括受建设项目影响的公民、法人或者其他组织的代表，并在举行听证会的 5 日前通知已选定的参会代表。听证会组织者选定的参加听证会的代表人数一般不得少于 15 人。听证会组织者举行听证会，设听证主持人 1 名、记录员 1 名。

听证会必须公开举行，并按下列程序进行：听证会主持人宣布听证事项和听证会纪律，介绍听证会参加人；建设单位的代表对建设项目概况作介绍和说明；环境影响评价机构的代表对建设项目环境影响报告书做说明；听证会公众代表对建设项目环境影响报告书提出问题和意见；建设单位或者其委托的环境影响评价机构的代表对公众代表提出的问题和意见进行解释和说明；听证会公众代表和建设单位或者其委托的环境影响评价机构的代表进行辩论；听证会公众代表做最后陈述；主持人宣布听证结束。

听证会组织者对听证会应当制作笔录。听证笔录应当载明下列事项：听证会主要议题；听证主持人和记录人员的姓名、职务；听证参加人的基本情况；听证时间、地点；建设单位或者其委托的环境影响评价机构的代表对环境影响报告书所作的概要说明；听证会公众代表对建设项目环境影响报告书提出的问题和意见；建设单位或者其委托的环境影响评价机构代表对听证会公众代表就环境影响报告书提出问题和意见所作的解释和说明；听证主持人对听证活动中有关事项的处理情况；听证主持人认为应笔录的其他事项。听证结束后，听证笔录应当交参加听证会的代表审核并签字。无正当理由拒绝签字的，应当记入听证笔录。

四、实验仪器

黑、蓝碳素笔，数码摄像机，数码照相机，会议记录本，台签。

五、实验步骤

（一）某在建项目的调查

1. 在实验教室，由实验教师向学生说明实验主题，通过多媒体播放相关实验素材和背景资料（可自行创造实验素材）。

2. 分组讨论，学习并按照《中华人民共和国环境影响评价法》及相关法律规定，列出案件初步审查的条件、程序及注意事项。

3. 各实验小组按照所分配任务，进行讨论、查阅资料，有条件的可以进行现场调查，将讨论结果整理成环境影响报告书交给实验指导老师。

（二）在建项目的审批

1. 根据环节一中的环境影响报告书，分组审查所涉项目，学习有关建设项目审批内容、程序及相关法律依据。

2. 分组实验，按照有关建设项目审批内容、程序及相关法律规定，针对实验素材模拟审批程序，根据审查和评估结论提出审批建议。整理后交给实验指导教师。

（三）听证程序

1. 模拟审批过程中的听证程序。学习有关环境影响评价中公众参与的相关途径和规则。

2. 分组讨论并分角色完成模拟听证程序，制作完成听证笔录，综合分析，提出建议，将结论整理后交给实验指导老师。

六、思考题

如何组织环境影响评价听证会？

七、实验素材

（一）案例素材

1. 圆明园东部湖底防渗工程
2. 厦门PX项目事件
3. 广州番禺垃圾发电厂事件

（二）建设项目环境影响评价审批内容

1. 是否符合环境保护相关法律法规。涉及依法划定的自然保护区、风景名胜区、生活饮用水源保护区及其他需要特别保护的区域的，是否征得相应一级人民政府或主管部门的同意；

2. 项目选址、选线、布局是否符合区域、流域和城市总体规划，是否符合环境和生态功能区划；

3. 是否符合国家产业政策和清洁生产要求；

4. 项目所在区域环境质量能否满足相应环境功能区划标准；

5. 拟采取的污染防治措施能否确保污染物排放达到国家和地方规定的排放标准，满足总量控制要求；

6. 拟采取的生态保护措施能否有效预防和控制生态破坏。

（三）法律、法规依据

1. 《中华人民共和国环境保护法》第十三条
2. 《中华人民共和国环境影响评价法》第二十二条、第二十三条、第二十四条
3. 《中华人民共和国水污染防治法》第十三条
4. 《中华人民共和国大气污染防治法》第十一条
5. 《中华人民共和国固体废物污染环境防治法》第十三条
6. 《中华人民共和国环境噪声污染防治法》第十三条
7. 《中华人民共和国海洋环境保护法》第四十三条
8. 《中华人民共和国放射性污染防治法》第十八条、第二十条、第二十九条、第三十四条
9. 《建设项目环境保护管理条例》第六条、第十条、第十一条、第十二条

（四）建设项目环境影响评价审批程序

1. 申请与受理。按照《建设项目环境保护分类管理名录》的规定，建设单位应当对可能造成重大环境影响的建设项目组织编制环境影响报告书。采取法定形式向国家环境保护总局提出申请，提交相关材料。国家环境保护总局行政审批大厅受理建设单位提交的建设项目环境影响报告书及相关材料，并进行核验，做出予以受理或不予受理的处理。

2. 项目审查。国家环境保护总局环境影响评价管理司对建设项目环境影响报告书进行审查。需要进行技术评估的，由评估机构组织专家对环境影响报告书进行技术评估，评估机构应在30个工作日内提交评估报告。

3. 项目批准。国家环境保护总局环境影响评价管理司根据审查和评估结论提出审批建议，经相关司会签后报国家环境保护总局局长专题会和局务会审议，经审议通过后办理批件。

4. 听证与信息公开。国家环境保护总局在政府网站公布受理的建设项目信息；在做出予以批准的决定前，公示拟批准的建设项目信息；做出批准决定后，公开审批结果。对可能影响项目所在地居民生活环境质量以及存在重大意见分歧的建设项目，可以举行听证会、论证会、座谈会，征求有关单位、专家和公众的意见。国家规定需要保密的建设项目除外。

参考文献

[1] 李孟春："在环境行政执法中如何把握'一事不再罚'？"载中国环境报2009年7月21日。
[2] 吕忠梅：《环境法学》，法律出版社2004年版。

第十二章 经济法学实验

实验一 市场监管法案例模拟（消费者权益保护法）

一、实验目的

1. 通过组织参与实验，使学生深刻了解实践中在消费者权益保护方面存在的法律问题。
2. 理论联系实际，通过讨论案例中争议的焦点和存在的问题，使学生思考我国相关的消费者权益保护方面的法律法规制度中存在的缺陷与不足，进而带着问题去学习，这样有利于培养学生的学习兴趣，并提高学习效果。
3. 通过实验，还可以使学生进一步熟悉消费者权益纠纷的审判过程及相关知识，准确了解和把握消费者权益保护法中的重要法律制度。

二、实验要求

要求学生就本次实验课程写出实验报告一份，要求写明案情、双方争议的焦点、相关的法律法规及法院的判决，最后写明自己对本案的认识或感受，并于一周内交齐。

三、实验原理

1. 消费者权益保护法是市场规制法的核心内容，其内容主要包括消费者的含义界定、消费者的权益和生产者的义务以及生产者应该承担的法律责任等。学生应该运用所学的消费者权益保护方面的基本法律制度和法律法规去分析实践中的消费者权益纠纷案例。
2. 认定是否存在侵犯消费者合法权益以及赔偿损失的范围是实践中的难点，尤其是随着科技的发展以及消费方式的改变，要结合各国的具体经济状况和具体法律制度分析。
3. 实验能够引起学生主动学习，并思考在实验中遇到的问题，与传统课堂教学相比，更有实际效果。
4. 学生在经济法学课堂上学到的理论知识可以在实验活动中得到检验和运用，掌握得更深刻。

四、实验器材

审判席、法官服、律师袍、照相机、摄像机等。

五、实验步骤

(一)实验准备

1. 介绍案情,使学生对案件的发生发展有一个全面的了解。
2. 组织学生进行讨论,确定消费者权益保护法案例中涉及的主要法律问题及相关法律规定。
3. 确定角色,包括合议庭组成人员、原告、被告、代理人、证人等。一组完成后,进行角色互换。
4. 组织演练,具体指导,让学生充分掌握案情以及自己的角色定位,并指导学生进行相应的文书写作,包括起诉书、判决书及证人证言、鉴定结论等。

(二)提起诉讼并立案

步骤一:实验教师说明本次实验的目的和要求。

步骤二:选定模拟的角色,在提起诉讼阶段,主要是消费者、法院的立案人员以及消费者聘请的律师。因此在角色上,实验学生可以自己选择。

步骤三:根据所选角色的行为和目的一步步完成实验活动。必要时与其他同学组成多角色模拟团队,以能够把提起诉讼的实验活动完成。

步骤四:完成起诉和立案活动。

(三)法院审理

步骤一:实验教师说明本次实验的目的和要求,在提起诉讼并立案的基础上就同样的一个案例进入立案和审理过程。

步骤二:选定模拟的角色。在法院审理阶段,在消费者、法院的立案人员以及消费者聘请的律师外,还会增加被告生产者及其聘请的律师。因此在角色上主体较多,实验学生可以自己选择角色。在此阶段,法官、双方当事人及其聘请的律师将频繁互动,因此要求各方配合默契,对案件以及证据和审理进度都非常熟悉才能顺利进行实验活动。

步骤三:根据所选角色的行为和目的一步步完成实验活动。必要时与其他同学组成多角色模拟团队,以能够较好地完成市场管理纠纷案件的审理过程。

步骤四:对证据的质证阶段和辩论阶段的模拟。这一阶段需要组织学生进行模拟法庭活动。

步骤五:制作判决书。

步骤六:实验教师点评。

实验教师根据自己观察到的所有学生在本次实验课堂上的表现以及消费者权益保护法涉及到的法律制度和法律规定以及程序的要求,多方面、多角度地点评本次实验课程。

六、思考题

1. 消费者在消费过程中享有哪些具体的权利,如果权利受到侵害,可以提出怎样的赔偿请求？

2. 消费者的精神损害应不应该赔偿？具体怎么界定？

七、实验素材

贾国宇案

1995年3月8日，北京女孩贾国宇和家人在一家餐厅吃火锅。正当大家举杯庆祝的时候，火锅下面燃烧着的卡式炉在没有任何征兆的情况下发生了爆炸。当时的一幕在贾国宇父亲的脑海里留下了不可磨灭的印象："头发都着了，身上的毛衣也都起火了。"突如其来的意外把在场的所有人都吓呆了，直到贾国宇的母亲听见女儿的呼救声，才从恶梦中醒来。贾国宇在第一时间被送进了医院。经过抢救，她虽然脱离了生命危险，但脸和手都严重烧伤，留下了无法弥补的伤痕。贾国宇当年的班主任向记者讲述了这样一个细节：出事后的贾国宇跟一般的健康人不一样，她特别害怕阳光照射，所以不论什么天气，她都要捂着口罩、戴着大草帽来上学，如果不这样的话，她身上被烧伤的部分就很容易长出皮肤癌。事后经有关部门认定，正是因为卡式炉质量不合格，里面的燃料丁烷浓度严重超标，才导致了爆炸的发生。为了能给女儿讨一个说法，1995年年底，贾国宇的父亲将春海餐厅和卡式炉的生产厂家北京国际气雾剂有限公司龙口厨房设备用具厂告上了海淀区人民法院，要求被告赔偿160余万元，其中精神损害赔偿高达100万元。

贾国宇的这场官司经过媒体报道后，在当时引起了社会强烈的关注。一方面大家都痛心于花季少女的毁容经历，另一方面也惊异于贾国宇父亲在诉讼中提出的100万元的精神损害赔偿。因为在我国当时的法律中，并没有这方面的规定。那么，为什么会"异想天开"地提出这样的诉求？案件的代理律师王建平在当年接受媒体采访时是这样解释的："关于本案的精神赔偿问题，当事人在精神上所受到的损害是永远难以平抑的。在这种情况下，加害人应该承担必要的精神补偿，在这一点上我们是坚持的。"

在案件开庭的过程中，被告方一再辩称，精神损害赔偿于法无据，双方为此针锋相对，互不让步，庭审现场一时间陷入了僵局。

回忆起十几年前的这次庭审，还有一个细节让人记忆深刻，就是100万的赔偿数额究竟如何计算出来的？毕竟在1995年的时候，"万元户"都是比较少见的，因为100万绝对是个天文数字。面对大家的这个疑问，贾国宇的律师王建平说："其实当时的计算方法很简单，我就让贾国宇的父亲把握一个原则，就是你认为多少钱可以使贾国宇的内心得到抚慰和平衡，你就提多少钱。"最后，贾国宇的父亲在考虑了教育费用、未来的治疗花费、生活费的多方面因素后，确定了100万元的索赔金额。

自贾国宇案件后，全国陆续出现了类似的判例。2001年3月10日，最高人民法院颁布了《关于确定民事侵权精神损害赔偿责任若干问题的解释》，专门就精神损害赔偿保护人格权的整体的问题进行了司法解释，这个司法解释被业界称作是"中国人格权司法保护的第二个里程碑"。（第一个里程碑是《民法通则》的颁布实施）

"司法解释"实施以来，精神损害赔偿的法律概念已经"深入人心"。家庭装修不环保，可以要求精神损害赔偿；照相馆洗坏了老照片，可以要求精神损害赔偿；两口子离婚也可以要求精神损害赔偿……但赔偿数额究竟应该是多少？仍然是一个争论不休的话题。

贾国宇被烧伤时，《中华人民共和国消费者权益保护法》已实施一年多，而且颇有影响。依据该法经营者不再像过去那样有幕前和幕后区别，而是一律面对消费者，即消费者的合法权益受到损害时，可以自主选择向销售者、生产者、服务者索赔，其主要目的是方便诉讼，方便消费者，让经营者共担责任。

可能出于考虑最终判决的执行问题，贾国宇选择了将三者共同推上被告席，而这无疑给法院审理带来了一个个不能回避的问题，三个被告到底谁才对这次事故负有责任，三者中责任的比例应是多少。贾国宇使用中是否出现问题，春海餐厅提供服务是否存在瑕疵，卡式炉是否存在安全隐患，气雾剂罐是否存在质量缺陷，漫漫的审判之路也围绕着以上这几个问题展开了。

为贾国宇一案，法官奔波于多个部门和地方之间，国家技术监督局、法庭科学技术鉴定中心、三零四医院、中国医学科学院整形外科医院，甚至跑到山东龙口去了解当事人的生产经营状况。国家技术监督局的鉴定无疑成为上述疑问得以解决的答案，但厚达96页的鉴定书和高达5万元的鉴定费无疑都证明了鉴定工作量之大，历时之长。

案件审理不仅要解决产品质量责任问题，还要解决贾国宇损害及赔偿问题。本案前后委托鉴定或评估4次，其中除国家技术监督局的鉴定是解决产品质量责任问题，另有北京市法庭科学技术鉴定、中国人民解放军第三零四医院医疗评估、中国医学科学院整形外科医院会诊，均是为确定贾国宇的损害程度和今后治疗费用。应该说鉴定的期限很大程度上决定了案件的进度，这两年当中，法官们一直在期待着各种鉴定数据。案件选择了1997年3月15日审理并宣判，由于媒体广泛报道，该案在当时引起了整个社会的关注。容纳300多人的大法庭里满满地坐着旁听的人，在前几排架满了各种拍摄器材，甚至还有电视台现场直播，合议庭的法官们就是在众多关注的目光中审理完案件的。

那一段时期，人们在人身损害的诉讼中提出精神赔偿的主张越来越多，但法院判决中没有先例，也没有明确的法律规定，精神损害是个禁区，没有人敢涉足，没有人敢突破。而此案首次在判决中承认人身健康受损会导致精神利益的损害，导致精神损害的存在尚属首次。

最终，法院判令被告北京国际气雾剂有限公司、龙口市厨房配套设备用具厂连带赔偿原告贾国宇治疗费等共计17万余元，同时赔偿原告残疾赔偿金10万元。此判决随即生效。判决后，案件被归纳为有三个突破：第一，精神损害赔偿的突破，主要指法院认定了权利主体健康权受侵害后有精神损害赔偿，以及判决给予10万元的精神损害赔偿；第二，判决书论证方式的突破，主要指法院不再以传统的简单、高度概括、模式化方式论述，而是采取了一种更具理性，将逻辑推理、法理精神和情感因素等综合考虑予以分析的论证方式；第三，社会平均寿命的采纳，在对丧失部分劳动能力后进行赔偿的标准上，着眼于实际情况，采取了社会平均寿命年限作为合理依据，使受害者利益得到更大程度上的保护。

实验二　市场监管法案例模拟（反不正当竞争法）

一、实验目的

1. 通过组织参与实验，使学生深刻了解实践中在反不正当竞争方面存在的法律问题。
2. 理论联系实际，通过讨论案例中争议的焦点和存在的问题，使学生思考我国相关的反不正当竞争法律制度中存在的缺陷与不足，进而带着问题去学习，这样有利于培养学生的学习兴趣，并提高学习效果。
3. 通过实验，还可以使学生进一步熟悉市场竞争纠纷的审判过程及相关知识，准确了解和把握反不正当竞争法相关的重要法律制度。

二、实验要求

要求学生就本次实验课程写出实验报告一份，要求写明案情、双方争议的焦点、相关的法律法规及法院的判决，最后写明自己对本案的认识或感受，并于一周内交齐。

三、实验原理

1. 经营者在市场竞争的过程中，为了取得比竞争者优越的市场地位，往往会采取商业贿赂、虚假广告、诋毁商誉等扰乱经济秩序的行为。所以学生应该运用所学的反不正当竞争法的基本法律制度和法律法规去分析实践中的不正当竞争法纠纷案例。
2. 就反不正当竞争法而言，不正当竞争的表现形式的具体认定是重点。如引人误解的虚假广告和诋毁商誉行为的区分。
3. 实验能够引起学生主动学习，并思考在实验中遇到的问题，与传统课堂教学相比，更有实际效果。
4. 学生在经济法学课堂上学到的理论知识可以在实验活动中得到检验和运用，掌握得更深刻。

四、实验器材

审判席、法官服、律师袍、照相机、摄像机等。

五、实验步骤

（一）实验准备
介绍案情，使学生对案件的发生发展有一个全面的了解。

（二）提起诉讼并立案
步骤一：实验教师说明本次实验的目的和要求。
步骤二：选定模拟的角色，在提起诉讼阶段，主要是市场经营者、法院的立案人员，必要时市场经营者可以考虑聘请律师。因此在角色上，实验学生可以自己选择。

步骤三：根据所选角色的行为和目的一步步完成实验活动。必要时与其他同学组成多角色模拟团队，以能够把提起诉讼的实验活动完成。

步骤四：完成起诉和立案活动。

（三）法院审理

步骤一：实验教师说明本次实验的目的和要求，在提起诉讼并立案的基础上就同样的一个案例进入立案和审理过程。

步骤二：选定模拟的角色。在法院审理阶段，在市场经营者、法院的立案人员以及市场经营者聘请的律师外，还会增加被告市场竞争者及其聘请的律师。因此在角色上主体较多，实验学生可以自己选择角色。在此阶段，法官、双方当事人及其聘请的律师将频繁互动，因此要求各方配合默契，对案件以及证据和审理进度都非常熟悉才能顺利进行实验活动。

步骤三：根据所选角色的行为和目的一步步完成实验活动。必要时与其他同学组成多角色模拟团队，以能够较好的完成反不正当竞争纠纷案件的审理过程。

步骤四：对证据的质证阶段和辩论阶段的模拟。这一阶段需要组织学生进行模拟法庭活动。

步骤五：制作判决书。

步骤六：实验教师点评。

实验教师根据自己观察到的所有学生在本次实验课堂上的表现以及反不正当竞争法涉及的法律制度和法律规定以及程序的要求，多方面、多角度地点评本次实验课程。

六、思考题

1. 比较广告违法的构成要件是什么？
2. 对违法的比较广告构成不正当竞争如何认定？
3. 采用广告形式进行不正当竞争应该承担的法律责任？

七、实验素材

福建省福清大闽生物工程有限公司（以下简称大闽公司）与福州南海岸生物工程有限公司（以下简称南海岸公司）不正当竞争纠纷案

大闽公司是一家生产、销售鳗钙及系列保健食品的企业，其主要产品是"大闽鳗钙"。该产品于1998年4月7日取得了国家卫生部卫食健字（1998）第195号《保健食品批准证书》。南海岸公司也是一家生产保健食品的企业，其主要产品是"南海岸鳗钙"，该产品于1997年4月24日取得了国家卫生部卫食健字（1997）第236号《保健食品批准证书》，载明的"适宜人群"为"儿童，孕期、哺乳期妇女及中老年人"。南海岸公司在取得《保健食品批准证书》后，即在报纸等媒体和散发的广告宣传单上宣称"南海岸鳗钙，国家卫生部批准的唯一鳗钙类法定补钙保健食品"；"未经卫生部正式批准的是一般补钙食品"；"南海岸鳗钙，国内首创以淡水鳗鱼脊椎骨为原料"；"有'电码防伪'标志的南海岸鳗钙，都是南海岸生物工程有限公司生产的正宗产品"等。

至 1998 年 10 月间，南海岸公司仍在《海峡都市报》上刊登含有"南海岸鳗钙，国家卫生部批准的唯一鳗钙类法定补钙保健食品"广告词的产品宣传广告。从 1999 年 5 月份起，南海岸公司开始着重宣传南海岸鳗钙是"专为儿童研制的"鳗钙。南海岸公司还散发了题为《最近，我很烦》的广告宣传单，称"妈妈前几天给我买回一盒鳗钙，居然没有买南海岸鲤钙！吃起来，口感又差，又不舒服。我真的很烦！后来妈妈发现，原来有些鳗钙并没有通过国家卫生部的批准不能用来补钙，甚至没有通过安全性毒理性检验，其质量及服用后的安全性难以保证。我对妈妈说'下次，一定给我买南海岸鳗钙'"。

法院认为：大闽公司和南海岸公司同为生产保健食品的企业，且主要产品为鳗钙，双方为同行业竞争者。双方在市场竞争中理应遵循诚实信用的原则，不得贬低竞争对手的商品或服务。南海岸公司在 1998 年 4 月 7 日之前宣传其鳗钙产品是'国内首创'，是鳗钙类"唯一"的"法定保健食品"等行为，不构成对大闽公司的不正当竞争，因为，那时大闽鳗钙还不是经批准的保健食品。此外，南海岸公司在经批准的"适宜人群"的范围内对其鳗钙产品作特定人群的着重宣传，不能视为是在对产品的质量、性能、用途作引人误解的虚假宣传。题为《最近，我很烦》宣传单的主要内容是针对未经批准的鳗钙产品而言。故大闽公司认为以上行为是不正当竞争行为的观点，不予支持。但南海岸公司在大闽公司取得国家卫生部颁发的《保健食品批准证书》的几个月后，仍在报纸上宣传其为鳗钙类"唯一"经批准的"法定保健食品"。这种引人误解的虚假信息，除误导消费者外，还贬损了竞争对手的商业信誉和商品声誉，破坏了诚实信用的市场经济原则和公平竞争的市场秩序，构成不正当竞争。南海岸公司对此应依法承担相应的法律责任。大闽公司要求南海岸公司停止不正当竞争行为、公开赔礼道歉、消除影响、赔偿损失的请求依法有据，应予支持。但大闽公司未能对其因南海岸公司不正当竞争行为所造成的损失进行充分举证，对其要求赔偿的数额不予全部支持，故根据南海岸公司的主观过错、不正当竞争行为的手段、对大闽公司商业信誉和商品声誉的影响程度及大闽公司的社会知名度等因素酌定赔偿数额。大闽公司未对其请求的律师费调查费进行举证故其关于律师费、调查费损失的赔偿请求不予支持。

综上，一审法院依照《中华人民共和国反不正当竞争法》第十四条和第二十条、《中华人民共和国民法通则》第一百二十条第二款的规定，判决：一、南海岸公司应立即停止损害大闽公司商业信誉、商品声誉的不正当竞争行为；二、南海岸公司应在本判决生效后二十日内在《福建日报》、《海峡都市报》上刊登声明，向大闽公司公开赔礼道歉，消除影响；三、南海岸公司应在本判决生效后二十日内赔偿大闽公司经济损失、商誉损失人民币 2 万元；四、驳回大闽公司其他诉讼请求。本案案件受理费人民币 21510 元，由南海岸公司负担。

案件判决后，大闽公司不服福建省高级人民法院上述判决，向最高人民法院提起上诉。

实验三 市场监管法案例讨论（反垄断法）

一、实验目的

1. 通过组织参与实验，使学生深刻了解实践中反垄断方面存在的法律问题。
2. 理论联系实际，通过讨论案例中争议的焦点和存在的问题，使学生思考我国相关的反垄断法律法规制度中存在的缺陷与不足，进而带着问题去学习，这样有利于培养学生的学习兴趣，并提高学习效果。
3. 通过实验，还可以使学生进一步熟悉反垄断法中关于垄断的认定及相关知识，准确了解和把握反垄断法相关的重要法律制度。

二、实验要求

要求学生就本次实验课程写出实验报告一份，要求写明案情、双方争议的焦点、相关的法律法规及法院的判决，最后写明自己对本案的认识或感受，并于一周内交齐。

三、实验原理

1. 反垄断法是经济法的核心内容，被称为"经济宪章"。其内容主要包括垄断的含义界定以及垄断行为的表现形式，所以学生应该运用所学的反垄断法的基本法律制度和法律法规去分析实践中的反垄断法纠纷案例。
2. 认定企业的行为是否构成垄断以及构成反垄断法中的哪种垄断表现形式是司法实践中的难点。尤其是垄断行为的界定涉及与规模经济的关系比较复杂，要结合各国的具体经济状况和具体法律制度分析。
3. 实验能够引起学生主动学习，并思考在实验中遇到的问题，与传统课堂教学相比，更有实际效果。
4. 学生在经济法学课堂上学到的理论知识可以在实验活动中得到检验和运用，掌握得更深刻。

四、实验步骤

1. 介绍案情，使学生对案件的发生发展有一个全面的了解。
2. 组织学生进行讨论，确定反垄断法案例中涉及的主要法律问题及相关法律规定。
3. 实验教师根据自己观察到的所有学生在本次实验课堂上的表现以及反垄断法涉及的法律制度和法律规定以及程序的要求，多方面、多角度地点评本次实验课程。

六、思考题

1. 微软垄断案的起诉和判决的过程说明了什么问题？
2. 列宁指出，自由竞争走向生产和资本高度集中发展到一定程度就自然而然地形成垄断，这是市场经济发展的趋势和必然的结果。既然如此，为什么西方发达国家仍然要限制垄断？

3. 滥用市场支配地位行为的概念是什么？它有哪些特征？

4. 反垄断法是如何规制滥用市场支配地位行为的？

七、实验素材

反微软垄断案

1974年，刚刚创建的微软公司即致力于为个人电脑编制基础软件。1980年，该公司被选择为国际商用机器公司（IBM）的个人电脑设计操作系统，从此事业发展突飞猛进，并逐渐发展成为全球磁盘操作和视窗操作软件制造领域的霸主。

由于微软公司发展速度之快超乎想象，早在1990年，美国联邦贸易委员会就对该公司是否把MS-DOS与应用软件捆绑在一起销售展开调查，后来，由司法部接手继续调查。这一时期正值微软开发"视窗"操作系统之际，许多软件厂商认为该软件将使微软更加具有不公平的竞争优势。于是，司法部把调查重点放在了视窗系统上。直到1994年7月，美国政府与微软达成一项协议，微软同意不再要求计算机制造商将其视窗操作系统作为必备软件安装，从而结束了长达一年多的调查。

就在微软官司缠身的时候，全球因特网服务领域崛起了一批优秀企业，其中最著名的就是美国的网景公司和太阳微系统公司。对该领域不甚重视的比尔·盖茨很快就意识到自己的失误，立即全力补救。1995年5月，比尔·盖茨对该公司的互联网战略进行了调整。11月，微软推出"探索者"2.0版。之后，微软要求个人电脑制造商如要安装视窗95操作系统就必须在该系统上安装"探索者"浏览器。微软以后推出的视窗操作系统，直接内含"探索者"浏览器。微软公司还投资参与了"空中因特网计划"，拟将288颗低轨卫星送上天，形成一个覆盖全球的通信网。这一做法使网景公司的市场份额从80%降到62%，微软的份额则从零猛增至36%，招致网景等公司的极大不满，也引起司法部的注意。

1997年10月美国司法部再次起诉微软公司，12月美国地区法官托马斯·杰克逊签发禁止令，要求微软公司不得勒令计算机生产商安装视窗95操作系统必须同时安装其IE4.0浏览器软件。1998年5月，美国司法部和20个州（南卡罗来纳州后退出）联合提出诉讼，声称微软公司非法阻止其他软件厂商与其进行正当竞争以保护其软件的垄断地位，控告微软公司违反美国的反垄断法。6月23日，一个由3名法官组成的上诉委员会取消了杰克逊法官对视窗95操作系统软件的限制令，称微软公司有足够的理由将浏览器软件与操作系统软件捆绑销售。

1998年10月20日，司法部向哥伦比亚地方法院递交了上告微软的诉状，认为该公司将安装IE浏览器作为电脑制造商申请"视窗95"使用许可条件的做法严重违反了1995年签订的协议，应对其课以巨额罚款。两个月后，哥伦比亚地方法院驳回这一要求，但宣布了另一项临时裁定：禁止微软把安装IE浏览器作为个人电脑制造商申请其操作系统使用许可的条件。但1999年5月12日，哥伦比亚地方上诉法院裁定，微软的"视窗98"不受该项禁令的影响。6月23日，上诉法院做出终审裁决，认定哥伦比亚地方法院的禁令是错误的，并判决微软无罪。

由于上诉法院 5 月 12 日的裁决对司法部大为不利，5 月 18 日，司法部和 20 个州政府又分别向哥伦比亚地方法院递交诉状，指控微软公司违反反垄断法。在经过几个月的多方取证之后，10 月 19 日，这桩备受世人瞩目的"微软不正当竞争案"正式开庭审理。

案件的审理是围绕 1995 年 6 月 21 日微软与网景之间的一次会议展开的。司法部的目的是，证明微软公司为维护自己的特许经营权以及开拓新市场，非法利用其业已拥有的市场优势，打击竞争对手。在司法部的传讯下，美国在线公司（AOL）提供了对微软极为不利的证据，证明微软公司在 1995 年的那次会议上，曾企图非法阻止网景公司的浏览器进入视窗软件市场。AOL 作证说，微软在会上要求网景放弃与该公司的竞争，并给 IE 浏览器更多的市场份额。作为回报，网景将成为微软的一个特殊合作伙伴。如果网景拒绝这一要求，微软就会联合其他大公司将其摧毁。随后，AOL 又提供了 1996 年。AOL 和微软的一次会议纪要，其中记载着盖茨曾试图说服该公司与微软结盟，以压制网景公司。

之后，为了证明盖茨是 1995 年会议的幕后主使，司法部律师戴维·博伊斯拿出 1999 年 8 月 27 日与盖茨的面谈录像带，随后，博伊斯又出示了微软在 1995 年的会议之前就已拟好的内部文件。文件显示，盖茨曾积极督促公司经营决策人员与网景达成有关交易。

在反垄断案审理的第二天，微软对司法部的指控奋起反抗。在开庭陈述中，公司首席律师约翰·沃登提出抗辩，指出微软从未提议网景停止设计适合"视窗 95"使用的"导航者"浏览器，更没有以此方式提出瓜分市场的建议。在 l995 年的会议上，微软公司只是努力寻求与网景公司建立"战略性"伙伴关系，谋求达成合作协议，而没有任何瓜分市场的意图。

l999 年 11 月 5 日，美国联邦地区法院法官托马斯·杰克逊宣布事实认定。称微软公司对"windows"操作系统的垄断性销售行为损害了消费者、计算机生产商和其他相关公司的利益。

随后的 5 个月中，波斯纳法官召集微软公司和州以及司法部的代表进行调解。由于双方的方案差距太大，2000 年 4 月 1 日波斯纳法官宣布调解失败。

2000 年 4 月 3 日，杰克逊法官在华盛顿宣布，微软公司通过"反竞争手段"来维持其对个人电脑操作系统的垄断，并滥用这一垄断力量来谋取对网络浏览器市场的垄断，被判违反《谢尔曼反垄断法》。5 月 24 日，有关微软垄断案的最后一次听证会在华盛顿结束，为了阻止其垄断行为，微软公司有可能面临被分为三个公司的可能。2000 年 6 月，哥伦比亚特区地方法院法官托马斯·杰克逊判定：微软公司违反反垄断法，应将其一分为二，一家公司主营个人电脑的操作系统，另一家经营 IE 浏览器、办公应用软件等。

微软不服，提出上诉。2001 年 6 月 28 日，美国多伦比亚特区联邦上诉法院以 7：0 的表决结果驳回联邦地方法院法官杰克逊做出的将微软公司分割为两家公司的判决，但维持该公司在个人电脑操作系统市场具有垄断力量的事实认定。上诉法院的判决终究消除了笼罩在微软上空的分割阴云，微软躲过了分拆危机。

微软垄断案出现转机也许涉及某种政治原因。据有些媒体报道微软在上诉高等法院的同时，还聘请现任总统小布什的资深顾问利德作为说客，小布什当时就公开表示反对分割微软。在 2000 年美国大选中，微软公司还大量增加了政党捐款，总数达到 110 万美元，其中捐给共和党的占 60%。由于小布什在竞选时就表态同情微软公司，所以在他当选总统后，虽不直接干涉法院事务，但通过舆论给司法部门形成压力造成对微软有利的形势。

2001 年 9 月 6 日，美国司法部宣布，将不再寻求通过分割的方式来处罚微软公司，同时还将撤销有关微软非法将其网络浏览器和"视窗"操作系统捆绑在一起的指控，从而使这一历史性的反托拉斯案件再次出现新的转折。司法部做出上述声明后，微软公司的股票随即上涨。司法部表示，做出上述决定是为了简化这一案件，以便法院尽快拿出对微软的有效处罚措施。新的处罚判决将结束微软的违法行为，防止微软再次违法，以恢复操作系统市场的竞争状态。11 月，微软公司与司法部和 9 个州达成和解方案，但哥伦比亚特区及其他 9 个州仍不同意这一和解协议，他们誓言要将反垄断案进行到底。美国当地时间 2001 年 11 月 12 日，北京时间 11 月 l3 日，美国地区法官科琳·科拉正式接受修正后的微软公司和解方案。这场持续四年之久、错综复杂的反垄断案最终以微软大获全胜而告终，同时，这一裁决也被美国司法部长称为消费者和企业的重大胜利。

参考文献

[1] 石少侠主编：《经济法案例解析》，高等教育出版社 2005 年版。
[2] 潘静成，刘文华：《经济法》，中国人民大学出版社 2008 年版。

第十三章　司法文书学实验

实验一　刑事案件文书写作

一、实验目的

1. 理论联系实际，运用所学知识解决实际问题；
2. 通过组织参与试验，使学生深刻体会律师辩护的具体过程；
3. 通过实验，还可以使学生进一步熟悉刑事诉讼的审判过程及相关知识，准确了解和把握刑法的定罪量刑的有关内容；
4. 通过写作实验报告，进一步加深对文书结构、内容的理解。

二、实验要求

法律文书是诉讼和非诉讼活动的真实记录，具有原始档案的作用。刑事诉讼法律文书种类多、制作类文书多，需要认真对待、精心布局。特别是刑事公诉案件，侦查阶段的法律文书从案件的立案为起始，经历破案、聘请律师及律师会见犯罪嫌疑人、采取强制措施到制作结案报告及起诉意见书为结束；在其后检察机关的审查起诉阶段，法律文书包括起诉书、不起诉决定书、公诉词、辩护词等；最后在法院的审判阶段，最主要的当然是判决书，另外还有刑事附带民事调解书等。法律文书有保证国家法律正确实施、保证诉讼活动依法进行的作用，另外也是进行法制宣传教育的重要教材、考核司法人员的有效尺度，要严格按照法律文书制作的原则和程序来进行。另外要严格按照相应的文书格式样本来进行制作，主要包括：《公安机关刑事法律文书格式（2003）》《人民检察院法律文书格式（样本）》（2002）《法院刑事诉讼文书样式（样本）》（1999）

三、实验原理

刑事法律文书是侦查机关、检察机关和法院在刑事诉讼各个阶段制作的具有法律效力的文书。根据刑事诉讼的特点，刑事法律文书的制作要严格按照刑事诉讼的具体要求来制作，应遵循相应的原则来进行。在制作程序上和其他法律文书的制作程序相同。

（一）刑事法律文书制作的原则

1. 以犯罪事实为根据

制作法律文书，必须以客观实际出发，绝对尊重客观事实。事实，是处理各类案件的基础。制作刑事案件，犯罪事实就是定性定罪和判处刑罚的根据；以犯罪事实为根据主要是指在刑事诉讼的各个阶段，公、检、法机关根据刑事诉讼程序所做出的决定，都必须从已查明的犯罪事实出发，法律文书所根据和陈述的犯罪事实必须真实确凿，有充分的证据加以证实。对客观事实不能任意扩大，也不能任意缩小，更不能歪曲事实。

2. 以刑事法律法规为准绳

制作刑事法律文书要遵循刑事实体法和刑事程序法，主要包括刑法、刑事诉讼法，当然还包括刑事司法解释等。总之，刑事法律文书的制作必须依法进行。第一，刑事法律文书的制作主体要合法。比如，刑事上诉状的制作，只有当事人或者他们的法定代理人可以独立行使这项权利，不需要取得他人同意。其他诉讼参与人，即被告人的辩护人和近亲属提出上诉，制作上诉状，必须经过被告人同意，否则就不合法。第二，刑事法律文书的适用对象要合法。比如，公安机关对犯罪嫌疑人只能使用起诉意见书，而不能使用起诉书。第三，刑事法律文书的制作程序要合法。我国刑事诉讼法具体规定了刑事诉讼活动的程序，制作刑事法律文书时，应严格遵循法定程序。第四，刑事法律文书的制作内容要合法。要严格按照文书格式和内容要求写作。第五，刑事法律文书的制定时间要合法。要在法定的时限内制作，严格遵守关于提起逮捕的时限、审判时限、上诉抗诉时限等。

（二）刑事法律文书的制作程序

不管是刑事法律文书还是民事法律文书，其制作程序基本包括以下四个方面：

1. 起草

起草是指文书原件底稿的制作。一般是指非表格类的内容复杂的诉讼文书。如破案报告、起诉书、裁判文书。起草原件之前，办案人应在全面把握案情的基础上，理顺案件情节的线索，审核清所有证据，确定出案件的着重点。起草中应严格遵照格式样本中规定的制作程式标准，按首部、正文、尾部、分段、分项依次写作，将案件事实、列举的证据、认定的理由、适用的法律、做出的处理结论或意见逐项表述清楚。特别是对于案件中的疑难问题或重要情节，应特别予以关注，着力突出，不可与一般情节平均使用笔墨。认定的理由应有理有据，以理服人，以法服人。做出的处理结论或意见应态度明确、语言简洁，利于执行和履行。原件制作完毕后，还需注意认真检查和修改，在法律条款上应重点审查，认定事实，列举证据，适用法律，确定性质是否准确；在文字上检查是否用词准确，句法通顺，言简意赅；在格式上检查是否内容完整，项目要素完备，法律手续完善等等。

2. 审核

法律文书的制作成文直接关系到法律能否正确贯彻实施，关系到司法程序是否合法，关系到当事人的声望、名誉、政治生命，甚至身家性命，因此其行文出台自然要求十分严格。必须履行特定的审批手续。领导严格把关，确保质量合格，是有效提高办案效率，准确执法，避免误差的重要一环。如公安机关侦查阶段使用的立案报告、破案报告，案件承办人制做出该报告原件后须呈交主管局长审批，上级领导从办案程序上加以严格控制，提出具体的措施意见，并签字认可，方可实施。人民检察院的起诉书、不起诉决定书、抗诉书等文书的使用，也需提交所在科室部门的业务领导审核认可，重大的案件或提交检察委员会讨论决定的案件，还须经过主管检察长的审核把关，经签发后，才能正式制发。人民法院制发的裁判文书，对合议庭审理的案件，一般来说法律文书由庭长审签即可；对审判委员会讨论决定的案件，在庭长审核的基础上则还须由分管院长审签，以示负责。庭长、院长在审签时须以案件事实、适用法律、审判程序、量刑处理、书写格式、语言文字等诸多方面进行审查、把好关口，以确保案件质量。

3. 校对打印

法律文书经领导签发后即进入校对打印阶段。打印件成文后即形成法律文书的正本与副本。打印件要求规范、整洁、符合体式。标题的拟制需分两行，第一行应打出制作单位的全称，第二行应打出文书种类的全称，且位置得体、美观大方，符合公文标题行文规定。案件编号应统一坐落标题的右下角，不能前移。尾部致送单位的名称要位置得当，即"此致"应在上行之下的第四至第六个字之下位置打印，"××人民检察院"或"××人民法院"应顶格打印。制作单位落款应在文书尾部的右下角，不能随意前移或后置，这是由法律文书特定的规范格式所决定的。清样打出后，原件与打印件清样的文字校对工作也非常重要，主要检查有无错字、别字、漏字、有无和原件内容不一致的表述，若有差错应立即修正、增补，判决书形成的正本与副本中，尾部左上角空白处还需加盖"本件与原本核对无异"校对戳记，以示校对的准确无误。打印件形成后，如仍有错字或别字，或需修订之处，可直接在文书中进行修改，但修改处必须加盖司法机关的更正戳记，以示属司法机关确认。打印件阶段的最后一项工作是加盖司法机关的公章及有关单位负责人的私章。公安机关制发的提请批准逮捕书、起诉意见书；人民检察院制发的立案决定书（附卷联）依照规定须由公安局局长及检察院检察长署名，对此案件承办人应在打印件尾部"局长"或"检察长"栏目中加盖局长及检察长私人印鉴，之下在制作日期上要加盖公安局及检察院公章，法院判决书则只需在日期上加盖法院公章即可。公章的加盖，要求清晰规范。一是位置须盖在日期上，称为"齐年压月"盖印原则，不得越位加盖；二是印文要端正，不得倾斜，保持其严肃、美观；三是印文要清晰，不得模糊，难以辨认。

4. 送达签收

送达签收是法律文书制作使用的最后阶段。在司法程序中属于内部使用的法律文书，如提请批准逮捕书、批准逮捕决定书，上述文种的送达与接收应按照司法机关内部规定的公文接收规则办理；向当事人或犯罪嫌疑人及其亲属、所在单位送达的法律文书则需履行必备的签收手续，如民事案件向当事人送达法律文书时须附有送达回证，当事人及其亲属或委托代理人接收后须在送达回证上签字并写明接受文书的日期，方可视为送达。当事人拒不签收的，可留置送达；当事人拒不接受法律文书或下落不明、无法送达的可公告送达。调解书的生效须是在当事人签收后才发生法律效力，签收前的调解协议内容当事人可以翻悔，允许再行调解，但一经签收，即发生法律效力，须按协议内容履行，不能再行翻悔。因此，民事案件法律文书的送达与签收工作也较复杂，应谨慎行事。

四、实验器材

模拟法庭的设施,特别是调音台。

五、实验步骤

（一）实验准备

1. 布置实验任务：观看光盘,然后确定写作的文书类别：包括呈请立案报告书、呈请拘留报告书、公安机关的起诉意见书、人民检察院的起诉书、公诉词、辩护词、人民法院刑事（附带民事）判决书等七类文书。

2. 进行班级实验安排,对每个班进行分组,每五至七人为一组,每班七组,每一组负责一类文书的写作。

（二）具体实验过程

1. 选择典型的刑事案例光盘,最好能够展示法庭开庭的全过程,既有辩护人、又有代理人的刑事附带民事案例。

2. 播放光盘,了解案情,结合案件中专家对焦点问题的讨论,使学生对刑事案件的发生发展有一个全面地了解。

3. 按实验前的分组进行讨论,由组长组织,围绕被告人犯罪的动机、目的、手段、情节、后果、社会危害程度、罪名及刑罚进行。时间大约需20分钟。

4. 在充分讨论的基础上,由组长综合组员的意见,对所写文书的主要观点对大家作一说明。

5. 组织大家就每组的发言进行讨论,集思广益,对每个文书的焦点问题形成共识。

6. 指导学生进行相应的文书写作,要求学生回顾讲过的文书格式、体例及注意事项,结合本案案情,具体写作。

（三）实验结果

实验结束后,学生应写作实验报告,于一周内交齐。

六、思考题

1. 写作法律文书的原则和要求有哪些？
2. 起诉意见书和起诉书的区别有哪些？
3. 起诉书和公诉词都是检察机关在法庭审理时出示的文书,它们在写作上的着重点有什么区别？

七、实验素材

（一）案例

案例一：有毒的丝瓜

犯罪嫌疑人陈美娟于2002年9月18日下午私自将村里用于集体修路的石子运回家中,负责此项工作的被害人陆兰英的丈夫得知后,要求其返还,陈美娟不予返还,双方因此发生争执。闻讯而来的陆兰英亦和陈美娟争吵起来，且大骂陈生活作风有问题，等等。陈美娟于是怀恨在心。于9月19日下午偷偷进入陆兰英家的自留地，用针管将农药注入陆家的丝瓜里。当晚，陆兰英即取田里的丝瓜作了丝瓜汤。随之，陆兰英及其外孙女即发生呕吐、目眩等症状。家人遂将他们送到医院，陆兰英因有机磷中毒并发糖尿病，抢救无效死亡，其外孙女由于症状较轻，经抢救脱离危险。

案例二：马加爵杀人案

2004年2月上旬，被告人马加爵在昆明市云南大学鼎鑫学生公寓与其同学唐学李、邵瑞杰、杨开红等人在打牌过程中发生冲突，于是产生了杀害唐学李、邵瑞杰、杨开红、龚博等四人的念头。尔后，被告人马加爵为实施犯罪积极进行准备。2004年2月13日晚23时许，被告人马加爵趁唐学李坐在317宿舍内看报纸之机，从衣柜内将事先准备好的铁锤取出，从背后打击唐学李头部致其死亡，拿走其随身携带的工商银行"灵通卡"及波导手机一部和少量现金，然后将唐学李尸体藏匿于宿舍317—4衣柜内，并用报纸、毛巾和水清理了现场，用事先准备的透明胶带纸将报纸贴在柜内遮挡尸体，将衣柜锁住。2月14日晚23时许，被告人马加爵趁邵瑞杰在317宿舍内洗脚之机，用铁锤从背后打击邵瑞杰的头部致其死亡，并用黑色塑料袋套住邵的头部，拿走其随身携带的少量现金，将邵瑞杰的尸体藏匿于317—3衣柜内，清理了现场后将衣柜锁住。2月15日中午，被告人马加爵趁杨开红坐在317宿舍看报纸之机，用铁锤从其背后打击杨开红头部致其死亡，并用黑色塑料袋套住杨的头部，拿走其随身携带的西门子手机一部及少量现金，将杨开红的尸体藏匿于317—9衣柜内，清理了现场后将衣柜锁住。2月15日晚19时许，被告人马加爵到鼎鑫公寓5幢418室以打牌为借口，将龚博骗到317宿舍趁其坐着看报纸之机，用铁锤从背后打击龚博头部致其死亡，并用黑色塑料袋套住其头部，拿走其随身携带的少量现金，将龚博的尸体藏匿于317—2衣柜内，清理了现场后将衣柜锁住。被告人马加爵于2月15日将拿走的二部手机丢到盘龙江里，"灵通卡"在银行取款时被吞卡。马加爵作案后于2月15日晚23时许，乘坐昆明至广州的火车逃离昆明。2004年3月15日晚，在公安部的通缉下，马加爵在海南省三亚市被当地公安机关抓获归案。经昆明市公安局法医鉴定：四名被害人均系被他人用锤类工具打击头部至颅脑损伤死亡。

案例三：云南大学生孙万刚杀害女友案

1996年1月2日晚，22岁的陈兴会（当时是云南财贸学院会计专业二年级学生，巧家籍）在巧家县城郊红卫山一块草地上遭人奸淫后被勒昏，被刀割开颈部死亡。她的左眼、右乳房及腹部各有一处刀伤，左乳房、阴部、肛门被割下，盆腔里塞有泥土，右裤腿上有擦拭泥土的痕迹。1月3日，21岁的孙万刚（当时是云南财贸学院计算机专业一年级学生，巧家籍）被收容审查。

1996年9月20日，孙万刚因涉嫌强奸、杀害女友陈兴会，被昭通市中级人民法院判处死刑。孙万刚不服判决，立即向云南省高级人民法院提起上诉，高院裁定"事实不清，证据不足"发回重审。1998年5月，昭通中院维持原判，判处孙万刚死刑。孙再次上诉至高院。1998年11月，云南省高院终审判决认为，"原审判决定罪准确，审判程序合法"，但同时却"根据本案的具体情节"而撤销原判，改判孙万刚死刑，缓期两年执行。

孙及家人此后不断申诉。2003年8月，该案被定为最高人民检察院四大督办案件之一。2004年1月15日，云南省高级人民法院认为原判"证据不足"，最终认定孙万刚无罪。

案例四：云南昆明警察杜培武杀人冤案

被告人杜培武因怀疑其妻王晓湘与王俊波有不正当两性关系，而对二人怀恨在心，1998年4月20日晚8时许，被告人杜培武与王晓湘、王俊波相约见面后，杜培武骗得王俊波随身携带的"七·七"式手枪，用此枪先后将王俊波、王晓湘枪杀于王俊波从路南（现为石林彝族自治县）驾驶到昆明的云0A0455昌河微型车中排座位上。作案后，杜培武将微型车及两被害人尸体抛置于本市园通北路四十号一公司门外人行道上，并将作案时使用手枪及二人随身携带的移动电话、传呼机等物品丢弃。以上犯罪事实，有现场勘验笔录，尸检报告，枪弹痕迹检验鉴定书、查获的杜培武所穿长袖警服衬衣、及衬衣手袖射击残留物和附着泥土、作案车上泥土的鉴定和分析报告、有关的技术鉴定结论和证人证言等证据为证，被告人亦有供述在卷。

1999年2月5日，昆明市中级人民法院一审以杜培武犯故意杀人罪判处杜培武死刑，剥夺政治权利终身。出于求生的本能，杜培武于1999年3月8日向云南省高级人民法院提出上诉，以"杀人动机无证据证实；刑讯逼供违法办案；本案证据不足，疑点重重"为由希望省高院认真审查，不要草菅人命。4月6日，辩护律师刘胡乐、杨松向云南省高院提出《二审辩护词》针对一审法院做出的判决针锋相对地予以辩驳，再次提出：一审以故意杀人罪判处上诉人杜培武死刑，纯属事实不清，证据不足，定性不准，适用法律不当，诉讼程序严重违法。同年10月20日省高院做出终审判决。这个判决说："……的辩解和辩护是不能成立的，本案基本犯罪事实清楚，证据确实合法有效，应予确认……上诉意见和辩护请求本院不予采纳"，同时"根据本案的具体情节和辩护人所提其他辩护意见有采纳之处，本院认为在量刑时应予注意。"因此，改判杜培武为死缓刑，剥夺政治权利终身。1999年12月8日，杜培武被送到关押重刑犯的云南省第一监狱服刑。

2000年4月23日，一个名叫王春所的人和他乘坐的汽车离奇失踪。警方得到报案通过严密监控，抓获犯罪嫌疑人柴国利及其女友张卫华，经审讯，柴国利交代了以昆明铁路公安分局东站派出所民警杨天勇为首的抢劫杀人集团惊天罪行。尔后，杨天勇、杨明才、滕典东、肖力、肖林、左曙光等先后落网。据这伙犯罪嫌疑人交代，从1997年4月至2000年5月，他们共杀害19人（其中警察3人，联防队员3人，现役军人1人，女性2人），杀伤1人。共盗抢机动车20辆。在被杀的三名警察中，有2人就是王俊波和王晓湘。"二王"系杨天勇、杨明才、滕典东杀害，并抢走王俊波所配"七七"式手枪。到了这个时候，杜培武才被一伙真正的犯罪嫌疑人证明他是清白的。

案例五：三鹿高管审判纪实

2008年9月，三鹿生产的婴儿奶粉，被发现导致多位食用婴儿出现肾结石症状，"三聚氰胺"事件爆发。据卫生部通报，截止2008年12月底，全国累计报告因食用三鹿牌奶粉和其他个别问题奶粉导致泌尿系统出现异常的患儿共29.6万人。

根据法院公告,三鹿集团涉嫌单位犯罪成为被告人,田文华、王玉良、杭志奇、吴聚生则是作为"直接负责的主管人员和其他直接责任人员"被起诉。

三鹿集团及原董事长田文华等被控生产销售伪劣产品案,庭审历时 14 小时宣告结束。检方指控,三鹿集团原董事长田文华、原副总经理王玉良、原副总经理杭志奇、原集团奶源事业部经理吴聚生分别对生产、销售含有三聚氰胺的婴幼儿配方奶粉、液态奶制品负有直接责任,是直接负责的主管人员,应当以生产、销售伪劣产品罪追究其刑事责任。

宣判:田文华被判处无期徒刑,剥夺政治权利终身;王玉良被判处有期徒刑 15 年;杭志奇被判处有期徒刑 8 年;吴聚生被判处有期徒刑 5 年。

(二) 文书格式样本示例

1. 呈请立案报告书

呈请立案报告书

_____

领导批示

审核意见

一、报告导语:(来源、处置、得出犯罪事实已经发生)
_____。

现将有关情况报告如下:

二、发案报案经过:
_____。

三、立案事实根据

现场勘查情况:(有的案件还包括现场调查访问和鉴定结论)_____。

四、立案理由和法律依据
_____。

妥否,请批示。

××公安局××刑警大队

侦查员:×××

侦查员:×××

____年____月____日

2. 呈请拘留报告书

呈请拘留报告书

_____

领导批示

审核意见

犯罪嫌疑人×××,男(女),××××年××月××日生,×族,×××人,户口所在地×××,现住址×××,职业×××。

简历:

拘留的理由和依据:

综上所述，根据《中华人民共和国刑事诉讼法》第六十一条之规定，特呈请对犯罪嫌疑人×××刑事拘留。

妥否，请批示。

××公安局××刑警大队

侦查员：×××

侦查员：×××

＿＿年＿＿月＿＿日

3. 起诉意见书

×××公安局

起 诉 意 见 书

×公刑字［200×］第3号

犯罪嫌疑人×××……（犯罪嫌疑人基本情况、违法犯罪经历以及被采取强制措施的情况）。

犯罪嫌疑人涉嫌×××（罪名）一案，由×××举报（控告、移送）至我局。（写明案由和案件来源、侦查程序开始的时间、归案情况）犯罪嫌疑人×××涉嫌×××案，现已侦查终结。

经依法侦查查明：……（概括叙述经侦查认定的犯罪事实。应根据具体案情，围绕该罪构成要件叙述）

认定上述事实的证据如下：……（分列相关证据）上述犯罪事实清楚，证据确定、充分，足以认定。

犯罪嫌疑人×××……（写明是否有从重、从轻、减轻等节）。

综上所述，犯罪嫌疑人×××……（根据犯罪构成简要说明罪状），其行为已触犯《中华人民共和国刑法》第××条之规定，涉嫌×××罪。依照《中华人民共和国刑事诉讼法》第××条之规定，现将此案移送审查起诉。

此致
×××人民检察院

局长（印）

（公安局印）

年　月　日

附：1. 本案卷宗卷页。2. 犯罪嫌疑人现在处所。3. 随案移交物品件。
4. 被害人已提出附带民事诉讼。

4. 起诉书

××人民检察院
起 诉 书
检　　刑诉［　］　号

被告人　　［姓名，性别，出生年月日，出生地，身份证号码，民族，文化程度，职业或工作单位及职务，住址，政治面貌，违法犯罪经历及因本案采取强制措施的情况。多数人时写明］

本案由×××（侦查机关）侦查终结，以被告人×××涉嫌某罪，于×年×月×日向本院移送审查起诉。（主要写明告知当事人到庭及当事人出庭之情况）。

经依法查明：……（概括叙述经侦查认定的犯罪事实，包括犯罪时间、地点、经过、手段、目的、动机、危害后果等预定罪有关的事实要素。应当根据案件具体案件情况，围绕刑法规定的具体犯罪构成条件，简要叙述。）

认定犯罪事实的证据如下：（分列证据）

本院认为，……（概括论述被告人行为的性质、危害程度、情节严重），其行为触犯了《中华人民共和国刑法》第×条（引用罪状、法定性条款），犯罪事实清楚，证据确实充分，应当以××罪追究其刑事责任。根据《中华人民共和国刑事诉讼法》第一百四十一条的规定，提请公诉，请依法判处。

此致
×××人民法院

检察员：
××人民检察院（公章）
年　月　日

5. 公诉词

公 诉 词

审判长、审判员（人民陪审员）：

根据《中华人民共和国刑事诉讼法》及检察院组织法的有关规定，今天，我受××人民检察院的指派，代表本院，以国家公诉人的身份，出席法庭支持公诉，并进行法律监督。

通过法庭调查阶段对××、××、××、××证据的核实，我们认为认定被告人×××犯有×××罪事实清楚、证据确实充分。现就本案发表如下公诉意见：

一、被告人×××的行为已构成×××罪，给社会造成了严重危害，应依法予以惩处。

1. 阐述案件事实，结合犯罪构成理论的四要件和七要素，分析被告人的行为符合《中华人民共和国刑法》第×××条第××款之规定，已构成×××罪。（对多被告人的案件，要以从主到次的顺序针对每一个被告人的情况进行分析，对每个被告人在共同犯罪中犯罪行为的性质和责任的划分进行定性说明。）

2. 进行案情分析，概括案件全貌，揭露被告人犯罪行为的社会危害性。

二、被告人的减轻加重、从轻从重等法定量刑情节以及劣迹等酌定量刑情节。

三、被告人应汲取的教训。分析被告人犯罪的思想根源，对被告人进行教育和感化，对旁听人员进行法制宣传。

综上所述，起诉书认定本案被告人的犯罪事实清楚，证据确实充分，依法应当认定被告人有罪，并结合被告人的认罪态度和相关法定情节，做出公正的判决。

公诉人：×××
×年×月×日

6. 辩护词

关于_____（姓名）_____（案由）一案的辩护词

审判长、审判员：

根据《中华人民共和国刑事诉讼法》第32条第1款的规定，我接受_____（主要犯罪嫌疑人或被告人姓名）_____（案由）一案的犯罪嫌疑人_____的委托，担任他的辩护人，为他进行辩护。

在此之前，我研究了_____人民检察院对本案的起诉书，查阅了卷宗材料，会见了犯罪嫌疑人，走访了有关证人，并且对现场进行了勘察，获得充分的事实材料和证据。我认为起诉书在认定事实上有重大出入（或者事实不清、定性不当等）。理由如下：

综上所述，我认为：

根据《中华人民共和国刑法》第_____条第_____款之规定，请求检察机关对本案犯罪嫌疑人_____不予起诉（或请求法庭对被告人宣告无罪或免除处罚或从轻、减轻处罚）。

辩护人：×××
××××年××月××日

7. 刑事判决书

××××人民法院
刑事判决书
（一审公诉案件用）
（××××）×刑初字第××号

公诉机关××××人民检察院。

被告人……（写明姓名、性别、出生年月日、民族、籍贯、职业或工作单位和职务、住址和因本案所受强制措施情况等，现在何处）。

辩护人……（写明姓名、性别、工作单位和职务）。

××××人民检察院于××××年××月××日以被告人×××犯××罪，向本院提起公诉。本院受理后，依法组成合议庭（或依法由审判员×××独任审判），公开（或不公开）开庭审理了本案。××××人民检察院检察长（或员）×××出庭支持公诉，被告人×××及其辩护人×××、证人×××等到庭参加诉讼。本案现已审理终结。

……（首先概述检察院指控的基本内容，其次写明被告人的供述、辩解和辩护人辩护的要点)。

经审理查明,……(详写法院认定的事实、情节和证据。如果控、辩双方对事实、情节、证据有异议,应予分析认定。在这里,不仅要列举证据,而且要通过对主要证据的分析论证,来说明本判决认定的事实是正确无误的。必须坚决改变用空洞的"证据确凿"几个字来代替认定犯罪事实的具体证据的公式化的写法)。

本院认为,……〔根据查证属实的事实、情节和法律规定,论证被告人是否犯罪,犯什么罪(一案多人的还应分清各被告人的地位、作用和刑事责任),应否从宽或从严处理。对于控、辩双方关于适用法律方面的意见和理由,应当有分析地表示采纳或予以批驳〕。依照……(写明判决所依据的法律条款项)的规定,判决如下:

……〔写明判决结果。分三种情况:

第一、定罪判刑的,表述为:

"一、被告人×××犯××罪,判处……(写明主刑、附加刑);刑期从判决之日起计算。判决执行以前先行羁押的,羁押一日折抵刑期一日,即自××××年××月××日起至××××年××月××日止。

二、被告人×××……(写明追缴、退赔或没收财物的决定,以及这些财物的种类和数额。没有的不写此项)。"

第二、定罪免刑的表述为:

"被告人×××犯××罪,免予刑事处分(如有追缴、退赔或没收财物的,续写为第二项)。"

第三、宣告无罪的,表述为:

"被告人×××无罪。"〕

如不服本判决,可在接到判决书的第二日起××日内,通过本院或者直接向××××人民法院提出上诉。书面上诉的,应交上诉状正本一份,副本×份。

审判长×××

审判员×××

审判员×××

××××年××月××日

(院印)

本件与原本核对无异

书记员 ×××

实验二 民事案件文书写作

一、实验目的

1. 理论联系实际,运用所学知识解决实际问题。
2. 通过组织参与试验,使学生深刻体会律师代理的具体过程。
3. 通过实验,还可以使学生进一步熟悉民事诉讼的审判过程及相关知识,准确了解和把握民事责任的的有关内容。

4. 通过写作实验报告，进一步加深对文书结构、内容的理解。

二、实验要求

法律文书是诉讼和非诉讼活动的真实记录，具有原始档案的作用。刑事诉讼法律文书种类多、制作类文书多，需要认真对待、精心布局。民事案件主要是在法院的审判阶段，文书主要包括起诉状、答辩状、原告、被告代理词和判决书、上诉状等。法律文书有保证国家法律正确实施、保证诉讼活动依法进行的作用，也是进行法制宣传教育的重要教材、考核司法人员的有效尺度，要严格按照法律文书制作的原则和程序来进行。另外要严格按照相应的文书格式样本来进行制作，主要包括：《法院诉讼文书样式（试行）》（1992），《〈关于民事诉讼证据的若干规定〉文书样式》（2003），《律师办理民事案件规范》（2000），《海事诉讼文书样式（试行）》（2003）

三、实验原理

民事法律文书是人民法院和当事人在民事诉讼过程中制作的具有法律效力的文书。根据民事诉讼的特点，民事法律文书的制作要严格按照民事诉讼的具体要求来制作，应遵循相应的原则来进行。制作的程序和刑事法律文书一样。

（一）民事法律文书制作的原则

1. 以当事人争议的客观事实为根据

制作法律文书，必须以客观实际出发，绝对尊重客观事实。民事案件，争议的客观事实就是法院做出判决裁定、决定权利和义务的根据。以当事人争议的客观事实为根据主要包含两层意思：一是民事法律文书所根据和陈述的事实必须真实确凿，即使部分失实，也可能会给国家和人民利益造成重大损失。另一层意思是指要尊重客观事实，不管是当事人的请求还是司法机关做出的决定，都必须从客观事实出发。

2. 以民事法律法规为准绳

制作民事法律文书，要遵循民事实体法和民事程序法，民事实体法涉及的法律众多，主要包括民法通则、物权法、侵权责任法、合同法、婚姻法、继承法、商标法、专利法、公司法，等等，还有相应的司法解释；民事程序法方面主要就是民事诉讼法。制作民事法律文书的必须依法进行。第一，民事法律文书的制作主体要合法。比如，涉及海事诉讼的，需要按照海事诉讼特别程序法的规定由海事法院来制作。第二，民事法律文书的制作程序要合法。我国民事诉讼法具体规定了诉讼活动的程序，制作法律文书时，应严格遵循法定程序。第三，民事法律文书的制作内容要合法。根据不同的文书样式的要求，不同的文书的具体格式和内容是不同的，要严格按照具体要求来制作。第四，民事法律文书的制定时间要合法。要严格按照法律规定的时限来进行，如诉讼时效、上诉抗诉的时限、审判时限等。

（二）民事法律文书的制作程序

与前述刑事法律文书相同，在此不再赘述。

四、实验器材

模拟法庭的设施，特别是调音台。

五、实验步骤

（一）实验准备

1. 布置实验任务：观看光盘，然后写作的文书类别，包括授权委托书、起诉状、答辩状、原告代理词、被告代理词、人民法院民事判决书、上诉状等七类文书。
2. 进行班级实验安排，对每个班进行分组，每五至七人为一组，每班七组，每一组负责一类文书的写作。

（二）具体实验过程

1. 选择案例，选择能够展现民事案件审判全过程的典型案例光盘。
2. 播放光盘，了解案情，使学生对案情的发生发展有一个全面的了解。
3. 按事前的分组进行讨论，围绕民事争议发生、发展的时间、原因、结果、民事责任的承担、适用的法律等进行。
4. 在充分讨论的基础上，由组长综合组员的意见，对所写文书的主要观点对大家作一说明。
5. 组织大家就每组的发言进行讨论，集思广益，对每个文书的焦点问题形成共识。
6. 指导学生进行相应的文书写作，要求学生回顾讲过的文书格式、体例及注意事项，结合本案案情，具体写作。

（三）完成实验报告书

实验结束后，学生应写作实验报告，于一周内交齐。

六、思考题

1. 民事案件原告代理词和被告代理词的写作重点有哪些不同？
2. 民事案件一审判决书和刑事案件一审判决书格式上有哪些区别？

七、实验素材

（一）案例

案例一：国际名模陈娟红诉《青年一代》侵犯其民誉权、肖像权案

上海人民出版社出版发行的《青年一代》2002年4月号（总第204期）上刊登了一篇《都是漂亮惹的祸》的文章。文中描写了"有着魔鬼身材和出众容貌的陈娟虹"抛弃前男友，与某大酒店副总结婚，后该副总因出差时嫖娼被警方抓获并被停职，而陈娟虹也与其离异的故事。

陈娟红认为，文章中的"陈娟虹"虽与自己的名字有一字之差，但随文配发了自己的照片，则属于恶劣欺骗和误导读者的行为。陈娟红称，事实上她自己至今仍是未婚。

陈娟红表示，这篇文章对自己的生活和事业造成了无可挽回的恶劣影响。故请求法院判令对方停止侵权，回收并销毁刊登这篇文章的杂志，公开道歉，在《青年一代》上刊登道歉声明，并赔偿经济、精神损失120万元。

案例二：刘晓庆百万索赔案

声称美容专家曾为刘晓庆做过整形手术，2010年，刘晓庆认为广东医网网络信息服务有限公司侵犯其名誉权，诉至朝阳法院要求停止侵害，删除侵权内容，公开赔礼道歉并赔偿精神损害抚慰金100万元。

刘晓庆诉称，广东医网网络信息服务有限公司在其主办的名为广州现代医院的网站及相互链接的网站上，对美容专家徐威强擅长改脸形手术等项目进行宣传，同时在各项手术宣传项目里捏造徐威强曾为刘晓庆实施过美容、整形手术的事实。

刘晓庆认为，这家公司为招揽客户，大肆宣传曾为她做过整容的谎言，并且将该侵权文章刊登于其他医疗协会的网站上，为广州现代医院进行宣传、牟取暴利。

这种行为一方面欺骗、误导了消费者，另一方面又让广大社会公众误认为刘晓庆的美貌是经多次整容手术而成，贬损其形象。

案例三：人肉搜索第一案

2008年3月18日，王菲将大旗网、天涯网、北飞的候鸟三家网站起诉至法院，索赔工资损失7.5万元、精神损害抚慰金6万元及公证费用2050元，首次将"人肉搜索"和"网络暴力"推向司法领域，催生出"人肉搜索"中国第一案。

王菲认为被告网站上刊登的部分文章中披露了其"婚外情"以及姓名、工作单位、住址等个人隐私，并包含有侮辱和诽谤的内容，侵犯了其隐私权和名誉权。

被告张乐奕的律师辩称，王菲的姓名、单位、电话等属于商务场合用于交流的信息，披露这些信息并不属于侵犯王菲的隐私权。另外，王菲因婚外情导致妻子自杀，本来就是违背社会道德的，这种不道德的行为给他带来了负面社会评价。人们拥有言论自由的权利，对这种不道德的行为做出评价也不侵犯他的名誉权。

2008年12月18日上午，北京市朝阳区人民法院一审判决张乐奕和北京凌云公司构成对王菲隐私权和名誉权的侵犯，判令上述两被告删除相关文章及照片，在网站首页刊登道歉函，并分别赔偿王菲精神损害抚慰金5000元和3000元，加上公证费，王菲总计获赔9367元。海南天涯公司因在合理期限内及时删除了相关内容，被判免责。2009年12月23日下午3时，北京二中院做出二审宣判：维持原判。

案例四：百万名画

2005年12月，在翰海拍卖公司举办的油画雕塑拍卖会上，苏女士以253万元的总价，从书画收藏家萧富元手中，买下了一幅署名为吴冠中的《池塘》油画。今年7月，吴冠中看到此画后，写下"伪作"结论。

苏女士代理人称，2005年12月11日，苏女士在翰海公司举办的"2005秋季油画雕塑拍卖会"上看到此画。介绍材料称，"吴冠中油画作品《池塘》画于1972年，时年53岁，10年后，他又将此画修改一下，并在画上题写"抽暇改老画，好似故地重游。1982年。"

苏女士相信该介绍，经过多轮竞价，以230万元的价格拍得《池塘》，并支付给翰海公司佣金23万元。家中收藏了一段时间后，苏女士与一些拍卖行接触时，被怀疑是假画。最终，经吴冠中先生本人鉴定，这幅画确实是伪作。

该画的拍卖方是翰海公司，委托方是收藏爱好者萧富元。苏女士随后将两者一同告上法院称，对方以欺诈手段让她相信此画是真品，造成其重大损失，她要求撤销双方买卖合同，退还 253 万元拍卖款及佣金。

案例五：毕业证引发的纠纷

大学生小区临近毕业时意外接到学校勒令退学的通知，并被告知不予颁发毕业证书。理由是小区因旷课曾被学校做出留校察看的处分，此后其还参与过同学打架。小区却提出：该处分决定不仅未按规定装入学生档案，自己对此甚至毫不知情。于是小区以学校违反《教育法》和《消费者权益保护法》为由将学校告上法庭，要求学校向他发放毕业证，还针对学校存在的老师资质不合格、乱收费等服务瑕疵要求学校按所收教育服务费加倍赔偿。学校认为自己对小区的处理是正当行使权利，并提出双方的关系不适用《消费者权益保护法》。学生与学校的关系应怎样认定？法院会如何判定？

（二）文书格式样本示例

1. 授权委托书

授权委托书

委托人：

受委托人：　　工作单位：　　职务：　　电话：

受委托人：　　工作单位：　　职务：　　电话：

现委托上列受委托人在_____纠纷一案中，作为我方诉讼代理人。

代理人_____的代理权限为：

代理人_____的代理权限为：

委托人：（签名）

年　月　日

［说明］

1. 委托人若是法人或者其他组织，则需在"委托人"注明法定代表人或主要负责人姓名、职务。

2. 委托权限是委托书最重要的部分，委托人应在委托书上明确委托权限。

3. 授权委托书需加盖法人公章，并由法定代表人签名或者盖章。

2. 起诉状

（1）原告为自然人时起诉书格式

民事起诉状

原告：性别：　出生年月：　民族：　工作单位：　职业：　住址：　联系方式：　　。

被告：性别：　出生年月：　民族：　工作单位：　职业：　住址：　联系方式：　　。

请求事项：（写明向法院起诉所要达到的目的）。

事实和理由：（写明起诉或提出主张的事实依据和法律依据，包括证据情况和证人姓名及联系地址）。

证人姓名和住址，其他证据名称、来源
此致
××××人民法院

原告人：（签名或盖章）
××××年×月×日

附：1. 本诉状副本×份（按被告人数确定）；
2. 证据××份；
3. 其他材料××份。
（2）原告为法人时起诉书格式

民事起诉状

原告：地址：　　联系方式：　　　　。
法定代表人：职务：　　　　。
委托代理人：性别：　年龄：　民族：　职务：　工作单位：　住址：　联系方式：　　。
被告：地址：　　联系方式：　　　　。
法定代表人：职务：_____。
诉讼请求：（写明向法院起诉所要达到的目的）。
事实和理由：（写明起诉或提出主张的事实依据和法律依据，包括证据情况和证人姓名及联系地址）。
证人姓名和住址，其他证据名称、来源
此致
××××人民法院

原告人：（签名或盖章）
法定代表人：（签名）
××××年×月×日

附：1. 本诉状副本×份（按被告人数确定）；
2. 证据××份；
3. 其他材料××份。
3. 答辩状

民事答辩状

答辩人（写明答辩人的基本情况）
因……一案（写明原被告姓名和案由），提出答辩如下：……
……。
此致
××××人民法院
附：本答辩状副本×份

答辩人：
×年×月×日

4. 原告、被告代理词

诉　　　一案代理词

审判长、审判员（或人民陪审员）：

根据《　　诉讼法》第　　　　条之规定，　　　　　　律师事务所接受本案当事人的委托，并指派我担任本案当事人　　　　　　的诉讼代理人。接受委托之后，本诉讼代理人进行了阅卷并进行了全面调查，今天又参加了庭审，对于该案有了较为全面的了解。

根据法律和事实，本诉讼代理人发表如下代理意见，请合议庭在合议时能予以考虑。

一、_____
_____

二、_____
_____

综上所述，代理人认为，为了维护当事人的合法权益，请合议庭依法公正判决。

××律师事务所律师：×××
年　月　日

注意：1. 原告代理人的代理词主要说明下列事项：①分析和评论证据；②肯定和论证案件的事实情节；③发表有关适用法律规范的意见；④针对被告的答辩发表代理意见。

2. 被告代理人的代理词是针对原告的请求而发，因而有其自身特点。被告的代理词中必须从自己这一方面提出新的事实材料进行反驳，或者提出新事实，或者引用新的证据材料来证明这些事实，或者引用适用于新事实的法律规范等等。注意：（1）对程序问题首先发表意见。（2）对原告提供证据的充分性、合法性进行论证。

6. 民事判决书

××××人民法院
民事判决书
（一审民事案件用）
（××××）×民初字第××号

原告……（写明姓名或名称等基本情况）。

法定代表人（或代表人）……（写明姓名和职务）。

法定代理人（或指定代理人）……（写明姓名等基本情况）。

委托代理人……（写明姓名等基本情况）。

被告……（写明姓名或名称等基本情况）。

法定代表人（或代表人）……（写明姓名和职务）。

法定代理人（或指定代理人）……（写明姓名等基本情况）。

委托代理人……（写明姓名等基本情况）。

第三人……（写明姓名或名称等基本情况）。

法定代表人（或代表人）……（写明姓名和职务）。

法定代理人（或指定代理人）……（写明姓名等基本情况）。

委托代理人……（写明姓名等基本情况）。

……（写明当事人的姓名或名称和案由）一案，本院受理后，依法组成合议庭（或依法由审判员×××独任审判），公开（或不公开）开庭进行了审理。……（写明本案当事人及其诉讼代理人等）到庭参加诉讼。本案现已审理终结。

原告×××诉称，……（概述原告提出的具体诉讼请求和所根据的事实与理由）。

被告×××辩称，……（概述被告答辩的主要内容）。

第三人×××述称，……（概述第三人的主要意见）。

经审理查明，……（写明法院认定的事实和证据）。

本院认为，……（写明判决的理由）。依照……（写明判决所依据的法律条款项）的规定，判决如下：

……（写明判决结果）。

……（写明诉讼费用的负担）。

被告×××辩称，……（概述被告答辩的主要内容）。

第三人×××述称，……（概述第三人的主要意见）。

经审理查明，……（写明法院认定的事实和证据）。

本院认为，……（写明判决的理由）。依照……（写明判决所依据的法律条款项）的规定，判决如下：

……（写明判决结果）。

……（写明诉讼费用的负担）。

如不服本判决，可在判决书送达之日起十五日内，向本院递交上诉状，并按对方当事人的人数提出副本，上诉于××××人民法院。

审判长　×××
审判员　×××
审判员　×××
××××年××月××日
（院印）

本件与原本核对无异

书记员　×××

7. 上诉状

民事上诉状

上诉人（一审原告/被告）（单位写明名称、住所地、法定代表人或负责人姓名职务，自然人写明姓名、性别、出生年月日、民族、职业、服务处所、住所地、居住地、身份证号码）。联系电话。

被上诉人（写法同上）

一审第三人（写法同上）

上诉人因（　　　　　　）一案，不服 年 月 日收到判决/裁定书的 人民法院（　）字第　号民事判决/裁定，提起上诉。上诉的请求和理由如下：

上诉请求：

1. 撤销 人民法院（　）字第　号民事判决/裁定；

2. 改判……；

3. 两审诉讼费用均由被上诉人负担。

上诉理由

（根据案件具体情况选择）

一、原裁判适用法律错误。……

二、原裁判认定事实错误，或者原判决认定事实不清，证据不足。……

三、原裁判违反法定程序，或者审判人员收受贿赂，影响案件正确裁判。……

综上所述，……特依《民事诉讼法》第147条的规定，提起上诉，请予改判，是为公允。

此致

××人民法院

上诉人：××

年 月 日

附：1. 本上诉状副本×份；

2. 新的证据×份。

参考文献

[1] 周道鸾主编：《法律文书教程》，法律出版社2006年版。

[2] 周道鸾主编：《法律文书格式和实例点评》，法律出版社2006年版。

[3] 潘庆云主编：《法律文书》，中国政法大学出版社2007年版。

第十四章 律师学实验

实验一 刑事案件的模拟法庭审判

一、实验目的

1. 通过组织参与试验,掌握《律师法》的知识,特别是律师参加诉讼的途径、享有的权利、律师刑事辩护的具体工作程序,使学生深刻体会律师辩护的具体过程。同时领悟律师执业活动的特点和刑事辩护的技巧,树立自己的专业素质和理念。

2. 理论联系实际,运用所学知识解决实际问题。让学生通过实验活动去感知刑事案件审判的具体流程,使学生进一步熟悉刑事诉讼的审判过程及相关知识,准确了解和把握刑法的定罪量刑的有关内容。

3. 通过实验课程和实验操作过程,使学生能够主动性地学习和思考,深刻领会《律师法》、《刑事诉讼法》的规定,使自己所掌握的法律知识系统化、立体化。

4. 通过实验,锻炼学生的临场应变能力、逻辑思维能力及表达能力。

二、实验要求

1. 要求学生具有良好的口头表达能力,快速应变能力,获取信息并分析综合判断的能力。

2. 要求学生具有思辨能力、批判思维能力以及创造性地解决问题的能力。

3. 要求学生具有团队精神、敬业精神以及认真对待工作的精神。

4. 着力强化创新意识和对知识的创造性应用,使学生具有获取知识、信息的能力和实务工作能力。

三、实验原理

辩护权是法律赋予犯罪嫌疑人、被告人的权利,犯罪嫌疑人、被告人除自己行使辩护权以外,还可以委托一至二人作为辩护人,基于律师辩护具有不可比拟的优越性,最常见的是委托律师辩护。在刑事诉讼活动中,律师接受被告人的委托,作为辩护人参加刑事案件的法庭审理,其根本职责就是维护被告人的合法权益,

《刑事诉讼法》第32条规定:"犯罪嫌疑人、被告人除自己行使辩护权以外,还可以委托一至二人作为辩护人。下列的人可以被委托为辩护人:(一)律师;(二)人民团体或者犯罪嫌疑人、被告人所在单位推荐的人;(三)犯罪嫌疑人、被告人的监护

人、亲友。正在被执行刑罚或者依法被剥夺、限制人身自由的人，不得担任辩护人。"第 35 条规定："辩护人的责任是根据事实和法律，提出证明犯罪嫌疑人、被告人无罪、罪轻或者减轻、免除其刑事责任的材料和意见，维护犯罪嫌疑人、被告人的合法权益。"

《律师法》第 25 条规定："律师可以从事下列业务：（一）接受公民、法人和其他组织的聘请，担任法律顾问；（二）接受民事案件、行政案件当事人的委托，担任代理人，参加诉讼；（三）接受刑事案件犯罪嫌疑人的聘请，为其提供法律咨询，代理申诉、控告，申请取保候审，接受犯罪嫌疑人、被告人的委托或者人民法院的指定，担任辩护人，接受自诉案件自诉人、公诉案件被害人或者其近亲属的委托，担任代理人，参加诉讼；（四）代理各类诉讼案件的申诉；（五）接受当事人的委托，参加调解、仲裁活动；（六）接受非诉讼法律事务当事人的委托，提供法律服务；（七）解答有关法律的询问、代写诉讼文书和有关法律事务的其他文书。"第 28 条规定："律师担任刑事辩护人的，应当根据事实和法律，提出证明犯罪嫌疑人、被告人无罪、罪轻或者减轻、免除其刑事责任的材料和意见，维护犯罪嫌疑人、被告人的合法权益。"上述规定是律师参加刑事诉讼活动和制作发表刑事辩护词的法律依据。

四、实验器材

审判席、警服、法官服、检察官服、律师袍等。

五、实验步骤

（一）实验准备

1. 选择典型的刑事案例。
2. 介绍案情，使学生对案件的发生发展有一个全面的了解。
3. 组织学生进行讨论，确定被告人犯罪的动机、目的、手段、情节、后果、社会危害程度、罪名及刑罚。
4. 确定角色，包括合议庭组成人员、公诉人、被告人、辩护人、证人、法警等。
5. 组织演练，具体指导，让学生充分掌握案情以及自己的角色定位，并指导学生进行相应的文书写作，包括起诉书、公诉词、辩护词、判决书及证人证言、鉴定结论等。

（二）开庭前准备

1. 确定合议庭组成人员，确定书记员人选。
2. 审判人员必须认真审核诉讼材料，有必要的话，可进一步调查，核实证据，也可对被告人进行讯问。
3. 将人民检察院的起诉状副本至迟在开庭 7 日前送达被告人，并告知其有权委托辩护人。
4. 确定开庭日期，并在开庭前 3 日通知当事人及其辩护人证人、鉴定人以及人民检察院。

5. 因为是公开审理的案件，应限期公布案由、被告人姓名、开庭时间和地点。

（三）开庭审理

第一阶段：开庭。

在这个阶段，首先由书记员查明诉讼参与人是否到庭，请公诉人及辩护人入庭，请合议庭组成人员入庭。然后宣布法庭规则。其次由审判长宣布案由、采用公开审理方式，宣布合议庭组成人员、书记员、公诉人、辩护人、鉴定人的名单，告知当事人依法享有的诉讼权利，包括回避权及辩护权。最后对当事人的回避申请进行处理。

具体方法和步骤如下。

审判长：现在宣布开庭（敲法锤）

审判长：某市人民法院现在此组成合议庭公开开庭审理方某等六人共同杀人一案，审判长由×××担任，审判员由×××和×××担任，书记员由×××担任。×市人民检察院派检察院×××出庭支持公诉，被告人的辩护人分别由×××、×××等担任。

审判长：下面告知当事人诉讼权利，当事人有权对合议庭组成人员、书记员、公诉人申请回避；当事人享有辩护权。

审判长：被告人听清了没有？是否申请回避？

第二阶段：法庭调查。

此阶段是审判人员通过讯问被告人、询问证人和出示物证的方式，查明案情、核实证据的活动。

具体方法和步骤如下。

审判长：下面进行法庭调查，首先由公诉人宣读起诉书。（宣读后），现在带被告人上庭。（然后对每个被告人逐个进行讯问，主要围绕共同犯罪的发生的时间、地点、动机、目的、手段、经过、后果来进行。在询问过程中，其他人如公诉人、辩护人也可对被告人进行讯问。）

审判长：宣证人及鉴定人上庭作证。（证人发表证词后，由审判人员及公诉人对证人发问，辩护人在其后经审判长许可对证人发问。对鉴定人同样遵循这个程序。）

审判长：现在出示物证××。被告人，认识××吗？证人×××，当时你看见被告人是否使用××进行犯罪的？（经过对证据的调查质证，达到案件事实清楚后，进入法庭辩论阶段。）

第三阶段：法庭辩论。

审判长：下面进行法庭辩论。

1. 先由公诉人发表公诉词。

被告人发表一下你自己的辩护意见。（被告人分别陈述）

由辩护人发表辩护词。

下面双方进行互相辩论。（辩论要围绕实质性问题进行，即事实和法律两个方面。）

2. 审判长：现在宣布法庭辩论结束。

第四阶段：被告人最后陈述。

每个被告人应就案件的事实、证据及罪名的认定、对罪行的认定、对法庭审判的意见和要求等，作最后的发言。被告人最后陈述后，审判长宣布休庭，法庭的审理活动全部结束。审判长和书记员应在审阅笔录后签名。证人证言部分应当当庭宣读或证人阅读后，证人如认为无错误，应签名或盖章。法庭笔录应当当庭宣读或经当事人阅读后，如认为无错误，当事人应签名或盖章。

具体方法和步骤如下。

审判长：现在进入被告人最后陈述，由被告人依次发表意见。

被告人：（被告人依次发表意见）

审判长：现在宣布休庭，由合议庭评议后宣判。（敲法锤）

第五阶段：评议和宣判阶段。

评议由审判长主持，就案件的事实、证据及应当适用的法律进行讨论和表决，应当秘密进行。评议后，即进入宣判阶段，一律公开进行。本案当庭宣判，并告知当事人的上诉期限及上诉法院。判决书应当在 5 日内送达当事人、辩护人和提起公诉的人民检察院。

具体方法和步骤如下。

审判长：现在恢复开庭，宣读合议庭意见，全体起立（敲法锤）（具体判决略，并告知上诉权）现在宣布休庭。（敲法锤）

（四）结案

判决书宣判并送达后，应将所有的诉讼材料连同送达文书一并整理归档。按照分组情况完成实验报告，于一周内交齐。

六、思考题

1. 对被告人辩护的辩护论点包括哪些？
2. 如何利用新修改的刑事诉讼法所确立的非法证据排除规则为被告人进行辩护？
3. 新刑诉法对审判程序的修改内容包括哪些？

七、实验素材

案例一：方国等六人故意杀人案

被告人方×国，男，1971 年 1 月 20 日出生，汉族，初中文化，无业。1990 年 6 月因扒窃被劳动教养两年；1999 年 12 月 1 日因扰乱社会秩序罪被××市人民法院判处有期徒刑一年六个月，2000 年 11 月 30 日减刑释放。

被告人谢×平，男，1980 年 2 月 22 日出生，汉族，初中文化，农民。1999 年 12 月 1 日因犯扰乱社会秩序罪被××市人民法院判处有期徒刑八个月，2000 年 2 月 11 日刑满释放。

被告人李×军，男，1979 年 1 月 28 日出生，汉族，小学文化，农民。

被告人李×云，男，1982 年 8 月 7 日出生，汉族，初中文化，无业。

被告人张×辉，男，1983 年 7 月 15 日出生，汉族，初中文化，无业。

被告人余×初，男，1968 年 8 月 28 日出生，汉族，初中文化，无业。1991 年 1 月因扒窃被劳动教养两年。

上述六被告人于2001年1月21日因涉嫌故意伤害罪被刑事拘留，同年2月23日被逮捕。

2001年1月17日—19日，被告人方国带领被告人谢平、李军、李云、张辉（未满18岁）住到被告人余初家，共同策划殴打叶某，并每人发给一把杀猪刀。方提出，"发现叶某就剁，谁不剁回来就剁谁。"同年1月20日下午，被告六人在友华大厦旁的新潮酒家吃过饭后，仍在附近逗留。当晚7时许，被告人余初见叶某从友华大厦前经过，即大喊叶某。被告人方国闻讯立即指挥其他被告人追赶叶某。叶某见状，匆忙跑进某市人民医院家属楼内躲藏。被告人一伙持刀追至院内。被告人谢平、李军发现叶某躲藏在二楼后，大喊："在这里，在这里。"被告人谢平首先冲上去对叶某头部砍了一刀，叶某中刀后向前跑了两步，倒在地上，被告人李军冲上对其背部和脚上连砍四刀，被告人张辉、李云等人也一拥而上，对叶某一顿乱砍，叶某连呼救命，被告方×国站大喊"剁死他！剁死他！"在二楼的同伙又对叶某一顿乱砍，致其当场死亡。于是一起逃离现场。当某市人民医院的保卫人员要报案时，方某威胁说：你报案，老子就剁了你！当晚，逃往羊楼司镇藏匿的被告人被公安干警抓获，当场缴获杀猪刀二把。经法医鉴定，死者叶某系被他人用锐器多次，反复砍击后致其失血性、创伤性休克死亡。

案例二：林甲、何某等销售有害食品案

被告人林甲，男，1958年8月10日出生，原系广东省深圳市龙岗区沙湾深安贸易部经理，法定代表人。

被告人林乙，男，1979年9月7日出生，原系广东省深圳市龙岗区沙湾深安贸易部职员。

被告人何某，男，1963年5月1日出生，个体工商户。

被告人吴某，男，1963年9月17日出生，个体工商户。

被告人黄甲，女，1964年6月1日出生，农民。

被告人罗某，男，1968年10月28日出生，个体工商户。

被告人黄乙，男，1972年9月20日出生，个体工商户。

1998年12月，被告人林甲、林乙连续几次将其以每吨1400港币从香港进口的工业用猪油（其中部分被有机锡污染，但林甲、林乙不知）冒充食用猪油，以每吨7600元批发给被告人何某。何某加价后再批发给被告人黄甲、吴某、罗某、黄乙等人销售。同年12月16日之后，定南县龙塘、月子、老城等乡镇和龙南县的文龙镇等地相继出现大批群众食用猪油后中毒现象。林甲等人的行为共造成1000余人中毒，其中3人死亡，57人重度中毒。

案例三：檀某等人抢劫案

被告人檀某，男，1982年8月生，安徽省望江县农民。

被告人袁某，男，1974年12月24日生，安徽省望江县农民。

被告人徐某，男，1970年7月8日生，安徽省教县农民。

被告人叶某，男，1983年5月28日生，安徽省太湖县农民。

被告人吴某，男，1983年11月9日生，安徽省太湖县农民。

被告人姜某，男，1979年2月14日生，河南省光山县农民。

被告人檀某、袁某、徐某、叶某、吴某等人经预谋，于2000年7月29日晚，在湖州市织里镇公园路A—7号小店以每箱15元的价格购得数箱雁荡山牌矿泉水，携带西瓜刀窜至318国道湖州市成舍汽车停靠站附近，乘皖H70397大客车下客之际，被告人袁某、檀某等强行上车，被告人徐某与徐甲（在逃）在车下望风。上车后，叶某、吴某持刀威胁，向每位乘客收取人民币10元，劫得现金人民币300余元。当晚23时许，被告人檀某、袁某等又强行登上皖H70372大客车，由被告人徐某与徐甲在车下望风，吴某、叶某给每位乘客发矿泉水，檀某、叶某、吴某等在车上持刀威胁向每位乘客收取人民币10元，当场劫得现金人民币200余元，当晚被告人檀某分得人民币80元，被告人袁某、徐某分得人民币100元，余款被共同挥霍。同月30日晚22时许至次日凌晨1时许，被告人檀某、袁某、徐某、叶某、吴某以及徐甲等人采用同样的手段，在皖H70462大客车上劫得人民币300余元，在沪A-C8165大客车上劫得现金人民币250元，在皖H70453大客车上劫得现金人民币300余元。当晚被告人檀某、袁某、徐某各分得人民币100元，被告人叶某、吴某各分得人民币10元，余款被挥霍。同月31日晚，被告人檀某、袁某、徐某、叶某、吴某、姜某与徐甲等人再次采用同样的手段，在皖H70476大客车上劫得现金人民币300余元。次日凌晨1时许，在皖H70392大客车上行劫时，因矿泉水一时未能找到，在劫取现金人民币200余元后，仅给了16瓶矿泉水。此后在皖H70372大客车上作案时，檀某等人被公安机关抓获。

案例四：陈甲、郑乙、陈丙诈骗、窝藏案

被告人陈甲，男，1970年1月18日出生，汉族，山东省东平县人，被捕前系中国建设银行信托投资公司某市办事处证券部债券柜负责人。

被告人郑乙，男，1970年10月22日出生，汉族，福建省闽侯县人，农民。

被告人陈丙，男，1943年7月9日出生，汉族，山东省东平县人，干部。

1998年5月至1999年2月，被告人陈甲以建设银行有高息内部存款为名，使用该部已作废的证券代保管凭证，盖上该部业务公章并由其签名后26次骗取赵某、罗某、刘某等二十人的现金共计人民币111万元，用于炒股票和期货。同时，以建设银行内部存款利息高或要拉存款为名，使用开白条的方法，骗取潘某、赵某、张某等六人的现金人民币共计43.4万元，用于炒股票和期货等，后因亏损而无力偿还。案发后，于1999年3月22日逃至福州藏匿。同年7月16日被抓获归案。

1999年2月下旬，被告人郑乙得知陈丙之子陈甲非法吸收他人巨款无力偿还，欲逃往境外时，即虚构其能在两个月内替陈甲办妥出境手续的犯罪事实，遂以需支付手续费和保证金为名，分别于1999年2月和4月从陈丙处骗取人民币共30万元。案发后，除追回7.8万元外，余款被挥霍。

1999年2月，被告人陈丙明知其子陈甲骗取他人巨款无力偿还，为使陈甲逃避法律制裁，而向郑乙提供30万元人民币，托其为陈甲办理出境手续。此外，陈丙明知陈甲已畏罪潜逃至福州市，却在公安机关向其调查时谎称不知，还让郑乙转交8000元人民币给陈甲，为其提供生活费用，陈丙还于1996年6月书写和张贴小字报诽谤某市法院院长，在社会上造成恶劣影响。

实验二　律师辩论比赛

一、实验目的

1. 通过组织参与实验，使学生深刻体会律师所应具备的各种能力，包括雄辩的口才、独到的思维、敏捷的反应等。
2. 理论联系实际，运用所学理论知识解决实际问题。
3. 通过实验，使学生的各种素质得到相应的提高，提高学生的口头表达能力、临场应变能力等。

二、实验要求

律师辩论是全面阐述自己主张的法律依据，并对对方的观点、理由进行反驳的过程。要将律师辩论操作好，不但要具有准确、简洁、清楚、生动的语言表达能力，还要注意体态语言。

1. 语言表达能力。律师应当做到反应迅捷、有的放矢；控制语速，吐字清晰；条分缕析、入情入理。
2. 注意体态语言。善于运用良好的体态语言和表达技巧。有声与无声、语言与体态的融合统一，才能体现律师精湛的表达能力。要柔中有刚，举止大方。善于控制情绪，做到应变自如，稳中求胜。

三、实验原理

（一）律师论辩的角度

律师论辩，一般可以从事实上、性质上、情节上和程序上四方面展开：

1. 从案件事实上论辩

虽说"事实胜于雄辩"，但事实自己并不会说话，需要雄辩。事实是处理案件的依据。因此，律师论辩应针对案件事实，辩析其真与假、实与虚，通过对事实证据的论辩，弄清案件的真相。

2. 从案件性质上论辩

在刑事案件中，有的案件犯罪嫌疑人或被告人的行为、结果是清楚的，证据是充分的，但在认定性质上有错误：有的把无罪认定为有罪、有的把此罪认定为彼罪，特别是把轻罪认定为重罪，律师辩论时都要提出。

3. 从案件情节上论辩

如果案件事实清楚、证据确凿、定性准确，则从情节上进行辩论，以求减轻被告人的刑事责任或委托人的民事责任。情节包括当事人行为的动机、目的、手段、后果以及外部环境等。

4. 从案件程序上论辩

诉讼活动必须依照一定的程序进行，这是案件得到正确解决的保证。如果违反了这些程序，就可能造成限制或缩小当事人权利、做出不正确判决的后果。因此，律师应当注意诉讼程序方面的问题。诉讼活动是否合法，在法庭辩论中应作为一个辩论的角度。当然，只有在直接影响到做出正确判决的情况下，才在法庭辩论时提出。至于一般的、不影响到案件正确处理的问题，可以通过其他方法解决，而不一定在辩论时提出。

(二) 律师辩论的技巧

1. 辩论要旨

辩论在律师的业务活动中占有很重要的地位，是律师业务才能和智慧的集中体现。因此，我们有必要对律师辩论的有关技巧问题加以研究。根据有关方面的经验及我们的体会，律师论辩的要旨可以概括为：

(1) 辩论切题、充分说理。律师必须针对对方提出的内容进行辩论。在辩论中，要对不正确的内容进行反驳，不能无的放矢，你说你的，我说我的，论而不辩。在辩论切题的前提下，还必须有充分的道理。这些道理不是空洞的，而是以事实为根据，以法律为准绳，建立在证据充分确定的基础上的。做到立论有据，辩之有理，使对方推不翻、驳不倒，并使对方提出的问题站不住，立不了论。

(2) 抓住要害、运用对策。有了充分的理由，还要有正确的表达形式，把充分的理由表达清楚。这就要求律师做到抓住要害，主题明确，论点集中，言简意明。

运用对策，目的在于提高辩论结果，不是为了制服对方。在实践中常用的对策有：首先，失实与真实对辩。如果对方理由不符合实际情况，律师在辩论中必须具体地引用证据，证明事实真相，驳其不实之词。其次，片面与全面对辩。如果对方观点片面，对某一事实只强调有利的方面，不看不利的一面，律师应以两点论方法把事实讲全面，以克服其片面性。再次，谬误与真理对辩。如果对方语出谬误、强词夺理，则律师据理依法加以反驳。最后，一般与具体对辩。如果对方脱离案件事实空泛地讲大道理，律师一般说不要与之相辩，避免"空对空"，应侧重个性的研究，结合案件事实把事物的特殊性讲清楚。

(3) 语言清晰、快慢适宜。有了好的论辩内容，还要有一个好的论辩口才。

(4) 柔中带刚、举止大方。所谓柔，就是要律师辩论时，语言柔和，切忌趾高气扬，态度生硬。所谓刚，就是在实质性问题上要坚持原则，要据理力辩。柔与刚是对立的统一。在法庭辩论中柔是方法，刚是实质，柔为刚服务，刚则通过柔而取得胜利。

举止大方是律师在论辩中要有风度，有气魄，不卑不亢。在任何情况下，都要举止大方，言而有序。律师应具有这样的形象。

2. 论辩技法

论辩技法多种多样，这里主要阐述三种：一般技法、常规技法和反驳技法。所谓一般技法，就是律师所有论辩活动中都应该掌握的技法，它适用于每一次论辩。所谓常规技法，即律师针对不同的情况通常使用的技法，它要因案而异，不能普遍适用。所谓反驳技法，就是律师驳斥对方虚假论点、论据和论证方式的技法。

第一，一般技法。

（1）善于争取主动。其技巧有二：一是法庭辩论前善于设题；二是法庭辩论中善于出击。所谓善于设题，就是在案件处理的一般范围内，自己为对方设想可能进行辩论的题目。在通常情况下，设题内容包括：事实、证据、定性、量刑、适用法律条款和程序等六个大范围。所谓善于出击，就是在已经开始的辩论中，一方面要将自己的观点看法千方百计地表达出来；另一方面就对方的错误症结所在，千方百计地予以点破，使对方陷入被动的境地。

（2）善于把开头话说好。把开头话说好，一是要善于借助他人之口开头。如借助审判人员之口或对方当事人之口等，作为辩护或代理的开头。二是要善于提出一个涉及关键性的问题让对方答复，然后作为开头。三是善于针对对方辩论的症结开门见山地开头。如针对辩论者所发表的基本见解、主张或观点，单刀直入，有理有利有节地反驳，做到先发制人。

（3）善于使用第一手材料。所谓善于运用第一手材料，就是辩论双方善于将自己在办案过程中收集到、核实到的事实和证据，说得清楚，说得具体。由自己深入实际所获得的确凿材料，给人以坚信不移的信任感。

（4）善于引用法律规定。善于引用法律规定，不仅对每一条法条序码说得出，而且对每条中的第几款也要背得出，而且需要明了其中的具体内涵及与案件事实的关系。唯如此，才会胸有成竹，比较容易化险为夷，转败为胜。

（5）善于利用对方言词信息。善于利用对方言词信息，一是从对方讲话中捕捉到主旨是什么，意图是什么；二是判断对方的话是否合理合法，漏洞或不当在哪里；三是对方的话有无要反驳的信息，该如何反驳；四是对方的话与其他人员的话如审判人员、证人、被害人的话等有无矛盾，若能善于抓住对方的这些言词信息，针锋相对地以其之矛攻其之盾，其辩论效果也是较为理想的。

（6）善于拒绝无味的论辩。所谓无味的论辩，一是不重复地说；二是对方抓住一些无碍案件处理的枝节问题不放，则采取"对这个问题不予辩论"或"发言到此结束"的办法。这种近似于沉默的不辩，不仅在一定的时机和法庭上有着巨大的震动力；而且在辩论技巧上嘎然而止、干脆有力，听上去是退一步，实质上是进二步。

（7）善于顾此及彼。所谓顾此及彼，一是当对方提出许多问题而每个问题又与本案件直接有关时，律师只需回答每个问题的要点或看法，绝不要详加阐述，以便缩小回答范围，给自己留下思考的时间。三是在多方论辩时，要抓住重点对象，同时不要把论辩责任推向自己方的其他论辩者。

（8）善于补救失误。善于补救失误：一是对已说出的无碍根本性问题的不适当的话，能够善于在下一轮发言中说得周全些。如果没有再补说的机会，待法庭辩论终结以后，要休庭时向对方解释清楚即可。二是说了直接影响案件处理的错话，必须善于立即纠正，但要注意技法。三是说了不该说的话，能够善于马上用理智控制自己，在可能的条件下，尽快转换口气或适时主动陪礼道歉。

（9）善于放松情绪。律师论辩应尽量使自己的情绪放松。一是除特殊情况外，坚持适中的语调；二是不被对方的言辞所激动；三是善于说清发言中的序码号，使说出的话条理清楚。

（10）善于利用语速快慢及声调高低。所谓善于利用语速，主要是用一个接一个的反诘、一个比一个更快的反诘，来让对方回答，而且是对方跟着自己的快速的语速做出回答。律师论辩要铿锵有力，必须注意声调高低。一是事先不使咽喉发干；二是估计论辩时间的长短决定带或不带茶杯；三是发言简短、明了；四是发言时不高声喊叫；五是善于运用标点符号，注意停顿，注意节奏。

第二，常规技法。

律师论辩的常规技法丰富多彩，不仅在律师实务中，而且在教科书或律师业务书籍也有多种多样的概述。

（1）察言观色法。即根据不同对象，运用不同的语言方式，运用察言观色法的关键是认识对方。如何认识对方，一是在论辩开始前，与对方进行闲聊，以此了解他的心理状态与性格；二是运用对方有兴趣的事物，诱导他开口，观察其神情变化；三是在论辩中适当运用一连串刺激性的问题，激起对方兴奋，进而失去情绪控制；四是在未吃透对方性格之前，可让他谈，造成对方误认为自己怯懦无能、不堪一击，以松懈对方意志。

（2）利用空间法。即重视空间条件的利用。能动地适应并利用辩论环境，要做到三个统一：辩论内容与辩论环境的统一；辩论形式与辩论环境的统一；辩论者的仪态、风度与辩论环境的统一。

（3）先发制人法。论辩中先发制人、夺取制高点、掌握辩论的主动权，或以使对手陷于被动。在论辩中，第一次发言按例只在立论范围内申述自己的理由，无所谓辩驳。可是在论辩中对方时有"漏风"现象，即以自己的辩论对策，本应严守秘密，有时却会泄漏风声，被对方察觉。在这些情形下，律师在申诉己方理由的同时，将对方可能会提出的理由事先提出，在听众心理上形成先入为主的印象，使对方形成被动。

（4）后发制人法。先发制人要把握时机，后发制人要静待时机。这是以劣胜优、以弱制强的战术。

（5）正面强攻法。论辩中针锋相对的强攻战术，给对方以尖锐有力的正面反驳，能有力地阻止对方的攻势，使之无从闪避。

（6）顺水推舟法。在发现对方的论辩的意图的后，因势顺从，引导他步步深入，一直走向荒谬的极端。顺水推舟，当言辞由顺从对方的逻辑而突然逆驶的瞬间，对方经历了从暗自窃喜到大惑不解，跌入欲辩不能的境地。在"顺"与"推"之间，可以采用反问的技巧。

（7）舌战偷渡法。对方采取强攻，如果你选择逆势抗辩，不如运用宛转、轻捷、隐密的偷渡之法，暗暗化解对方的攻势，引渡进你的论辩的对策中，从而战胜对方。

（8）示假隐真法。舌战论辩时可以运用掩盖真相的语言技巧，形成对方的错觉，使其无法看清已方的意图。运用示假隐真法，常用声东击西或运用模糊语言的对策，使对方自我否定。

（9）化害为利法。任何事物都有利与害两个方面。在有害的情况下要想到有利的一面，趋利避害，变害为利；在有利的情况下要想到有害的一面，提防言辞疏漏之处，被对方乘虚而入。

（10）反守为攻法

"反守为攻"包含有变劣势为优势、变被动为主动、争取制高点、变他控为控他的谋略思想。

第三，反驳技法。

只有立论，没有反驳，则无所谓辩论。因此，反驳是律师辩论中的一个重要技法。反驳，就是律师根据确凿的事实或理论来确定某一论断的虚假性，或指出某一论断的证明不能成立的一种逻辑方法。

反驳的主要途径有二：一是破坏反驳途径，即设法破坏对方论据或论证的真实性、有效性和意义；二是建设性反驳，即在反驳对方的同时，证明与对方完全相反的观点的成立。

由于论证由论点、论据和论证方式三要素构成。因此，反驳内容也有三种：反驳论点、反驳论据和反驳论证方式。

（1）反驳论点

针对对方的论点进行反驳。

（2）反驳论据

设法证明对方的论据是虚假的，不能成立的，以此来否定这些论据所支撑着的论点。

（3）反驳论证方式

即在反驳过程中，指出对方的论据和论题没有必然的逻辑联系，或从对方的论据中推不出对方的论点。反驳论证方式实质上是指出对方在推理过程中的逻辑错误。

四、实验器材

律师袍、话筒、音响。

五、实验步骤

（一）实验准备

1. 确定辩题，辩题可以是一个具体的论题，比如"我国该不该确立律师的执业豁免权"、"我国该不该废除律师伪证罪的规定"等。也可以是一个案例，可以辩论是否应承担刑事责任或民事责任，如何承担，最好是案例。

2. 按班级进行分组，每十人为一大组，每大组分为两小组作为正反两方，各确定一位小组长。

3. 组织演练，每组单独进行，由组长负责，老师具体指导。

（二）辩论步骤

1. 向大家介绍一下本组的辩题，如果是一个案例，要详细介绍，指出辩驳的焦点，切忌争议的焦点太散、太乱。

2. 正方第一辩手围绕辩题发言，然后由反方第一辩手辩驳。再由正方第二辩手发言，再由反方第二辩手辩驳。以此类推，直到双方所有辩手都进行了一轮辩驳。

3. 正方、反方辩手进行随机论辩。

4. 辩论如偏离主题或出现人身攻击等其他现象时，教师要及时提醒并纠正。

5. 辩论经过多轮后，教师要确定是否终止辩论。

6. 确定终止辩论后，由正方、反方的组长进行辩论总结，教师作相应的点评。

（三）实验结果

完成实验报告书。实验报告书要具体写清楚实验的详细内容，结合律师学所学知识，并结合辩题、自己小组的辩论观点及自己的表现撰写心得体会，于一周后交齐。

六、思考题

1. 辩护律师的职责是什么？
2. 判断辩论优劣的评判标准包括哪些？

七、实验素材

辩题示例

（一）刑事辩题

题1：安乐死

退休教师王敬轩患癌症住院达一年之久，花去医药费近十多万元，但病情日益恶化，病人痛苦万分。医生诊断存活期超不过一星期。在此情形下，病人再三要求医生给自己实施安乐死，家属也希望让亲人早日解脱痛苦。医生经艰难抉择同意病人及家属的要求，王敬轩被停止一切治疗，当日病逝。

问：医生是否应当承担刑事责任？

控方：医生应当承担刑事责任

辩方：医生不应承担刑事责任

题2：桑塔纳的纠纷

华银公司于1995年7月18日出资21万元购买了一辆桑塔纳汽车，当时，华银公司没有控办购车指标，公司经理张扬对本公司职员王强说："车就以你个人的名字买，归公司所有。"之后，车一直由王强驾驶并用于公司经营活动。1996年张扬出国定居，此后王强亦离开公司，并将汽车开走，一直使用该车，该车的养路费、保险等均由王强自己承担，华银也一直未要求王强返还汽车。1998年6月，华银公司职工向公安机关举报王强侵占公司财产，要求追究王强的刑事责任。

问：王强的行为是否构成职务侵占罪？

控方：王强的行为构成职务侵占罪

辩方：王强的行为不构成职务侵占罪

题3：

刘某系某外贸公司工作人员，长期迷恋网络游戏《传奇》，三年多来一直通过网络与其他玩家拼杀、争斗，但是，由于个人游戏技战术不高，无法获得较高级别的游戏装备,在游戏中总是被其他高级玩家欺负。刘某找到在某网络公司工作的朋友张某,通过技术手段破解其他游戏玩家的游戏帐号和密码,窃取帐号内的高级游戏装备,开始时此类虚拟的游戏装备主要是自用,后来发现网上求购此类装备的人数众多,于是,刘某与杜某商量,开始以营利为目的专门盗窃并倒卖此类虚拟装备,2005年2月至2006年6月,刘某和杜某先后盗窃150余个帐号内的各类游戏装备,除极小部分加以自用外,其他多数加以出售,共得赃款20余万元。在众多游戏玩家向公安机关报警后,刘某和杜某被抓获。被查获时,两人所控制的10余个游戏帐号内,尚有盗窃来的虚拟装备200余件,根据玩家私下交易的一般价格,此部装备价值6万余元。公诉机关以盗窃罪对刘某和杜某依法提起公诉。

问:刘某和杜某的行为是否构成盗窃罪?

控方:刘某和杜某的行为构成盗窃罪。

辩方:刘某和杜某的行为不构成盗窃罪。

题4

现年22岁的石某打工期间认识了同在酒店打工的男青年牛某,双方建立了恋爱关系并在一起同居生活。牛某想将打工所得的收入存入银行,因自己无身份证不能开户。2004年12月18日,牛某借石某的身份证在某营业所办理了开户手续,先后共计存入人民币五万元。2005年7月20日,牛某不慎将存折和卡丢失,当日即到某营业所挂失,营业员查了牛某提供的帐号余额后,发现钱未丢失。但由于牛某是用石某的身份证办理的开户手续,营业员告诉牛某必须将借身份证那人找来,并凭身份证复印件才能挂失。牛某随即电话告诉石某,请求石某帮忙挂失,石某婉言拒绝。石某随即打电话给某营业所柜台主任,说钱是自己的,不能取给牛某。2月22日,牛某在答应付给石某2000元报酬后,石某才同意与牛某一起到某营业所办理了挂失手续。挂失单由牛某保管。3月3日,石某在没有挂失单和挂失未到期的情况下,从银行取走了全部存款(五万元)。

问:石某的行为是否构成侵占罪?

控方:石某的行为构成侵占罪。

辩方:石某的行为不构成侵占罪。

题5:

某市儿童福利院有两名14岁的智障孤女,患有重度发育迟滞症,生活上完全不能自理,在月经来潮时本人非常痛苦,且因智力低下不懂也不会自我护理,弄得自己满身及所到之处都是经血。福利院人手少,无力照顾,也无法解除他们的痛苦。后经院领导陈某和缪某研究决定送她们到当地医院做子宫切除术。当地医院医生王某和苏某了解情况后同意为该两名少女作了子宫切除手术。

手术后,此事在当地传开。公安机关依法介入调查后,当地检察机关对以上四人提起公诉,指控他们犯有故意伤害罪。但四人的辩护律师均认为被告人的行为对两位少女有益无害,不构成犯罪并进行无罪辩护。

问:四被告人对严重智障孤女进行子宫切除术是否构成故意伤害罪?

控方:四被告人的行为构成犯罪;

辩方：四被告人的行为不构成犯罪。

题 6：

2002 年 12 月，彭某开始担任某市建委副主任。长期的工作中，由于业务关系，逢年过节时不断有建委审批过房地产项目的房地产公司为事后表示酬谢，而给建委中层以上干部送红包和各类礼品。刚开始时，彭某多次将红包退回或者直接上缴单位纪委，但是，长期被单位其他领导和同事背后议论为假正经。后来，彭某采取他人收受红包时自己也收受的方式，但是，在收受之后，全部捐赠给公益事业，并详细记录每一笔红包的数额、来源和捐赠的去向。在彭某担任建委副主任的三年半中，累计收受他人现金约四十万元。

2006 年 5 月，该市建委主任郭某因受贿罪被起诉。涉案的行贿人之一杜某在诉讼过程中，向检察院举报，为酬谢建委批准自己的开发项目，杜某曾经给所有建委领导送了红包，其中彭某收受自己的红包内有三万元。据此，彭某被某市人民检察院依法逮捕，并交待了 40 余万元的所有受贿事实和赃款去向。

根据彭某的记录和捐赠单据，彭某收受的全部现金和红包直接以无名氏名义捐赠给福利院或者希望工程基金，有据可查的累计捐赠约为 41 万余元。

问：彭某的行为，是否构成受贿罪？

控方：彭某的行为，已经构成受贿罪。

辩方：彭某的行为，不构成受贿罪。

（二）民事辩题

题 1：

李某夫妇有一个美丽聪明、活泼可爱的女儿，正读高二，学习成绩名列班级前茅。2004 年 6 月 3 日深夜，不幸降临到这个幸福的家庭。11 点半左右，家住星光北里 3 楼 4 单元 202 室的李某夫妇已经入睡，十七岁的女儿独自睡在朝北的小房间。第二早上，妻子见女儿还未起床，就推门进入女儿的房间叫女儿起床，却发现女儿已经惨死在床上，并遭人强奸。经法医鉴定受害人系窒息死亡。现场发现案犯是从一楼住户的窗外防护栏攀到二楼，跳窗而入的。案犯至今未抓获归案。此前，该小区曾发生过几起入室盗窃案，当时李某准备给自家的窗户安装防护栏，但物业公司以住户公约为由，不让李某在二楼窗户安装防护栏。事后，李某夫妇认为物业公司对其女儿的死亡负有不可推卸的责任，于是向法院起诉，要求物业公司承担丧葬费 6000 元，赔偿精神损失费 30 万元。

问：物业公司是否负有责任？

原告：物业公司有责任。

被告：物业公司无责任。

题 2：

小×早产一个月，出生后因呼吸困难，转入新生儿科治疗。小×被安置在保温箱吸氧长达 200 多个小时，治疗后出院。但出院时却未对小×进行眼科检查，也未被告知应定期检查眼睛。几个月后，小×的母亲发现小×眼睛对光线没有任何反应，母亲这才意识到孩子的眼睛可能有问题，经小×出生的医院检查，小×被诊断为：早产儿视网膜病变,已难以治愈。眼科专家告知:孩子的病情发现的太晚了,如果早期发现完全可以恢复一定的视力。孩子的母亲经多方咨询和查找医学资料得知,根据医学科学,长时间高浓度吸氧是导致早产儿视网膜病变的直接原因,医院对早产儿用氧必须进行监测,并应当在出院前对用氧的早产儿进行眼科检查,以及定期跟踪检查。小×母亲认为医院方面存在过错,遂将小×的接生医院诉至法院。医院申请法院委托该市医疗事故鉴定委员会进行医疗事故鉴定,该委员会的鉴定结论为:不构成医疗事故,小×丧失视力与医院在治疗、护理过程中给予其吸氧无因果关系。

问:医院是否应承担过错责任?

原告:医院应承担过错责任。

被告:医院不应承担过错责任。

题3:

云南水果商王某委托李某开车运输一批水果到北京指定地点,并按约定的价格卖给客户,李某抽取卖水果所得的6%作为报酬。李某行至安徽境内,中途停车吃饭,不料饭店的酒菜存在卫生问题,导致张某食物中毒,昏迷不醒,张某被紧急送往医院抢救,等李某完全苏醒时已是第二天深夜。李某考虑到水果保鲜期较短,如果不及时运输,会导致水果无法在王某给定的价格范围内出售。李某在与王某联系不上的情况下,遂设法联系到一个运输公司,委托其将水果运到北京指定地点按约定的价格卖给客户,运输公司可以抽取卖水果所得的3%作为报酬。运输公司及时起运,但由于已经耽搁了两天,运到北京时水果已经很不新鲜,北京客户要求降价出售,运输公司与李某联系,要求降价出售,李某考虑到水果情况,答应降价出售。结果以王某给定的价格的一半出售。事后,运输公司扣除了卖水果所得款项的3%后将款项交给了李某,李某又从中扣除了卖水果所得款项的3%后将款项交给了王某。王某计算了一下,其损失将近2万元。王某提起诉讼,要求李某赔偿损失。

问:李某是否应当承担赔偿责任?

原告:李某应当承担赔偿责任。

被告:李某不应当承担赔偿责任。

题4:

李某乘坐甲市公交公司的1111号公共汽车从城东区到城西区。途径一交叉路口时,张某骑一辆自行车横穿马路,公共汽车司机刘某为躲避张某,采取紧急刹车措施,避免了人车碰撞,但公共汽车内的李某却因紧急刹车而摔倒,并致腿骨骨折和脸部受伤。在其他乘客的帮助下李某乘坐出租汽车到医院进行治疗。三星期后,李某伤愈出院,共花去医药费、住院费、护理费、交通费等8000余元,且脸上留下明显的疤痕一块。李某住院期间,公交公司派人前往探望慰问,送去营养品等价值200余元。

李某出院后,找公交公司协商赔偿事宜。公交公司认为,事故原因乃张某违章骑车所致,司机刘某的行为系紧急避险,是正当的措施,险情系由第三人引起,应当由第三人张某承担赔偿责任。

因协商未果,李某以公交公司违反合同、未将其安全送达目的地为由,将公交公司起诉至法院，要求赔偿全部医药费等 8000 余元，并赔偿其脸上疤痕而导致的精神损害损失共计 22000 元。

问：公交公司是否应当承担责任？
原告：公交公司应当承担责任。
被告：公交公司不应当承担责任。

题 5：
2004 年 9 月，张某与某旅行社签订《国内旅游组团合同》，合同约定：张参加了该旅行社组织的红原、九曲等地 10 月 1 日至 4 日的旅游。旅行社向张提供了四日旅游程表，按照该行程表规定，旅行社在安排旅游日程时，除安排集体旅游项目外，还可以安排游客参加景区的自费骑马活动。由于骑马活动是自费项目，旅游者可以自愿选择，也可以不选择。张某酷爱骑马，迫不及待地选择参加景点提供的骑马活动，张某在自费骑马过程中受伤。旅行社积极组织对张某进行救治并在事后协助张某办理保险理赔事宜。旅行社提供的服务符合履行合同要求。但张某认为自己在参加自费骑马活动中受到人身伤害，旅行社应该承担赔偿责任。

问：旅行社是否应对张某的受伤承担责任。
原告：旅行社应该承担责任。
被告：旅行社不该承担责任。

题 6：
2002 年某月某日上午 10 点，李明在广州光华商厦看中一颗标明"天然黄水晶球"的工艺品，打折后价格 3000 元。李明要求看看，售货员戴着白手套小心将水晶球取出，让李细观。看后，李明问售货员：质量没有问题吧？售货员回答：质量绝对没有问题。我们大夏三楼有专门鉴定的柜台，不信可以找他们鉴定。李明便将该商品买下，售货员将小票、信誉卡交给顾某。信誉卡上写明："假一赔百"。李买后并没有上楼鉴定，离开商店。三个小时后，李明回到柜台，向售货员要求赔偿，因为自己购买的水晶球是假的。并出示本市某珠宝测试鉴定部门鉴定书。此鉴定书写明："球重 300 克、直径 60mm，方解石"。在市面上用方解石做成的如此大小的球体也就是几十元。李明要求商家按信誉卡"假一赔百"进行赔偿，商家同意退款，不同意赔偿，双方发生争执未果。李明向法院起诉，要求商店承担民事责任。法庭上，对方律师指出，既然原告指出被告出卖的水晶球是假的，那么根据"谁主张，谁举证"的原则，原告应当证明商店出售的水晶球是假的。原告出示小票试图证明，被告认为小票只能证明有过买卖关系，但不能证明商店出售的那只水晶球就是原告向法院出示的这只假的水晶球。原告又反驳道，既然被告指出所出售的水晶球是真的，那你也要予以证明。被告指出，本商店有很高的信誉，产品又有合格证，不会是假的。双方依然争执不下。

问：谁应当承担水晶球是否为商家出售的证明责任
原告：被告应当承担水晶球是否为商家出售的证明责任。
被告：原告应当承担水晶球是否为商家出售的证明责任。

参考文献

[1] 田文昌:《刑事辩护学》,群众出版社 2003 年版。
[2] 刘彤海:《律师思考与法庭辩论技巧》,人民法院出版社 2006 年版。
[3] 陈卫东主编:《中国律师学》,中国人民大学出版社 2008 年版。
[4] 孙昌军等编著:《模拟刑事审判庭》,湖南人民出版社 2003 年版。

第十五章 劳动与社会保障法实验

实验一 劳动合同案例模拟

一、实验目的

1. 通过组织参与实验，使学生深刻体会劳动合同纠纷中存在的法律问题。
2. 理论联系实际，运用所学知识解决实际问题。
3. 通过实验，还可以使学生进一步熟悉劳动合同纠纷的审判过程及相关知识，准确了解和把握劳动合同法相关的重要法律制度。

二、实验要求

每组完成模拟法庭活动现场照片一份。可以粘贴在 A4 纸上（单面粘贴照片及文字说明），也可以做成 PPT 课件，发到实验教师的邮箱。要求学生就本次实验课程写出实验报告一份。

三、实验原理

劳动合同的订立时劳动者和用人单位经过相互选择和平等协商，就劳动合同条款达成协议，从而确立劳动关系和明确相互权利义务的法律行为。期间涉及很多的法律问题，如劳动法意义上的劳动者的主体资格的认定、合同内容中关于劳动者的合法权益的保护问题以及终止劳动合同的法定条件等。

四、实验器材

审判席、法官服、律师袍、照相机等。

五、实验步骤

（一）实验准备

1. 介绍案情，使学生对案件的发生发展有一个全面的了解。
2. 组织学生进行讨论，确定劳动合同中涉及的主要法律问题及相关法律规定。
3. 确定角色，包括合议庭组成人员、原告、被告、代理人、证人等。一组完成后，进行角色互换。
4. 组织演练，具体指导，让学生充分掌握案情以及自己的角色定位，并指导学生进行相应的文书写作，包括起诉书、判决书及证人证言、鉴定结论等。

（二）选定实验素材

在校大学生签订的劳动合同是否有效案例

（三）提起诉讼并立案

步骤一：实验教师说明本次实验的目的和要求。

步骤二：选定模拟的角色，在提起诉讼阶段，主要是劳动者、法院的立案人员，必要时劳动者可以考虑聘请律师。因此在角色上，实验学生可以自己选择。

步骤三：根据所选角色的行为和目的一步步完成实验活动。必要时与其他同学组成多角色模拟团队，以能够把提起诉讼的实验活动完成。

步骤四：完成起诉和立案活动。

（四）法院审理

步骤一：实验教师说明本次实验的目的和要求，在提起诉讼并立案的基础上就同样的一个案例进入立案和审理过程。

步骤二：选定模拟的角色。在法院审理阶段，在劳动者、法院的立案人员以及劳动者聘请的律师外，还会增加用人单位及其聘请的律师。因此在角色上主体较多，实验学生可以自己选择角色。在此阶段，法官、双方当事人及其聘请的律师将频繁互动，因此要求各方配合默契，对案件以及证据和审理进度都非常熟悉才能顺利进行实验活动。

步骤三：根据所选角色的行为和目的一步步完成实验活动。必要时与其他同学组成多角色模拟团队，以能够较好地完成劳动合同纠纷案件的审理过程。

步骤四：对证据的质证阶段和辩论阶段的模拟。这一阶段需要组织学生进行模拟法庭活动。

步骤五：制作判决书。

步骤六：实验教师点评。

（五）老师点评

实验教师根据自己观察到的所有学生在本次实验课堂上的表现以及劳动合同签订及合同内容涉及的法律规定和程序的要求，多方面、多角度地点评本次实验课程。

六、思考题

1. 劳动法规定的劳动者的范围？
2. 如何认定劳动合同的效力？
3. 用人单位在什么情况下可以解除和终止劳动合同？
4. 用人单位违反规定解除或者终止劳动合同的法律责任有哪些？

七、实验素材

素材一：劳动合同效力纠纷案

小丽家住海门，2006年2月，拿着徐州某职业技术学院发给的"2006届毕业生双向选择就业推荐表"前去海门一公司应聘办公室文员工作,此时,小丽的毕业论文及论文答辩尚未完成。经公司审核和面试,一个星期后,公司便通知小丽去上班。一上班,公司就与小丽签订了《劳动合同协议书》,协议约定:小丽担任职务为办公室文员;合同期限为一年,其中试用期为三个月,试用期月薪为500元,试用期满后,按小丽技术水平、劳动态度、工作效益评定,根据评定的级别或职务确定月薪。上班两个月后,小丽发生了交通事故,之后未到公司上班。小丽在治疗和休息期间,经学校同意,以邮寄方式完成了论文及答辩,于2007年7月1日正式毕业。2006年8月,伤愈后的陈某多次向公司交涉,认为双方既然签订了劳动合同,其身份属于公司员工,应该享受工伤待遇,但遭到公司拒绝。2006年11月8日,遭遇车祸的小丽向劳动行政部门提出认定劳动工伤申请,同时公司也向当地劳动争议仲裁委员会提出仲裁申请,要求确认公司与小丽签订的劳动合同无效。而小丽针对公司的仲裁申请提起反诉,请求确认合同约定试用期为三个月、试用期月薪500元等条款违法,要求月薪按社会平均工资标准执行,同时要求公司为自己办理社会保险,缴纳保险金。劳动争议仲裁委员会于2007年4月做出了仲裁裁决,认为小丽在签订劳动合同时仍属在校大学生,不符合就业条件,不具备建立劳动关系的主体资格,其与公司订立的劳动合同协议书自始无效,并驳回了小丽的反诉请求。

小丽对劳动争议仲裁委员会的裁决不服,遂向海门市人民法院起诉,要求法院确认自己与公司签订的《劳动合同协议书》合法有效。双方观点:小丽认为,自己已年满十六周岁,就具有就业的权利能力和行为能力,学校已经向其发放了双向选择推荐表,就具有到社会上就业的资格,推荐表中已载明了自己的情况,包括尚未正式毕业的事实,公司录用时予以了审查,不存在隐瞒和欺诈,法律也没有禁止在校大学生就业的规定,因此自己具备劳动主体资格,签订的劳动合同应当有效。公司辩称,小丽在签订劳动合同时仍是在校大学生,其应受学校的管理,不可能同时具有劳动者的身份,不可能成为企业成员,不具有劳动关系的主体资格,作为一个自然人不能同时拥有职工和学生两种身份,所以双方签订的劳动合同是无效的。小丽之所以要求确认劳动合同有效,其目的是为了其交通事故后要求公司办理劳动保险,而根据有关法律法规规定,劳动部门不可能为学生进行投保,所以,劳动争议仲裁委员会的裁决完全正确,请求法院驳回小丽的诉讼请求。判决结果:海门法院经审理认为,原告小丽已年满16周岁,已符合《劳动法》规定的就业年龄,其在校大学生的身份也非《劳动法》规定排除适用的对象,何况,原告已取得学校颁发的《2006届毕业生双向选择就业推荐表》,已完全具备面向社会求职、就业的条件,被告公司在与原告签订劳动合同时,对原告的基本情况进行了审查和考核(面试),对原告至2006年6月底方才正式毕业的情况也完全知晓,在此基础之上,双方就应聘、录用达成一致意见而签订的劳动合同应是双方真实意思的表示,不存在欺诈、隐瞒事实或威胁等情形,双方签订的劳动合同也不违反法律、行政法规的有关规定,因此,该劳动合同应当有效,应对双方具有法律约束力。原告小丽持《2006届毕业生双向选择就业推荐表》与被告公司签订的《劳动合同协议书》不具备法定无效的情形,因此,原告的诉讼请求,法院予以支持,依法判决原告小丽与被告公司签订的《劳动合同协议书》有效。公司不服一审判决,向南通市中级人民法院提出上诉。中级法院认为：小丽具备订立劳动合同的主体资格，其与公司订立的劳动合同合法有效。上诉人公司的上诉理由不能成立。判决驳回上诉，维持原判。

素材二：终止劳动合同纠纷案

案例一：以河北唐县左师傅为首的21位师傅，在中国人民大学后勤管理集团饮食部东区食堂做厨师，最长的干了20年，最短的1人也干了9年，其他的全都是10年以上。双方订立的劳动合同到期的时间是2004年2月15日，2004年1月13日双方同意签定《续订劳动合同意向书》。到2004年2月13日，这些师傅在续订合同时提出：(1) 上三险；(2) 工作满10年的应当订立无固定期限劳动合同。这些要求当即就遭到了食堂领导的拒绝，并在10分钟内食堂领导单方面地中止了劳动合同的履行，并于2004年3月1日，请求海淀区仲裁委仲裁裁决"人大后勤终止劳动合同"的行为合法。左师傅等人对此不服，向法院起诉，法院的最终裁决是"维持仲裁裁决"，向21位农民工支付生活补助费和保险金大约人均8000~16000元左右，1999年6月1日以后的保险金的由社保中心负责。

案例二：谭女士于1999年进入人大后勤工作至2004年元旦，并于同年怀孕；张女士于1982年进入人大校园管理科做保洁员，1985年转入人大劳动服务公司当售货员，1990年5月进入人大东区食堂做饮食员。张女士从2004年元旦请婚假，后来身体有病（心脏病），无法上班，需治病疗养，就一直休息。到2004年1月13日，人大后勤分别向谭女士、张女士出具了《终止劳动合同意向书》，因《劳动合同书》的期限是2004年2月15日止。双方数次调解无果，2004年4月6日，谭女士、张女士分别向劳动争议仲裁委员会提出申诉，要求：(1) 支付一次性生活补助费；(2) 支付一次性失业保险金；(3) 支付经济补偿金及额外经济补偿金；(4) 赔偿未给办理养老保险的损失；(5) 支付最近两年双休日加班费及赔偿金；(6) 支付2003年带薪年休假工资、探亲假工资。

2004年4月22日开庭时，人民大学辩称："自己是违法招用、没有通过劳动部门的批准、也未办理任何手续，而且，人民大学是国家所办、中央人事部直属单位，所以他们之间的关系不适用《劳动法》的调整。"2004年4月29日仲裁委员会裁决"人大后勤终止劳动合同"的行为合法。谭女士、张女士对此不报，起诉至法院。5月12日，法院改判"谭女士处于孕期，依法人民大学不得与其终止劳动合同，对人民大学与谭女士终止劳动合同的决定予以撤销。因双方劳动合同尚未终止，人民大学应向谭女士支付双方劳动关系续有期间的工资，即2004年1~6月份共计4505.40元；人民大学未支付上述工资，缺乏正当理由，已属无故拖欠，须依法加发拖欠工资的经济补偿金1126.35元。"对张女士判决"维持仲裁裁决"，人民大学应向张女士支付终止劳动合同后生活补助费5580元；补发张女士的工资1076.81元、经济补偿金269.20元；支付张女士（1982年至1999年5月31日止）养老保险金2839.80元；1999年6月1日以后的养老保险金由社保中心负责支付；驳回张女士的其他诉讼请求。张女士对此不服，上诉至中院，10月28日维持原判。

案例三：安徽省无为县农民季师傅，于1991年带着妻子、胞弟、长子，来到中央民族大学的后勤管理处从事清运垃圾工作，一家四口一直连续不间断地干到 2001 年，季师傅因其年老体弱，在社区居委领导的同意下，由其次子接替工作。2003 年 4 月周光秀因年老体弱，在其社区居委领导的同意下，由其女儿接替工作，直到 2003 年 11 月 30 日止。

季家和中央民族大学没有签定过任何书面合同，只是口头约定，由季师傅以户主的身份全权代理领取由民族大学财务部发给一家四口人的工资。从 1991 年月 7 日 15 开始工作至 1993 年底，一家四人月工资 600 元，人均才 150 元；1994 年至 1996 年，一家四人月工资 900 元，人均才 225 元；1997 年至 2003 年底一家四人月工资 1500 元，人均才 375 元。

一直以来，民族大学给季师傅一家的工资都是低于北京市最低工资标准的，一家人的生活困境可想而知。他们现住的房子也是 1999 年 6 月份经居委会领导同意、指定地点，自己投资 8000 元人民币，利用平常清运垃圾时回收的废品再利用，并雇用木、瓦工人员搭建而成的住宅小院（占地约 100 平方米、住房约 40 平方米）。所有的家庭生活和日常的开支全是清运垃圾时回收收集，再利用的废品变卖成的现金与可怜的工资，以此来维持生计。在 2003 年 11 月 30 日被停止工作以后，就没有了经济来源，生活异常困难。

2003 年 12 月 1 日，民族大学后勤集团另聘请了 6 位外地人来接替了季师傅一家四人的清运垃圾工作，民族大学没有出具任何书面文书和进行必要的妥善安置，直到 2004 年 3 月 8 日才由社区居委会发放了《解聘通知书》。民族大学并没有按照国家现行相关的法律、法规规定支付、赔偿季师傅一家被解除劳动关系后的相关经济补偿金。

后来，季师傅找到律师，律师首先认定社区居委会的《解聘通知书》无效，居委会不具备独立的法人主体资格，他仅仅是一个社区居民自发性的自治管理组织，相应的就不具备承担法律责任的义务和能力，应由其上级或主管部门（具有独立法人主体资格的中央民族大学）承担相应的法律责任。

事实的真相是：近来北京市所有高校进行后勤集团化改制，实施企业化运作，后勤集团与校方形成了承包的甲、乙双方。最初由校方直接管理的后勤部门成立集团后，从校方剥离出一个独立的法人代表管理机构，将对原有的在职人员进行调整或者裁减，本应由校方负责的一切事宜，他们通过合谋后，"踢足球"式把所有责任直接推卸给现在的管理机构（或居委会、或后勤集团）。后来通过仲裁，季师傅一家与学校劳动关系续存，每人按月发给生活费 381.50 元。一直持续到 2006 年 6 月双方通过调解解除劳动关系，并依法支付了相关赔偿。

实验二　就业歧视诉讼实验

一、实验目的

（一）基本目的

1. 掌握就业歧视诉讼不同于一般民事诉讼的地方。

2. 熟悉各种就业歧视的表现以及在诉讼程序中如何认定就业歧视。

3. 把握就业权实现的保障机制，它如何体现国家在《劳动法》、《劳动合同法》以及《就业促进法》中所要求达到的立法目的以及具体条文规定。

（二）综合目的

1. 认识法官在就业歧视诉讼中的角色变化。

2. 在证据规则方面，为了更好地认定就业歧视该如何进行举证责任的分配。

3. 从社会和谐发展角度看，如何能够促使用人单位主动不歧视劳动者。主要是培养学生形成主动思考问题的习惯，而不是被动依赖教师灌输。

（三）能力目的

通过实验，要提高学生自主学习的能力，使他们从实验素材和法律文本中，通过实验能自我学习。同时要提高学生发现问题并主动解决问题的能力。从个案中能够发现法律问题并主动思考，利用所学的劳动法知识结合实际，利用各种途径寻找多种方案解决问题。

二、实验要求

1. 实验学生在实验活动开始之前，要弄清楚实验目的、实验要求和实验步骤，在做实验时能够胸有成竹。

2. 将实验活动作为掌握就业歧视理论、法律法规和具体制度的重要方式，应积极认真地投入实验活动，对于每一步的实验做好实验笔记，为实验结束时撰写实验报告做准备。

3. 在实验过程中，如果有问题应当及时向实验教师提出来，以免影响实验进度。注意充分利用实验活动最大限度掌握实验所涉及的法律法规和制度规范。

4. 按照实验教师的要求开展具体实验活动，除了实验活动需要交流之外，彼此之间不谈论与实验活动无关的话题，培养目标专一的能力，改正不分场合聊天、喧哗的不良习惯。遵守实验室操作要求、环境卫生要求，熟练使用实验室设备，保障实验室设施的完好无损。

三、实验原理

1. 就业歧视的特殊性，要求法官在处理就业歧视诉讼时，以积极的角色去认定歧视，发挥纠正劳资双方力量不均衡的平衡器的作用。

2. 对于间接证据的采用是必需的，并且举证责任分配上更多要由用人单位承担，即采用举证责任倒置原则。

3. 实验能够引起学生主动学习，并思考在实验中遇到的问题，与传统课堂教学相比，更有实际效果。

4. 学生在劳动法学课堂上学到的理论知识可以在实验活动中得到检验和运用，掌握得更深刻。

四、实验器材

审判席、法官服、律师袍、照相机等。

五、实验步骤

（一）实验准备

1. 介绍案情，使学生对案件的发生发展有一个全面的了解。
2. 组织学生进行讨论，确定就业歧视案件中涉及的主要法律问题及相关法律规定。
3. 确定角色，包括合议庭组成人员、原告、被告、代理人、证人等。一组完成后，进行角色互换。
4. 组织演练，具体指导，让学生充分掌握案情以及自己的角色定位，并指导学生进行相应的文书写作，包括起诉书、判决书及证人证言、鉴定结论等。

（二）选定实验素材

张先著被歧视案例

（三）提起诉讼并立案

1. 实验教师说明本次实验的目的和要求。
2. 选定模拟的角色，在提起诉讼阶段，主要是受歧视的劳动者、法院的立案人员，必要时劳动者可以考虑聘请律师。因此在角色上，实验学生可以自己选择。
3. 根据所选角色的行为和目的一步步完成实验活动。必要时与其他同学组成多角色模拟团队，以能够把提起诉讼的实验活动完成。
4. 完成起诉和立案活动。

（四）法院审理

1. 实验教师说明本次实验的目的和要求，在提起诉讼并立案的基础上就同样的一个案例进入立案和审理过程。
2. 选定模拟的角色。在法院审理阶段，在受歧视的劳动者、法院的立案人员以及劳动者聘请的律师外，还会增加用人单位及其聘请的律师。因此在角色上主体较多，实验学生可以自己选择角色。在此阶段，法官、双方当事人及其聘请的律师将频繁互动，因此要求各方配合默契，对案件以及证据和审理进度都非常熟悉才能顺利进行实验活动。
3. 根据所选角色的行为和目的一步步完成实验活动。必要时与其他同学组成多角色模拟团队，以能够较好的完成劳动合同纠纷案件的审理过程。
4. 对证据的质证阶段和辩论阶段的模拟。这一阶段需要组织学生进行模拟法庭活动。
5. 制作判决书。
6. 实验教师点评。

实验教师根据自己观察到的所有学生在本次实验课堂上的表现以及劳动合同签订及合同内容涉及的法律规定和程序的要求，多方面、多角度地点评本次实验课程：

（1）本次实验课程所有学生的参与度、参与质量的评价。参与度越高，学生的收获越大。参与质量主要以对法律的掌握、运用和能力的锻炼为检验标准。这就要求实验课堂不能人数太多，否则实验教师不能对每一个同学都准确地分析、评价。

（2）将反对就业歧视实验的准备环节中学生们做得好的地方以及存在的问题指出来，并启发学生主动思考如何改进，始终保证实验课堂的主体是学生而不是老师，教师只是组织者、启发者和引导者。但是实验教师必须引导到位，这对教师提出了较高的要求，因为每一次实验课都有不同的内容、不同的活动，教师不仅要有理论水平，还要有实务能力，不仅要有组织能力还要有应变能力，才能很好地驾驭实验课堂。

（3）对于没有认真投入实验的学生要巧妙地提出要求和批评。对于做得好的学生要充分肯定，可以考虑角色互换或调整方式，让学生获得不同的收获或全面的学习。

六、思考题

1. 身高、性别、民族、相貌等自然属性是否可以成为就业的限制条件？
2. 宪法赋予的公民的基本权利如平等权、就业权如何真正实现？我国可以采取什么方式实现？

七、实验素材

素材一：李某遭遇性别歧视案

某技术有限公司公开招聘员工，在当地一家晚报上登出招工启事，主要内容为：本企业因生产经营需要，招工20名，条件为：大专以上文化程度，35岁以下，限本市城镇户口，身体健康，男女不限，经笔试面试合格后录用为本单位正式职工，月工资900~2000元。李某为女性，学历为大专，原在一家商厦工作，从报上得知招工信息后，参加了这次招工考试，笔试在参加考试的人员中名列第一名，面试也获通过。李某认为自己一定会被录取，于是辞去原工作。但迟迟未接到该公司的录用通知，并得知同一批参加考试的人员被录用的已开始在该公司工作。李某遂到该公司询问为什么不录用自己，该公司人事部门回答，因李某是女性，虽考试成绩优秀，但公司内定女性的学历须在本科以上，李某的学历不符合招工要求，故不予录用。李某遂向当地劳动行政部门反映此事。

素材二：对乙肝病毒携带者歧视案件

1. 周一超被歧视引发的案件

2003年即将毕业的浙江大学农业与生物技术学院学生周一超参加公务员应聘，因体检不合格被取消录取资格后，竟用尖刀行刺嘉兴市劳动人事部门的工作人员，造成1死1伤。据周向警方交代：他在2003年4月2日晚知道自己因身体原因被淘汰后，迁怒于嘉兴市秀洲区人事劳动保障局干部。案发当天下午，他携带一把水果刀和一把菜刀来到秀洲区政府511办公室，找到人事劳动保障局公务员管理科科长干某询问公务员招收录用情况。在得到没被录用的明确答复后，到洗手间拿出了藏在包中的水果刀。

警方介绍，下午3时多，周返回511办公室后，一言不发对准干某拔刀就刺。坐在对面的人力资源开发科科长张某见状上前劝阻，却被已丧失理智的周某猛刺数刀。干某冲过去想夺周的尖刀，周某又向干某刺去，直到被赶来的机关工作人员制服。伤者立即被送往医院抢救。张某身中 10 余刀，因伤势过重，抢救无效身亡。干某身中 7 刀，经抢救后脱离危险。

据了解，秀洲区本次面向应届高校毕业生招考镇、街道国家公务员 9 名，最终有 157 人报名应考。经笔试、面试，有 13 名报考者参加最后体检，其中 4 人不合格。周一超因被检查出有乙肝"小三阳"，按国家公务员招考条例，属于不合格。周的笔试成绩为 134.5 分，与另一名考生并列第四；综合成绩为 73.1 分，排名第八。据周的同学反映，周平时性格十分内向，但对他这种失去理智的行为，他们无论如何也没有想到。周母系嘉兴一电影院放映员，周父已于 1993 年因病去世。悲剧发生后，当地各界人士均感震惊。

6 月 23 日上午，浙江嘉兴市中级法院公开开庭审理了此案。庭审过程中，周一超后悔万分并愿意倾其所有来赔偿被害人及其家属的损失，他的母亲也提出卖掉家中唯一的一套房子来救儿子。辩护律师认为，周一超对这次公务员考试一直寄予厚望，这次行凶是由于落选导致的不理智行为，据此，还提出对周一超做司法精神病鉴定的申请。

面对周一超即将承担的法律后果，很多感到惋惜的人在为他呼吁。在外人眼中，周一超是个学习成绩优良、为人和善本分的乖学生。据周一超的妈妈说，周的父亲在他 12 岁时突发脑溢血死亡。周一超表现一直很好，是同学及老师心目中的优秀学生，还是班干部，多次受到奖励。据同学和老师反映，周一超学习成绩优良，性格比较内向温和，人缘很好，做事情非常勤快而且细致，在校期间也没有任何不良记录。

在案件审理过程中，周的班主任、辅导员，还有 60 位农学系的同学联名写信给法院，请求给他一次生的机会。121 位嘉兴市民写信给法院请求给他留一条生路，同时也好给他绝望中的母亲留一线生的希望。周一超母亲的 40 位同事写信给法院也表达了同样的心声。还有 208 位周一超所生活的嘉兴市建设街道瓶山社区的居民联名写信给法院，恳求给周一超一线生机。

据了解，嘉兴学院法律系科研协会曾接受周一超母亲的委托，对该案进行民意调查。被调查人范围为嘉兴市企业职工、公务人员、教师学生、医务人员、个体户、无业人员和其他人员等。民意调查中，除了 10.9% 的民众认为应判处死刑、立即执行外，其余的民众认为，应给周一超一条生路，判处死缓，以观后效。有的民众建议，加强大学生的就业心理指导，增强大学生的心理素质；特别是大学生在应聘前应详细了解用人单位的招聘条件。主审法官汪兴说，他确实看到了几份给周求情的联名信，但他认为，法庭在法律的框架内审理此案，400 多人的联名信不会对案件审理有太大的影响。该院的一名法官也表示，法院审理案件有自己的量刑框架，不会受社会舆论的左右。当然，说一点不受影响也是不现实的。为周一超辩护的律师宓雪军对联名信的效果及周一超应免于一死还是很有信心的。宓雪军对记者说，联名信中反映了周一超平时表现良好，这是有利的证据。在他与周一超及与他以前一块生活的人的接触过程中，感觉周一超是一个比较优秀的大学生，如曾在学校当过班干部，拿过奖学金。宓雪军还特别强调一件事，就在周一超在看守所时，还向其母亲表达了对受害人一家的悔过，希望母亲将自家的房子转让，用以给受害人家里赔偿，以抚平受害人家庭的痛苦。这说明周的悔罪态度良好，周的母亲及同学联名写信给法院也是基于这些事实。

而据宓雪军介绍，受害人家属对于 400 多人的联名信没有发表什么看法，他们还是希望周受到法律的严惩。宓雪军说："周本人是学农的，如果得以保存生命，在监狱里改造也可通过他的劳动为社会创造财富，为自己赎罪，希望法庭能给他这样一个机会。"因此，在法庭上他就表示了"枪下留人"的愿望。2004 年 3 月 16 日浙江省高级人民法院二审以故意杀人罪判处周一超死刑，并于当天下午执行了死刑。

2. 全国首例乙肝歧视案

2003 年 6 月 30 日，安徽省芜湖市人事局按照安徽省的统一部署，在芜湖市境内组织实施公务员招录考试。张先著报考芜湖县委办公室经济管理职位，在近百名竞争者中综合成绩排名第一。按照程序他被通知参加体检。在人事局指定的铜陵市人民医院体检时，他被诊断为乙肝"小三阳，医院依据《安徽省国家公务员录用体检实施细则（试行）》（以下简称细则），得出体检"不及格"的结论。随后他到解放军 86 医院进行复检，复检结果显示，张先著的乙肝两对半中 HBsAg、抗－HBc 为阳性，抗－HBs、HbeAg、抗－Hbe 为阴性。医院出示的复检结论仍是"不及格"。9 月 25 日，芜湖市人事局以"两对半检测"不合格为由宣布"不予录取"张先著。10 月 18 日，张先著向安徽省人事厅提请行政复议。10 月 28 日，安徽省人事厅做出"不予受理"的决定，理由是"体检不及格的结论是由主检医生和体检医院做出的，不是芜湖市人事局做出的行政行为"。

2003 年 11 月 20 日，张先著以被告芜湖市人事局的行为剥夺其担任国家公务员的资格，歧视乙肝患者，侵犯其合法权利为由，正式向芜湖市人事局所在的新芜区人民法院提起行政诉讼，请求法院依法判决被告的具体行政行为违法，并准予原告被录用至相应职位。这是国内首起因"乙肝歧视"引发的诉讼案件，被媒体称为"中国乙肝歧视第一案"或者"全国首例乙肝歧视案"。

2004 年 4 月 2 日，芜湖市新芜区人民法院判决，被告芜湖市人事局取消张先著进入考核程序资格的行政行为证据不足，但不支持张先著的其他诉讼请求。新芜区人民法院经审理后认为，国家行政机关招录公务员，必须根据合法标准。芜湖市人事局所依据的细则是根据国务院人事部制定的《国家公务员录用暂行规定》这一部门规章制定的，这一规章依据的是国务院《国家公务员暂行条例》，细则与上位法之间并不冲突。根据最高人民法院《关于执行〈中华人民共和国行政诉讼法〉若干问题的解释》第 62 条第 2 款的规定，细则属于合法有效的规范性文件，可以参照适用。法院认为，被告芜湖市人事局根据细则的规定，委托解放军 86 医院对考生进行体检，应属行政委托关系，被委托人实施的行为后果由委托人承担。由于解放军 86 医院关于体检不合格的结论不符合细则的相关规定，芜湖市人事局作为招录国家公务员的主管行政机关，仅依据解放军 86 医院的体检结论，认定原告张先著体检不合格，做出取消原告张先著进入考核程序资格的行政行为主要证据不足，依照《中华人民共和国行政诉讼法》（以下简称《行政诉讼法》）第 54 条第 2 项第 1、2 目之规定，应予撤销，但鉴于 2003 年安徽省国家公务员招考工作已经结束，张先著报考的职位已由该专业考试成绩名列第二的考生递补，所以被诉具体行政行为不具有可撤销内容。

2004年4月19日，芜湖市人事局不服一审判决，向芜湖市中级人民法院提起上诉。5月31日，芜湖市中级人民法院经审理后判决：驳回芜湖市人事局上诉，维持一审判决。

2003年，一份由1611位公民签名的"要求加强对乙肝携带者立法保护的建议书"，在全国引起反响。2004年，广东35名人大代表向全国人大提交议案，建议国家制定和修改相关法律，保护乙肝病毒携带者的权益。2004年8月，国家人事部、卫生部公布了《公务员录用体检标准（试行稿）》，并在网上征求对乙肝问题的建议。2005年1月19日，全国《公务员录用体检通用标准（试行）》正式实施，其中明确规定：乙肝病原携带者在体检标准中合格。

素材三：身高歧视案

1. 四川大学法学院学生蒋某诉央行成都分行"身高歧视"案

2002年12月23日，中国人民银行成都分行在《四川日报》、《成都商报》等媒体上发布招录行员的启事：2002年普通高等院校全日制应届毕业生，具有大学本科及以上学历的经济、金融、计算机、法律、人力资源管理、外语等相关专业的学生，男性身高168厘米以上，女性身高155厘米以上，生源地不限。

2002年1月7日，四川大学法学院1998级学生蒋韬一纸诉状，将中国人民银行成都分行告上法庭，理由是该行招聘限制身高，违反了宪法关于"中华人民共和国公民在法律面前人人平等"的规定，侵犯了其担任国家机关公职的报名资格。该案受到社会各界的广泛关注，媒体竞相报道，被称为"中国宪法平等权第一案"。

原告方诉称：

2001年12月23日，被告在《成都商报》第1版刊登了《中国人民银行成都分行招录行员启事》的广告，其中第1项规定招录对象条件为"男性身高168公分、女性身高155公分以上"。原告仅因身高原因，被被告拒之招录报名对象范围。原告认为：被告招考国家公务员这一具体的行政行为，违反了宪法33条关于中华人民共和国公民在法律面前人人平等的规定，侵犯了原告享有的依法担任国家机关工作人员的平等权与政治权利，限制了原告担任国家机关公职的报名资格，应当承担相应的法律责任。

被告方辩称：

第一，被告招录行员的行为不是行政法意义上的具体行政行为；第二，原告担任国家机关工作人员的权利，并未因被告的第一次招录启事而受到限制，是被告自己放弃了这项权利；第三，原告请求事项不属于行政审判权的范围。

2002年5月21日，成都市武侯区人民法院对"蒋韬诉人行成都分行招录行员行政诉讼"一案做出一审判决，裁定驳回了原告蒋韬的起诉。法院做出驳回原告起诉裁定的理由有二：一是中国人民银行成都分行招录行员行为不是其作为金融行政管理机关行使金融管理职权、实施金融行政管理的行为，因此，不属于被告的行政行为范畴，依法不属于人民法院行政诉讼的主管范围；二是被告的这一行为在做出时并未对外产生拘束力或公定力。该行为的效力只有在招录行员的报名期间即"2002年1月11日至17日"这期间才产生。而被告成都分行在该行为产生效力之前就已自行修改了《招录行员启事》内容，撤销了对招录对象的身高条件规定，消除了该行为对外部可能产生的法律后果和对相对人的权利义务产生的实际影响。因此，被告的行为实际上并未给原告及其他相对人报名应试的权利造成损害。原告蒋韬所称的侵权事实是尚未发生的事实，不具有可诉性。

2. 湖南"身高歧视案"

2009年7月，毛卫华、达丽娟、彭娟辉与喻平旺四位考生报名参加了武冈市中小学教师招录考试，并顺利地通过了笔试和面试，但招考单位最终以四名考生均不符合武冈市教师招聘公告中的"身高男性160cm以上，女性150cm以上"的条件，而被认定为体检不合格、不予录用。在湘潭大学法学院法律中心老师和学生的帮助下，四名考生决定将武冈市教育局告上法庭，并同时向湖南省政府法制办提出依法审查湖南省教育厅教师招聘设置身高"门槛"的地方"红头文件"的合法性。2009年12月9日，湖南省人民政府法制办给毛卫华、达丽娟、彭娟辉和喻平旺四人发来复函，复函称：省教育厅经过慎重仔细研究，已删除了《湖南省农村义务教育阶段学校教师特设岗位计划招聘办法（试行）》中关于身高限制的规定。2010年3月10日，武冈市人民法院对此案做出一审判决：维持被告武冈市教育局对原告不予录用的具体行政行为；驳回原告要求被告武冈市教育局为其安排合适岗位的诉讼请求。

一审判决后，四名考生不服，向邵阳市中级人民法院提起上诉。2010年5月25日，邵阳市中级法院对此案做出二审判决：驳回上诉，维持原判。

邵阳市中级人民法院经审理认为，武冈市教育局为了实现行政目的和社会效益，坚持公开、公平、自愿、择优的原则招聘教师，将地域、学历、年龄、身高等作为基本条件和用人标准，并未与法律、法规相抵触。在2009年招聘教师时，武冈市教育局参照湖南省教育厅颁布的《2009湖南省农村义务教育阶段学校特设岗位计划教师招聘公告》并无不妥。2009年12月湖南省教育厅虽修改了《关于印发〈湖南省农村义务教育阶段学校教师特设岗位计划招聘办法（试行）〉的通知》，删除了其中关于身高限制的规定，但删除后的"通知"不具有溯及力，它只对此后武冈市教育局做出的具体行政行为有约束力，故2009年9月武冈市教育局以毛卫华身高不符合规定条件而对其不予录用的具体行政行为符合法律规定，且程序合法，应予维持。至于喻平旺上诉称原判对其具有教师资格证的事实不置可否从而严重侵害其合法权利的问题，因毛卫华是否取得教师资格证并不影响本案对事实的认定和对法律的适用，故该上诉理由不能成立。喻平旺表示，他们将依法就此案向湖南省高级人民法院提起申诉。

素材四：大头女孩相貌歧视案

2011年23岁的秋子是河南商丘人，因患有先天性脑积水，自出生起脑袋就比一般人大出不少。她表示，上海昂立投资咨询有限公司以"相貌不佳"为由，多番推诿，拒不履行劳动合同，这种歧视对她造成了很大的伤害，因此诉诸劳动仲裁部门，要求昂立公司返还培训费260元，返还差旅费差价50元，并支付违约金10000元。2006年，秋子通过了这家教育培训企业的面试，在公司位于郑州的华北大区教学部，接受了为期15天的培训，于12月与昂立公司签订劳动合同，并进行了为期一个月的实习。12月21日，根据外派合同，秋子接到公司通知，前往公司加盟学校华东大区嘉善分校工作。就在 24 日秋子到学校报到的当天，秋子发现"分校负责人的眼神异样"，没过多久，相关部门负责人就电话通知她返回郑州，秋子表示自己"一天老师也没有当成"。秋子 26 日返回郑州之后，公司以秋子相貌不佳为由，多番推诿，拒不履行劳动合同。秋子提供了她与华北大区师训部经理赵炎的两段录音。在录音中，赵炎说："嘉善那边感到对（你的）整体外形不是很满意。因为在华东的话，尤其是在华东的一些大城市，对这方面还是有一定的要求和需求。"不过赵炎同时也在录音中表示：还在努力给秋子找愿意接受她的学校。

在 2011 年 6 月 7 日和 9 日的调解过程中，双方的争议围绕着"劳动合同是否解除"和"是否存在歧视"这两个矛盾焦点。秋子认为，赵炎的言行已在事实上解除了劳动合同，理由是 1 月以来的工资至今尚未发放。昂立公司方面则称，赵炎不是公司人事部门的负责人，对工作安排、劳动关系没有发言权，同时他个人的一些歧视性的语言，根本不是公司人事部门的真实意思。公司方面还表示"从来没有辞退秋子"，秋子只是"等待分派"，属于"待岗"而非"待业"的状态。2011 年 6 月 9 日，双方达成和解：双方将维持劳动关系，秋子不再作为教师身份，而是投身昂立公司的公益事业；昂立公司同意秋子的前两条诉求，但不作经济补偿。昂立公司还发表了一份"反歧视声明"，呼吁全社会都能够来关注和重视歧视现象造成的危害。

素材五：地域歧视案

2005 年 4 月 15 日，深圳龙岗警方在辖区怡丰路上悬挂"坚决打击河南籍敲诈勒索团伙"和"凡举报河南籍团伙敲诈勒索犯罪、破获案件的，奖励 500 元"的大横幅。河南籍郑州市市民任诚宇和李东照以深圳市公安局龙岗分局的行为侵害了二人的名誉权为由，向郑州市高新区法院提起诉讼，要求被告在国家级媒体上公开赔礼道歉。原告在诉状中称，他们均是河南籍爱国守法公民，自出生以来一直在河南这块土地上成长、学习和工作，对家乡河南有着深厚的感情。原告像爱护自己的生命一样热爱自己的家乡和家乡的声誉，并以自己是堂堂正正的河南人、中原人而骄傲。作为河南籍守法公民，原告在郑州看到相关报道后，感觉受到极大侮辱，精神受到打击。原告认为，被告下属机构龙新派出所对原告家乡的地域歧视和对整个河南籍人群的否定性社会评价，不仅严重违背了《中华人民共和国宪法》第 33 条确立的"法律面前人人平等"的宪法基本原则，而且直接损害了原告家乡及所有河南籍中国公民和河南籍侨民的声誉和名誉，伤害了原告对家乡的感情及对家乡应有的荣誉感，因此被告的行为已侵害了原告作为河南籍中国公民所应享有的名誉权和精神健康。故请求法院判令被告就其侵权行为对原告公开赔礼道歉，并就道歉内容在一家人民法院认可的国家级新闻媒体上公开予以发表；判令被告承担本案的案件受理费。郑州市高新区人民法院经慎重研究，正式受理这起全国首例地域歧视案。2006 年 2 月 8 日，法院以调解结案。被告深圳市公安局龙岗区分局向原告、两名河南籍公民赔礼道歉，原告对被告深圳市公安局龙岗区分局表示谅解，原告自愿放弃其他诉讼请求。由于涉及"河南人"及"歧视"、"平等"等字眼，在"乙肝歧视案"、"身高歧视案"、"学历歧视案"等案件后，该案件引起诸多媒体的关注，迅速成为一个公共事件。对于该事件，有媒体称为"地域歧视第一案"。但据笔者了解，早在三四年前，一家深圳企业发布内容为"不招四川籍工人"招工广告,有四川律师以"地域歧视"为由在深圳奋而起诉。而据相关媒体报道,企业之所以发布该内容的广告,是因为该企业中四川女工人数太多,相互之间说四川话,而导致管理阶层无法进行有效管理,希望通过非四川籍工人的进入,进而形成一个说普通话的工作局面。如果不考虑权力行使的特性,该案件起码比当下的"歧视河南人"案件发生得更早。

参考文献

[1] 姜明安、毕雁英主编:《行政法与行政诉讼法教学案例》,北京大学出版社2006年版。

[2] 韩桂君著:《劳动实验教程》,北京大学出版社2008年版。

第十六章 仲裁法实验

实验一 仲裁管辖权

一、实验目的

通过本次实验，要求学生掌握以下问题：
1. 仲裁管辖权取得的条件
2. 仲裁管辖权异议的提出
3. 仲裁管辖权的确定
4. 运用有关法律法规和理论解决与仲裁管辖权异议相关的问题

二、实验要求

1. 掌握仲裁管辖权问题基本原理。
2. 根据原理处理实践中相关案件。
3. 结合实验素材，制作《管辖权异议书》和《管辖权异议答辩书》

三、实验原理

（一）仲裁管辖权的取得

《仲裁法》与相关司法解释对有效仲裁协议的要件做出了规定，《仲裁法》第16条规定："仲裁协议包括合同中订立的仲裁条款和以其他书面方式在纠纷发生前或者纠纷发生后达成的请求仲裁的协议。仲裁协议应当具有下列内容：（一）请求仲裁的意思表示；（二）仲裁事项；（三）选定的仲裁委员会。"

《仲裁法司法解释》第1条规定："仲裁法第16条规定的'其他书面形式'的仲裁协议，包括以合同书、信件和数据电文（包括电报、电传、传真、电子数据交换和电子邮件）等形式达成的请求仲裁的协议。"同时《仲裁法》第2条、第3条对可仲裁事项的范围做出了规定。第2条规定："平等主体的公民、法人和其他组织之间发生的合同纠纷和其他财产权益纠纷，可以仲裁。"第3条规定："下列纠纷不能仲裁：（一）婚姻、收养、监护、扶养、继承纠纷；（二）依法应当由行政机关处理的行政争议。"

总结上述立法，仲裁管辖权的取得必须具备以下三方面的条件

1. 当事人合意

仲裁是一种民间的纠纷解决方式，仲裁制度最大的特征就是尊重当事人的自由意

思,它允许当事人通过自由意思的表达来排除法院的管辖权,授予仲裁管辖权,充分体现了当事人合意。这是仲裁管辖权产生的前提条件。只有当事人明确表达了要去仲裁的意愿,授权仲裁庭对自己的争议进行解决,仲裁管辖权才有可能产生。当事人合意的形式就是数码的仲裁协议,也就是说仲裁管辖权的确定要求当事人通过订立书面仲裁协议的方式,做出愿意通过仲裁方式解决纠纷的意思表示。

2. 选定的仲裁委员会

除了当事人合意外,明确仲裁机构也是产生管辖权的必备条件,只表明了仲裁意愿的仲裁协议不但不能产生具体的仲裁管辖权,该仲裁协议也不具有执行性。在机构仲裁制度下,当事人应当通过约定仲裁机构的产生方式来明确仲裁主体。为了尽可能避免双方当事人因对仲裁机构名称约定不准确而导致仲裁协议无效的情形。《仲裁法司法解释》第3条规定,仲裁协议约定的仲裁机构名称不准确,但能够确定具体的仲裁机构的,应当认定选定了仲裁机构。第5条规定,仲裁协议约定两个以上仲裁机构的,当事人可以协议选择其中的一个仲裁机构申请仲裁。第6条规定,仲裁协议约定由某地的仲裁机构仲裁且该地仅有一个仲裁机构的,该仲裁机构视为约定的仲裁机构。该地有两个以上仲裁机构的,当事人可以协议选择其中的一个仲裁机构申请仲裁。

3. 仲裁事项

仲裁事项作为仲裁的客体,也是确定仲裁管辖权不可缺少的因素。仲裁事项有赖于当事人的约定。仲裁管辖权是仲裁庭对仲裁事项的管辖权。当事人约定之外的事项仲裁庭无权管辖。《仲裁法》第2条规定,只有平等主体的公民、法人和其他组织之间发生的合同纠纷和其他财产权益纠纷可以仲裁,这里的其他财产权益纠纷,通常是指因侵权而产生的财产权益纠纷。同时第3条对不可仲裁事项做出了规定:一共两类,一类是婚姻、收养、监护、扶养、继承等因身份关系引起的纠纷;一类是应当由行政机关处理的行政争议。

(二) 仲裁管辖权异议

仲裁管辖权异议是指争议的当事人一方在规定的时间内向仲裁机构(或仲裁庭)或法院主张仲裁庭对当事人之间的特定争议没有管辖权。主要包括以下方面:(1) 对仲裁协议及其效力的异议;(2) 对争议事项是否在仲裁协议范围之内、是否在仲裁机构受案范围之内的异议;(3) 对仲裁员的资格或仲裁庭的组成、仲裁员的选定方式的异议。管辖权问题是仲裁程序必须解决的首要问题,是否存在管辖权对于仲裁庭和当事人都是十分关键的,更是仲裁程序顺利进行的基石和条件。如果受案的仲裁庭没有仲裁管辖权,即使做出了仲裁裁决也有可能被法院撤销或拒绝执行。仲裁管辖权异议是组织仲裁庭进一步行使仲裁权的有效手段,是当事人用以维护自己诉权的有力武器。

实践中,管辖权异议主要涉及两方面问题:第一,提出管辖权异议的时限。根据《仲裁法》第20条第2款的规定,当事人对仲裁协议效力有异议的,应当在仲裁庭首次开庭前提出。关于仲裁管辖权的异议并不局限于仲裁协议效力的异议,这一规定不够完整。《中国国际经济贸易仲裁委员会仲裁规则》有所改进,其第6条第3款规定:当事人对仲裁协议或仲裁案件管辖权的异议,应当在仲裁庭首次开庭前书面提出;书面审理案件,应当在第一次实体答辩前提出。第二,确定管辖权异议的权力归属。《仲裁法》第 20 条规定，当事人对仲裁协议的效力有异议的，可以请求仲裁委员会做出决定或者请求人民法院做出裁定。一方请求仲裁委员会做出决定，另一方请求人民法院做出裁定的，由人民法院裁定。可见，仲裁管辖权异议的权力在于仲裁委员会及法院。根据《仲裁法司法解释》的规定，当事人向人民法院申请确认仲裁协议效力的案件，由仲裁协议约定的仲裁机构所在地的中级人民法院管辖；仲裁协议约定的仲裁机构不明确的，由仲裁协议签订地或者被申请人住所地的中级人民法院管辖。仲裁协议约定的仲裁机构不明确的，由仲裁协议签订地或者被申请人住所地的中级人民法院管辖。

四、实验器材

仲裁席、仲裁员服、律师袍、照相机等。

五、实验步骤

1. 介绍案情，使学生对案件的发生发展有一个全面的了解。
2. 组织学生进行讨论，确定案件事实和理由、案件争议焦点、裁决依据等。
3. 确定角色，包括申请人、被申请人、仲裁员等。
4. 组织演练，具体指导，让学生充分掌握案情以及自己的角色定位，并指导学生进行相应的文书写作。

具体如下。

实验环节一：仲裁协议效力的认定

1. 详细了解本案案情。
2. 对仲裁协议进行初步判断，是否有效。
3. 考虑中国仲裁委员会做出的仲裁是否合理。

实验环节二：仲裁管辖权异议的提出

1. 了解管辖权异议提出的程序。
2. 根据案情拟写《管辖异议书》。
3. 根据案情拟写《管辖权异议答辩书》。
4. 向中国仲裁委员会提交《管辖权异议书》和《管辖权异议答辩书》。

实验环节三：仲裁管辖权的确定

1. 仲裁委员会确定当事人之间是否存在有效的仲裁协议。如没有，则裁决仲裁庭没有管辖权，终止仲裁；如有，则进行步骤 2。
2. 确定当事人提交仲裁的事项是否属于仲裁协议的范围及本仲裁委员会是不是仲裁协议选定的仲裁委员会。只要有一项不符合，则裁决仲裁庭没有管辖权，终止仲裁；如有，则裁决仲裁庭有管辖权。

六、思考题

1. 仲裁管辖权异议的方面与环节有哪些？
2. 如何认定仲裁协议的效力？

七、实验素材

(一) 法律文件素材

《中华人民共和国仲裁法》等法律及最高人民法院《关于适用〈中华人民共和国仲裁法〉若干问题的解释》、《关于确认仲裁协议效力几个问题的批复》等司法解释。

(二) 案例素材

德士马(广州)机械工程有限公司与际华公司申请确认仲裁协议效力管辖权异议纠纷上诉案

上诉人(原审被申请人)德士马(广州)机械工程有限公司,住所地广州保税区中国银行大街1号宏利工业城1楼。

法定代表人:克劳斯迈尔,该公司董事长。

被上诉人(原审申请人):际华公司

法定代表人:胡×,该公司董事长。

上诉人德士马(广州)机械工程有限公司(以下简称德士马公司)因与被上诉人际华公司申请确认仲裁协议效力管辖权异议一案,不服石家庄市中级人民法院(2008)石民立裁字第00002号民事裁定,向我院提出上诉。我院依法组成合议庭对本案进行了审理。

原审法院在受理申请人际华公司与被申请人德士马公司申请确认仲裁协议效力一案后,被申请人德士马公司在提交答辩状期间对管辖权提出异议,认为双方当事人买卖合同第20条约定:执行合同的一切争议,提交瑞典之国际贸易仲裁院仲裁。故本案具有涉外因素,且合同的履行地发生在天津,请求将本案移送管辖异议申请人所在地广州市的人民法院或天津市的人民法院管辖。

原审认为,本案是当事人申请确认涉外仲裁协议效力的案件,最高人民法院《关于适用〈中华人民共和国仲裁法〉若干问题的解释》第12条第2款规定:"申请确认涉外仲裁协议效力的案件,由仲裁协议约定的仲裁机构所在地、仲裁协议签订地、申请人或者被申请人住所地的中级人民法院管辖。"本案申请人的住所地在石家庄市中山西路905号,在本院辖区范围内,故石家庄市中级人民法院对本案具有管辖权。德士马公司的管辖异议理由不能成立。遂依据《中华人民共和国民事诉讼法》第38条的规定,裁定:"驳回被申请人德士马(广州)机械工程有限公司对本案管辖权提出的异议。"

德士马公司不服,提出上诉,其上诉的主要理由:德士马公司与际华公司于2006年6月5日签署了一份机器买卖合同,该合同第20条约定:凡有关执行合同的一切争议,双方须通过友好协商,双方如协商不能解决时,此争执应提交瑞典之国际贸易仲裁院,按该仲裁程序暂行规则进行仲裁。仲裁在瑞典进行,仲裁委员会的裁决为终局裁决,双方均受其约束,仲裁费用由败诉方承担。本案的标的物在双方合同订立时位于德国。合同的价格条件是CIF中国天津新港。标的物的风险在德国汉堡装运港越过船舷时即转移至际华公司,即标的物的防线转移发生在德国。因此,本案具有涉外因素，并且合同的履行地发生在天津。根据《中华人民共和国民事诉讼法》第 61 条规定，因合同纠纷提起的诉讼，由被告住所地或者合同履行地人民法院管辖。因此，本案应依法由德士马公司所在地广州市的人民法院管辖或者由天津市的人民法院管辖。但是原审法院在 2008 年 8 月，对上述买卖合同中的仲裁协议，受理了际华公司提起的"确认仲裁协议效力一案"。据此，德士马公司向原审法院提出管辖权异议，请求原审法院依法裁定移送管辖或驳回际华公司的申请。因此，请求撤销原审法院驳回德士马公司管辖权异议的裁定，裁定原审法院对际华公司申请确认与德士马公司买卖合同仲裁协议效力一案没有管辖权。

际华公司答辩称，德士马公司在上诉状中引用《中华人民共和国民事诉讼法》第 12 条规定，认为因合同纠纷提起的诉讼，又被告住所地或者合同履行地人民法院管辖。但本案系申请确认涉外仲裁协议效力的案件，最高人民法院《关于适用若干问题的解释》第 12 条第 2 款明确规定：申请确认涉外仲裁协议效力的案件，由仲裁协议约定的仲裁机构所在地、仲裁协议签订地、申请人或者被申请人住所地的中级人民法院管辖。本案申请人的住所地是石家庄市中山西路 905 号，在石家庄市中级人民法院辖区范围内，故石家庄市中级人民法院对本案具有管辖权。原审裁定驳回德士马公司管辖异议完全符合法律规定，请求二审法院维持原审裁定，驳回德士马公司的上诉。

本院认为，本案是当事人申请确认涉外仲裁协议效力的案件，根据最高人民法院《关于适用若干问题的解释》第 12 条第 2 款规定"申请确认涉外仲裁协议效力的案件，由仲裁协议约定的仲裁机构所在地、仲裁协议签订地、申请人或者被申请人住所地的中级人民法院管辖"的规定，本案由际华公司提出申请，作为申请人由际华公司所在地石家庄市中级人民法院管辖本案符合法律规定，原审裁定并无不当，应予以维持。德士马公司的上诉不能成立，应予驳回。

（三）法律文书样式素材

在司法实践中，异议申请人向仲裁机构提出仲裁管辖权异议申请时，必须向仲裁机构提交《管辖权异议书》，而作为异议的被申请人，则需要提交《管辖权异议答辩书》。

仲裁管辖异议书

异议人：

被异议人：

异议请求：

异议人认为贵委对本仲裁案件没有管辖权，请求贵委驳回被异议人的仲裁申请
事实与理由：

此致
××仲裁委员会

异议人：

×年×月×日

仲裁管辖异议答辩书

异议答辩人：

委托代理人：

答辩人×××因与异议申请人×××因×××纠纷管辖异议一案，现提出答辩。答辩理由：

此致
××仲裁委员会

答辩人：

×年×月×日

实验二　仲裁审理程序

一、实验目的

1. 通过组织参与试验，使学生深刻体会仲裁的具体过程，进一步熟悉仲裁法相关知识。
2. 理论联系实际，运用所学知识解决实际问题。

二、实验要求

1. 掌握仲裁审理程序。
2. 根据原理处理实践中相关案件。
3. 结合实验素材，掌握仲裁审理具体程序。

三、实验原理

（一）仲裁申请、答辩、反请求程序

申请人提出仲裁申请时应当提交由申请人及/或申请人授权的代理人签名及/或盖

章的仲裁申请书，该仲裁申请书应写明申请人和被申请人的名称和住所，申请人所依据的仲裁协议、案情和争议要点以及申请人的请求及所依据的事实和理由。申请人在提交仲裁申请书时，要附具申请人请求所依据的事实的证明文件并预缴仲裁费。

被申请人应按仲裁规则规定的时间向仲裁委员会秘书局提交答辩书和有关证明文件。如有反请求，也应在规则规定的时间内以书面形式提交仲裁委员会，并写明具体的反请求及其所依据的事实和理由，附具有关的证明文件。被申请人未提交书面答辩及/或申请人对被申请人的反请求未提出书面答辩的，不影响仲裁程序的进行。

（二）仲裁庭的组成

仲裁庭可以由3名仲裁员或者1名仲裁员组成。仲裁庭组成后，仲裁委员会应将仲裁庭的组成情况书面通知当事人。

（三）审理与裁决

仲裁委员会应当在仲裁规则规定的期限内将开庭日期通知双方当事人。当事人有正当理由的，可以在仲裁规则规定的期限内请求延期开庭。是否延期，由仲裁庭决定。仲裁庭在做出裁决前，可以先行调解。当事人自愿调解的，仲裁庭应当调解。调解不成的，应当及时做出裁决。调解达成协议的，仲裁庭应当制作调解书或者根据协议的结果制作裁决书。调解书与裁决书具有同等法律效力。裁决应当按照多数仲裁员的意见做出，少数仲裁员的不同意见可以记入笔录。仲裁庭不能形成多数意见时，裁决应当按照首席仲裁员的意见做出。

四、实验器材

仲裁席、仲裁员服、律师袍、照相机等。

五、实验步骤

1. 介绍案情，使学生对案件的发生发展有一个全面的了解。
2. 组织学生进行讨论，确定案件事实和理由、案件争议焦点、裁决依据等。
3. 确定角色，包括申请人、被申请人、仲裁员等。
4. 组织演练，具体指导，让学生充分掌握案情以及自己的角色定位，并指导学生进行相应的文书写作。

六、思考题

如何理解仲裁程序？

七、实验素材

商品房购销合同纠纷仲裁案

案情摘要：

申请人赵某申请称：1999年9月9日，申请人与被申请人签订一份《商品房购销合同》，约定申请人向被申请人购买位于市平安路东城新村"泰和楼"B座301号商品房,建筑面积为 96.48 平方米,单价 1845 元/平方米,总房价为 178005.60 元。上述商品房交付后,若房屋实际面积与暂测面积的误差超过 2% 时,每平方米价格保持不变,房款则按实际面积调整。合同签订后,申请人依约向被申请人支付了全部房款,被申请人也将商品房交付给了申请人。2001 年 3 月 9 日,申请人领取该房屋的房地产权证时发现房屋实际面积为 89.80 平方米,比合同约定的建筑面积少 6.68 平方米,根据合同约定,该房屋的总价款应按 89.80 平方米的实际面积进行调整,被申请人应向申请人退还多收的购房款 12324.6 元。另外,由于房屋的实际面积比合同约定的面积少 6.68 平方米,被申请人在 1997 年 5 月至 2000 年 7 月间多收了申请人该相应面积的物业管理费,申请人多次要求退还未果。申请人在与被申请人协商无望的情况下,遂依合同约定向仲裁委员会提起仲裁。

主要角色:
仲裁员:
仲裁员:
首席仲裁员:
申请人:
申请人的代理人:
被申请人:
被申请人的代理人:
庭审过程:
(一) 开庭准备
书记员:本仲裁委员会今天在这里开庭审理_____诉_____纠纷一案。
现在宣布法庭纪律:
1. 遵守仲裁庭秩序,保持庭内安静、庄严。不许喧哗、吵闹,不准吸烟。未经仲裁庭许可,不准录音、录像、摄影和进行其他妨碍庭审的活动。
2. 当事人及其代理人在陈述事实、辩论问题时,必须在首席仲裁员或独任仲裁员的主持下,围绕争议的焦点进行。未经首席仲裁员或独任仲裁员允许不得发言。发言应实事求是,文明礼貌,不得进行人身攻击。
3. 当事人在仲裁庭开庭后,未经仲裁庭许可,不得中途退庭。擅自退庭的,申请人按撤回仲裁申请处理,被申请人按缺席仲裁处理。
4. 旁听人员不得随意走动和进入审理区,不准发言和提问。
5. 当事人及其代理人、旁听人员将携带的手机等通讯工具关闭或置于振动状态,在庭审期间不得随意接听手机。
6. 如有违反仲裁庭纪律的,仲裁员及工作人员有权劝告或制止;情节严重的,可责令退出仲裁庭。违反《中华人民共和国治安管理处罚法》的,报请公安机关处理;触犯刑律构成犯罪的,报送司法机关依法追究刑事责任。
下面查验当事人及代理人到庭情况:
1. 申请人及代理人是否到庭。

2. 被申请人及代理人是否到庭。

请首席仲裁员、仲裁员入庭。

报告首席仲裁员，本案双方当事人及代理人均已到庭，请开庭。

（二）开庭

首席仲裁员：本会立案受理的＿＿＿诉＿＿＿纠纷一案，根据双方达成的仲裁条款以及申请人的仲裁申请，依法开庭审理，现在开庭。根据当事人的选定和委托本会指定，＿＿＿＿、＿＿＿＿、＿＿＿＿组成本案仲裁庭，其中＿＿＿＿为首席仲裁员。

一、首席仲裁员核对当事人的姓名、身份及委托代理人的姓名、身份、代理权限。

二、首席仲裁员宣读当事人的主要权利义务：

1. 当事人的主要权利：

（1）申请人有放弃或者变更仲裁请求的权利，被申请人有承认或者反驳仲裁请求、提出反请求的权利；

（2）有委托律师或者其他代理人代为进行仲裁活动的权利；

（3）有申请仲裁员回避的权利；

（4）有申请保全措施的权利；

（5）有申请使用本民族语言、文字的权利。

2. 当事人的主要义务：

（1）有遵守仲裁程序和仲裁庭纪律的义务；

（2）在陈述辩论时，有实事求是、如实提供证据的义务；

（3）有按规定缴纳仲裁费的义务；

（4）对发生法律效力的调解书、仲裁裁决书有履行的义务。

首席仲裁员语：双方当事人对自己的主要权利和义务是否听清楚？双方当事人对本仲裁庭的组成人员有无回避的请求？

（三）庭审调查

首席仲裁员宣布庭审调查开始语：

首先由申请人方＿＿＿＿陈述申请仲裁的事实及请求。

申请人陈述申请仲裁的事实及请求：

申请人赵某申请称：1999年9月9日，申请人与被申请人签订一份《商品房购销合同》，约定申请人向被申请人购买位于市平安路东城新村"泰和楼"B座301号商品房，建筑面积为96.48平方米，单价1845元/平方米，总房价为178005.60元。上述商品房交付后，若房屋实际面积与暂测面积的误差超过2%时，每平方米价格保持不变，房款则按实际面积调整。合同签订后，申请人依约向被申请人支付了全部房款，被申请人也将商品房交付给了申请人。2001年3月9日，申请人领取该房屋的房地产权证时发现房屋实际面积为89.80平方米，比合同约定的建筑面积少6.68平方米，根据合同约定，该房屋的总价款应按89.80平方米的实际面积进行调整，被申请人应向申请人退还多收的购房款12324.6元。另外，由于房屋的实际面积比合同约定的面积少6.68平方米，被申请人在1997年5月至2000年7月间多收了申请人该相应面积的物业管理费，申请人多次要求退还未果。申请人在与被申请人协商无望的情况下，遂依合同约定向仲裁委员会提起仲裁。

申请人提出如下仲裁请求：

1. 被申请人向申请人退还多收的购房款12324.6元并支付银行同期贷款利息；

2. 被申请人向申请人退还多收取的物业管理费52元，并从2000年8月起按房屋实际面积计收管理费；

3. 本案仲裁费用由被申请人承担。

首席仲裁员语：现在由被申请人_____进行答辩。

被申请人陈述：

（1）被申请人与申请人签订的《商品房购销合同》是在1996年3月。1996年3月20日，被申请人与买方市机务段签订《"东城新村"购房合同书》，约定由被申请人将"东城新村"的商品房卖给市机务段职工共26户（包括本案申请人赵某一套）面积合计2217.1平方米。1999年9月9日，为办理房产证的需要，被申请人又分别与26户包括赵某在上述合同书的基础上签订《商品房合同》，该合同并不否定原合同书的效力。（2）按原合同书的规定，"阳台、走廊、楼梯等按投影面积即按全面积计算"。按此面积计算方法，则申请人所购房屋实际面积与合同约定面积并无差别。（3）1999年10月以前，本市商品房买卖对阳台均按全面积计价，当地房屋管理部门已予以认可。原合同书是在1996年3月20日签订的，签订购房合同时约定阳台按100%计算面积的行为并未违背双方当事人的意志，且该行为未违反国家的强制性规定，应为合法有效。建设部《商品房销售面积计算及公用建筑面积分摊规则》明确规定自1995年12月1日起商品房销售面积计算中阳台面积的计算按其水平投影面积的一半计算，而在该规则实施之前已签订的购销合同中有"除合同对商品房面积的约定有明显违法或计算错误外，应维持合同约定的面积"的条文。（4）申请人应先向房管部门申请处理，待其处理后才能申请仲裁。因此我方卖给赵某的房屋并不存在所谓的面积差别。

3. 首席仲裁员、仲裁员对案情进行询问。

4. 在首席仲裁员的主持下，当事人互相就对方出示的证据质证。

申请人提交了以下证据进行质证：

（1）申请人与被申请人之间于1999年9月9日签订的《商品房购销合同书》一份。证明该合同约定申请人所购东城新村"泰和楼"B座301房，住宅建筑面积为96.48平方米以及房屋实际面积与暂测面积差别超过暂测面积的2%（包括2%）时，每平方米价格保持不变，房价款总金额按实际面积调整等条款。

（2）粤房地证字第2729866号《房地产权证》一本。证明申请人依法取得了所购房屋"泰和楼"B座301房的所有权。

（3）被申请人于2000年12月29日开具的（2000）市地税产A00120380转让房地产收入发票一张。证明申请人向被申请人支付了178005.6元的购房款。

（4）赵某身份证。证明其具合同主体资格。

（5）某物业管理公司分别于1999年2月8日和2000年9月12日出具的发票两张。证明被申请人收取了物业管理费347.32元。

（6）交楼通知书一份。证明被申请人于1997年5月20日向申请人交付了《商品房购销合同书》约定的"泰和楼"B座301房。

经质证，被申请人对申请人提供的上述证据材料的真实性不持异议，但对证据材料1认为是对被申请人与市机务段原合同书的变更和补充；对证据材料5认为某物业管理公司是独立的企业法人，其收取的物业管理费与被申请人无关。

被申请人提交了以下证据进行质证：

（1）被申请人的企业法人营业执照。证明其合同主体合格。

（2）被申请人与市机务段于1996年3月20日签订的《"东城新村"购房合同书》一份及市机务段职工购买东城新村商品房及人员名单一份。证明该合同书包括赵某所购买的"泰和楼"B座301房。

（3）预售商品房许可证一份。证明被申请人销售的"东城新村"商品房具备预售条件。

（4）某物业管理公司营业执照。证明其为独立的企业法人。

（5）"阳台按全面积计价合法性"的《××日报》复印件一份。证明当地房管部门默认房地产发展商的做法，本案《商品房购销合同》约定的阳台按全面积计价合法。

（四）庭审辩论

首席仲裁员宣布庭审辩论开始语：本庭庭审调查现在已结束，庭审辩论现在开始，首先由申请人×××进行第一轮辩论发言。申请人辩论发言后，被申请人×××进行第一轮发言（注：庭审辩论可以进行多轮辩论，首席仲裁员应注意引导好）。

首席仲裁员：辩论结束，申请人最后还有什么要向本庭陈述的？

申请人：无

首席仲裁员：被申请人最后还有什么要向本庭陈述的？是否提起反请求？

被申请人：无

当事人双方是否愿意调解？申请人是否愿意？被申请人是否愿意？

否

（五）征询最后意见

首席仲裁员语：现在庭审辩论结束，休庭××分钟，休庭期间，请申请人和被申请人向仲裁庭陈述最后意见，提出调解方案。

辩论结束后，仲裁员应当分别征求、询问当事人最后意见，或者提出调解建议，做当事人的工作。

（六）调解或裁决

首席仲裁员语："现在继续开庭，依据双方的调解意见，差距太大，双方又不愿意进一步让步，因而达不成调解协议，本庭现在休庭。"

宣读裁决书：

通过庭审质证，仲裁庭对双方当事人提交的证据材料，除被申请人提交的证据材料5因无原件核对而不予认定外，其余证据材料均予以认定。

根据所认定的证据，仲裁庭审理查明：1996年3月20日，被申请人与市机务段签订《"东城新村"购房合同书》一份，约定由被申请人将东城新村的商品房卖给市机务段职工共26套（其中包括赵某一套），面积合计2217.1平方米。但该合同签订后并未实际履行，也未将合同买房主体变更为本案申请人赵某。1999年9月9日，申请人与被申请人就"泰和楼"B座301房签定《商品房购销合同书》一份，约定申请人向被申请人购买位于市平安路东城新村"泰和楼"B座301商品房，建筑面积为96.48平方米，售价为1845元/平方米，总房价为178005.6元。上述商品房交付后，若房屋实际面积与暂测面积的误差超过暂测面积的2%时，每平方米的价格保持不变，房款则按实际面积调整等条款。在该合同签订前，申请人向被申请人支付了与《商品房购销合同》约定数额相同的全部房款，被申请人也将商品房交付给了申请人。2001年3月9日，申请人领取该房屋房地产权证（证号为粤房地证字第2729866号）。该房屋房地产权证确认房屋的实际面积89.80平方米，比《商品房购销合同》约定的面积96.48平方米少6.68平方米，超过了《商品房购销合同》约定的2%的误差。对于本案申请人提出的物业管理问题，按《商品房购销合同》约定，被申请人指定由某物业管理公司负责物业管理，申请人遵守负责物业管理的公司制定的物业管理规定。某物业管理公司向申请人收取了有关物业管理费用。另查明，本案申请人系市机务段职工；被申请人具有房地产经营资格并于合同签订前取得了东城新村预售商品房许可证；某物业管理公司领有企业法人营业执照并主营住宅区公共设施管理服务等业务。

仲裁庭认为，本案被申请人与市机务段签订的《"东城新村"购房合同书》，购房的合同主体系市机务段，该合同约定的所购26套商品房虽列有本案申请人赵某的名单且其属于机务段的职工，但被申请人无法证实被申请人与市机务段分别履行了交付26套房屋和支付相应的购房款等主要合同义务，该合同书实际上是一份未履行的合同。同时，被申请人也无充分的证据证实本案申请人与被申请人签订的《商品房购销合同》系由《"东城新村"购房合同书》的购房合同主体变更而签订的，即被申请人无法证实《商品房购销合同》与《"东城新村"购房合同书》之间存在变更与补充的关系。因此，《"东城新村"购房合同书》对申请人无约束力。在《商品房购销合同》签订之前，申请人已实际向被申请人履行了支付全部购房款的义务，被申请人并于2000年12月29日补开了发票；被申请人也在《商品房购销合同》签订之前向申请人交付了房屋，因而申请人与被申请人于1999年9月9日所签订的《商品房购销合同》实际上是在双方履行了商品房买卖的主要义务后对双方权利义务的书面确认。该《商品房购销合同》的主体、内容均符合法律的有关规定，且按有关规定在房地产产权登记部门办理了登记备案，依法应确认为有效。

对于被申请人认为本案《商品房购销合同》中申请人所购买的"泰和楼"B座301号商品房阳台面积应按全面积计算且按全面积计算即不存在面积误差的抗辩，因《商品房购销合同》对此并未明确约定，且被申请人无法提供有效的法律依据予以支持，其抗辩理由不能成立。《商品房购销合同》约定的"泰和楼"B座301号商品房面积为96.48平方米，而房地产产权登记机关确认和登记的该房屋的实际面积为89.80平方米，实际面积与约定面积两者误差为6.68平方米，该误差范围超过了合同约定的2%，应根据《商品房购销合同》第5条第2款的约定处理，即房屋"每平方米价格保持不变，房价款总金额按实际面积调整"。因此，申请人主张被申请人退还房屋面积误差部分多收的款项的请求有合法的根据，仲裁庭予以支持，被申请人应依合同约定和诚实信用原则返还多收的款项并支付相应的利息。至于申请人主张被申请人退还多收的物业管理费的问题，仲裁庭认为，被申请人于《商品房购销合同》中指定某物业管理公司进行物业管理符合建设部《城市新建住宅小区管理办法》的有关规定，某物业管理公司对申请人"泰和楼"B座301房所在的"东城新村"实施物业管理属其合法的营业范围，且某物业管理公司系独立的企业法人，因而其与申请人之间实际形成了物业管理的服务合同关系。对于要求退还多收的物业管理费用的问题，申请人可另案向某物业管理公司主张，本案不作处理。

仲裁庭依法裁决如下：

1. 裁决被申请人住宅开发经营总公司于本裁决做出之日起五日内向申请人赵某返还多收的6.68平方米的购房款按合同约定的每平方米1845元共计12324.6元及其自2000年12月29日起至实际还款之日止的利息（利息按中国人民银行公布的同期贷款利率计算）。逾期还款，则按中国人民银行公布的同期贷款利率双倍支付迟延履行期间的债务利息。

2. 驳回申请人赵某要求被申请人住宅开发经营总公司退还多收取的物业管理费52元及从2000年8月起按房屋实际面积计收管理费的仲裁请求。

本案仲裁费用635元由被申请人住宅开发经营总公司负担，因申请人赵某立案时已向本会预交，被申请人住宅开发经营总公司在履行上述第一项裁决时应将该费用一并支付给申请人。本会不另作收退。

参考文献

[1] 郭玉军主编：《仲裁法实训教程（法学实验教学系列教程）》，武汉大学出版社2010版。
[2] 江伟主编：《仲裁法》，中国人民大学出版社2009版。
[3] 刘茂林等著：《新法学实验教程》，北京大学出版社2012年版。

第十七章 物证技术学实验

实验一 用机械式照相机拍摄物证

物证被称为证据之王。物证摄影可以用来提取指纹、足迹等痕迹物证,是在物证提取中最常用的技术手段。物证摄影技术不仅适用于刑事案件,而且适用于民事案件、行政案件。

一、实验目的

1. 初步掌握使用机械式照相机的使用方法,掌握照相的基本原理和基本方法。
2. 初步掌握物证摄影的分类和每一类的摄影要求。

二、实验要求

(一) 一般要求

1. 拍摄物证的正面、侧面、背面、斜背面照片;拍摄远景、全景、中景、近景、特写照片;拍摄平拍、俯拍、仰拍照片;拍摄顺光、侧光、侧斜光、逆光照片。
2. 在物证旁边放置比例尺,拍摄阴影照片(鞋印、动物蹄脚印等)、脱影照片(凶器、赃物等)共4张。
3. 拍照完毕后当天把相机交回实验室,交老师验收。
4. 学生自行冲洗照片,并在照片背面注明姓名、班级、主题、光圈、速度。

(二) 实验注意事项

1. 照相机为精密仪器,调节其按钮时用力要轻,不能用力过猛,以免损坏相机。使用或放置照相机时动作要轻,以防震动或跌落。
2. 严禁用手或物品触摸照相机镜头。未经指导教师允许,不能随意拆装照相机镜头及其他部件。
3. 因相机镜头上加载了UV镜,镜头长度增加,原皮套不能完全扣上,所以,请不要扣紧相机外罩,否则可能损坏相机。
4. 不要将照相机放置在电视机、收音机等有强烈磁场的物体旁。
5. 装入闪光灯电池时,应注意电池的正负极一致。
6. 拍摄时要保持身体平衡,并用手将照相机夹紧,拍摄时双手避免抖动。
7. 进行倒片时,一定要按下倒片按钮,另一手转动倒片旋钮。在不按动倒片按钮时，转动倒片旋钮会损坏相机。

（三）实验报告写作要求

1. 实验题目、完成日期、姓名、学号、合作者等。
2. 实验目的要求、简要原理、实验仪器及条件、主要实验步骤等。

三、实验原理

使用照相机，通过构图、布光、调焦、曝光等一系列技术操作，将景物的影像记录在感光片上。感光片的感光材料，通过曝光，接受光能量，发生光化学反应，在感光片上形成潜影。将曝光后的感光片经显影、定影等冲洗工艺，使潜影显现并固定下来，成为可见的影像。

照相机主要部件有镜头、光圈、快门、调焦器、取景器、机身等。这些部件是为三个系统服务的。这三个系统为机械系统、控制曝光系统、调焦系统。机械系统由装卷、过卷、倒卷、卸卷装置构成，控制曝光系统由光圈调节、快门按钮、快门速度指示盘等装置构成，调焦系统由调焦环、验焦环等构成。

照相机镜头是能把客观景物或像在平面上结成清晰的影像的光学系统。它是根据透镜成像的原理，用光学玻璃精工磨制而成的，是照相机最重要的组成部分。按照视场角的大小，可将镜头分为标准镜头、广角镜头、长焦镜头、变焦镜头。本实验选用的为变焦镜头。

通常情况下，在曝光量不变的条件下，可以将光圈开大（光孔大了），而将速度放快（时间短了）。或光圈变小（光孔缩小），速度放慢（进光时间拉长）。这两种情况下可以进相同的光能，获得相同的曝光量，这一现象称为感光材料的互易律。在摄影实践中，要灵活掌握，细心体会这一规律。

本机设有内测光装置，这是为方便初学者在较短时间内拍摄出较满意的照片而选用的。在拍摄每一张照片前，建议把快门按半档，同时从取景器内观察取景器内左右两侧的指示灯。如果绿色指示灯亮，说明曝光量适中，光圈与快门速度配合适中，可以进行拍摄。如果红色指示灯亮，说明曝光不足或过度了，应当马上调节光圈或速度。红色 + 表示曝光超过 1 档，应当调小光圈，或调快速度；红色 – 表示曝光差 1 档，应当调小 1 档光圈，或调快 1 档速度。

光圈是照相机中控制镜头通光量的机件。一般由多片微薄的金属片组成，装于镜头的中间，由按扭调节圆孔的大小，摄影时被摄影物发出或反射的光线从这外孔中通过，进入照相机。照相机的通光量由光圈系数来（f 系数）表示。光圈系数的排列，依次为 1，1.4，2，2.8，4，5.6，8，11，16，22。其中每一级相差 2 的 1/2 次幂。其中，小光圈 22，16，11，8；中光圈 5.6；大光圈 4，2.8，2，1.4。

选用某档光圈系数，只需转动光圈调节环，与镜筒上的"光圈基数"对齐，当听到轻微的"咔嗒"声，表示所调光圈的正确位置。

快门是照相机中用来控制感光片曝光时间的机构，是照相机的重要部件。快门速度从 1 秒至 1/1000 秒，可分为三类：（1）慢速度：1，1/2，1/4，1/8，1/15，1/30（秒）。（2）中速度：1/60 秒。（3）快速度：1/125，1/250，1/500，1/1000（秒）。

选用某档快门速度时，只需轻轻转动机身右上方的速度盘，与速度盘边的基准点对齐即可。

四、实验仪器

凤凰135照相机（机械式）、135型胶卷、闪光灯（含5号电池）、数码照相机、计算机。

五、实验步骤

（一）摄影基础训练

本实验使用的为凤凰135单镜头反光照相机。这种照相机设有自动测光装置，有变焦镜头等辅助设备，大大地方便了初学者的使用。

1. 装卷。左手端稳相机，用右手把照相机机身左上方的倒片旋钮向上轻轻拉起，相机后盖弹起。把胶卷放入左侧胶卷仓中，按下倒片旋钮以固定胶卷。把胶片拉出4厘米，胶片头伸进右侧卷片轴1厘米。胶卷齿孔与相机齿轮吻合拍，轻轻按压机身后盖，直到听到轻微的咔嗒声。按动相机右侧上方的快门按钮，然后把快门边的卷片扳手向外旋转120°，同时，观察倒片旋钮是否联动。如果联动，说明胶卷已经装好，可以进行拍摄；如果不能联动，需要按上述顺序，重新装卷。

2. 确认拍摄对象。确定所要拍摄的对象是人，还是物证。观察其大小、形态、运动速度、亮度等。

3. 取景构图。（1）选择拍摄方位，是拍摄正面、侧面，还是背面、斜背面？（2）选择拍摄距离，是远景、全景、中景、近景，还是特写？针对拍摄距离，旋转镜头上离机身近的环，观察被拍摄景物在取景器中的大小，直到符合要求为止。（3）选择拍摄角度，是平拍、俯拍，还是仰拍？

4. 调焦。调焦是使被拍摄的景物在底片上成像清晰的活动。照相机的调焦有自动调焦和手动调焦两种。本相机为手动调焦（本机过卷也为手动）。具体来说，本机采用裂像式验焦装置。操作方法为，右手持照相机机身，用左手转动镜头上的细环，同时在取景框内观察镜头中心两个半圆中间的线。用这条线和被拍摄对象上的线状物交叉，如果被拍摄对象上的线状物被分裂为两条线，说明调焦不清。继续调节远离机身调焦环，直到错开的两个线段成为一条直线为止。

景深是能结成较为清晰影像的对准面前后的景物空间纵深范围。拍摄距离的远近，光圈系数的大小，对景深都有影响。拍摄集体合影时要重要考虑景深。拍摄其他对象时，景深的影响不大。

5. 摄影用光。选择使用顺光、侧光、侧斜光、逆光来拍摄。

6. 曝光。曝光是通过照相机的光圈和速度（快门的控制）使感光片感光，形成潜影的过程。曝光量是表示感光片所能接受光能量多少的物理量。这是由感光片的光照度和曝光时间两个因素来决定的。光照度由光圈的大小来控制，曝光时间的长短由快门速度来控制。

首先注意拍摄环境，如在室内，使用5.6的光圈，1/60的速度，并开启闪光灯。

如在室外，阴天或多云时使用 5.6 的光圈，1/60 的速度，不用闪光灯。根据所拍摄物证的运动速度，先确定快门速度，然后决定使用的光圈的系数；这是照相机原理中所说的"光圈优先"。

在其他天气状态时，拍摄运动的物体用 1/125 的速度，再用内测光确定所用的光圈。或者根据所拍摄物证的明暗程度，初步确定光圈系数，然后确定快门速度，这就是"速度优先"。正确使用照相机，使光圈与快门速度配合得当，以获取最佳的摄影效果。

7. 拍摄后的处理。当计数窗显示 36 时，一般还可再拍摄 1～2 张。当卷片扳手过不动卷时，说明拍摄结束了。把相机翻转，放于腿上，按下机身底部的倒片按钮，把机身左上方的倒片扳手展开，开始顺时针倒回胶片。当听到轻微的咔嚓声音时，再倒两圈，然后停止倒片。如果不能确认是否完全倒回，或出现断片时，应当及时和指导教师联系，或交照相扩印部在暗室取出。不要自行取出，否则可能使整卷报废。

（二）物证摄影训练

1. 脱影照相。脱影照相是为了方便对物证进行检验，使用自然光或脱影装置，来消除被拍摄物证周围的阴影、清晰显示被拍摄物证的轮廓特征的摄影方法。可以选择在室外阴凉处（不宜太暗）拍摄物证，这是利用散射自然光脱影。

2. 阴影照相。也称为增加反差照相，是指通过调整光照角度，使被拍物证凸凹的部分形成明显阴影，以显示肉眼难以分辨的细微特征的摄影技术。利用新闻灯，从 0～90°，改变光照角度，从正面观察被拍摄物证的反差，在反差最明显时，加比例尺，从物证正上方垂直拍摄，以确保被摄物证不变形。

六、思考题

胶片照相机与数码照相机有何异同？

实验二　无色汗液指纹的提取

一、实验目的

1. 掌握无色汗液指纹显现、提取的基本方法。
2. 学会识别指纹的纹型和细节特征。
3. 学习指纹鉴定的写法和鉴定书的写作方法。

二、实验要求

1. 用黑色磁性粉末，提取纸张上的无色汗液指纹 3 枚。
2. 掌握用指纹捺印盒提取指纹的方法。
3. 在显微镜下，观察并分析指纹的细节特征。

三、实验原理

显现无色指纹就是利用汗液及汗垢物质的物理和化学性质，增强指纹与承受客体的色差，使无色指纹成为有色指纹。在汗液排出的化学物质中，无机成分占82.46%，有机成分占17.54%。汗液中无机成分约有30多种，其中氯、钠、钾、钙四种离子含量最高。汗液的有机成分中，氨基酸占了很大比重。

显现无色指纹是常用方法为粉末显现法，是利用汗液或汗垢物质的粘附力，来粘附一定物质，使指纹染色而显出。按粉末的成分，粉末的种类可分为单一粉末和混合粉末。按颜色的不同分为浅色粉末和深色粉末。现面介绍用磁性粉末来刷显无色汗液指纹。磁性粉末是用铁粉与铅粉、青铜粉、或硒静电粉按照一定比例配制而成的。当用磁性刷吸取磁性粉时，磁性粉受磁力的作用，被吸附于磁性刷前端。磁性粉在汗液或汗垢物质的粘附力的作用下，少量粉末粘附于指纹纹线表面的凸起部分，而凹陷部分不能粘附粉末，从而形成色调深浅不同的痕迹，达到显现指纹的效果。

四、实验器材

磁性刷、磁性粉、复印纸、透明宽胶带（粉末显现法）、显微镜（10X）、红色笔、捺印盒（识别指纹特征）。

五、实验步骤

（一）粉末显现法

1. 打开磁性粉瓶盖，把磁性刷放入瓶中，吸取少许粉末。
2. 在可能存在指纹的部位进行刷显，尽可能要顺纹线轻轻刷，以免破坏指纹。
3. 刷显完毕后，把刷头放于瓶口内侧上方，拉动刷柄，使刷头的磁性粉因远离磁力而落入瓶中。

（二）用指纹捺印盒提取指纹

1. 在桌边铺放白色纸一张，使白纸的边缘与桌子边缘重合。
2. 打开指纹捺印盒，开始捺印。从左手小指开始，把手指依次在捺印盒上表面顺时针慢慢滚动，用力要轻。
3. 按照同样方法，在将沾有墨迹的手指在白纸上滚动，便会留下指纹。同时，另一人要按住白纸，以防因白纸移动引起指纹变形。

然后开始右手姆指到小指的捺印，方法同上。

（三）指纹特征的识别

1. 把指纹放于显微镜工作台的中央，观察指纹纹线是否清晰。
2. 如果不清晰，按照以下方法调整显微镜。

体视显微镜使用方法：接通电源，打开电源开关（ON）。将被观察体置于工作台中心位置。松开锁紧手轮，上下移动显微镜，使被观察物体大致处于工作距离位置，拧紧锁紧手轮。慢慢转动调焦手轮，使右目镜能观察到清晰的物象。观察左目镜，若物象不清晰，可调节视度圈，使之得到清晰的像面为止。转动左右两棱镜箱，使两目镜的出射瞳距离与操作者的止距相适宜，从而看到立体感很强的清晰像面。

3. 在微镜下观察指纹，注意观察并确定指纹的纹型，并寻找乳突纹线的细节特征。

（四）指纹鉴定

1. 分别检验用刷显法和捺印法提取的同一指的两枚指纹，注意区别其一般特征和细节特征。

2. 用特征连线法比较两枚指纹的特征。

3. 做出鉴定结论，写作《指纹鉴定书》。

六、思考题

指纹的特征有哪些？

实验三　室外立体鞋印的提取

一、实验目的

掌握用石膏制模法进行立体鞋印提取的基本方法。

二、实验要求

每5人一个小组，进行分工，提取2枚立体鞋印，要求鞋底花纹及附着痕迹清楚。

三、实验原理

石膏具有松软的特点，具有可塑性。而立体足迹具有一定的体积。石膏制模法是利用石膏的可塑性和足迹的立体性，将石膏制成足迹的形状，从而反映足迹的细节特征。

四、实验器材

石膏粉、水桶、脸盆、小木棍、小木片。

五、实验步骤

1. 在松软地面上寻找立体鞋印（并用照相机拍照）。

2. 除去立体足迹表面可能影响提取的枝叶、浮土等杂物。

3. 用小木片在立体足迹的四周打围墙。最低处高度保持在2cm至3cm。注意围墙要打得严实，不要让液体渗漏。

4. 把石膏粉倒入脸盆中约2kg，逐步倒入清水，同时不停地搅拌，调至糊状。如果地面较干，调得稀些；若地面较湿，调得稠些。

5. 用一根木棍，上连盆中的石膏，下连鞋印的围墙内侧，将石膏糊匀速倒入足迹上，厚度约1至1.5cm。

6. 待鞋印中的石膏开始凝固时，将一根小木棍放入鞋印，注意木棍的前端不能超过前掌外缘，后端不能超过鞋跟。

7. 把剩余的石膏糊倒入鞋印中，趁石膏模半干时，在其上表面刻出鞋印编号和制作人姓名。

8. 三十至四十分钟后，待石膏干后，把鞋印模取出，把围墙除去，下表面可以反映出鞋印的细节特征。

9. 用小树枝的一端，把鞋印下表面的泥土刮去，注意用力要轻，不要刮坏鞋模表面。

10. 用清水冲洗鞋模，洗干净后将其放于通风干燥处晾干，下次上课前交回。

11. 量出鞋长、前掌宽和后掌宽（cm）。

六、思考题

鞋印的细节特征有哪些？

实验四　从盗窃案件现场提取相关物证

一、实验目的

1. 通过对盗窃案件现场的模拟，协作完成盗窃案件有关物证的提取。
2. 综合运用物证摄影、指纹的提取、鞋印的提取等物证技术来处理实际问题。
3. 完成现场照片的编排、制作。

二、实验要求

每组在勘查完成后一周内，制作一套《现场照片》、《现场勘查笔录》、《现场平面图》、《实验报告》，并且由本组有关人员在有关材料上签名。

三、实验原理

（一）盗窃案件的特点

1. 按性质分类，可以将盗窃案分为内盗、外盗、内外勾结三种。通常，通过现场勘查，可以初步判定本案属于其中的哪一种。

2. 盗窃案现场中，作案人行走路线明显，对客体的破坏比较明显。

3. 盗窃案现场中，经常留下多种痕迹物证，如工具撬压痕迹、照明工具、衣物、手套、指纹和足迹。

（二）盗窃案现场摄影的步骤

1. 通过现场访问，了解现场是否发生变动，并由专人记入笔录。如果有人进行现场，要记明其进入的位置，所穿着的鞋子的鞋底花纹形态，在勘查时初步排除。

2. 由摄影师对现场方位、现场概貌进行摄影。现场方位照相是指反映整个犯罪现场和现场周围情况的照相。拍照范围应包括现场附近的景物，如建筑物、街道、铁路等，以表明犯罪现场所处的位置及其与周围事物的联系。现场方位照相范围大，应尽可能在自然光线下进行拍照，并从较远、较高的位置进行拍照，要求将现场位置及周围建筑、道路反映出来。

现场概貌照相主要反映发案现场上所发生事情的状况，包括被犯罪分子破坏客体的位置、破坏程度、丢下的犯罪工具或者其他遗留物、痕迹出现的部位。现场概貌照相的拍照主体为现场中心和主要地段。照相时应慎重选择位置和角度，要求做到客体真实，清晰明白，全面系统，重点突出。拍照时要注意精心取景，把立体位置清楚地表示出来，不要相互遮挡，不要遗漏重要细节。

3. 现场摄影员要紧跟主勘查员，对现场重点（中心）部位进行摄影，对现场细目进行摄影。现场中心照相拍照现场中心地段，表现犯罪活动的重点部位和痕迹物证的关系，反映重要物证的特点和状况、物证与痕迹的关系。在取景和构图时应突出主题，适当缩小拍摄范围。现场细目照相是拍摄现场上发现的各痕迹物证，以反映这些痕迹的大小、形状和特征，从而为痕迹检验提供依据。

4. 将所拍摄的照片进行冲洗、编排，粘贴在专用硬纸上，进行标划和文字说明。进行标划和文字说明时，要使用碳素笔。

（三）盗窃案现场勘查的顺序

按照先上后下、先中心后外围、先重点后一般的顺序进行勘查。在勘查中，不仅要注意发现痕迹物证，还要注意发现微量物证。

发现物证的重点部位有：犯罪分子进出现场的路径和出入口、中心现场、物品变动处、犯罪分子隐身之处、作案工具及有关遗留物。

（四）现场记录的顺序

在勘查时，记录员要紧跟主勘查员，发现痕迹和物证要及时记录，勘查结束后，整理成比较规范的《现场勘查笔录》。其内容：

1. 首部。是初次还是补充勘查、报案时间、发案地点、报案人姓名、发现人姓名及单位。
2. 案件发现情况。
3. 现场勘查人员及职务。（签名）
4. 笔录正文。现场的方位、勘查顺序、勘查时使用的方法、发现的物证的位置等。
5. 提取的物证。
6. 见证人及当事人签名。主持人签名。

（五）现场平面图的制作

现场平面图可以直观形象地反映现场情况，因此，其作用历来受到重视。一般在勘查时只画草图，待勘查结束后，再画正式图纸。要画平面图，要首先掌握一定的图标，对现场的布局做到心里有数，确定一定的比例尺（平面图图标附在本书的尾部）。

画平面图时，一般先使用铅笔画草图，这样便于及时改动不妥之处。先画房屋的墙壁、门窗，再画室内的布局，如桌椅、床铺、电器。在此基础上，对地面或床铺留下的鞋印，对柜子、桌子及门窗上留下的指纹，也要在相应的位置做出标示。对撬压破坏的部位，如门窗、柜子、抽屉，要用红色笔（×）标出。要量出中心现场房间，包括阳台的长与宽的长度（米），以方便计算画图所用的比例尺，确保房间形状不变形。

四、实验器材

照相机、胶卷、闪光灯、磁性粉、磁性刷、胶带纸、吸附器、金属镀膜塑料布、刻度尺、捺印盒、显微镜、卷尺、新闻灯、红蓝铅笔。

五、实验步骤

（一）把全班划分为若干个勘查小组。各组设主持人1名，模拟作案人、勘查员、摄影员、记录员、访问民警、当事人、见证人各1名。

（二）在主持人的协调下，各角色展开工作。先由模拟作案人回宿舍布置现场，其余人员认真听讲，然后，由主持人负责带组员领回器材并签名。

（三）勘查的实施

1. 对案件的外围现场（楼）勘查，进行方位照相和概览照相。
2. 对现场出入口进行照相，对门牌号进行照相，对门上的指纹进行刷显和提取。
3. 戴上勘查专用手套，用洁净塑料袋提取白纸。
4. 对办公室内进行概貌照相。
5. 用高压静电吸附法提取室内平面鞋印，并加比例尺，拍照。
6. 对办公桌抽屉上的镙丝刀形成的撬压痕迹进行照相。

（四）勘查注意事项

1. 勘查时，要各司其职，认真对待，一丝不苟。在使用新闻灯时，要注意安全用电。新闻灯开灯时间不要太长，不要离人同学或物品太近，以免灼伤同学或物品。
2. 勘查时的现场摄影要避免失误。因此，摄影员要在拍摄前检查装卷是否合适，过卷时能否联动；在退卷时要确保胶片全部倒入暗盒再打开相机后盖，避免照相报废。

六、思考题

本实验包括了哪些物证的提取？

七、实验素材

模拟盗窃案件现场。某宿舍楼发生电脑、5000元现金被盗案件。室内翻动较大，中心现场为学习桌。

门锁无破坏痕迹，系开门入室，门锁附近有无色汗液指纹。

在门的把手附近油漆面上，有无色汗液指纹3枚。在门的入口处地面上，有一张白纸，上留有灰尘鞋印一个。

书柜被打开，书散落在地面上。抽屉被移到地面中央，床头的物品被扔在床上。

地面有灰尘加层鞋印数个。

抽屉上有撬压痕迹，在室内一角发现水果刀一把。

实验五　笔迹的同一认定

一、实验目的

1. 学习笔迹鉴定的理论和方法。
2. 学习鉴定书的写作。

二、实验要求

两人组成一组，共同出具一份《笔迹鉴定书》，写作一份实验报告。

三、实验原理

（一）笔迹的形成

笔迹检验是文书检验的重要组成部分，是文书检验中最常用的一种。生理科学和心理科学的研究表明，人的书写活动是动力定型的一种表现，是一种稳定的、自动化的动作系统。它是在大脑的统一指挥下，通过视觉中枢、听觉中枢、运动中枢，去影响书写中枢，由书写中枢指挥书写器官，将文字符号按照规定的形式写出来，并按语法规则组词造句。书写动作习惯具有特定性、相对稳定性、反映性等特征。

笔迹是人们为了表达某种思想，按照文字符号的书写规范，运用一定的书写工具，在纸或其他物面上所留下的反映书写人书写习惯特点的一种特殊痕迹。笔迹的特征分为一般特征和细节特征。笔迹的一般特征有书写水平特征、字形特征、字的大小特征、字的倾斜程度特征、书写压力特征、字的基本写法特征等。笔迹的细节特征有基本笔画和偏旁部首的搭配比例特征、笔顺特征、连笔特征、字的错写特征、标点和其他符号特征等。

（二）笔迹的构成

笔迹由两个部分构成，第一部分为基本成分，第二部分为附加成分。

笔迹的基本成分又分为两个部分：一为书写习惯的体现，这是笔迹的主体和核心；二为书写技能的体现，一部分书写技能可以在笔迹中体现出来，还有一部分却不能体现出来。总之，笔迹的基本成分是笔迹鉴定的主要依据。

笔迹的附加成分包括：故意伪装书写的表现、反常心理状态的表现、特殊书写方式方法的表现、书写环境条件限制和影响书写活动的表现、偶然因素造成笔迹变化的表现等等。

（三）笔迹的分类

根据与案件的关系，可以将笔迹分为物证笔迹与样本笔迹。物证笔迹，也称为检材，是在案件现场发现，书写人情况不明，需要进行鉴定的笔迹。样本笔迹是指嫌疑人的笔迹，一般知道其书写人。样本笔迹又分为平时样本和实验样本两种。平时样本是指用嫌疑人在日常工作和交往中书写的文字材料充当的笔迹样本。平时样本一般来源于嫌疑人的日记本、个人总结、书信、所填表格等。实验样本是作案人或嫌疑人模拟作案手段和书写条件所写的笔迹样本。实验样本一般是在有重点嫌疑人的情况下，安排其按照要求书写的文字。

（四）笔迹特征的选择

初学者可以从概貌特征到局部细节特征，或从文字方面的特征到其他特征逐项观察分析和选择。选择笔迹特征的一般方法是：在重复出现的字中选取；在结构正常、运笔自然的字中选取；在书写速度较快、笔画较多的字中选取；在笔迹的细微之处选取；在书面语言、文字布局、标点符号等方面选取等。

（五）特征比对表的制作

制作特征比对表时，主要采取手工描摹法，即用铅笔把检材和样本上的有关字迹描摹在特征比对表上，再进行细致分析，并用标示符号对相同相近或相异的特征进行标注。

为了方便起见，也可以用复制件剪贴单字的方法制作特征比对表。使用剪贴法制作特征比对表，首先要把检材笔迹拍成照片或制作成复印件，然后将复制件上的特征剪下来，粘贴在比对表上。

特征比对表一般分为左右两部分。左半部分记录检材笔迹特征，右半部分留作记录样本笔迹的相应特征。为了表现特征的稳定性，重复出现的相同字、相同偏旁的字要尽量多描几个，而且要把它们自左而右排在一行，有相同偏旁、同名笔画的不同字，可就近安排。有多种写法或笔顺的字，应分别选其代表字描在比对表上。除描绘单字特征外，书面评议、文字布局、标点符号等特征也要记录，但不要描得走了样。

笔迹特征标示符号

起笔、收笔用双箭头←表示；笔画搭配位置，运笔方向，转折和连笔用单箭头表示；笔顺用顺序号①②③或 1 2 3 表示；各类写法、错别字用括号（　）表示；搭配、比例、字间组合用实线条——表示；文字布局用虚线条……表示。

（六）物证鉴定书的格式

物证鉴定书分为四大部分。第一部分为前言部分，包括委托单位、送检人姓名、送检日期、案情摘要、所送检材和样本的名称、数量包装情况、送检目的。第二部分为检验方法、检验步骤等。第三部分为对检验结果进行论证。第四部分写明鉴定结论，是同一，还是不同。尾部注明鉴定人的工作单位、技术职称、鉴定日期、签名等。

四、实验器材

体视显微镜（10X）、红色铅笔、铅笔、剪刀、固体浆糊、笔迹检材、笔迹样本等。

体视显微镜使用方法：接通电源，打开电源开关（ON）。将被观察体置于工作台中心位置。松开锁紧手轮，上下移动显微镜，使被观察物体大致处于工作距离位置，拧紧锁紧手轮。慢慢转动调焦手轮，使右目镜能观察到清晰的物象。观察左目镜，若物象不清晰，可调节视度圈，使之得到清晰的像面为止。转动左右两棱镜箱，从而看到立体感很强的清晰像面。

使用体视显微镜时的注意事项。

1. 避免用湿手接触仪器，不得用手触摸光学镜头。
2. 左右两物镜的放大倍率应调至相同读数。
3. 不得随意开机或关机，以免损坏显微镜光源。
4. 一旦发现故障，应及时向教师报告，不得私自修理。
5. 对平面物证进行观察时，应注意将其压实，使其表面平整，以保证其图像不变形。
6. 先调节主轴的高度，再进行调焦。
7. 旋转调焦时，要双手同时进行，避免损坏仪器。
8. 操作完毕后，应及时关闭电源。

五、实验步骤

（一）分别检验

1. 通过肉眼观察和显微镜下观察，在检材上寻找笔迹的一般特征和细节特征，用铅笔标注有关特征。
2. 通过肉眼观察和显微镜下观察，分析样本上字迹的一般特征和细节特征，用铅笔标注有关特征。重点寻找与检材上相同字或相同偏旁字等特征。
3. 写《笔迹鉴定书》的前言部分。
4. 在《笔迹鉴定书》的正文（检验）部分，画出特征比对表。
5. 把选取的具有共同稳定特征的字剪下来，分别粘贴在比对表中。比对表分左、右两格。左半部分记录检材笔迹特征，右半部分留作记录样本笔迹的相应特征。
6. 用特征标示符号在所选的单字上分别进行标注。符合的特征用红色笔标出，差异的特征用蓝色或黑色笔标注。

（二）比较检验

1. 先对检材的一般特征进行分析，再对样本的一般特征进行分析，并找出相同点和差异点。
2. 先对检材的细节特征进行分析，再对样本的细节特征进行分析，并找出相同点和差异点。

（三）综合评断

通过对检材和样本的比较检验，得出符合点的数量，差异点的数量。

对特征的符合点和差异点进行综合评判，得出结论。如果符合点占大多数，是主体，是主要矛盾，而差异点也可以得到合理的解释，那么，可以认定二者相同，做出同一的鉴定结论。如果是相反，可以做出二者不同的鉴定结论。

六、思考题

笔迹的特征有哪些？

七、实验素材

2001年12月3日，某公司经理刘有钱9岁的儿子刘金山被绑架，5日刘有钱收到一封恐吓信，信的内容为：你的儿子在我们手上，6日晚8时送6万元到金三角路口槐树下的垃圾箱里，不然小心你儿子的小命。署名为：你的仇人（检材）。

警方在犯罪嫌疑人陈有金家中搜到一份陈有金的亲笔书信（样本）。

实验六 "502"胶显现潜在指纹

一、实验目的

了解502胶显现潜在指纹的机理、适用范围、基本方法。

二、实验要求

1. 502胶显现法不适用于油脂手印、血手印、灰尘手印及渗透性等物面上的手印的显现。

2. 操作时应戴手套、口罩、防护眼镜，以免受502气体的刺激、污染。

三、实验原理

指纹可以分为三类：第一类是明显纹，就是目视即可见的纹路。如手沾油漆，血液，墨水等物品转印而成，通常都是印在指纹卡上成为基本资料。第二类是成型稳纹，这是指在柔软物质，如手接触压印在蜡烛，黏土上发现的指纹。第三类是潜在指纹，这类指纹是经身体自然分泌物如汗液，转移形成的指纹纹路，目视不易发现，是案发现场中最常见的指纹。潜在指纹往往是手指先接触到油脂，汗液或尘埃后，再接触到干净的表面而留下，虽然肉眼无法看到这类指纹，但是经过特别的方法及使用一些特别的化学试剂加以处理，即能显现出这类潜伏的指纹。

"502"胶熏显指纹法是1978年在日本的一个美军基地首先应用，之后由美国专家进一步研究完善，1983年传入我国，至今在刑事案件中已普遍推广应用起来。由于"502"胶熏显指纹灵敏度高，显出纹线清晰，特征明显，不易破坏，并且应用范围广，操作简单，费用低廉，不受客体形状和体积限制等，受到人们的普遍欢迎。"502"胶粘合剂是以 α-氰基丙烯酸乙酯为主体，含有少量对苯二酚和二氧化硫等阻聚剂的粘合剂。α-氰基丙烯酸乙酯单体分子与指纹汗液中水和氨基酸发生聚合反应，生成白色固态聚合物，从而显现了指纹。

四、实验仪器

"502"胶粘合剂、氢氧化钾、乙醚、502指纹熏显柜、试管、透明胶带、铝箔、胶脂棉、支架；玻璃、塑料、人造革等显现客体。

五、实验步骤

1. 在玻璃、塑光纸、塑料、皮革上留下汗液指纹。
2. 将留有潜在指纹的待显客体悬于熏显柜。
3. 将用0.5N的氢氧化钾浸泡过的脱脂棉晾干,并切成 $3\sim4cm^2$ 的小片,平放在熏显柜内的器皿,即铝箔上。
4. 在棉片上滴加 3~30 滴"502"粘合剂,立即产生大量白色烟,2min 左右指纹显现,30~60min 指纹完全显现。
5. 将显现在指纹的客体取出,观察显现效果。

六、思考题

502胶的显现指纹范围有哪些?

七、实验素材

2009年9月13日凌晨,江苏省南通市新开派出所接到某外资企业公司电子产品被盗警情,专案组办案民警迅速与刑大技术员连夜赶赴现场。民警们在现场勘查、走访中发现,某外资企业监控设备旁边有一根可疑的竹竿,刑侦技术人员在竹竿上提取到一枚指纹。通过比对发现,该指纹与辖区高危人群指纹系统内潘某的指纹一致。潘某被确认为有重大作案嫌疑。次日上午,专案组民警通过伏击守候,在南通经济技术开发区竹行镇竹行村17组将其抓获,并从潘某暂住的屋内当场查获了笔记本电脑、投影仪、移动硬盘、手机等大量涉案赃物。经查,今年23岁的潘某,系湖南省怀化市靖州苗族人,2004年来到南通经济技术开发区,先后在开发区农场、竹行镇多个钢丝绳厂打工,因工资待遇及性格等原因而失业,长期暂住于开发区竹行镇。自2009年2月以来,潘某窜至开发区伊纳克赛、伊阳精密机械等公司,采取竹杆拨离、用衣服遮蔽等手段,疯狂破坏监控设备方向系统,先后盗窃移动硬盘、数码相机等电子设备作案13起,盗窃来的设备用于使用、拆卸。

参考文献

[1] 刘红,刘洛娜,徐素芬:《物证技术学实验教程》,经济科学出版社2010年版。
[2] 徐立根:《物证技术学(第4版)》,中国人民大学出版社2011年版。

第十八章 犯罪现场调查与模拟审判

实验一 十指指纹卡的制作

一、实验目的

本实验对于学生学习十指指纹卡的制作,完善我国指纹管理,都有着积极作用。

二、实验要求

学生捺印好十指指纹卡后,由教师验收合格后,归档管理,作为评定成绩的依据之一。

三、实验原理

十指指纹卡是我国指纹管理的基本方法,也是建立指纹数据库的必要准备。各国通过建立全民十指指纹卡,有效地进行人口管理、指纹管理,提高了社会管理的效率和准确性。提供公民积极录入自己的十指指纹卡,是一项对国家和社会有益的事业。

四、实验器材

指纹捺印盒、十指指纹卡、体视显微镜。

五、实验步骤

1. 在桌边铺放十指指纹卡一张,顺中间的线对折成90度角,有字的朝外,中线与桌子外边缘重合。
2. 打开指纹捺印盒,开始捺印。从左手小指开始,把手指依次捺印。在捺印盒上表面顺时针慢慢滚动,用力要轻。注意不要来回滚,只能单方向滚,以防产生重影。
3. 按照同样方法,在将沾有墨迹的手指在白纸上滚动,便会留下指纹。同时,另一人要按住白纸,以防因白纸移动引起指纹变形。然后开始右手姆指到小指的捺印,方法同上。
4. 注意十指指纹卡上标明的指位,要完全对应,不能按错指位,如果按错,应换一张卡重新捺印。

六、思考题

单面指纹与三面指纹在侦查学的意义上有何不同?

实验二　无色汗液指纹的提取

一、实验目的

1. 掌握无色汗液指纹显现、提取的基本方法。
2. 学会识别指纹的纹型和细节特征。
3. 学习指纹鉴定的写法和鉴定书的写作方法。

二、实验要求

每组共同出具一份显现成功的指纹，并签名。实验时，每组完成两份，提交一份。

三、实验原理

显现无色指纹就是利用汗液及汗垢物质的物理和化学性质，增强指纹与承受客体的色差，使无色指纹成为有色指纹。

在汗液排出的化学物质中，无机成分占82.46%，有机成分占17.54%。汗液中无机成分约有30多种，其中氯、钠、钾、钙四种离子含量最高。汗液的有机成分中，氨基酸占了很大比重。

显现无色指纹是常用方法为粉末显现法，是利用汗液或汗垢物质的粘附力，来粘附一定物质，使指纹染色而显出。

粉末的种类：按粉末的成分可分为单一粉末和混合粉末。按颜色的不同分为浅色粉末和深色粉末。下面介绍用磁性粉末来刷显无色汗液指纹。

磁性粉末是用铁粉与铅粉、青铜粉或硒静电粉按照一定比例配制而成的。当用磁性刷吸取磁性粉时，磁性粉受磁力的作用，被吸附于磁性刷前端。磁性粉在汗液或汗垢物质的粘附力的作用下，少量粉末粘附于指纹纹线表面的凸起部分，而凹陷部分不能粘附粉末，从而形成色调深浅不同的痕迹，达到显现指纹的效果。

四、实验器材

磁性刷、磁性粉、复印纸、透明宽胶带、照相机。

五、实验步骤

1. 打开磁性粉瓶盖，把磁性刷放入瓶中，吸取少许粉末。
2. 在可能存在指纹的部位进行刷显，尽可能要顺纹线轻轻刷，以免破坏指纹。
3. 刷显完毕后，把刷头放于瓶口内侧上方，拉动刷柄，使刷头的磁性粉因远离磁力而落入瓶中。

六、思考题

指纹的特征有哪些？

实验三　平面足迹的提取

一、实验目的

掌握用高压静电吸附法进行平面鞋印提取的基本方法。

二、实验要求

掌握静电复印仪操作规程。
1. 使用前要检查吸附器是否需要充电。如果放电时电量微弱，应及时充电。
2. 由于吸附器内的电压达 6000V 以上，不得将吸附器对人使用。
3. 吸附前应把圆筒中心的纸筒抽出。
4. 注意避免折伤或用利器刺伤塑料布。
5. 进行吸附放电操作时，操作人身体要离开电极。

三、实验原理

高压静电吸附法是利用高压产生的较强的电场，使塑料布面对灰尘的吸附能力增强，从而达到提取地面加层痕迹的目的。也称为高压电板电极法。此法适用于水泥地面、水磨石地面、木板面、地毯、毛巾等附着足迹的客体。

塑料一般为电的绝缘体，而金属则是电的导体。金属镀膜塑料布正是利用了二者在导电性方面的差异而产生的。镀膜金属在高压电的作用下，会产生较强的电场，这种电场通过塑料布影响到不导电塑料布另一面（黑色面）。由于塑料的特性，其对灰尘的吸附力明显增强了，使地面上的灰尘鞋印反应在黑色塑料布上。

四、实验器材

高压静电复印仪、金属镀膜塑料布、照相机、比例尺。

五、实验步骤

1. 使用前要检查吸附器是否需要充电。如果放电时电量微弱，应及时充电。
2. 将镀膜面向里，把塑料布卷成圆筒，靠近足迹放置。塑料膜面朝下，铺在遗留有足迹的承受客体上。
3. 把圆筒中心的纸筒抽出。
4. 把吸附器的软线极放置于塑料布上，用吸附器电极给镀膜面充电，持续 10 秒钟。灰尘越少，电压越高；灰尘越多，电压越低。
5. 由二人将塑料布提起、翻转，便可见提取的鞋印。
6. 在鞋印旁边放置比例尺，拍照鞋印后，用干燥的软布擦净鞋印。
7. 镀膜面朝里，将纸筒放入塑料的一端，以此为轴心，轻轻卷起塑料布。

六、思考题

提取完毕，卷起镀膜塑料布时，外层应为黑色还是白色？

实验四　立体足迹的提取

一、实验目的

掌握用石膏制模法进行立体鞋印提取的基本方法。

二、实验要求

1. 如果调好的石膏浆在浇筑前已凝固，它已失效，立即把它倒掉，重新调制。
2. 量出鞋印的全长、前掌宽、后跟宽，并记录。
3. 每组交回提取的鞋印模一个，作为评定成绩的依据。

三、实验原理

石膏具有松软的特点，具有可塑性。而立体足迹具有一定的体积。石膏制模法是利用石膏的可塑性和足迹的立体性，将石膏制成足迹的形状，从而反映足迹的细节特征。

四、实验器材

筛子、石膏粉、水桶、脸盆、细树枝、木棒、铲子。

五、实验步骤

1. 在松软地面上寻找立体鞋印（并用照相机拍照）。
2. 除去立体足迹表面可能影响提取的枝叶、浮土等杂物。
3. 如果没有松软地面，可以用筛子筛半干的土，达到5厘米厚，可容纳平行的3~4个鞋印也可。
4. 把石膏粉倒入脸盆中约1kg，逐步倒入清水，同时不停地单方向搅拌，调至稍稀、可流动的糊状。如果地面较干，调得稀些；若地面较湿，调得稠些。
5. 用一根木棍，上连盆中的石膏，下连鞋印的围墙内侧，将石膏糊匀速倒入足迹上，厚度约1至1.5cm，厚度是鞋印总厚度的一半。
6. 待鞋印中的石膏开始凝固时，将一根小木棍放入鞋印，注意木棍的前端不能超过前掌外缘，后端不能超过鞋跟。
7. 把剩余的石膏糊倒入鞋印中，趁石膏模半干时，在其上表面刻出鞋印编号和制作人姓名。
8. 约20至40分钟后，待石膏干后，把鞋印模取出，把围墙除去，下表面可以反映出鞋印的细节特征。

9. 用细小树枝的一端，把鞋印下表面的泥土刮去，注意用力要轻，不要刮坏鞋模表面。
10. 回宿舍用清水冲洗鞋模，洗干净后将其放于通风干燥处晾干，下次上课前交回。
11. 量出鞋长、前掌宽和后掌宽（cm）。

六、思考题

石膏浆凝固后，是否可以加水稀释？

实验五　参观枪械实验室

一、实验目的

1. 了解枪支、枪弹的构造、性质，理解法医学知识。
2. 为犯罪现场调查提供理论与实践知识的指导。

二、实验要求

1. 参观实验室采用自愿原则。
2. 在实验室内不能拍照，不得动用实验室物品。
3. 参观结束后，可以离开实验室，不需要返回教室。
4. 参观时应尊重实验室管理教师，遵守实验室纪律。
4. 参观时不要拥挤，不得带走实验室的任何物品。
5. 遵守保密纪律。

三、实验原理

第一支手枪是在公元1200年由阿拉伯人发明的。起初是滑膛枪。直到16世纪，工程师们发现在枪膛中刻些螺旋形凹线可以使子弹旋转，发射可以更加平稳，容易击中目标。这时，发明了来复枪。在加膛线之前，是按照枪管的口径来铰孔的。当一支枪制造完工时，用来制造椎管直径的工具无一例外地遭到破坏，因此不可能制造两支完全相同的枪。从不同枪中发射的子弹总是留下不同的弹痕。基于同样的理由，每支枪的枪管都有独一无二的特征，这种特征影响了它所发射的每一发子弹。

枪管发射子弹不只在弹头、弹壳上留下明显的痕迹，而且在枪的其他部件上也会留下痕迹。射击时弹头从枪管射出，同时弹壳从抛壳口飞出。弹底窝表面的任何工艺上特征都会在弹壳上留下痕迹。枪的撞针、拉壳钩、后部的抛壳挺也会在弹壳上留下痕迹。

另一个要考虑的因素是撞击力。当弹头打到人的骨头上或其他任何坚硬物体上，其形状会完全改变。

1835年，法国发明了底火帽。这种底火帽是一个可塑性金属制成的帽，底火室内装有含起爆剂的击发药。当撞针撞击到枪弹的底火帽时，起爆剂点燃发射药，使得弹头从枪管里发射出去而弹壳留在后面。20世纪初，发明了无烟火药，并出现了铜镍合金的金属壳的子弹的问世。

三、实验器材

各种枪支。

四、实验步骤

1. 在指定地点集合，并签到。
2. 整队入场，约25~30分钟。
3. 因实验室面积不大，不能容纳所有同学，故而学生分批进入。每批20人，20人同时出入实验室，中途不得单独行动。

五、思考题

膛线枪与滑膛枪有何区别？

实验六　100元券人民币的鉴定

一、实验目的

1. 掌握货币鉴定的知识。
2. 掌握货币鉴定的鉴定技能，维护自己的合法权益。

二、实验要求

每人带一张100元、50元、10元人民币。

通过检验，与真币本质特征相同的，为真币；否则，为假币。把检验有关情况写在实验报告上。

三、实验原理

伪造货币是指依照国家货币的式样，非法制造假币冒充真币的行为。

我国人民币先后发行了五套，现在流通的是第五套（1999年版、2005年版）。人民币的券面有100元、50元、10元、5元、2元、1元等多种。需要鉴定的是2005版100元面值券。

现将伪造最多的第五套人民币的100元券作一介绍。

第五套壹佰圆券幅长为155mm，幅宽为77mm，主色调为红色。票面正面主景为毛泽东头像，左侧为"中国人民银行"，阿拉伯数字"100"面额"壹佰圆"和椭圆形花卉图案。票面左上角为中华人民共和国国徽图案，票面右下角为盲文面值标志，票面正面印有横竖双号码。

本券有不少防伪特征：票面正面右上方有一椭圆形图案，将钞票放于眼睛接近平行的位置，面对光源作平面旋转45度或90度角，即可看到面额"100"字样。

票面正上方椭圆形图案中，多处印有胶印缩微文字，在放大镜下，可看到"RMB""RMB100"字样。

票面正面左下方"100"字样，与票面垂直角度观察为绿色，倾斜一定角度观察则为蓝色。

票面正面左下方和背面右下方均有一圆形局部图案，迎光观察，正背图案重合并组成一个完整的古钱币图案。

票面正面主景的毛泽东头像、中国人民银行行名、盲文、背面主景人民大会堂等图案均采用雕刻凹版印刷，用手指触摸有明显的凹凸感。

票面正面采用横竖双号码印刷（均为两位冠字，八位号码，横号码为黑色，竖号码为篮色）。

位于票面正面左侧空白处，迎光透视，可见与主景人像相同，立体感很强的毛泽东头像水印。

在票面上，可看到纸张中有红色和蓝色纤维。

在钞票纸中的安全线，迎光观察，可见"RMB100"微小文字，仪器检测有磁性。

鉴定的方法有比较法、测量法、特征标示对照法、图像接合法、荧光分析法、磁性鉴别仪分析法等。

在使用接合法时，要考虑到票面尺寸可能由于使用时受到潮湿或强酸、强碱腐蚀而改变大小。真票的印刷中由于多次套色，也可能出来移位现象，但是这种位差不会超过0.1mm。

伪造、变造货币多是国际犯罪集团和国内刑事犯罪分子的一种智能型犯罪行为。伪造的手法有手工描绘、刻写油印、照相再制版印刷、化学拓印和静电复印等。

四、实验器材

立体显微镜、票证鉴别仪、马蹄镜、直尺、分规、色笔、钞票。

五、实验步骤

1. 测量。(1) 测量票面的长度、宽度和对角线长度，单位为mm，把测量结果记录下来。(2) 在可疑品与真品的相同部位，分别选择同一种颜色的线条、图案、文字之间的比较清晰的两个点，用分规的两个脚针落在那两个点上，把这一距离固定下来，在直尺上读数，单位为mm，把测量结果记录下来。

2. 比较。在立体显微镜下，对券面内容和图文结构进行一一核对。观察纸张中有无红色和蓝色纤维。迎光观察，观察票面正面左下方和背面右下方的图案，是否正、背图案重合并组成一个完整的古钱币图案？

3. 图像接合。用比较显微镜对可疑品与真品的各个部分的图案、花纹、线条、文字进行图像接合。

4. 荧光分析。用身份证、票证鉴别仪的紫外光源检验票面的荧光是否均匀和强烈。

假币一般不会发出荧光。

5. 磁性鉴别。用身份证、票证鉴别仪的紫外光源检验票面的磁性条，是否有警音。

6. 滴水试验。部分伪造方法，如用描绘法伪造的货币，由于使用的颜料为水粉固定颜料、彩色墨水、工业印染颜料、彩色蜡笔，在票面滴水后，使用这些颜料描绘的文字、图案会出现洇散的情况。

六、思考题

在紫外线下，红蓝丝与激光防伪标志有何显示？

实验七 故意杀人案现场勘查

一、实验目的

1. 通过对杀人案件现场的模拟，协作完成故意杀人案件有关物证的提取。
2. 综合运用物证摄影、指纹的提取、鞋印的提取等物证技术来处理实际问题。
3. 完成现场照片的编排、制作。

二、实验要求

每组在勘查完成后，制作一套《现场照片》。可以彩色打印在 A4 纸上，照片边应附有文字说明。载明案件性质、案件简介、现场概览照片、重点部位照片、提取的痕迹照片、提取的物证照片、参加人员及角色、实验日期、指导教师，等等。也可以做成 PPT 课件，发到交作业的邮箱。

每组完成模拟勘查现场照片一套，并附文字说明。有封面、案情摘要、现场概貌、重点部位、现场痕迹、主要物证、参加人员及分工、封底有课程名称、指导教师、实验日期。

三、实验原理

（一）故意杀人案的特点

杀人案件现场，是指犯罪行为人非法剥夺他人生命的场所，包括实施杀人、碎尸、掩埋尸体、尸块等行为的具体地点。杀人案件实施过程较为复杂，一般要经过预谋、赶赴杀人现场、实施杀人、毁灭证据、逃离等几个阶段。杀人案件现场勘查，是指侦查人员通过实施勘查、现场访问等方法，对与杀人案件相关的场所、痕迹、物证、尸体等进行勘查检验的活动，以解决案件性质、死者死亡时间、作案手段、犯罪行为人现场活动的情况、现场痕迹、物证情况等问题。

发现尸体后必须回答三个问题：死者身份、死亡时间、致死工具。这些是犯罪现场勘查所要解决的重点问题。最初的尸体检验必须准确。如果从器官上找不到死因，就需要从组织体液中采样分析。

（二）故意杀人案现场摄影的步骤

1. 通过现场访问，了解现场是否发生变动，并由专人记入笔录。如果有人进入现场，要记明其进入的位置，所穿着的鞋子的鞋底花纹形态，在勘查时初步排除。(1) 访问发现人、报案人，查明现场访问的发现情况。(2) 访问现场保护人，查明现场保护情况，是否有人进入现场，是否有人对现场进行变动。(3) 访问死者家属，查明死者的基本情况。姓名、性别、年龄、衣着、携带物品、职业、有无矛盾冲突、有无犯罪前科。(3) 访问知情人，查明相关情况。有无反常情况，作案人的身体特征、逃跑方向。

2. 杀人案现场勘查的重点：(1) 尸体所在地及周围环境。尸体周围有无血迹、毛发、足迹、手印。(2) 尸体外表检验。尸体上附着的杂草、泥土、树叶等。有无捆绑痕迹，衣服口袋中有无车票、钱币、证件；尸体的姿势，有无搏斗痕迹，有无外伤，口鼻有无附着的泥土、毛发等物。(3) 现场血迹，分为血滴、血柱、血泊、喷溅血迹、浸染血迹、擦拭血迹、带血印迹。(4) 凶器。杀人现场，逃跑路线上容易发现凶器。(5) 遗留物。烟蒂、手套、衣物、绳索、书包等。

由摄影师对现场方位、现场概貌进行摄影。现场方位照相是指反映整个犯罪现场和现场周围情况的照相。拍照范围应包括现场附近的景物，如建筑物、街道、铁路，以表明犯罪现场所处的位置及其与周围事物的联系。现场方位照相范围大，应尽可能在自然光线下进行拍照，并从较远、较高的位置进行拍照，要求将现场位置及周围建筑、道路反映出来。

现场概貌照相主要反映案发现场上所发生事情的状况，包括被犯罪分子破坏客体的位置、破坏程度、丢下的犯罪工具或者其他遗留物、痕迹出现的部位。现场概貌照相的拍照主体为现场中心和主要地段。照相时应慎重选择位置和角度，要求做到客体真实，清晰明白，全面系统，重点突出。拍照时要注意精心取景，把立体位置清楚地表示出来，不要相互遮挡，不要遗漏重要细节。

3. 现场摄影员要紧跟主勘查员，对现场重点（中心）部位进行摄影，对现场细目进行摄影。现场中心照相拍照现场中心地段，表现犯罪活动的重点部位和痕迹物证的关系，反映重要物证的特点和状况、物证与痕迹的关系。在取景和构图时应突出主题，适当缩小拍摄范围。现场细目照相是拍摄现场上发现的各痕迹物证，以反映这些痕迹的大小、形状和特征，从而为痕迹检验提供依据。

4. 将所拍摄的照片进行冲洗、编排，粘贴在专用硬纸上，进行标划和文字说明。进行标划和文字说明时，要使用碳素笔。

（三）故意杀人案现场勘查的顺序

按照先上后下、先中心后外围、先重点后一般的顺序进行勘查。在勘查中，不仅要注意发现痕迹物证，还要注意发现微量物证。发现物证的重点部位有：犯罪分子进出现场的路径和出入口、中心现场、物品变动处、犯罪分子隐身之处、作案工具及有关遗留物。

（四）现场记录的顺序

在勘查时，记录员要紧跟主勘查员，发现痕迹和物证要及时记录，勘查结束后，整理成比较规范的《现场勘查笔录》。其内容：

1. 首部。是初次还是补充勘查、报案时间、发案地点、报案人姓名、发现人姓名及单位。
2. 案件发现情况。
3. 现场勘查人员及职务。（签名）
4. 笔录正文。现场的方位、勘查顺序、勘查时使用的方法、发现的物证的位置等。
5. 提取的物证。
6. 见证人及当事人签名。主持人签名。

（五）现场平面图的制作

现场平面图可以直观形象地反映现场情况，因此，其作用历来受到重视。一般在勘查时只画草图，待勘查结束后，再画正式图纸。要画平面图，要首先掌握一定的图标，对现场的布局做到心里有数，确定一定的比例尺（平面图图标附在本书的尾部）。

画平面图时，一般先使用铅笔画草图，这样便于及时改动不妥之处。先画房屋的墙壁、门窗，再画室内的布局，如桌椅、床铺、电器。在此基础上，对地面或床铺留下的鞋印，对柜子、桌子及门窗上留下的指纹，也要在相应的位置做出标示。对撬压破坏的部位，如门窗、柜子、抽屉，要用红色笔（×）标出。要量出中心现场房间，包括阳台的长与宽的长度（米），以方便计算画图所用的比例尺，确保房间形状不变形。

四、实验器材

照相机、胶卷、闪光灯、磁性粉、磁性刷、胶带纸、吸附器、金属镀膜塑料布、刻度尺、捺印盒、显微镜、卷尺、新闻灯、红蓝铅笔。

五、实验步骤

（一）把全班划分为若干个勘查小组。各组设主持人1名，模拟作案人、勘查员、摄影员、记录员、访问民警、当事人、见证人各1名。

（二）在主持人的协调下，各角色展开工作。先由模拟作案人回宿舍布置现场，其余人员认真听讲，然后，由主持人负责带组员领回器材并签名。

（三）勘查的实施

1. 对案件的外围现场（楼）勘查，进行方位照相和概览照相。
2. 对现场出入口进行照相，对门牌号进行照相，对门上的指纹进行刷显和提取。
3. 戴上勘查专用手套，用洁净塑料袋提取白纸。
4. 对办公室内进行概貌照相。
5. 用高压静电吸附法提取室内平面鞋印，并加比例尺，拍照。

（四）勘查注意事项：

1. 勘查时，要各司其职，认真对待，一丝不苟。在使用新闻灯时，要注意安全用电。新闻灯开灯时间不要太长，不要离同学或物品太近，以免灼伤同学或物品。
2. 勘查时的现场摄影要避免失误。因此，摄影员要在拍摄前检查装卷是否合适，过卷时能否联动；在退卷时要确保胶片全部倒入暗盒再打开相机后盖，避免照相报废。

六、实验素材

模拟杀人案件现场。某宿舍楼发生杀人案件。室内翻动较大，中心现场为学习桌。门锁有破坏痕迹，门锁附近有无色汗液指纹。在门的把手附近油漆面上，有无色汗液指纹3枚。在门的入口处地面上，有一张白纸，上留有灰尘鞋印一个。书柜被打开，书散落在地面上。抽屉被移到地面中央，床头的物品被扔在床上。地面有灰尘加层鞋印数个。抽屉上有撬压痕迹，在室内一角发现水果刀一把。

七、思考题

现场照片的排列顺序遵循什么原则？

实验八　参观人体标本实验室

一、实验目的

1. 了解人体器官的构造、性质，理解法医学知识。
2. 为犯罪现场调查提供理论指导。

二、实验要求

1. 参观人体实验室采用自愿原则，因故不愿参观的可以不参观，不会影响本人学分。
2. 在实验室内不能拍照。
3. 参观结束后，可以离开实验室，不需要返回教室。
4. 参观时应尊重实验室管理教师，遵守实验室纪律。

三、实验原理

法医学是以医学、生物学及其他自然学科的理论和技术，研究和解决法律上有关医学问题的一门医学学科。法医学由病理学、毒理学、毒物分析、物证、牙科学、人类学、临床法医学、精神病学组成。

尸体是法医学检验中遇到的最常见、最重要的对象。尸体检验的目的：确定死亡原因；推测死亡时间；推测致伤物体以及致伤、致死方式；推断死亡性质；个人识别。

四、实验器材

医用人体标本。

五、实验步骤

1. 在规定的时间，在指定地点集合，并签名。

2. 整队入场，参观实习时间约 20～30 分钟。

3. 因实验室面积不大，不能容纳所有同学，故而学生分批进入，每批 20 人，同时进出。

4. 参观时不要拥挤，以免挤坏实验室标本容器。

六、思考题

男性骨盆与女性骨盆在形态上有何区别？

实验九　讯问记录的制作

一、实验目的

1. 了解关于讯问记录制作的法律规定。
2. 掌握讯问记录的制作方法。

二、实验要求

讯问采用问答形式，讯问人的话前面写"问"，被讯问人的话前写"答"。"问"与"答"字样置于本行的左侧空两格。

三、实验原理

讯问犯罪嫌疑人，是指侦查人员依照法定程序以言词方式，就案件事实和其他与案件有关的问题向犯罪嫌疑人进行查问的一种侦查活动。讯问犯罪嫌疑人必须由人民检察院或者公安机关的侦查人员负责进行。讯问的时候，侦查人员不得少于二人。犯罪嫌疑人被羁押后，讯问地点应当在看守所内进行。一个案件有两名以上犯罪嫌疑人时，应当分别讯问。第一次讯问，应当问明其姓名、别名、出生年月日、户籍所在地、暂住地、籍贯、出生地、民族、职业、文化程度、家庭成员、社会经历、是否受过刑事处罚、行政处理。讯问时，应首先问他（她）是否有犯罪行为，让他（她）陈述有罪的情节或者做无罪的辩解，然后向其提出问题。

讯问笔录是重要的刑事诉讼证据。应当交由被讯问人阅读，没有阅读能力的，应当向他宣读。有遗漏或记载错误的，应允许其补正。然后，被讯问人在上面签名。侦查人员应当在上面签名。

制作讯问笔录后，还可以让被讯问人书写亲笔供词。

四、实验器材

印泥、讯问记录首页、续页纸、电脑。

五、实验步骤

1. 在对事实进行讯问前，应先讯问犯罪嫌疑人的基本情况，如出生年月日，家庭住址，文化程度，个人简历，家庭成员，被传唤的原因。

2. 就事实进行讯问时，首先讯问是否有犯罪行为，让其陈述有罪的情节或者无罪的辩解，然后向其提问。

3. 讯问的内容围绕案件发生的时间、地点、人物、原因、目的、手段、后果等，来进行讯问。

4. 讯问即将结束时，讯问人应当让被讯问人阅读讯问记录，并对是否与自己所讲一致做出回答，并记录在讯问记录中。

5. 笔录的最后应当记录以下文字。

问：你把笔录看一下，是否与你写的一样？

答：以上笔录我看过，和我说的一样。

（"以上笔录我看过，和我说的一致"）此话由被讯问人亲笔书写。并签名，注明年月日。

6. 尽量减少文字涂改。如果已经涂改，应在上面由被讯问人按捺右手食指指纹。在被讯问人的姓名、页码、数字等处，也应由被讯问人按捺右手食指指纹。

7. 制作《讯问记录》，讯问人的单位是×公安局。每个实验组共3人，讯问每一名被讯问人时，讯问人的人数为二人，被讯问人为一人。讯问完毕后，每组交完成后的《讯问记录》1份。讯问人姓名用真名，被讯问人的真名写在"曾用名"中，写实验人的学号。

六、思考题

讯问笔录除了犯罪嫌疑人，还可适用于什么人？

附：讯问记录格式。

讯 问 记 录（模拟）

第一次

时间：____年____月____日____时____分至____年____月____日____时____分

地点_____

讯问人_____、_____工作单位_____

被讯问人_____ 曾用名_____ 性别_____

被讯问人身份证号码_____

现将讯问内容记录如下：

问：_____

_____
_____
_____
_____
_____
_____
_____
_____
_____
_____
_____
_____
_____
_____
_____
_____
_____
_____
_____
_____
_____
_____
_____
_____
_____
_____

实验十　故意杀人案模拟审判

一、实验目的

1. 通过组织参与实验，使学生深刻体会律师辩护的具体过程。
2. 理论联系实际，运用所学知识解决实际问题。
3. 通过实验，还可以使学生进一步熟悉刑事诉讼的审判过程及相关知识，准确了解和把握刑法的定罪量刑的有关内容。

二、实验要求

选择典型的刑事案例，确定审判人员、被告人及其他诉讼参与人的角色。
1. 介绍案情，使学生对案件的发生发展有一个全面地了解。
2. 组织学生进行讨论，确定被告人犯罪的动机、目的、手段、情节、后果、社会危害程度、罪名及刑罚。
3. 确定角色，包括合议庭组成人员、公诉人、被告人、辩护人、证人、法警等。
4. 组织演练，具体指导，让学生充分掌握案情以及自己的角色定位，并指导学生进行相应的文书写作，包括起诉书、公诉词、辩护词、判决书及证人证言、鉴定结论等。

三、实验原理

刑事诉讼中的审判是指人民法院对于刑事案件依法进行审理并且做出裁判的活动。审理是人民法院在控诉和辩护双方以及其他诉讼参与人的参加下，通过调查核实证据、查明刑事案件事实并且审查如何使用法律的活动。裁判则是人民法院根据其所认定的事实和证据对刑事案件的实体和程序问题做出的处理。

在开庭以前，审判人员可以召集公诉人、当事人和辩护人、诉讼代理人，对回避、出庭证人名单、非法证据排除等与审判相关的问题，了解情况，听取意见。

宣布开庭时，首先宣布开庭，然后宣布案件的来源，再宣布合议庭组成人员，告知诉讼权利，询问是否申请回避。

法庭调查的顺序：（1）公诉人宣读起诉书；（2）被告人、被害人（就起诉书指控的犯罪事实分别）陈述；（3）讯问、发问被告人、被害人；（4）询问证人、鉴定人；（5）出示、核实证据（先言词后实物）；（6）调取新的证据；（7）核实证据。

向证人发问的规则：第一，发问的内容应当与案件事实相关；第二，不得以诱导方式提问；第三，不得威胁证人；第四，不得损害证人的人格尊严。第五，向证人发问应当分别进行；第六，证人不得旁听对本案的审理。

被告人最后陈述时应当制止的情形：（1）多次重复自己意见的；（2）蔑视法庭公诉人的，损害他人及社会公益的；（3）涉及国家秘密、个人隐私的。

合议庭评议由审判长主持，秘密进行。宣判分为当庭宣判与定期宣判。当庭宣判的，5日内送达判决书。

四、实验器材

1. 审判桌：审判席、公诉人席、书记员席、辩护人席、法槌1件、照相机、摄像机等。

2. 桌牌：审判长1人，审判员1人，人民陪审员1人，书记员1人，公诉人（检察官）2人，律师（辩护人1，代理人1）。

3. 实验服装：法官服3件，书记员服1件（男式、女式），检察官服2件（男式、女式），警服（2件，男式），律师服2件，囚服1件。

4. 审判阶段公示牌。事先准备以下卡片，在各阶段开始之前，由审判阶段说明人举牌公示。以下为特大字的内容：第一阶段：开庭准备；第二阶段：法庭调查；第三阶段：举证质证；第四阶段：法庭辩论；第五阶段：宣判。

5. 刑事诉讼中的文书材料一般包括：（1）人民检察院《起诉书》；（2）证明材料；（3）鉴定结论；（4）公安机关《现场勘查笔录》；（5）辩认笔录；（6）现场勘查照相；（7）人民检察院《公诉词》；（8）辩护人《辩护词》；（9）人民法院《刑事判决书》。

6. 物证：手机、刀、林明的背包

五、实验步骤

（一）开庭前准备

1. 确定合议庭组成人员，确定书记员人选。

2. 审判人员必须认真审核诉讼材料，有必要的话，可进一步调查，核实证据，也可对被告人进行讯问。

3. 将人民检察院的起诉状副本至迟在开庭7日前送达被告人，并告知其有权委托辩护人。

4. 确定开庭日期，并在开庭前3日通知当事人及其辩护人证人、鉴定人以及人民检察院。

5. 因为是公开审理的案件，应限期公布案由、被告人姓名、开庭时间和地点。

（二）开庭审理

第一阶段：开庭。
第二阶段：法庭调查。
第三阶段：法庭辩论。
第四阶段：被告人最后陈述。
第五阶段：评议和宣判阶段。

六、思考题

被告人最后陈述有何意义？

七、实验素材

林明故意杀人案

（一）案情摘要：被告人林明，22岁，安徽省阜阳市人。2008年10月22日19时许，林明在河南省新乡市大学城用水果刀将昔日女友周春梅杀害。2009年3月3日因犯故意杀人罪，被河南省新乡市人民检察院提起公诉。

（二）主要角色：（横线上填写扮演者姓名）

审判长（实验组长）_____

审判员_____

人民陪审员_____

书记员_____

法警1_____

法警2_____

被告人林明_____

公诉人1_____

公诉人2_____

附带民事诉讼原告代理人_____

周春梅的父亲周国富_____

辩护人_____

姐姐周冬梅_____

证人师献玲_____

第一阶段：开庭。

在这个阶段，首先由书记员查明诉讼参与人是否到庭，请公诉人及辩护人入庭，请合议庭组成人员入庭。然后宣布法庭规则。其次由审判长宣布案由、采用公开审理方式，宣布合议庭组成人员、书记员、公诉人、辩护人、鉴定人的名单，告知当事人依法享有的诉讼权利，包括回避权及辩护权。最后对当事人的回避申请进行处理。

具体方法和步骤如下。

审判长：现在宣布开庭（敲法锤）

审判长：某市人民法院现在此组成合议庭公开开庭审理_____一案，审判长由_____担任，审判员由_____和_____担任，书记员由_____担任。×市人民检察院派检察院_____出庭支持公诉，被告人的辩护人分别由_____、_____等担任。

审判长：下面告知当事人诉讼权利，当事人有权对合议庭组成人员、书记员、公诉人申请回避；当事人享有辩护权。

审判长：被告人听清了没有？是否申请回避？

第二阶段：法庭调查。

此阶段是审判人员通过讯问被告人、询问证人和出示物证的方式，查明案情、核实证据的活动。具体方法和步骤如下。

审判长：下面进行法庭调查，首先由公诉人宣读起诉书。（宣读后），现在带被告人上庭。（然后对每个被告人逐个进行讯问，主要围绕共同犯罪的发生的时间、地点、动机、目的、手段、经过、后果来进行。在询问过程中，其他人如公诉人、辩护人也可对被告人进行讯问。）

审判长：宣证人及鉴定人上庭作证。（证人发表证词后，由审判人员及公诉人对证人发问，辩护人在其后经审判长许可对证人发问。对鉴定人同样遵循这个程序。）

审判长：现在出示物证：_____。被告人，认识这把刀吗？

（经过对证据的调查质证，达到案件事实清楚后，进入法庭辩论阶段。）

第三阶段：法庭辩论。

审判长：下面进行法庭辩论。

1. 先由公诉人发表公诉词。

被告人发表一下你自己的辩护意见。（被告人分别陈述）

由辩护人发表辩护词。

下面双方进行互相辩论。（辩论要围绕实质性问题进行，即事实和法律两个方面。控辩双方在充分车陈述各自的意见后）

5. 审判长：现在宣布法庭辩论结束。

第四阶段：被告人最后陈述。

每个被告人应就案件的事实、证据及罪名的认定、对罪行的认定、对法庭审判的意见和要求等，作最后的发言。被告人最后陈述后，审判长宣布休庭，法庭的审理活动全部结束。审判长和书记员应在审阅笔录后签名。证人证言部分应当当庭宣读或证人阅读后，证人如认为无错误，应签名或盖章。法庭笔录应当当庭宣读或经当事人阅读后，如认为无错误，当事人应签名或盖章。

具体方法和步骤如下。

审判长：现在进入被告人最后陈述，由被告人依次发表意见。

被告人：（被告人依次发表意见）

审判长：现在宣布休庭，由合议庭评议后宣判。（敲法锤）

第五阶段：评议和宣判阶段。

评议由审判长主持，就案件的事实、证据及应当适用的法律进行讨论和表决，应当秘密进行。评议后，即进入宣判阶段，一律公开进行。本案当庭宣判，并告知当事人的上诉期限及上诉法院。判决书应当在 5 日内送达当事人、辩护人和提起公诉的人民检察院。

具体方法和步骤如下。

审判长：现在恢复开庭，宣读合议庭意见，全体起立（敲法锤）（具体判决略，并告知上诉权）现在宣布休庭（敲法锤）

（五）结案

判决书宣判并送达后，应将所有的诉讼材料连同送达文书一并整理归档。

七、实验结果

每组完成模拟审判现场照片（数码照片）10 至 20 张，共同设计，做成 PPT 课件，另外，各自写出心得体会，发到教师的指定交作业的电子邮箱。

二、庭审过程

第一阶段：开庭准备

审判长：现在宣布开庭。传被告人林明到庭（法警带林明上庭，林明泣不成声）。

审判长：被告人林明，请注意你的情绪，控制一下你的情绪。河南省新乡市中级人民法院刑事审判第2庭根据《中华人民共和国刑事诉讼法》第152条、第78条之规定，今天依法公开开庭审理，有新乡市人民检察院向我院提起公诉的被告人林明故意杀人一案，同时合并审理附带民事诉讼原告人周国富、马秀芳提起的附带民事诉讼一案。被告人林明，你有没有其他名字？

被告人林明：没有。

审判长：你的出生时间？

被告：1987年10月16日。

审判长：被捕前的职业？

被告：那时候已经离职将近半个月。

审判长：以前是否受过法律处罚？

被告：没有。

审判长：你是什么时间因为什么事被刑事拘留？

被告：(2008) 10月30日因故意杀人。

第二阶段：法庭调查

审判长：下面进行法庭调查。首先由公诉人宣读起诉书。

公诉人1：河南省新乡市人民检察院起诉书。被告人，林明，男，1987年10月16日出生。本院认为，被告人林明故意非法剥夺他人生命。其行为已触犯了《中华人民共和国刑法》第232条，犯罪事实清楚，证据确实充分。应当以故意杀人罪，追究其刑事责任。根据《中华人民共和国刑事诉讼法》第141条之规定提起公诉情依法判处。起诉书宣读完毕。

审判长：下面由附带民事诉讼原告人宣读附带民事诉讼起诉状。

原告代理人：诉讼请求。一、依法追究杀人凶手林明故意杀人罪的刑事责任，判处其死刑。二、赔偿原告各项物质损失。共计320041元。事实与理由：被告人林明与原告之女周春梅，仅因恋爱不成，便遂生杀机。经过缜密谋划，不顾被害人（周春梅）声声惨叫，当众将其残忍杀害，杀人现场之惨烈，震惊整个大学城，原告夫妇晚年痛失爱女，已不能正常生活，不能安心工作。为此，本案刑事附带民事诉讼原告强烈要求，依据《刑法》第232条，追究杀人凶手的刑事责任，判处杀人凶手林明死刑，立即执行。

审判长：下面有公诉人对被告人讯问。

公诉人1：被告人林明，公诉人向你发问几个问题。你要如实回答，听清楚了没有？

被告：清楚。

公诉人1：你与周春梅是什么时间认识的？

被告：2004年暑假。

公诉人1：通过什么方式？

被告：网络。

公诉人1：你和周春梅是什么关系？

被告：恋爱关系。

公诉人1：你为什么要杀害周春梅，什么时候产生的这种想法？

被告：大概是在2008年8月份左右，她要（泣不成声）。

公诉人1：被告请你控制一下你的情绪。

被告：大概是在2008年8月份左右，有一天晚上，她和我提出分手。当时我就不同意，坚决不同意。

公诉人1：你什么时候产生这种要报复周春梅的想法？

被告：9月中旬。

公诉人1：你准备了什么东西？

被告：首先准备我要和她一块去死。然后又准备了一把刀。

公诉人1：在什么超市买的水果刀？

被告：一般的两元超市。

公诉人：为什么要买这把刀？

被告：让我们俩死在一块，这把刀可以帮助我们俩一起去死（被告哭泣）。

公诉人1：被告人林明，请你控制一下你的情绪。你们走到什么地方的时候你动的手？

被告：走到校园门口，我说我明天还能见到你吗。她说没必要了。当时我就感觉彻底的绝望了，一点希望都没有了。感觉真的很绝望，真的很绝望，于是我就一边给她拿照片。一边顺手把刀掏出来往她身上刺去（被告哭泣）。

公诉人1：你都刺到周春梅什么部位了？

被告：大概在背部颈部还有脸部。

公诉人1：当时周春梅什么样？

被告：她没动静了。

公诉人1：你刺了几刀？

被告：大概十几刀。

公诉人1：十几刀？

被告：至少了。

公诉人1：你捅完周春梅干什么了？

被告：给我哥哥打了电话，给110打了一个电话。

公诉人1：给你哥哥打电话通了没有？

被告：通了。

公诉人1：你怎么说？

被告：哥，我把周春梅杀了，然后我就挂了。

公诉人：110 这个电话打通了没有？

被告：没有。

公诉人1：打完电话以后呢？

被告：蹲在现场。

公诉人1：然后呢？

被告：然后我就蹲在现场，民警赶快来把我抓获。最好当场把我击毙。

公诉人1：审判长，发问暂时到此结束。

审判长：附带民事诉讼原告人，对被告人林明有没有发问的？

原告代理人：你是不是曾经威胁过被害人的家属说如果不给3万元，就公布她（周春梅）的照片。说过这话没，你要如实回答？

被告：我和她表姐说过，但我没说要钱。

原告代理人：你没说过要3万块钱？

被告：对。

原告代理人：你敢肯定吗？

被告：敢肯定。

原告代理人：你恨被害人的父亲吗？

被告：恨。

原告代理人：你是否向被害人的家人说过。要杀害被害人，要杀害被害人的父亲，要杀害被害人的全家？

被告：没有。

原告代理人：没有，从来没有说过这样的话，对吗？

被告：没有。

原告代理人：你一直说要和被害人一起死，当已经刺了被害人这么多刀以后。你有没有自杀的行为？

被告：我以为民警来会把我一枪击毙，所以我就……

原告代理人：也就是说你没有自杀行为，是吧？好，发问暂时完毕。

审判长：被告人林明，法庭下面问你几个问题，你与被害人周春梅认识多长时间了？

被告：大概有三四年了吧。

审判长：那你们什么时候分手的？

被告：2008年8月中旬开始闹分手。

审判长：因为什么而提出分手？

被告：她说她考上大学了，我们以后可能没有共同的路走了。我们就分手了。

审判长：你是什么时间产生杀死被害人的想法？

被告：大概是9月份有个想法，但是我不敢这样去做。但是在10月份我在网上看见她给她新男朋友留的言。当时又气愤又绝望就产生了这样的想法。

审判长：是在来新乡之前还是在来新乡之后？

被告：新乡之前吧。

审判长：你与被害人的家人有没有联系过？

被告：给叔叔（周春梅的父亲）发了一个短信。

审判长：给什么人发了一条短信？

被告：给她爸爸。

审判长：什么内容的短信？

被告：说你让我失去了真爱，我也让你失去真爱！

审判长：你打算什么时候发这条短信？

被告：10月份吧。

审判长：你是否恐吓过被害人的家人？

被告：我不知道那叫不叫恐吓，我以为那样他们会同意我们重归于好。

第三阶段：举证质证

审判长：下面由公诉人向法庭举证。

公诉人：摘要宣读，今年9月中旬，我看到周春梅给她新男朋友的QQ留言，事实证明我和周春梅的恋爱关系已经不可挽回，于是我下定决心到新乡把周春梅杀掉，22日下午4点，我乘出租车到花卉市场买了88朵玫瑰，认识她（周春梅）这么长时间我也没有送过玫瑰，今晚找到她，这88朵玫瑰她要不要都无所谓，我都要杀她。下面宣读证人师献玲证言，师献玲系大学城市场时尚芭莎理发店的老板。

证人师献玲：就是感觉那小孩（林明）挺好的，我看那小孩也感觉他就是真心想找他女朋友，跟女朋友道歉了，（我们）带他去买了鲜花，挺大一束，这么多！（用双臂张开比划）

记者：怎么帮他找的？

证人师献玲：就是随便到学校里帮他问问。

记者：后来找到了吗？

证人师献玲：嗯，找到了呀，他自己过去的。

公诉人：下面出示本案的物证，手机、刀以及林明所背的背包。（两名法警拿出了物证）

公诉人：出示的刀和手机是否是你所用的，请你回答：是否是你所用的？

被告：是。

公诉人：审判长，本案的全部证据出示完毕。

审判长：被告人林明，你自己有没有证据向法庭出示？

被告：没有。

审判长：辩护人有没有证据向法庭出示？

辩护人：有。

原告代理人：我摘要宣读一下被告人说的："这种事你说1万元钱够吗，我每天的凌晨2点到3点都会打电话问候你的爸爸妈妈半个多小时，我会让你的家人跟我一块走向死亡的，除非你们搬家，我要是不把你家弄死一个人永远不结束，你爸爸那1万块钱我现在1毛都没有动，我要退还给他，我要用这1万块钱去要你爸爸的命。"

第四阶段：法庭辩论

审判长：现在宣布法庭调查结束，下面进行法庭辩论，首先由公诉人发表公诉意见。

公诉人2：本案犯罪事实清楚，证据确实充分，被告人林明的行为已经构成故意杀人罪，故意杀人罪是指故意非法剥夺他人生命的行为，构成本罪要求行为人在主观上具有杀人的故意，在客观方面，表现为行为人具有非法剥夺他人生命的行为，本案当中被告人林明仅因被害人周春梅提出分手结束恋爱关系就决定报复周春梅，并事先准备了作案工具锋利的水果刀一把，上述行为完全表明其故意杀人的主观目的，在客观上被告人林明将周春梅骗至华蓝大道与东明大道交叉口处，持刀朝周春梅的颈部、面部等处猛刺数刀致周春梅当场死亡。

辩护人：被告人和受害人是相恋3年的男女朋友，之间并没有深仇大恨，被告人行凶起因是对受害人爱之太深因爱成恨，为了不失去恋人，情急之下一时冲动所为，社会危害性相对较小。

原告代理人：被告人犯罪手段之残忍毒辣，天理难容，被告人具有极强的人身危险性，整个犯罪过程，都经过了被告人可怕的预谋，本案发生的当时正是课余时间，整个大学城人来人往这是个文明的地方，到处充斥着文化的气息，此时此景，被告人竟然当众将一个刚入学的女大学生残忍的杀害，被告人的残暴令人发指，其对生命的冷漠让人不寒而栗，代理人认为依法应当判处死刑，立即执行。

辩护人：被告人在案发后能够主动投案，如实供述自己的罪行，其行为构成自首，并且能够真诚忏悔，认罪态度较好，因此，建议对被告人林明处以无期徒刑或者（死刑）缓期执行，给其一条改过自新重新做人的道路，以上辩护意见敬请法庭予以采纳。

公诉人2：在本案当中，正是由于被告人林明突如其来的故意杀人行为，而使正沉浸于美好大学生活的周春梅的生命瞬间就划上了句号，这不能不让我们扼腕叹息，其年轻宝贵生命的瞬间逝去让周春梅的家人整日以泪洗面，痛不欲生，被害人周春梅来自农民家庭，我们知道农民家庭培养出一个大学生是多么的不容易，她是整个家庭生活的希望和动力，而被告人林明的犯罪行为却使这一切美好的憧憬化成了泡影，被告人林明的犯罪行为不仅给被害人的家庭带来了难以弥补的创伤，同时也因自己一时的冲动而付出一生的代价，不仅给双方家庭造成了巨大的伤害，也给社会带来了不安定的因素和恶劣的影响，以上公诉意见提请合议庭在和议时予以充分注意，公诉意见发表完毕。

审判长：现在宣布法庭辩论结束，下面由被告人做最后陈述，被害人林明，你现在可以做最后陈述。

被告人：尊敬的审判长、审判员以及书记员，在庭的公诉人、对方的辩护律师，以及庭下的每一位朋友，我很清楚的记得那一刻，2008年10月22日19时许，我记得那一刻才让我彻底地与她分离，如今我深知这一刻都是被我这双残恶的双手造成，造成的伤害，如今我悔恨交加，我痛恨自己，当初为什么不能清醒一点，为什么不能理智一点，我对受害人家属造成的伤害深表歉意，对我爸爸妈妈造成的伤害深表歉意，对不起，真的对不起，现在向大家说一声，我造成的伤害除了对社会各界人士、对受害人的家人和我的家人除了说对不起还是对不起，周叔叔、阿姨、秀兰姐、冬梅姐对不起，对不起，真的对不起，我知道，我知道你们此时此刻内心的痛苦，我也和你们一样，我也和你们一样爱她，为什么现实那么残酷不允许我们走到一块，为什么？为什么？为什么？

审判长：现在宣布休庭（法警二人把林明带离法庭被告席）。

第五阶段：宣判

审判长：带被告人林明（法警二人把林明带进法庭被告席）。现在宣判（全体起立），被告人林明犯故意杀人罪，判处死刑，剥夺政治权利终身，同时赔偿周春梅父母经济损失人民币 15535 元。把被告人林明带下去。（法警二人把林明带离法庭被告席）现在休庭（击法槌）。

——实验素材来源：中国中央电视台（CCTV12）社会与法频道，庭审现场节目。

参考文献

［1］邓裕东、岳玮、周云龙：《刑事技术教程实验指导》，中国人民公安大学出版社 2004 年版。
［2］陈光中主编：《刑事诉讼法》北京大学出版社，高等教育出版社 2012 年版。
［3］蔡杰主编：《法庭科学实验教程》，武汉大学出版社 2010 年版。
［4］孙言文主编：《物证技术学》，中国人民大学出版社 1999 年版。
［5］徐立根主编：《物证技术学》，中国人民大学出版社 2004 年版。

附录：

一、实验守则

一、学生要按各实验规定进入实验室，明确实验目的、步骤等，不得将与实验无关的物品带入室内。

二、进入实验室后，必须严格遵守实验室的各项规章制度，不得高声喧哗，不得随便串组（座），不得随意运用实验室的任何物品。

三、实验时，要服从实验教师、管理人员的指导，认真操作。不得草率从事、抄袭臆造，做其它与实验无关的工作。

四、实验中，要爱护公共财物，不得随意拆卸实验仪器设备，严格按照有关操作规程使用仪器设备，并节约各种实验材料。如违反操作规程或不听从指导而造成仪器设备器材损坏的，按学院有关规定处理。

五、必须注意人身和设备安全，若发现异常现象或事故隐患，应立即向管理人员和教师报告，不得自行处理。

六、办理设备交接时，双方均应当签字。如果，接受方发现设备损坏的，可以拒绝接受，拒绝签字，并向指导教师报告。否则，交接双方对设备负赔偿责任。

七、实验完毕，应将仪器、工具及实验用具等洗涤和清理归还，并由班长和学习委员负责组织打扫实验室卫生，倾倒垃圾，切断电源水源，经管理人员验收后，方可离开实验室。

八、严格考勤制度，两次以上迟到、早退或者旷课的，实验课以零分计。

九、实验前要做好预习工作，并写出实验报告中的部分内容。交回预习报告，并经指导教师签字方可进行实验。实验完毕后，要交回实验报告。

十、实验报告是实验成绩的主要评分依据，实验报告不全者不得参加考试。鉴定书具有与实验报告同等的效力。

十一、实验指导书中的思考题应当在实验报告中完成。

十二、实验完毕，将实验桌面、仪器整理干净。值日生负责做好整个实验室的清洁工作，并关好水、电开关及门窗等。实验室一切物品不得带离实验室。

二、实验室安全知识

一、实验开始前，检查仪器是否完整无损，装置是否正确。了解实验室安全用具放置的位置，熟悉使用各种安全用具（如灭火器、砂桶、急救箱等）的方法。

二、实验进行时，不得擅自离开岗位。水、电、煤气、酒精灯等一经使用完毕立即关闭。实验结束后，值日生和最后离开实验室的人员应再一次检查它们是否被关好。

三、不能在实验室内饮食、吸烟。实验结束后必须洗净双手方可离开实验室。

四、实验室电器设备的功率不得超过电源负载能力。电器设备使用前应检查是否漏电，常用仪器外壳应接地。使用电器时，人体与电器导电部分不能直接接触，也不能用湿手按触电器插头。

五、若遇电器设备引起的火灾，应先切断电源，用二氧化碳灭火器或四氯化碳灭火器灭火，不能用泡沫灭火器，以免触电。如触电，首先切断电源，必要时进行人工呼吸。

六、若伤势较重，则应立即送医院。火势较大，则应立即报警。

七、如遇火灾或者其他事故，班干部要协助教师有秩序地疏散学生，并向学校保卫部门报警。

八、如果发生大楼火灾，在疏散学生时，任何人不得乘坐电梯上下楼，不得跳楼，要有秩序地从楼梯走下。有秩序疏散是效率最高，伤亡最低的。

九、上课前要观察疏散通道的位置，了解逃生路线。如为室内火灾，在逃生中要注意用湿毛巾捂住自己的口鼻，以防吸入化学物品在燃烧时形成的有毒气体，造成中毒性休克。

三、模拟法庭实验操作规程

一、实验技术人员应提前二十分钟进入模拟法庭，打开房门，开启电源开关，打开安全门。

二、接通仪器电源，调试设备，准备发放实验服。

三、实验教师安排学生排列座位，整齐就座，并安排学生在有关登记本上签名。

四、实验技术人员发放实验用品、实验服。实验教师负责安排学生按顺序领取实验服。

五、实验教师负责讲解实验服、实验用品的使用方法和注意事项。

六、模拟法庭上课时，可以采用录像、讲述等形式，给定实验案例（实验教师可以在学生进入模拟法庭上课前，在课堂上把所要进行的实验案例介绍给学生）。

七、实验教师应当结合课程的性质，选择适当的方式开展实验教学。

诉讼法应按实验名称和相关程序法进行。每班分为若干组，每组十名学生。每组学生中确定一名组长担任审判长，其他组成人员，如审判员、辩护人、公诉人、被告等由组长确定。第一组进行开庭审理时，其他组作为观众。第二组开庭时，其他组作为观众。下课前，开庭结束的学生不得退场。

实体法也应按实验名称和相关程序法进行。可以采取讨论、辩论或其他形式，使学生参加到疑案分析中，培养参加司法实践的能力。

八、学生实验基本结束后，实验教师应当及时讲评学生实验情况。指出成功之处，和不足之处，改进的方法，并布置写作实验报告，一人一份，对格式和字数要进行要求。

九、实验技术人员收回实验服和实验用品，关闭仪器电源，并在有关登记本上签名。

十、实验教师留下三至五名学生打扫实验室卫生，盖上实验用品盖布。

十一、关闭电源，锁好模拟法庭大门和安全门。

十二、实验技术人员将实验中发现的有关问题报告实验中心。

十三、如果实验过程中发生意外，如停电、着火、进水或其他事件，实验教师和实验技术人员应当首先组织学生安全撤离现场，然后自己才能离开现场，并马上向有关部门进行报告。

四、模拟法庭使用规则

一、实验准备：因教学需要使用模拟法庭，教师应提前向实验中心申报，商定实验时间和实验班级后，教师负责按照学生人数领取学生《实验报告》用纸，要求每名参加实验学生写一份实验报告。

二、教师可以在学生进入模拟法庭上课前，在课堂上把所要进行的实验案例介绍给学生，也可在模拟法庭上课时，给定实验案例。

二、实验中心负责安排实验技术人员协助实验教师进行设备的操作和维护。设备发生故障或者其他事件，实验技术人员应当及时向实验中心报告，并做出应急置，确保师生安全。

三、实验课开始前，实验技术人员应打开安全门，以方便发生突发事件时学生逃生。实验课结束后，实验技术人员应及时关闭安全门，确保学校财产安全。

四、实验设备为学校公共财产。除分配给学生实验时使用的以外，学生不得动用实验设备。

五、学生进入模拟法庭进行实验，要在有关登记本上登记。学生在使用实验用服，应当在有关登记本上登记。实验结束后，教师应当督促学生及时交回实验用服。

六、实验用服为学校的公共财产，未经批准，不得带出实验室。

七、未尽事宜，由法学实验中心进行解释。